評伝 小室直樹

上

学問と酒と猫を愛した過激な天才

村上篤直［著］

ミネルヴァ書房

石神井公園にて（昭和五一（一九七六）年、石飛仁氏取材、斎藤陽一氏撮影、石飛氏提供）。

ほろ酔いの小室を囲んで。左が石飛仁氏、右が曾我部洋氏（昭和五一（一九七六）年、
斎藤陽一氏撮影、石飛氏提供）。

高層ビルから夜景を眺める小室（昭和五一（一九七六）年、石飛仁氏取材、斎藤陽一氏撮影、石飛氏提供）。

ゼミで学生を指導する小室。東京大学法文二号館地階の社会学実験室にて（昭和五一（一九七六）年、石飛仁氏取材、斎藤陽一氏撮影、石飛氏提供）。

はしがき

平成二二（二〇一〇）年九月三日。
ひとりの天才がこの世を去った。
名前を小室直樹《こむろなおき》という。

生まれたときは爲田《ためた》直樹。母の姓を名乗った。
父に認知され、小室直樹となったのも束の間、その父は死んだ。
それからは母ひとり子ひとりの東京生活。
大東亜戦争が始まると、母とともに会津に疎開する。
すでに天才の萌芽を現しはじめた少年は、皇国の勝利を信じて疑わなかった。
ところが、中学一年のとき、皇国日本はアメリカに敗けた。
なぜ、敗けたのか。
アメリカの圧倒的な軍事力、それを支える経済力に敗けたのではないか。徹底的に学んだ。その目的は、二度と戦争に敗けないため。次の戦争では必ず勝つ。

そのうち母が去って、ひとりぼっちになった。

不遇にあっても決してくじけず、ひねくれず、たったひとりで敗戦後の日本を背負って、皇国日本の再興を誓った。志は冲天《ちゅうてん》の勢い。頭の中では世界史の英雄たちと語り合った。

そんな小室を周囲は助け、支え、小室はそれを当然のように受けとめた。

会津中学校、会津高校を経て、京都大学理学部数学科へ。

すでに、気づいていた。アメリカの圧倒的な軍事力、経済力の背後には、目にみえない「なにものか」が在ることに。それは、近代西欧文明、キリスト教、資本主義、そして科学。

小室の探求は続く。大阪大学大学院で経済学を学び、そしてアメリカへ。

小室は、MITのサムエルソンのもとで学問発展の方法論を体得する。

アメリカから戻ると、東京大学大学院へ。心理学、人類学、社会学、政治学、法社会学を学び、社会科学の統合に力を尽くす。学びながら教え、教えながら学んだ。

やがて、小室の構築した世界を人々は求めるようになる。最初は、アカデミズムの世界から始まり、徐々に知識人層へ、そうして一般読者へと小室の世界は広がっていった。

ジャーナリズムの世界に身をおいた際には、時機に応じて警鐘を鳴らした。その姿は、ユダヤ教における預言者に似ている。宗教にはそれぞれ聖職者、すなわち、神と人との間に立って取りもつ媒介者がいる。そういう意味で、小室は日本教の聖職者であった。最期に願ったことは、ひとりひとりが自分の頭で考えること。考えるための方法はすべて教えた。日本の復興はわれわれに託された。

内から湧き上がる情熱のままに、西洋近代文明の精華を学び尽くした天才。練り上げられた方法論《メソドロジー》と研ぎ澄まされた霊感《インスピレーション》。

これによって洞察された過去・現在・未来の世界を、惜しげもなくわれわれの眼前に広げてみせてくれた小室直樹という人物がいたことを、ここにあらわしたいと思う。

評伝　小室直樹（上）――学問と酒と猫を愛した過激な天才

目次

下巻目次

目　次

第一章　柳津国民学校

征夷大将軍になりたい

福満虚空蔵菩薩圓藏寺（平成三〇（二〇一八）年四月二九日、編集部撮影）。

母の故郷・会津へ

昭和一七（一九四二）年三月[1]、福島県河沼郡柳津村《やないづむら》。

小室直樹は、母・小室チヨに続いて会津柳津駅に降り立った。初めての柳津である。

前年の昭和一六（一九四一）年一二月八日、大日本帝国は英国と米国に宣戦布告。東京では、物資が不足しはじめる。

昭和一二（一九三七）年八月に父・小室隆吉《りゅうきち》が死んでからは、母ひとり子ひとりの生活。それまでは、隆吉の勤める大日本通信社の給与で比較的豊かな生活を送っていた。隆吉は、厳格を絵に描いたような性格。直樹は、母を「お母さま」と呼ぶように躾《しつけ》られた[2]。愛読書は『講談社の絵本』、『キンダーブック』シリーズ。とくに『吉田松陰』は何度も読んだ[3]。

夫の死後、チヨは看護師、助産師の仕事をしながら必死に生活を支えてきたが、その稼ぎはよくない。よい仕事を求めて、東京を転々としたが、育ち盛りの直樹に十分な教育、食事を与えられなくなった。

チヨは、幼い頃から直樹の才能に気がついていた。隆吉やチヨが話した言葉や国民学校で聞いた話をすべて記憶する。

現在の会津柳津駅（平成三〇（二〇一八）年四月二九日、編集部撮影）。

『講談社の絵本　吉田松陰』（大日本雄辯會講談社、昭和一六（一九四一）年）。

どこで聞いて覚えたのか、チヨの知らない言葉すらしゃべっている。年を重ねる毎に直樹の使える語彙の量は、どんどん増えていった。

頭の回転もきわめて速い。直樹のいう理屈にかなわず、言い負かされることも度々であった。

チヨは、直樹はきっと立派な人間になると確信していた。

「この子は頭がいいんです。きっと立派な大人になります」

外で知人に会う度に、そういって直樹を紹介した。(4)

稼ぎが足りないとき、チヨは直樹を連れて隆吉の実家の小室家に金を借りにいった。(5)

小室家の家業は呉服問屋。家業自体は分家した小室《こむろ》忍《しのぶ》が引き継いで切り盛りしていたが、恥を忍んで無心した。他に頼るあてがなかった。

直樹はそんな事情を知らず、小室家の玄関で従兄弟と一緒に元気に暴れ回っていた。

ただ、借金するにも限界がある。

それに、東京は空襲の危険があった。

「一緒に柳津に帰ろう」

チヨは、爲田家から分家させられた身。実家の爲田家に戻るのは苦痛だった。しかし、直樹のために、そう決意したのだった。

かつて小室が母・チヨと住んだ場所。写真左が爲田家の建物。右側の雪が積もっているところに離れがあった（平成二七（二〇一五）年三月二一日、筆者撮影）。

圓蔵寺のふもとに住む

会津柳津駅の辺りは、まだ白い雪が積もっている。二人はぬかるんだ道を歩いて、爲田家に向かった。吐く息が白い。

只見川沿いの道を三〇分ほど歩いて、左に曲がり、坂をのぼったところに爲田家があった。

二階建ての立派な母屋と小さな離れ(6)。

二人は、その離れで暮らすことになった。

母屋には、直樹の祖父母、爲田文助《ぶんすけ》・ヨシノと小室の叔父二人、叔母一人が住んでいた。

上の叔父・爲田《ためた》八郎《はちろう》(7)は指物師をしており、母屋の脇に小さな作業小屋があった。八郎は大変器用で、村の子供たちにせがまれては、兵隊ごっこに使う鉄砲や階級章、勲章までも作っていた。

もう一人の叔父・爲田《ためた》啓一《けいいち》(8)は、学校の先生をし

圓蔵寺から臨む只見川
(平成三〇(二〇一八)
年四月二九日、編集部
撮影)。

ていた。

叔母の爲田京子《ためたきょうこ》は、昭和五(一九三〇)年生まれ。小室よりも二歳離れているだけであった。柳津では、爲田家の人たちは頭がいいとの評判であった。

爲田家は、虚空蔵菩薩で有名な圓蔵寺《えんぞうじ》のすぐ南側にあった。本堂からは直線距離で五〇メートルほどしか離れていない。

只見川沿岸の崖上に立つ圓蔵寺。正確には、福満虚空藏菩薩圓藏寺(臨済宗妙心寺派)という。柳津はその門前町として発展した。

虚空蔵菩薩は、無限の智恵と慈悲をもった菩薩であり、帰依することで類《たぐ》い希《まれ》なる記憶力を授かるという。

その圓蔵寺のそばで育った小室が恐るべき記憶力を授った。不思議な偶然である。

柳津国民学校へ

昭和一七（一九四二）年四月、柳津村国民学校初等科四年に転入する。(9)

学級はひとつで人数は六五名ほど。男児と女児は別教室である。

担任は柳津村出身の真田《さなだ》彦八《ひこはち》。

チョビ髭を生やし、色黒。謹厳実直な性格そのままに姿勢はつねに真っ直ぐだ。

「こんど、東京から転校してきた小室直樹君だ。みんな仲良くしてくろよ」

小室は少し緊張した面持ちで自己紹介をした。

「小室直樹です。よろしくお願いします」

柳津の子供たちにとっては、初めて聞く綺麗な標準語だった。

小室は、ひと回り背が高く、しかも頭が不自然に大きい。

級友から好奇の目でみられているように感じた。

笑われているようにも感じた。小室の中で小さな不安が溢れてきた。

座席は一番後ろになった。

背が高くヒョロッとしていて、動作もゆっくりな小室は、柳津の子供たちにとってはひ弱な都会っ子にみえた。

格好の餌食《えじき》。

さっそく、小室は〝洗礼〟を受けた。

休憩時間に校庭で数人に取り囲まれた。

「小室、これなんだがわがっか？」

突然、細長くてグニャグニャ動く生物を、直樹の顔の前に掲げたのだった。

それは、都会ではみることのない巨大なミミズ。

途端、直樹は飛び上がって悲鳴を上げた。

「うわぁー、怖いよーっ！」

ヘビだと誤解したのだ。級友は面白がってミミズを持ったまま、直樹を追いかけた。

直樹は、泣きながら校庭を走り回って逃げた。

変な奴だが、抜群に頭が良い

日を経るうちに、小室も柳津での生活に慣れていった。

級友も直樹に一目《いちもく》おくようになる。というのは、小室の知識量は、級友をはるかに超えていたのである。

きっかけは糸電話をつかった実験授業でのこと。

真田の指示のもと、大きな声で話したり、小さな声で話したりしてみる。口を筒にくっつけてみたり、離してみたりする。糸を張ったり弛《たる》ませたりしてみる。糸を長くしてみるとどうなるか。そんな実験が行われた。

実験ののち、真田が小室に質問した。

「小室、こんな遊びでどんなことがわがっか？」

真田が予想していた答えは、「筒があって声が四方へ散らない」「筒の底に張ってある紙が声を受けてよく震える」「糸が紙の受けた声をよく伝える」「糸が伝えた声を、筒の底の紙が受けて震える」程度であった。(10)

小室は答えた。

「はい、音を上手に伝える方法がわかります。音は空気の振動です。口から出た音は空気を振動させます。空気の振動は筒の底を震わせます。筒の底の振動は、糸を振動させます。ピンと張らないと糸は振動を伝えません。糸の振動は、一方の筒の底から他方の筒の底に伝わり、筒の中の空気を振動させます。その空気の振動が相手の耳に届きます」

彼はスラスラと回答した。

「……たいした答えだ。正解。すかもその答えは五年生か六年生くらいの回答だ……」

真田は感嘆した。同級生も驚いた。

このことがあって「小室はわれわれより年上ではないか」との噂が広がった。(11)

その他、国語、数学、社会、あらゆる分野の知識量において、小室は級友と比べ群を抜いていた。

ただ、非常識ぶりもまた群を抜いていた。

初めての習字の時間のことである。

授業が終わった後、硯《すずり》に残った墨汁をみて、級友に聞いた。

「この墨汁の始末はどうするの」

「それは飲むだ！」

誰かが、ふざけていった。

それを聞くと、躊躇なく、硯を持ちあげ口元に持っていき、一気に飲んでしまった。

まさか本当に飲むとは思っていなかったので、周囲は唖然として声もなかった。本来、残った墨汁は、ブリキの空き缶に溜めておいて、黒板の塗装に使っていたのだった。

級友たちは、小室のことを「変な奴だが、抜群に頭が良い」と理解しはじめた。

強まる軍事色

昭和一八（一九四三）年四月、国民学校初等科五年に進級した。

柳津での生活も一年、会津っ子らしさが身についてきた。

担任は師範学校を出た新井田甚助《にいだじんすけ》。(12)あだ名は「カクパイ」。体格がよく、首が少し中心からずれて、やや傾いていて角張った顔をしていたからだ。

このころから、柳津国民学校でも軍国色が強くなった。

毎月八日は、大詔奉戴日《たいしょうほうたいび》。開戦の詔勅が出された昭和一六（一九四一）年一二月八日を特別に記念するこの日には、先生に連れられて神社で戦勝祈願を行った。(13)

校長訓話では、くり返し「八紘一宇」や「大東亜共栄圏」という言葉を聞かされた。体操の授業では、新たに木剣を買わされ素振りの訓練が始まった。運動会では、兵隊さんの行進になぞらえて生徒の分列行進が行われた。学校行事の締めくくりには「天皇陛下万歳」が三唱される慣わしとなった。

軍隊式の教育が国民学校にも浸透して、体罰も増えた。

体操の授業の延長で、木剣制裁が加わった。教室の隅に、いつも木剣が立てかけてある。当時、映画を観ることは禁じられていた。カクパイから「夕《ゆん》べな、映画みたヤツは前さ出ろ」といわれ、正直に出て行くと、頭上にガツンと木剣が落とされた。

小室が前に出たことはなかった。爲田家の前には芝居小屋があって映画や芝居の興行をしていたが、映画も芝居も一切みなかった。いわれたことは真面目に守った。

柳津国民学校の奉安殿（石田富男氏提供）。

昭和初年度頃の柳津国民学校校舎。小室が在校していた当時、写真左側の箇所に新校舎（二階建て四教室）が増築されていた。四年生時には一階の教室、五年生時は二階の教室が使われた（石田富男氏提供）。

恵まれた文才と豊かな探求心

文才も萌芽をみせはじめる。

カクパイから指名され作文を朗読したことがあった。

柳津町を流れる只見川。現在は、発電用のダムにせき止められ緩やかな流れとなっているが、当時は流れの急な清流であった。作文の内容は、小室が叔父に連れられて川遊びに行き、否応なく水に入れられたのが怖くて、狼狽《ろうばい》した様子とその心境を描いたものだった。級友も確かに上手い文章だと思って感心して聞いた。

ある休み時間のこと、小室は自ら創作したミステリーを語った。途中、子守歌まで挿入されたその語りは、級友を魅了した。以降、級友から「小室、話《はなす》、喋《しゃべ》れ」と催促されるようになった。

小室の文才の秘密は、そのおそるべき読書量にあった。

部屋に閉じこもって、あらゆる書籍を繙《ひもと》き、その世界に没頭した。

愛読書は『少年講談』(大日本雄辯會講談社)。その影響で、「征夷大将軍」になりたいと思うようになる。(14)

山中峯太郎《やまなかみねたろう》が大好きで、『見えない飛行機』『世界無敵弾』などを夢中で読んだ。

級友たちに創作話を聞かせるとき、山中峯太郎をもじって「山猫《やまねこ》三毛《みけ》太郎《たろう》作」といった。

空想科学小説に影響されてか、あるとき小室はいった。

「いま、〝電送人間〟って装置、考えていんだ。そんしくみは人間さ、細胞単位に分解して送るんだ(15)」

小説を読んでいるとき、友人との絶交の場面に遭遇した。自分がもし絶交状を叩きつけられたら……。そう思うと胸が高鳴った。一度、絶交されてみたい。居ても立ってもいられなくなった。別にトラブルがあったわけではないが、仲のよい石田富男《いしだとみお》をつかまえて、

「石田、俺と絶交すんには『絶交状』が要《い》んだ。文句は赤インキで書いて、封筒の端っこは紫色で縁取りすんだ、わがったが」

そう事細かに説明した。

石田は訳のわからないまま、いわれたとおりに小室宛の絶交状を書いた。しかし、結局、この絶交状は小室に渡されることはなかった。

小説を読み切ってしまうと、国語辞典を読んだ。辞典も読み切ると、さらに読んだことのない本を探して母屋の本棚を漁った。そこには、大量の漢籍があった。曾祖父・爲《ため》田《た》寅《とら》像《ぞう》の遺品であった。漢籍を熟読して、しまいには暗記してしまった(16)。

こうして、小室の語彙力、言語感覚は養われていった。

小室の口からは教科書にも出てこないような言葉が溢れ出す。アメーバ、仮病、ミクロ

ン等々。「獅子はわが子を千尋の谷に落とす」をもじって「獅子はわが子を数ミクロンの谷に落とす」などと冗談をいっていた。

また、当時から猫が好きであった。級友からは「小室猫」と揶揄されていたが、本人はいたって鷹揚に構えていた。

猫好きのきっかけは爲田家で飼っていた猫が小室になついたこと。

あるとき、実験を思いついた。

猫は高いところから背中を下にして落としても、体をクルッと反転させて着地する。

しかし、必ずそうなのか。

小室は、猫が着地できなくなるまで、根気強く何度も何度も猫を落とした。ついに、猫は、背中からドスンと落ちた。

それをみていた叔父の八郎は感心した。

後々まで、八郎は「猫は必ず反転して着地するというのは間違いだ。直樹が実験した」と語るのであった。(17)

厳しさを増す戦局

昭和一九（一九四四）年四月、国民学校初等科六年に進級した。

国民学校六年の二学期から、担任が小森《こもり》要《かなめ》に変わった。前の担任「カクパイ」が軍隊に召集されたからだった。

小森はどこか、ぶっきらぼうなところがあった。生徒に不届きがあると、すぐにビンタを飛ばす。戦局が厳しくなるにつれ、殺伐とした雰囲気が国民学校にも及んできた。

六年生の冬、スキー大会の閉会に万歳三唱を終えたあと、同級生の一人が「終わりッ！」と発声したところ、小森のビンタをくらい雪の中に転倒する事件があった。

本土空襲が激しさを増すにつれ、柳津町においても、国防婦人会、在郷軍人会、隣組など、すべてが戦争遂行、必勝を期しての国の施策に従った組織や活動となった。

山間の田舎町であったが、主要個所に「監視所」と称して、杉の丸太を組んだ高さ三乃至四メートルの櫓《やぐら》が設けられた。敵機の襲来に備えるものであろう。

やがて壮年の男子はほとんどが戦争に駆り出された。残ったのは婦女子や高齢者だけ。銃後の守りはこれらの人々の肩にかかっているということで、町でも防空防火訓練を実施することがあった。参加者は婦人方で、バケツリレーや、火叩き棒による消火訓練が行われた。

一方で武器弾薬製造のための鉄類の調達が行われた。各家庭からは金属の火鉢、蚊帳《かや》の吊り手まで供出させせられた。

圓蔵寺にあった梵鐘《ぼんしょう》や屋外に鎮座してあった観音像も〝出征〟させられ、消えた。

東京からは、国民学校生徒の集団疎開があった。

学習も日常生活も別体制で進められたから、あまり交流はなかった。疎開児童と同じ町内に住む児童らが、たまに粗末な道具で野球をすることがあったくらいである。

一方、親類などを頼って個人的に疎開してきた者は転入生として在来組の学級に入った。

会津中学校受験

三学期に入ると、会津中学校へ進学する生徒向けに、放課後の居残り勉強があった。

といっても教科書の勉強ではなく口頭試問対策が主。当時の中学入試には学科試験はなく、内申書、体操、口頭試問で選抜されたからだ。

その模擬口頭試問でのこと、小森が小室のすぐ前に座る生徒に質問した。

「空襲にあったらどごさ逃げっか」

「防空壕と……」

と、そこまでいって、答えに詰まってしまった。

すかさず、小室が後ろからささやくように助言した。

「草葉の陰」

級友は、元気よく答えた。

「ハイ、防空壕と草葉の陰だス！」

当時、小室以外に「草葉の陰」の意味を知る生徒はいなかった。

一同ただ無言。小森と小室だけがクスッと笑った。


いよいよ会津中学校受験の日。

前日、受験する生徒は、市内の旅館に全員宿泊し何人かの父兄が付き添った。その夜、小室は熱を出し付添人を心配させたが、翌日はなんともなく受験に臨んだ。

口頭試問は極めて簡単だった。合格して満面の笑みを浮かべて喜んだ。

こうして、昭和二〇（一九四五）年三月二三日、柳津国民学校初等科を卒業した。

第二章　会津中学校

敗戦、ケンカ三昧の日々

鶴ヶ城（平成三〇（二〇一八）年四月三〇日、編集部撮影）

入学

昭和二〇（一九四五）年四月、福島県立会津中学校に入学。

一年六組で、奇《く》しくも隣の席は渡部恒蔵《わたなべこうぞう》だった。

担任は、漢文の川原慎、英語の担当は小林貞治《こばやしていじ》であった。

当時の旧制中学校の修業年限は四年。

もともと旧制中学校の修業年限は五年であったが、昭和一八（一九四三）年に公布された中等学校令、その下位規範である中学校規程により、修業年限の短縮が定められた。小室が会津中学校に入学する直前の昭和二〇（一九四五）年三月、五年制から四年制に短縮された。

しかも、同じ三月、国は決戦教育措置要綱を閣議決定。国民学校初等科を除く全学校は四月一日から一年間、授業停止とされた。

学問に精進するよりも、皇国日本の勝利のために勤労せよ。

そこまで日本は追い詰められていた。一七歳以上の少年で白虎隊を組織した、戊辰戦争時の会津を髣髴《ほうふつ》とさせた。

入学した四月は、アメリカ軍が沖縄に上陸をはじめた頃。若松市では、ガソリン、金属、そして男たちが消えていった[7]。駅員は女、改札も女。皆、皇国日本の未来を案じ、真剣だった。

会津中学校は会津一市五郡の進学校。各集落・町内から一人か二人という厳しい進学状況だったから、入学した当人もエリート意識が強く、入学の喜びと誇りは大きい[8]。

帽子の二本の白線は会津中学の生徒だけに許された、選ばれし者の証《あかし》であった。ただし、当時は、学生帽ではなく戦闘帽。脚にはゲートル、背嚢という出立ちになっていた。

国民学校時代から徹底した軍国主義教育を受けてきた小室らにとって、入学早々の軍事教練も、ビンタのとぶ授業も、シゴキそのものの応援歌練習も、さしたる違和感をもたずに耐えた[9]。

登下校時には、奉安殿《ほうあんでん》、忠魂碑《ちゅうこんひ》へ敬礼。先輩や先生には軍隊式敬礼。職員室への出入の際には軍隊式に大声での挨拶。

授業もあったが、滝沢峠からの薪運び、防空壕用の松材の運搬など勤労奉仕が多い。

校庭や中庭は畑になっていて、芋やカボチャを育てた。軍事教練では、軍隊式の敬礼や、隊列の作り方、銃剣道の型を教わった[10]。

鶴ヶ城での決闘

会津中学は名門の進学校。基本的に不良はいない。しかし「不良に片足を突っ込んでいる」と噂の人間がいた。名前を野辺《のべ》といった。(11)

皆がみな「野辺さんは怖いな」という印象をもっていた。野辺からちょっかいを出されても、黙って逃げる者が多かった。

あるとき、小室は野辺から「にしゃ（お前）、生意気だ」といわれて小突かれたのだった。

小室は、キッと睨んだ。

「なんだ、やっか！」と野辺。

「なんだとはなんだ！　決闘だ！」

カッと頭に血が上って甲高い声を上げた。

教室の皆がビックリして、二人の方を向いた。

決闘の場所は、鶴ヶ城の西出丸。

現れた小室の手には鉈《なた》があった。(12)

それをみた野辺は退散、小室の不戦勝となった。

小室は、同級生の中では上背があり、同年代と比較すると一学年か二学年上の体格だった。

野辺から生意気だと思われたのは、そのせいかもしれない。この事件があってから、同級生の小室をみる目が、尊敬の目に変わった。

それに、小室にはどことなく人懐っこいところがあり、話も面白い。自然、同級生が周りに集まるようになった。(13)

小室は〝ガキ大将〟となった。

「征夷大将軍」(14)を自称して、クラス全員を子分扱いした。「お前は二〇万石」「お前は喧嘩が弱いから三万石」、手柄を立てると「五万石加増！」、反対に気に入らないことをするやつには「切腹を申しつける」(15)。

といっても実際に切腹させるわけにはいかないから、掃除用具を入れておく戸棚に、切腹までの間〝入獄〟させた。

そのまま授業が始まったことがあった。先生が生徒の名前を一人ずつ呼ぶと、戸棚の中から「はーい」と、くぐもった声がする。怒った先生は、ガツーンと〝入獄者〟を殴りつけたのだった。

生涯の友・渡部恒蔵

昼休みになると、教室を抜け出し、ひとり校庭に座った。貧しくて、弁当を用意できなかったのだ。しかし、周りに知られるのはプライドが許さなかった。

それに気づいた渡部恒蔵は一計を案じた。彼は三星荘《さんせいそう》という下宿屋から学校に通っていた。若松市栄町の鐘撞堂《かねつきどう》の近くにあったこの下宿は、ちょっとした高級下宿屋で、裕福な家庭の子弟達が入っていた(16)。

渡部は、下宿のおばさんに頼んで、弁当を二つ作ってもらうことにした。そして、ひとつを小室に食べさせた。これがこれから長く続く二人の友情の始まりだった(17)。

月を追う毎に、大東亜戦争における日本の形勢は悪化。食糧事情も悪化。小室は、食べられそうなものはなんでも食べた。桑の実、桜の実、蚕の蛹《さなぎ》、松の種、すっぱな（野草）、カボチャの種(18)……。

しかし、小室は皇国日本の勝利を決して疑わなかった。

敗戦

八月に入ると、長男である者は、市内の国民学校に派遣され、防空壕掘りに駆り出された。次男以下で、陸軍幼年学校、海軍兵学校を希望する者は、学校に残って勉強を続けた。防空壕を掘りながら、煙草を覚えた者も多い。しかし、小室は決して煙草に手を出すことはなかった。

昭和二〇（一九四五）年八月一五日。

市内で防空壕掘りをやっていたときのことである。

「今すぐ学校に戻るように」との電話連絡があった。

午前一〇時頃、掘りはじめて間もなくのことで、皆、スコップをもって、ゲートルを巻いていた。急いで学校に戻ると、教室に入るように指示された。

正午。各教室のスピーカーから、ただ今から天皇陛下による放送がある旨を伝えるアナウンサーの声が流れる。荘厳な雅楽が鳴り響いた後、玉音放送が始まった(19)。

全員が直立不動の姿勢で聞く。

校内放送の設備はよいはずなのに、スピーカーの音はなぜか大変聞き取りにくい。

しかも、難解な言葉が続く。

朕《ちん》深ク世界ノ大勢ト帝國ノ現狀トニ鑑《かんが》ミ非常ノ措置ヲ以テ時局ヲ收拾セムト欲シ茲《ここ》ニ忠良ナル爾臣民《なんじしんみん》ニ告ク

朕ハ帝國政府ヲシテ米英支蘇四國ニ對シ其ノ共同宣言ヲ受諾スル旨通告セシメタリ

大半の生徒はその内容を理解できなかった。しかし、小室は理解した。敗けた……。底なしの穴に落ちていき、後のことは覚えていない。

切歯扼腕

想像を絶する悪夢の世界が始まった。

皆、カリカリに気が立っていた。

授業は再開されたが、配られたのは綴《と》じる前のバラバラの紙の束。それが新しい教科書。表装もない、中身だけの教科書だった。(20)

若松市の人口はおよそ五万。ここに大日本帝国陸軍の歩兵第二九連隊が置かれていた。その連隊は引き上げ、代わりに占領軍が入った。連隊の兵器の接収にやってきたのだ。

アメリカ兵はジープに小銃を乗せて、市内を走り回った。当然、ガソリン車だ。他方、日本の車はオンボロの木炭車。(21) それをみて、敗けるのは当たり前だと思った者も多かった。

しかし、小室は切歯扼腕《せっしやくわん》した。

共産党が、米軍を「解放軍」と呼んだのを知り、慨嘆《がいたん》した[22]。

アメリカ兵、いわゆる〝ヤンキー〟は友好的で、乱暴狼藉を働くことはなかった。ビスケット、チョコレートを持っていて、日本円に換金する。若松での相場は、チューインガム五円、チョコレート一〇円、洋モク（ラッキーストライク、キャメル等の海外煙草）二〇円（二〇本入りの箱）。

「プリーズ・セル・ミー・ワン・ボックス・チョコレート[23]」

多少とも財布に余裕のある生徒は、アメリカ兵から買った。

しかし、金のない小室にはヤンキーから菓子を買うことはできなかった。

もし金があってもヤンキーに声を掛けることはなかったろう。

近寄ったら米兵を殴り倒す衝動を抑えられなかったからだ。

復員兵の姿が若松市内にも現れるようになると、食糧難はますます酷くなっていった。

ドングリでもコーリャンでも、腹に入れるものがあれば幸せだった。イモ、大根葉はごちそう。麦のスイトンは、すでに貴重品。米となると、玄米でも何分搗《づ》きでも宝石の輝きがあった[24]。

あるとき、可愛がっていた猫が突然消えた。

もしや……。不安は的中。飢えた復員兵が虎バサミで捕まえて食べてしまったことがわかった。

「よ、よ、よくも俺の猫を捕って食ったな。敵《かたき》を取ってやる！」

激昂した小室は、復員兵を逆に罠にかけるべく、仕掛けられた虎バサミの場所を移動させ、草を被せた。そして隠れて待った。

何時間経ったことだろう。ガサッ、ガサッと人の足音が聞こえた。暫くすると、ガチンという金属音とともに、ギャッ！という声が響いた。復員兵が虎バサミにかかったのだ。バッと薮から飛び出した小室の手には、赤く錆びた鉄棒があった。

怒りに燃えて、バッシバッシと無茶苦茶に叩いた。叩きながら「お前は、俺の猫を食った。俺はお前を食ってやる！」と叫んでいた。

足の自由を奪われた復員兵は防戦一方。手で頭を抑えてうずくまる。ボキッと骨の折れる音がして、復員兵の手が動かなくなった。

「……止めてくれ……。俺が帰ってきたのは、天皇陛下のため、日本復興のためだ。猫を食ったのもそのためだ……」(25)

復員兵の口から「天皇陛下」という言葉が出ると、反射的に姿勢を正した。

冷静になってみおろすと、復員兵は痛さと悔しさで号泣していた。

わけもわからず小室も泣いた。

鉄棒を放り投げると、走ってその場を去ったのだった。

小室にとって皇国日本が負けたのは、許しがたいこと、認めがたいことであった。敗戦した日本は、かりそめの姿である。そう自分にいい聞かせて、生きた[26]。

混乱と貧しさ

他方、日本と日本人を取り巻く〝空気〟は、敗戦による占領によりガラリと変わる。「大日本帝国」「皇国日本」から「オキュパイド・ジャパン（Occupied Japan）」へ。昭和二七（一九五二）年の講和条約締結まで、日本は連合国管理下にあった。つまり、小室が会津中学、会津高校で過ごした時代は、占領下の日本であった。価値観もひっくり返った。教育体制も、ガラリと変わった。

戦時下、多くの教師たちは、聖戦完遂のため皇国教育を軍隊的な規律で行っていた。しかし、敗戦により「聖戦は誤り」「皇国教育は悪である」とされた。教師たちは、当初、深刻な不安と虚脱感に陥っていたが、比較的すみやかに新しい状況へ対応していった[27]。

小室は、多くの教師の変節ぶりに目を見張り、そして呆れた。

ただ一人、変わらなかったのは英語教師、小林貞治であった。

「この先生は信頼できる」と思った。

昭和二一（一九四六）年四月、会津中学二年に進級。
柳津から若松まで只見線で通学した。走るのは蒸気機関車である。[28]
敗戦直後であり、石炭がなく、薪を焚いて走った。しかし、雪が降ると汽車通学ができない。雪深い会津では、早朝に積もると、自宅から駅に出て来られなくなるのである。
そこで、冬の間、小室も若松市栄町から会津中学に通った。鶴ヶ城の南を東西に流れる川の、さらに南に会津中学があった。叔母のエイは市の中心部に家を借り、そこで一緒に生活した。[29] エイは、昭和一五（一九四〇）年に結婚したが、離婚を前提に出戻っていたのだった。母・チヨは、小室の学費を稼ぐ必要があり、ひとりで関東に戻り、看護師、助産

小林貞治氏。昭和二三（一九四八）年三月撮影（第三回卒業生・福島県立会津高等学校『永遠の想い』福島県立会津高等学校、平成四（一九九二）年六月、小松忠夫氏提供）。

会津柳津駅で展示されている蒸気機関車（平成三〇（二〇一八）年四月二九日、編集部撮影）。

只見線と会津柳津駅（平成三〇（二〇一八）年四月二九日、編集部撮影）。

師としての仕事を再開していた。

爲田家にとって、優れた才能を有する小室は希望の星であった。チヨもエイも小室のために尽くした。

小室が会津中学に小さい子供を負ぶって来たことがあったが(30)、それは子連れで出戻ったエイの子・寛治《かんじ》であった。

家に風呂はないから、銭湯にいく。手拭いすら買えなかった。持っていくのは、へちま一本だけ(31)。

みな貧乏であったが、それに輪を掛けて貧乏だった。

南京袋をカバン代わりにした。南京袋は、満洲から大豆を運ぶのに使ったもので、ジュート（麻糸）で編まれていた(32)。肌触りは悪いが丈夫ではあった。

履物は、裸足に朴歯《ほうば》。高下駄《たかげた》である。

朴歯は、長く穿くと、歯がめくれ、両側にはねる。

そのため、はねた部分をノミで落として修理する下駄屋、朴歯の歯切れ屋があちこちにあった。歯切れ屋に持っていくと、歯を抜いて、はねた部分をノミで落として、カンナを掛ける。スッキリした歯を金槌でたたいて戻して完成。

しかし、小室には修理に出す金がない。歯がめくれてもそのままにして履きつぶした。

普通、朴歯は、カランカランと地面を引きずるように歩くのだが、常に歯がめくれているから、普通の歩き方ができない。つっかえて転んでしまう。自然、跳ねるように歩くようになった[33]。

結果、つけられたあだ名は「バネ[34]」。

「バネ、また百点か」

「バネ、どこさいった」

級友はそういって小室を呼んだ。

高木貞治『解析概論』

昭和二一（一九四六）年[35]、高瀬治男《たかせはるお》[36]が数学教師[37]として赴任した。

高瀬は、会津中学の先輩（中学四六回、昭和一五（一九四〇）年卒[38]）で、前年の昭和二〇（一九四五）年に京都帝国大学理学部物理学科を卒業[39]。

そこには、間もなくノーベル賞を受賞する湯川秀樹[40]がいた。高瀬の数学は、湯川直伝の、物理学に裏付けられた数学。授業のレベルは非常に高く、高瀬の説明のすべてを理解できたのは小室くらいだったろう。

高瀬は、小室の数学の学力に感嘆した。

高木貞治《たかぎていじ》『解析概論――微分積分法及初等函数論』（岩波書店）を渡して、是非読んでみたらどうか、といった[41]。

小室はこれに「会津中学二年　小室直樹」と署名した[42]。

夏休みになった。小室はどこにも行くところがない。

それを知った渡部恒蔵は南会津、田島の実家に、招待した。

渡部の家は、醤油屋を営む素封家で、使用人二〇名が一緒に生活している。

二人は渡部の家についた。

「恒蔵さん、おかえりなはんしょ」

恒蔵の母や、使用人が、渡部の帰宅をきき、表に出てきてた。

「お母《が》さま、ただ今けえってきやした。これが小室直樹君だし」

そう紹介されたあと、小室は、つい常々思っていたことをいった。

「あのなし、お母《が》さま。恒蔵は何でこんなに頭が悪いんだべなし[43]」

崩解する規範

昭和二二（一九四七）年四月、会津中学三年に進級。

当時、疎開組もあり、全部で六クラス。一クラス五〇人ばかりであったから、学年全員で三〇〇人ほどであった。

組替えで、座席が決まった。小室は教壇から向いて右端の窓際、一番後ろの席だった[44]。担任は、栗原孝《くりはらたかし》。生物の教師で、人格者だった。

学校民主化は、時代の流れ。自治的な生徒会・学而会《がくじ》の結成、『学而新聞』の発行、学而祭の開催など、生徒たちは自分たちの言動が学校を左右する力があると信じ、積極的に学校運営の一翼を担うようになった[45]。

「民主主義」が謳歌される中での生徒指導は、生徒の「自主性」「自発性」が強調された。他方、かつての「訓育」はその影をひそめた。

結果、どうなったか。

この頃から、会津中学でも民主化教育の結果が現れてくる。下級生が上級生を呼び捨てにすることに、違和感を覚えなくなったのである[46]。

また、生徒による授業放棄、不正行為が半ば公然と行われるようになった[47]。

会津中学校生徒の道義感覚、向上心は溶けてなくなりそうであった。

しかも、アメリカ軍政部が福島市に陣取り、会津中学内のことについて大小となく指導監督した。落第生を出すことも意のままにならなくなった。

占領軍の考えはこうだ。「出席すべき日数の八割出席した生徒が、進級できないほど悪い成績をとることは考えられない。原級留置は好ましくない」

これに対して「幾度試験をしても極めて劣悪な点数しか取れない者がある」と申し立て

ても、「そのようなことは考えられない」の一点張り。

結果、会津中学の成績評価は甘くなった。(48)

しかし、変わらず生徒を厳《げん》として教導する教師がいた。小林貞治である。

小林は、規範が崩壊していくなかで生きる生徒の気持ちが痛いほどわかった。

しかし、このままではいかんのだ、とくり返しいった。

「みなも男なら何か一つ意地を通せ。遅刻早退をしないとか掃除を逃げないとか、先生に叱られても反抗しないとか、何でもよいから一つぐらい卒業までやり通すことを決めろ」

そういって、小林は、生徒を励まし、叱咤した。

当時、学校に対して切捨御免の力を持っていたアメリカ軍政部。

その指示で、全校生徒が映画を観に出かけることになった。

生徒は、校門から南町口までズラッと並んでいる。

ところが、その中に小室の姿が見当らない。

あわてて小林は、教室に戻り、小室をみつけ出して叱った。

小室は答えた。

「小林先生が、何か意地を通すことを決めろといわはったがらし、自分は卒業まで映画を観ねいことに決心したのし。そんじぇ、アメリカの命令でも観るわけにはいがねす」

小林は小室の手をつかんで諭した。

「今はわたしよりも進駐軍の方が偉くて強い。今日は特別な場合なのだから観に行かなければいけないんだ。意地も信念もちょっと休ませるしかないんだ」

返事は、ない。

ここまでいったら、もう大丈夫だろうと思って手を離した。

しかし、映画館へ着いたら小室はいなかったのである。(49)

ケンカ三昧

鶴ヶ城、廊下橋《ろうかばし》の先。そこに、ちょっとした広場があった。

ここが会津中学の生徒たちの決闘場となった。小室もよくここでケンカした。

運動神経ゼロで、体育の成績は極めて悪かった。五〇〇〇メートル走では、歩くしかなかった。しかし、ケンカでは妙な集中力を発揮した。

ケンカ三昧の日々を送って、鬱憤《うっぷん》を発散した。

今日は誰、明日は誰、と登録して、毎日のようにケンカをした。(50)

大抵は勝ったが、負けるときもある。しかし、倒されても決して「参った」とはいわなかった。だから、相手はあきれかえってやめるのだった。それも「勝った」と主張した。

鶴ヶ城の廊下橋（平成三〇（二〇一八）年四月二九日、編集部撮影）。

ケンカは、タイマン、つまり二人のときも、五人、六人のときもある。

当時、生徒たちの間で評価が高まるきっかけは二つあった。

一つは、「アイツは学校で一番できる」。もう一つは、「アイツはケンカが一番強い」。

皆、普通にケンカをした。ただ、小室が変わっていたのは、強いも弱いも考えずにケンカしていたことだ。

当時から理論家として知られた小室が、自分の行動については損得勘定が全くなかった。

渡部恒蔵が小室の面倒をみる気になったのは、小室のそういうところに惹かれたからだった(51)。

渡部もよく決闘場に立った。といっても、ケンカをするのではない。ケンカの仲裁のためだ。ケンカをする前に止める。あるいは怪我をする前に仲裁する。

渡部自身は、一度もケンカしたことがなかった。

そのうち、渡部は小室の〝保護者〟のようになった。そうみなされるようになった。

小室が変なことをしたら、皆、渡部に文句をいう。

小室が困ったときは、渡部が助ける。小室が誰かに迷惑をかけたときは、渡部が行って詫びるのであった。

名作古典を原書で読む

当時、煙草を覚えた多くの生徒は、友人の下宿屋に集まって吸った。

農家から煙草の葉っぱをもらって来て、刻んで、紙に巻いて吸う。紙は、『コンサイス英和辞典』（三省堂出版）を破って使った。インディア・ペーパーで、燃やしても炎が出ず巻き紙には最適だった。

小室も『コンサイス英和辞典』を破ったが、それは煙草の葉を巻くためではなく、暗記するため。暗記してしまったらムシャムシャと食べた。

休み時間。小室は、人もまばらになった教室で、おもむろに教壇の椅子に腰掛け、友人らの質問に答える。

友人らも面白がって、からかい半分に質問するのだった。

小室の話題は中国史、世界史、数学、物理学に及び、その知識の広大さの片鱗をみせた。

そんなとき、こんな質問が飛んだ。

「小室、『膣』をしってっか？」

友人がニヤニヤしながら、からかい半分で聞くと、得意な話題でないという困惑顔で、次の話題に移るのだった。(52)

昭和二二（一九四七）年八月二五日。(53)会津中学で校内弁論大会が開催された。

普通、このような大会の弁士は上級生の五年生が大部分を占め、まれに四年生が出る。

そこに、三年生の小室が登壇したことが、まず全校生徒の注目をひいた。

演題は、日本の歴史について。

演説が始まった。

直立不動の姿勢をとり、「奈良朝時代は……」と例の甲高い声で、一点を見つめたまま弁ずる。

会場は次第にガヤガヤしてきた。内容は極めて高度であり、中学生の知識ではほとんど理解できなかった。

これを聞いていた四年生の羽賀重弥《はがしげや》は、「下級生にも凄いヤツがいるもんだ」と認識した。あとで、三年生に聞くと「小室は英語でシェイクスピアの原書を読んでいっからし」。

さらに驚いたのであった。(54)

会津高校に進学

小室はケンカに明け暮れる毎日を送っていた。

結果、中間試験での数学の点数がひどく悪かった。教師に呼び出されてさんざん説教された。しゃくにさわって、真面目に勉強した。

学期末試験のこと。試験時間の三分の一で全問を解答し終えた。答案用紙を提出して出て行こうとしたところ、怒鳴られた。

「コラッ、小室！　できなくたって考えるぐらいはしろ」

小室は、すました顔で提出した答案用紙を指さす。

教師は答案をみたとたん、青くなった。

「悪かった。満点だ……」

これを痛快に感じ、以降、真面目に勉強するようになった。(55)

昭和二三（一九四八）年三月、会津高校併設中学校卒業。

卒業した約三〇〇名のうち約八〇名は会津高校に進学しなかったが、小室は進学することにした。母からの仕送りは、まだかろうじて続いていた。

第三章　会津高校

俺はノーベル賞をとる

飯盛山から臨む鶴ヶ城（平成三〇（二〇一八）年四月三〇日、編集部撮影）

入学式

昭和二三（一九四八）年四月、福島県立会津高等学校入学。

この年の四月一日、福島県告示によって福島県立会津中学校は福島県立会津高等学校に移行。

新制高校の発足によって、併設中学校卒業生のうち希望者は新制高等学校一年生に、旧制中学校四年、五年の修了者はそれぞれ新制高等学校の二年生、三年生に編入されることになった。

小室は高校編入を希望し、受験を経ることなく新制会津高等学校一年生となった(1)。

入学式の日。

父が遺《のこ》したという紋付羽織袴で臨んで、同級生や教師らを驚かせた。笑う者もいた。

小林貞治が、職員室に呼んで「目立つことをするな」と叱った。

直ちに反論した。

「先生、それは少し変でねいがし、入学式には、本来なら親同伴で来るわけだし。ところが、俺には父がいねいだし。そんじぇ、父の物を借りてきたのし。笑う方が間違っているし」

これには小林も反論できなかった。

相変わらずの極貧生活。高校生にはなったが万年筆をもつことなど想像すらできない。もっているのは鉛筆一本だけ[2]。当然、ノートを買う金もない。どうしても筆記する必要があること以外は、覚えようと考えた。また、それができた。

授業中は、一番前の席に陣取った[3]。上背のある小室は本来、後ろの席に座るべきであったろう。ただ、読書のしすぎで視力が落ちた。後ろではみえない。しかし、眼鏡を買う金はない。一番前の席に座るしかなかった。

ただ、小室が最前列に座っていると、教師には無言の圧力となった。

机の上に何も置かないで、腕組みをして聞いている。メモもとらず、頭に焼き付けた。しかも、教師から何を質問されても一〇〇パーセント答えた[4]。

とくに、数学の学力は凄まじかった。数表をまるごと暗記[5]。そのため、二桁の暗算などはスラスラできた。数学者の伝記を読み、ガウス[6]、コーシー[7]、ガロア[8]に傾倒した[9]。

物理学では、本多光太郎《ほんだこうたろう》『物理学通論』（内田老鶴圃）を読んだ[10]。

ニュートン力学は公理系である。三つの公理、すなわち、慣性の法則、F ＝ ma の運動方程式、作用・反作用の法則を定立して、第二公理と第三公理からすべての質点の運動を解ききる学問の体系がそこにあった。理解したとき、法悦、エクスタシーの境地に至った。

これが小室の強烈なる原体験となった。

小室は三星荘の渡部の部屋にもたびたび訪れた。自然、会津高校の生徒が学年に関係なく一部屋に集まり、時を忘れて談論風発《だんろんふうはつ》した。あたかも梁山泊《りょうざんぱく》のごとくであった。

夏休みが始まる直前のこと、渡部は小室にいった。

「今まで友達に借りた借金のリストを出してくれろ。俺が清算してやっから。将来お前《めい》が世に出たとき、『小室は俺の借金を踏み倒した』といわれねいために大事なことだ」(11)

恩師・小林貞治先生

この頃、小林のあだ名は「へら」。顔がしゃくれているところを捉えていた。(12)

しかし、小室は決して「へら」とは呼ばず、「小林先生」と呼んだ。

人格的に素晴らしいだけでなく、教え方が非常に上手だった。しかも、小林は、他の教師とは違って、戦前、戦後で全く変わっていない。

小室に対しても、臆することなく厳しく指導した。

会津高校の皆から尊敬されていた。生徒のことをよくみていて、何かあったら、廊下や教室で呼び止めては、五分、一〇分、説教した。(13)

侠気《おとこぎ》があって、古武士のような風格もあった。

小室は、渡部と一緒に、たびたび小林の家を訪問した。小林の妻も小室、渡部とはすっかり懇意になり「唯の生徒ではないわ」と大いに関心を持った。渡部は「オクサン」と呼び、小室は「オバサン」と呼んで、まるで親戚のような付き合いとなった。[14]

小室は、あるとき級長に推薦されそうになった。

そこで、条件を出した。

第一、級長になったら俺のことをキング・オブ・キャットランド（猫の国の王様）と呼ぶこと（そのころ、小室の仇名は「猫」だったのだ）。

第二、王の命令には絶対服従すること、云々。

当然、その場で否決され、級長にはなれなかった。[15]

このとおりに、「民主主義」という感覚はゼロであった。

時代の流れに真っ向から逆らっていた。

小室にとっては「俺が言うことが一番正しい」、それしかない。「皆さんの貴重なご意見をきいて……」ということはあり得ないのであった。[16]

親友の支え

世間知に長《た》けた渡部は、小室の〝保護者〟としていろんな手を打った。家庭教師の口を世話したのもそのひとつである。

ただ、心配だった。

「小室はあの調子だから、一日で馘《くび》になんじゃないか」

そう思って一緒に行ってみたら大そう普通に教えているではないか。

「なんだ、やればできんじゃねえが」と半分、腹を立てて、渡部は小林に報告したこともあった。(17)

その後、安心して数件の家庭教師先を紹介、一軒の家へは謝礼金をなるべく多くしてくれるように頼み、別の家へは、謝礼金は要らないから教えに来たときに、たっぷり夕食を出してくれるよう交渉した。(18) そのことを小室は何ひとつ知らなかった。

実は、渡部が小林の家を訪問するときは、だいたい他人を助ける相談事をもってきた。

「小室がこういう状況だけどどうするべきか」とか、「困っている友達がこうだけど、どうするべきか」とか、である。

たまたま渡部が一人で小林宅を訪問したときのこと。

渡部はいう。

「俺は小室に小遣いを分けてやりでと思っているんだし、小室は一種の潔癖症みていなところがあって、『タダではもらわね』というんだし。なじょしたらよかんべかなし」

「それじゃあ、渡部。小室に英語を習って、月謝としてそれをやれ」

「なるほど。そんじゃら小室も堂々と受け取ってくれそうだし。ありがとうごぜいやす」

その数日後のこと。

このときは、小室が一人で小林宅にやってきた。小林は、つい小室をからかいたくなった。

「この前、渡部が来て『小室に英語を習いたい』っていっていた。教えてやったらどうだ。ただ、小室、お前は渡部には世話になっているんだから、謝礼なんぞ絶対取るなよ」

「はい、絶対とんねえし」

「うん、そうしろ」

小林は、真面目な顔で話しながら、頭の中ではニヤニヤしていた。

しばらく経った後、二人が連れ添って小林宅に来た。

小林は、不意にきいた。

「小室、お前、渡部から月謝もらってないだろうな」

途端、小室は、ソワソワソワソワしはじめた。眼が右へ、左へ泳いでいる。

そして、渡部を指さしていった。

「俺は、先生が『月謝とるな』っていわはったので取っていねいし。だけんじょ、恒蔵のヤツがよこすから困っているんだし。よこさないよういってくなんしょ」

遂に、小林も吹き出した。渡部も、小林が小室をからかったことを理解して、笑っている。

小室だけが、不満そうにブツブツこぼすのだった。

涙の弁当

中條正明《なかじょうまさあき》は、[19]会津中学を卒業後、[20]昭和一七（一九四二）年旧制第三高等学校文科入学。翌年、学徒出陣で海軍に召集。昭和二〇（一九四五）年三高復学。昭和二二（一九四七）年三高卒業後、[21]会津高校に教員として就職した。

当時は物資が不足しており、中條も海軍の軍服、草色の第三種軍装を着用して教壇に立った。[22]会津高校にいたのは、一年ほどの短い期間であった。

きゃしゃな身体でありながら、若さあふれる教師であった。[23]生徒にとっては、中年の小林とは違って、兄貴のような存在だった。

ある日のこと、中條が小室を呼んだ。

中條正明氏。昭和二三（一九四八）年三月撮影（第三回卒業生・福島県立会津高等学校『永遠の想い』福島県立会津高等学校、平成四（一九九二）年六月、小松忠夫氏提供）。

「小室、これを食え」

取り出したのは、当時としては信じられないような白米のご飯、そして、豪華なおかずを入れた弁当だった。

思わず、ゴクリと唾を飲み込んだ。

しかし、いくら相手が先生でこっちが生徒だといっても、そんな貴重なものをもらうことはできない。イモも満足に食えない時代だったのだ。

「いらねいし」

「いいから、食え」

「いらねいし」

何度も断った。

「こら！　命令だ。絶対食え！」

「……いらねいし」

小室も意地になって、手を出さない。

中條は、しばし黙った後、かみしめるようにいった。

「小室……。俺たちは敗残兵だ。だから餓死したっていいんだ。お前、これ食って元気をつけてアメリカをやっつけてくれ……頼む」

それを聞いた小室の眼から、どっと涙が溢《あふ》れた。

「いただきます……」

中條の前で、泣きながら弁当を食べた。それをみて、中條も泣いていた。(24)

中條は、その後、昭和二五（一九五〇）年、神奈川県逗子の女子高の教員に就職し、会津高校を去った。

尾崎行雄に質問

昭和二三（一九四八）年九月二六日、日曜日。

若松市公会堂において、「憲政の神様」尾崎行雄《おざきゆきお》の講演会があった。当年九〇歳。(25)

白内障で尾崎の視力は弱っていたが、看護師兼秘書の服部《はっとり》フミとともに壇上に上がった。

途中、上着を脱いでの熱論であった。

そこに小室の姿もあった。

小林貞治も尾崎の〝現物〟をみようと、会場に来ていた。(26) 会場で小室の姿をみかけると、小林はスッと陰に隠れた。声を掛けられると、なんとなくきまりが悪かったからだ。

しかし、すぐにみつかった。

「先生もきていらはったのがし」

小室がそういいながらやってきた。

「困ったなぁ……」と思いながら、小林は、

「二階の方にみんながいるから行ってみろ」

「あ、そうがし」

やれやれと思いながら、小林は一階で講演会を聞くことにした。

尾崎の講演の内容はこんな感じであった。

「過去の日本はウソとメイシンで固められた教育であって、長所などない。敗戦後の日本人はすっかり善悪がわからなくなってしまった。これから一番大事なのは、善悪のモノサシをつくることだ、これからはマス、ハカリ、モノサシ、ソロバンを標準にした教育で出直さなければならない」と[27]。

それを聞きながら、小室は思った。

「善悪のモノサシをつくることはよい。しかし、過去の日本を嘘と迷信で固められた教育であって長所などない、というのは暴論である。いくら尾崎行雄といえども、聞き捨てならん」

講演が終わると、すかさず手を挙げたのだった。

二階から「質問！」という、聞き慣れたハスキーボイスが聞こえて来た瞬間、「あッ、アノ声は小室だな、アイツ何いうかな」と小林は思った。期待と不安をもって耳を傾けた。

小室は続けた。

「今聞いていると、尾崎さんは日本の悪いところばっかりいわはったし。しかし、今、みたって良いところがないわけではなかんべし。悪いところばかり探さねいで、よいところも探したらなじょだべなし」

尾崎の横に座った女性が耳打ちをする。

尾崎が答えた。

「私も多年、探してますが、何もありません。嘘と迷信の教育に育てられた日本人に何もよいところはない。体力においても外国に劣る。日本人はこれから根本的に変えて行く必要がある。何か日本によいところがあったら、私がお伺いしたい[28]」

小室には不満の残る回答だった。

『資本論』に消えた奨学金

昭和二四（一九四九）年四月、会津高校二年に進級。

冬の間、叔母とともに住んでいた家の電気はとっくの昔に止められていた。

だから、小室は街灯の下で、叔母の息子の寛治をおんぶして勉強していた。

千葉で働く母が病気で倒れたとの報が届く。政治家を目指していた渡部は、小室を連れて若松市役所の助役を訪ね、支援を陳情した。助役に会うには、市会議員の紹介が必要だったが、渡部は厭《いと》わずやった[29]。しかし、支援は難しいとの回答だった。

遂に、仕送りがなくなり、進退、極まった。

担任は、廣木《ひろき》謙《けん》。会津高校の先輩にあたる[30]。

物理担当。朗らかで優しい先生だった[31]。

小室が奨学金を受けているのに授業料を納めないので、廣木は職員室に呼び出した。

「事務室から連絡があって、授業料が納められてないということだ。お前は奨学金をもらっているだろう。それはどうしたんだ」と督促した。

「マルクスの『資本論』を買ったし」

「奨学金は一番先に授業料に充てるべきで、本を買うのはその次だ」

「……はい。でもこれにはわけがあんのし。俺は語学の勉強にもなっからと『資本論』の原書を買ってくれと図書館長の小林先生に頼んだんだし。でも買ってくれないから小林先生が悪いんだし。嘘だと思うなら小林先生に聞いてみてくなんしょ」

そういいながら、小室は職員室にいた小林を指さした。

「『資本論』を入れれば、マルクス経済学とドイツ語がいっぺんに勉強できるんだし。それを図書館で買ってくんねいので、俺は授業料を納めねいで買ったんだし」

小林は苦笑いするしかなかった。(32)

退学の危機

結局、授業料滞納が続き、学校から退学予告通知を受けた。

そんなとき、小室は小林を訪問した。

「授業料滞納で、学校から退学予告通知を受けたし……」

小林は、てっきり金の相談に来たのかと思った。

しかし、こう続けた。

「退学までの一週間に何の本を読んだらよかんべかなし」

呆れた。ことここに至っても本の話か。授業料を渡してやろうとも思ったが、現金を渡せば直ぐに〝本〟になってしまうだろう。

そこで、こう返した。

「小室、お前の本を買ってやるから持ってこい」

それを聞いた小室は、世にも情けない顔をして渋っている。

本は命の次に大事な宝物であった。

しかし、小林は説得した。

翌日。

再び小林の家を訪問した。

行李《こうり》いっぱいの本を背負い、ギッシリと本が詰まった袋を両手に提げている。

「ひと思いに全部買ってくなんしょ」

小室は、行李と袋から一冊一冊、本を取り出し、悲壮な顔で並べ始めた。

やれやれ、と思い、小林はみていたが、

「授業料分だけでいい」

残りは持ち帰らせることにした。

ところが、小室の整理能力はゼロ。持ってきた行李と袋に収まらないのである。

持ってきたときよりも確実に減っているのに。

やれやれ。小林も手伝って、やっとのことで入れて帰した。

これで退学を免れた(33)。

しかし、このままではジリ貧である。

渡部は、県会議員だった父親のツテや知人に声を掛け、小室の窮状を訴え、救いの手を求めて駆けずり回った。

岩崎光衛

この日、渡部は、若松市内の洋裁教室に顔を出して、尋ねた。

「大変な秀才で、しかし、身の上の気の毒な友達がいるし。どっかに、彼に食べさせて学校へ通わせてくれる人はいらはんべかなし」

ちょうどそこに洋裁習いに通っていたのが、岩崎光衛《いわさきみつえい》弁護士の三女・岩崎和子《かずこ》だった。

和子は、家に帰って、その話を父と母・トキに伝えた。

「おとつぁん、こんな子がいんだげんじょも、うちで学校に出してもらいねいがし」

岩崎は、独学で弁護士になった、たたき上げの人物。不遇の身にありながら託《かこ》つことなく勉強に励む小室の話を聞き、一も二もなく答えた。

「すぐにも連れてこい(34)」

数日後、渡部は小室を連れて岩崎邸にやってきた。

話はすぐにまとまった。

岩崎弁護士の書生として住み込むことになったのである。

そのニュースは、会津高校中に広まり、小室の生活を心配していた周囲の人間を大いに安堵させた。

小室は、本と僅かばかりの衣類だけを持って岩崎家に住み込んだ。

岩崎光衛とは何者か。

彼は努力の人であった。もともとは農家の出。しかし、勉強好きで弁護士になることを目指した。いったんは警察官になったが、勉強をつづけ合格を勝ち取った立志伝中の人物である。その後、県会議員と市会議員とを務めた。

当時、議員には給料がなかったから、弁護士の仕事で生活した。

戦後は、若松市の市長選にも立候補したが、惜しくも次点で敗れている。岩崎は、会津地方の名士であった。

岩崎宅は〝邸宅〟と呼ぶに相応しい家だった。

一階は、八畳が三間、一〇畳、六畳、女中部屋三畳に書生部屋四畳半の七部屋。

二階には、六畳、八畳、一〇畳の三部屋。

小室があてがわれたのは、二階の一〇畳間[35]。

あまりの広さに驚いた。

親友からの厳命

岩崎弁護士宅に書生として住み込むにあたり、渡部は厳命した。

「岩崎先生のお宅でお世話になんので、これからいうことを実行すんだぞ」

一、家の内外の掃除をすること。
一、庭に水やりをすること。
一、薪割り、風呂焚きをすること。
一、電話番をすること。
一、その他、必要に応じて進んで手伝いをすること。

「わかった」


たしかに「わかった」と小室はいった。

しかし、渡部は不安だった。

下宿していた三星荘から、小室がいる時間帯を見計らって、練習のため時々電話をかける。

小室は、たしかに電話口に出た。

だが、甲高い声の早口でまくしたてるので、何をいっているのか聴き取れない。

この話を渡部から聞いた小林貞治は、小室が家へ来たときにいった。

「大学の理学部志望の者が電話も満足にかけられないでどうするんだ」

「自分は原理を窮《きわ》めるのが目的だし。電話のような末端技術は問題にしてねいし[36]」

他の厳命はどうなったか。

まず、薪割り。小室の運動神経はゼロ。薪割りをするにも、振り上げた斧がどこに落ちるのかわからない。一生懸命、斧を振り上げるのだが、危なっかしくて、周りはとてもみていられない。結局、トキに止められた。

次に、庭の水やり。土砂降りの雨でも傘をさして撒いた。

トキが「雨の日に水やりは不要」といったら、「毎日水やりをせよといわれたから」と答えた。「なんて真面目で純情な人か」と思った[37]。

また、トキが、不用になった木箱を潰しているときのこと。

「小室さん、釘抜き手伝ってくんつぇい」

「はい」

小室は表に出たが、どうやって釘を抜くのかわからない。

釘抜きを持って立ちすくんだ。

「こういう風にして叩くと反対の方に頭が出るから、その頭に釘抜きをひっかけて抜くんだ」と教えられた。

一所懸命やってみたが、なんど叩いても木箱を持つ手の指を叩く。

これもみている方が危なく思って、止められた。

ただ、雪降ろしは上手だった。

会津は豪雪地帯である。

「俺、一人で雪下ろし、やっからし」と、広大な岩崎邸の屋根の雪を、みんな下ろしたのだった。

また、抜群の記憶力でトキを助けたこともあった。

岩崎弁護士が、県会議員の仕事で福島市に行っているときのこと。

県庁から岩崎光衛宛に電話がかかってきた。岩崎はさっき出たばかりで行き違いになってしまった。

そのとき、県庁の職員は、トキに伝言を依頼した。

トキは復唱して「こういうわけがし。承知しました。帰ったら、岩崎に伝えるし」といって電話を切った。

切った直後、「あれ、なんつうんだっけか、いまの忘れちまった」

そう独りごちて困っていたところ、小室が二階から降りてきて、

「こういうふうにいわはったので、ねいがし」

たしかに、そのとおりだった。

お祭りのような毎日

小室は、渡部の厳命をほとんど全《まっと》うできなかった。

しかし、生活態度は極めて行儀良かった。

毎日四角い部屋を四角に掃いた。廊下も綺麗に拭いた。

布団も、丁寧に畳んで重ねた[38]。

小室は、綺麗好きで、熱い風呂を好んだ。

岩崎家にはトラという猫が棲みついていた。

ある寒い晩、小室が風呂に入っていると、トラが外の煙突の脇で暖をとって、ニャーニャー……と鳴いていた。

トキは、猫の声を聞いて大声でいった。

「小室さん、猫が入りたがっていっから、開けてくなんしょ」

トキは「風呂から出たら、猫を家に入れなさい」と伝えたつもりだった。

すぐに、風呂場から小室の声が返ってきた。

「そうですかぁ……」

しばらくして、

ギャオーーーーーーーッ!!

断末魔のような猫の声が岩崎邸に響いたのだった。

慌てて、風呂場に向かうと、小室の胸は血だらけで真っ赤に染まっている。猫は濡れた毛を逆立てて叫んでいる。[39] 阿鼻叫喚《あびきょうかん》の現場であった。

いったい何ごとかと聞くと、猫を熱いお湯に沈めたのだという。

「寒いから、トラも温めてやっかと思ったのし。でも、抱いて風呂に入れてたら暴れて胸をひっかかれやした……[40]」

あるとき、以前に岩崎家にいた女中が大きな重箱に九つ、オハギ入れて寄こした。

トキは「小室さん、食《く》いたければ食わんしょ」と、その重箱ごと渡した。

しばらくして、「充分、いただきやした」といいながら箱を戻した。

トキは蓋を開けて驚いた。二つだけしか残っていなかったのだ。

こんなことがあったせいか、小室は、渡部にいった。

「岩崎さんのうちではいつもお祭りかと思う」

叔母と住んでいたときの最高のご馳走は納豆だったのだ。

自負と誇り

昭和二四（一九四九）年一一月、京都大学理学部の湯川秀樹がノーベル物理学賞を受賞。日本人初のノーベル賞受賞に日本中が湧いた。

当時、三星荘、会津の梁山泊でも、たびたび湯川博士ノーベル物理学賞受賞が話題となった[41]。友人から「今度はお前がノーベル賞をとってこい」といわれた。

小室もその気になった[42]。

京都大学理学部に行きたいと思うようになるのは当然の流れであった。

昭和二五（一九五〇）年四月、会津高校三年に進級。七組になった。

担任は、再び廣木謙。

この頃になると、小室の知識、論理能力は、教師をはるかに凌駕するようになっていた。

小室には、自分が特別に高い能力を持っているという自負があった。

自分こそが、これからの日本を背負って立つべき人間であるとの誇りがあった。

口癖は「他の生徒は有象無象《うぞうむぞう》、学校の先生は者共《ものども》」だった。

ある日、会津高校で地域の数学の教師が集まる研修会が開催された。とある数学の問題の解法をテーマに、ああでもない、こうでもないと話し合いが行われていた。

たまたま廊下を通りかかった小室はズカズカと教室に入って「それはこのように解くのがよいです」と黒板を使って説明したのだった。[43] 教師ら一同唖然として声もなかった。

西洋史の授業でのこと。

教師が小室を指名すると、滔々《とうとう》と答え、止まらない。結局、授業が終わるまで答え続けた。その間、他の学生は喜んで、別のことをやっていた。

以降、その教師は授業中、小室をさすことはなくなった。[44]

また、ある授業でのこと。

前の日に教師のいった内容と矛盾があると、小室は「先生、昨日の話と違っているし。どちらが正しいのかし。俺はこうだと思うし」と、ズバズバ指摘する。

年配の教師は、小室の「先生を先生とも思わない」態度をよく思わなかった。

若い教師は「それでは俺もよく調べてくるから、お前も調べてこい」と対応してくれたが、「俺のいうとおりだったし。俺の勝ちだし」と翌日、喜んで教師のところに報告に行くのであった。

多くの教師が、手を焼いて、扱いかねていたのだった。

例外は、小林貞治だった。

小林の英語の授業でのこと。[45]

小室の尊大な態度をみるにみかねて、声を掛けた。

福島県立会津高校三年七組。昭和二六（一九五一）年三月撮影。二列目左から一人目が小室。一列目左から五人目が廣木謙氏（担任）、六人目が橋本憲司校長（第三回卒業生・福島県立会津高等学校『永遠の想い』福島県立会津高等学校、平成四（一九九二）年六月、小松忠夫氏提供）。

「お前、さっぱりノートとらないけど、わかってんのか」

「何でも当ててくなんしょ」

「じゃあ、黒板の前に出て、この英訳文を書け」

小室はスクッと立ちあがり、白墨を手にすると、一気に書き上げた。

小林は、その英文を見て、やれやれと思った。

文法的には正しいのだが、表現が古く、漢文書き下し文のような表現だったのだ。

「これは文法的に正しいけれども、こんな英語はダメだ。こんな英語では大学に絶対受からない。どうだ、みんな、小室はこういう調子だから、大学に受からないことを俺が予言する」

すかさず反論する。確固たる自信があった。

「先生。今、俺は、英国の文豪カーライル（Thomas Carlyle）の文を真似《まね》て書いたんだし。先生に、英国の歴史に残る文豪の文章を批判する力があらはっかし」

小林は負けていない。

「いや、カーライルは日本の大学を受けないからいいんだ。お前は日本の大学を受けるんだから、そんな一九世紀の英国の文豪の、たとえ、そっくりだってダメだ。どうしてもこういう文を書きたいなら、英国の大学を受験しろ、二〇世紀の日本の大学は小室には向かない(46)」

「……」

小室は納得できない顔をしていたが、それ以降、むっつり黙っていた。

進路指導

卒業が近づくにつれて、進路指導が始まる。

二人きりの職員室で、小林と向かい合って、小室はいった。

「大学へは行かねいし」

「大学へ行かないでどうするんだ」

「磐梯山《ばんだいさん》の麓に庵《いおり》を結んで、三顧の礼をもって首相に迎えられるまで動かないつもりだし」

また始まった。今日は『三国志』か。そういえば諸葛孔明はそんなことをしたらしい。

小林はしばらく案じて口を開いた。

「小室、孔明には劉備という伯楽がいたからよいが、お前が磐梯山麓にいることを知らなければ誰も迎えに来ないだろう。孔明になる前に伯夷《はくい》、叔斉《しゅくせい》のように首陽山《しゅようざん》の蕨《わらび》を食べて餓死してしまうだろう。庵のかたわらに氷小屋のような赤い旗看板でも立てておけば、『おや、誰かいるな』と気づく人もあるだろう。しかし、総理大臣を頼むほど偉い人が隠れているとは知るまい」

「……」

中国の歴史を引証した反論が効いたのである。

黙っている小室をみて、小林は、ちょっと聞いてみたくなった。

「一応、聞くが、もしお前に頼みに来たとして、首相になって何をする気だ」

「新憲法を数年間停止して独裁政治をやるし。この憲法では日本中がテンヤワンヤになってしまうし。そして会津に大学を創って小林先生を学長に任命するつもりだし」

これでは進路指導にならない。

「希望はわかったが、まあ何とか大学へ入ることを考えようではないか(47)」

そういってお茶を濁した小林だった。

野宿明けで京大受験

昭和二六（一九五二）年一月二三日、進学適性検査が行われた。

通称「進適《しんてき》」。小室は、この進適で失敗する。

小林には「満点が取れました」とはいってみたものの、結果は、芳しくなく、東大理学部は足切りになる。

もっとも、小室の本命は京大理学部であったから、平気であった。

ノーベル物理学賞を受賞した湯川秀樹に刺激され[48]、原爆以上の兵器を作ってアメリカに攻め入るため[49]、京都大学で理論物理学を学ぼうと本気で考えていた。

京都大学の入試は、三月三、四、五日の三日間だった。

会津は雪に埋もれ、まだ寒い季節。

京都も寒かろうと、岩崎トキは、夫の靴を小室に履かせようとした。

しかし、小室の足は大きく、靴が合わない。

小室は「これで行きます」といいながら草履を指さした。

トキは「草履なんて履いていったら笑われっからなし」と、新品の下駄を履かせた。寒くないように毛布、お腹が空いたときのためにパンを持たせ、旅費、旅館代として二〇〇〇円を渡した。

若松駅から電車にのった小室は、ただ、不安で仕方がなかった。

受験のことではない。お金のことだ。

生まれて初めてもつ二〇〇〇円もの大金。

電車のなかで、財布を出してはみて、出してはみて、確認した。

そのうち、電車の揺れが睡魔を誘う。うっかり、ウトウトしてしまった。

目が覚めたら周りに人がいない。

ハッとして、カバンの中の財布を確かめたが、あるはずのところに財布がない。ない。どこを探してもない。

パニックになった。

車掌にいったが、とりあってくれない。

小室は、二〇〇〇円をそっくりそのまま、京都へ向かう電車の中でスラれてしまったのである。

幸い、京都駅までの切符は、学生服のポケットに入っていた。

ガマ口《ぐち》には、五〇円ほどが入っていた(50)。

京都駅についた小室は、駅のベンチで寝泊まりした。腹が空いたら七円出してコッペパンを買って食べた。駅舎で水を飲んで、三月三、四、五日の試験を乗り切ったのだった(51)。

歩いて会津へ

京都大学理学部、面接試験会場。

面接官は、小室に聞いた。

「君は何を希望して理学部を受験しましたか」

「将来、政治家になるためです」

面接官は、面食らった。

「政治家になるためなら、理学部を受験するのは少しおかしいのではないですか」

「いいえ、おかしくありません。だいたい日本人は非科学的であります。まず、理科の基礎教養があった上で、芸術家になり、政治家になり、官吏にならなければ日本はダメです。政治家志望の者がまっすぐに政治学科へ入るようでは、真の政治家にはなれません。科学的・理科的・数学的学習はすべての者が共通に通過すべき基礎学習です。それを学んだ上で立法・司法・行政・教育・芸術など各々の方面に進むべきで、そうでないと何をやっても幅の狭い、底の浅い考え方しかできません。だから私は政治家になるための入門段階として理学部を選んだんです」

そう、ブッた[52]。

こうして京都大学の入学試験は終わった。

しかし、会津までの電車賃がない。

「どうするか……」

思案の結果、小室は、歩いて京都から会津まで帰ることにしたのである。

東海道を〝東征〟した。

途中、どうやって食いつないだのか。

当初、普通の高校生の姿だったが、歩くうちにだんだんと汚れてくる。服は砂埃で白くなり、顔は黒く汚れ、ヒゲはボウボウに伸び、頬はげっそりとこけてくる。

それをみて不憫に思った人々が声を掛けた。

「あなた、お腹空いているでしょう」

「はい……」

「ご飯、召し上がっていかれませんか」

「はい……。ありがとうございます」

そうやって、いろんな家で、一食ずつ食いながら帰った。

「水を飲ませてください」と小室から乞うたこともあった。

その頃、日本人の心は豊かだった。

こうして小室の会津帰還を支援した人々の名前は残っていない(53)。

一方、会津の岩崎家では、日に日に不安な気持ちが募っていた。

京都大学の入学試験はとっくに終わっているはずである。

しかし、小室はなかなか帰ってこない。一週間経って帰ってこない。一〇日経っても帰ってこない。

岩崎弁護士もトキも、毎日毎日、今日帰るか、明日帰るか、と、ご飯を炊いたり、風呂を沸かしたりして、小室の帰りを心待ちにしていた。

小室が、若松市の岩崎邸についたのは夜遅かった。

「ただいま帰りました」という声は、風の音に消されて家人には聞こえなかった。雪が降っている。やむを得ず、外の小屋に入って、トキに持たされていた毛布にくるまって朝を待った。

翌朝。

岩崎和子がトイレに起きたら、「ただいま帰りました」という声が聞こえる。

「あら、小室さん、帰らはったのかし！」

「はい、帰ってきて声かけやしたが、返事がねいので、小屋の中にいたのし」

小室は汚れて真っ黒になっていた。

恥じらうように笑った小室の歯がいっそう白くみえた。

トキは、すぐお風呂に入らせ、ご飯を食べさせたのだった。

合格

小室は、京都大学理学部に合格した。

それは大変にめでたいことだった。

しかし、周囲の人間は心配した。

「京都で、小室はひとりで生きていけるのだろうか。生活費はどうやって稼ぐのか」という心配である。

小林貞治もいろいろと考えたが、よい案が浮ばない。

思案をめぐらしているとき、小室が小林宅にやって来た。

「小室は会津では皆に知られているからよかった。でも、小室なる人間を誰も知らない京都へ行ったら、人中《じんちゅう》に出ないようにする方がよい」

「はい」

「象牙の塔の中で、学問を相手にしていれば間違いないんだから……。そこで、人中へ出ないで生活費を稼ぐにはどうしたらよいか考えてみたのだが、京都にはお寺が多いから……」

すかさず小室が口をはさんだ。

「そうだし。俺もそう思うし。京都に行ってみたら墓が多い割には寺が少ない。これでは盆や彼岸には一つの寺が幾つかの墓地を管理し、掛け持ちして檀家を巡回してお経を上げなければ間に合わねいし。それには坊さんの数が足りない。幸い自分は漢文の暗誦が得意だから、お経など何でもないので代僧のアルバイトをやろうと思っているし」

我が意を得たりとばかりに「そうだし」といって立て板に水で続けたが、小林が考えていたのはそういうことではなかったのだ。

こう続けようと思っていたのだった。

「……京都にはお寺が多いから、幾つかの寺を掛け持ちして、庭や墓の清掃、除草、修理などを引受ければ、人の顔も見ず失敗もせずに済むから寺男《てらおとこ》のアルバイトをするのがよい」

そんな小林の考えなど知らぬまま、小室は続ける。

「京都から奈良までは歩いても知れたものだし、奈良には数えきれないくらい鹿がいるし。一頭捕まえてくれれば、しばらくは食べ物に困らねいと思いやす」

呆れた。

〝ザ・不器用〟の小室が、生きた鹿をどうやって捕まえるというのか。

「お前は受験に行ったとき財布を盗まれたそうじゃないか。持ちつけない金を持ったからだろうが、荷物を突っ込んだカバンの一番上に財布をのせておけば、なくなるのは当たり前だ。そんな迂闊《うかつ》なお前だから、鹿をとる前に鹿の番人に自分が捕まえられてしまうだろう。よしんば無事に逃げられたとしても、毎日鹿ばかり食べていたら頭に角が出るぞ。今でも普通の人間ではないのに、その上、角でも生えたらどうする気だ(54)」

これに対しては、小室も不満そうにしながら黙っていた。

飯盛山での誓い

昭和二六（一九五一）年三月。

会津高校の卒業式を控えたある夜のこと。

飯盛山《いいもりやま》の石畳の階段を駆けのぼる二人の学生の姿があった。

小室と渡部である。

夜遅いため、頂上の広場はガランとしていて二人以外に人の姿はない。

月が素晴らしく美しく、遠くに鶴ヶ城の森がくっきりと望める。

会津人にとって、飯盛山は聖地である。

まだ一〇代だった若き会津藩士、白虎隊《びゃっこたい》が切腹して果てた地。

同じく一〇代の二人は少年武士の墓の前に腰を下ろした。

月明かりに照らされて、ムッソリーニが贈った鷲の石像と、ドイツ大使館に外交官として赴任したフォン・エッツドルフ氏から贈られた石碑もみえる。

まもなく小室は京都へ発つ。

他方、渡部は早稲田大学に入学するため東京へ発ち、それぞれの道を歩む。

今日は、六年間を兄弟のように過ごした友との別れの宴《うたげ》である。

あっという間の六年間だった。二人は時間を忘れて語り合った。

「小室の面倒はよくみたが、『ありがとう』といわれたことは一度もなかったなぁ。でも、それが小室らしい」

そう、渡部が思っていると、小室はおもむろに二冊の本を取り出した。

一冊は、小室が父親から譲られたというウエルス『世界小文化史』。

もう一冊は、『ビスマルク伝』の原書である。

小室は、その原書に、英語で書いた。

飯盛山の参道の階段（平成三〇（二〇一八）年四月三〇日、編集部撮影）。

"For Prime Minister Kouzou Watanabe"

（プライム・ミニスター・コウゾウ・ワタナベに贈る）

そして日本語で「源《みなもとの》　朝臣《あそん》直樹」と署名した。

小室はいった。

「俺はノーベル賞をとる」

渡部もいった。

「俺は総理大臣になる」

二人は誓いあった。

誇大妄想狂といわれてきた二人にとって真剣そのものの一幕であった。[55]

左から渡部恒蔵氏、橋本憲司校長、小室（渡部恒三『水芭蕉日記』永田書房、昭和五六（一九八一）年、二一〇頁）。

第四章　京都大学

燃える〝ファシスト〟小室と〝反戦・平和〟弁論部

京都大学吉田キャンパス正門（ピクスタ提供）

京都へ

小室は、会津若松駅から京都へ向けて発った。

岩崎光衛に持たされた四〇〇〇円(1)は、トキがしっかりと服に縫い付けてくれた。

途中、神奈川県逗子に立ち寄る。かつて会津高校教師だった中條正明がいたからだ。

中條は逗子で女子高の教師をしていた。

「これから、京都に行くし」

中條は、そういう小室をみながら、自分が渡した白米の弁当を泣きながら食べた小室の姿を思い出していた。

感無量の心持ちだった。他方で、心配も大きかった。

「京都に行ったら鈴木《すずき》淳一《じゅんいち》君を訪ねなさい」

そういった。

鈴木淳一は、小室の二学年上の会津高校の先輩で、新制会津高校第一回卒業生。

鈴木は新制の京都大学に入学していた。

四月七日、京都に着くと、早速、鈴木を訪ねた。

河崎《かわさき》一夫《かずお》の営む河崎下宿は、京都府京都市左京区牛ノ宮、京都大学キャンパスの西側、東大路通《ひがしおおじどおり》を隔てた一角にあった。その学生向けの古い下宿屋で、鈴木は大学生活を送っていた。

しかし、あいにく鈴木は留守。春休みで若松市の実家に戻っていたのだ(2)。

河崎下宿には、当時、鈴木を入れて会津出身の学生が四人いた。皆、真面目だったこともあり、会津人に対する信用があった。河崎は、小室の話を聞いて、鈴木の部屋に入れてくれた。

小室は、主《あるじ》のいない部屋に一人、居候しながら、宇治分校近くで下宿を探すことにした。

希望と苦難の第一歩

四月九日、中條は京都の鈴木宛に葉書を送った。


淳一君、小室は苦難の第一歩を踏み出した。

宇治分校には寮はなし。吉田分校寮は二回生以上。遂に河崎氏宅に寄寓した様である。寮が不可能とすれば、彼の前途は暗澹としてゐる。嵯峨野の清涼寺に寄るか、しからずんば宇治に発見するか。恐らく、あの男では、素人下宿は断られるであろうし、入寮不可能は小室にとって正に決定的致命傷であったのだ。私としても秋月先生に懇請する

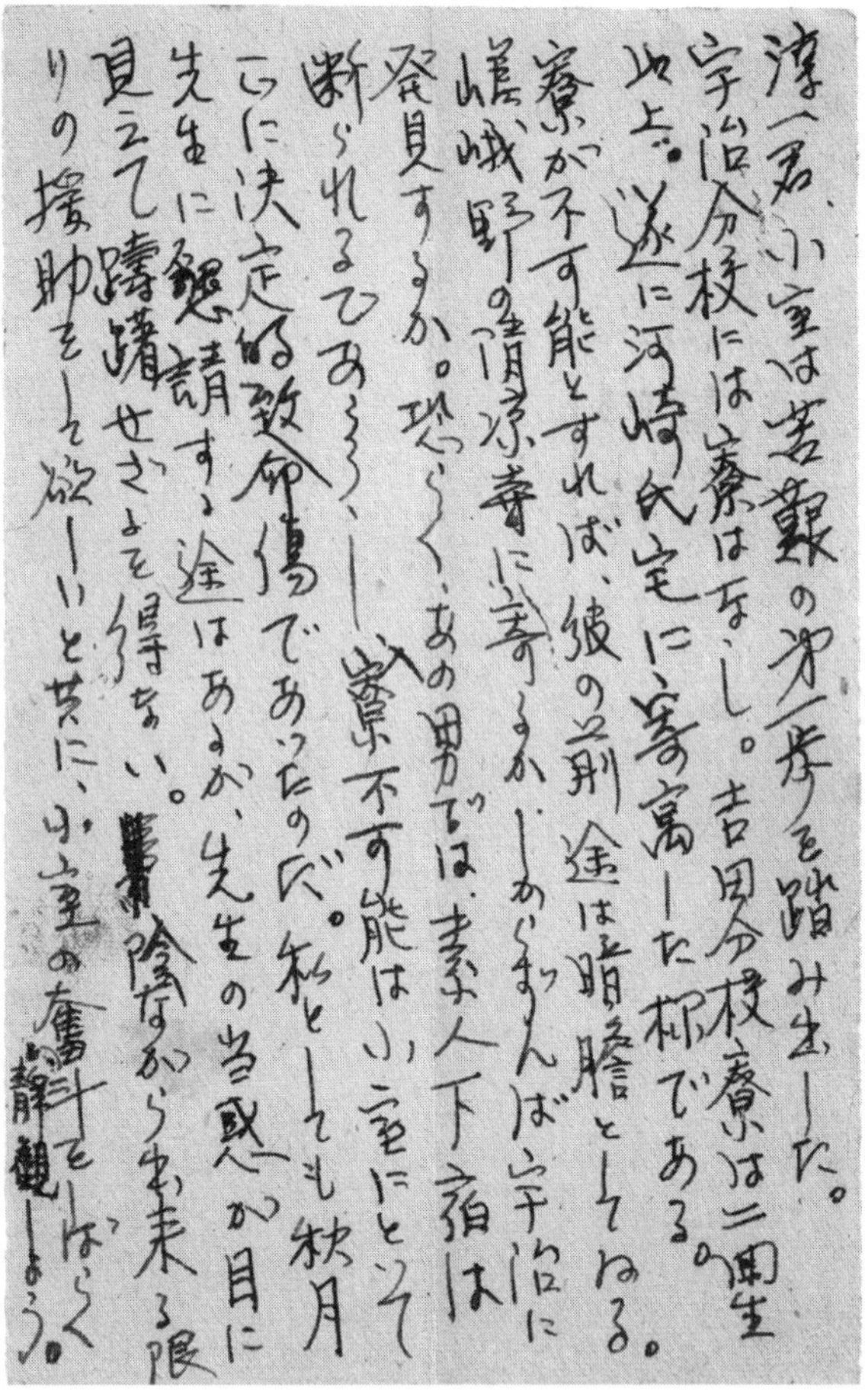
淳一君、小生は苦難の第一歩を踏み出した。
宇治分校には寮はなし。吉田分校寮は二回生以上。途に河崎氏宅に寄寓した訳である。
寮が不可能とすれば、彼の前途は暗澹としてゐる。
嵯峨野の清涼寺に寄寓するか、しからずんば宇治に発見するか。恐らく、あの男では、素人下宿は断られるであろう。しかし寮不可能は小生にとって正に決定的致命傷であったのだ。私としても秋月先生に懇請する途はあるが、先生の当惑が目に見えて躊躇せざるを得ない。陰ながら出来る限りの援助をして欲しいと共に、小生の奮斗をしばらく静観しよう。

中條正明氏から鈴木淳一氏への葉書。書かれたのは昭和二六（一九五一）年四月九日夜。消印は同年同月一〇日（鈴木氏提供）。

途はあるが、先生の当惑が目に見えて躊躇せざるを得ない。陰ながら出来る限りの援助をして欲しいと共に、小室の奮斗をしばらく静観しよう。

「秋月先生」というのは、京都大学理学部数学科の秋月康夫《あきづきやすお》教授のことである。中條の目には小室の京都での生活は、「希望の第一歩」であるとともに、「苦難の第一歩」にもみえたのだった。

そんな心配などつゆ知らず、小室は京都で生き生きと活動を始めた。

四月一四日、京都大学入学式の日。

宇治里尻《さとじり》に下宿先を見つけた(3)。

宇治川の西側、宇治橋西詰の近くに、その下宿屋はあった。

宇治はお茶の産地。古い民家には必ずといっていいほど大きな屋根裏部屋があった。かつては、お茶の倉庫として使われていた部屋である。

その屋根裏部屋を仕切って下宿部屋に改造した下宿屋が多かった。窓際になるほど天井が低くなり、かがみ込まなければならない(4)。

小室はそのような屋根裏部屋で、初めてのひとり暮らしを始めたのだった。

岩崎光衛・トキへの手紙

昭和二六（一九五一）年四月、下宿先が決まると、小室は早速、岩崎光衛・トキに長い手紙を書いた。

その後お変わりありませんか。（中略）

私は若松から一先づ中條先生の下宿に行き、七日の日に京都へ行きました。別にどこにとまるあてもなかったものですから、鈴木淳一さんの下宿にとめていたゞきました。そこへ七日ばかり宿めていたゞき、十四日に入学式がありました。一年生は宇治分校（元の陸軍火薬庫）で授業がありますので、寮に入っても無駄です。それで宇治市内に下宿することにいたしました。授業料は免除になり、育英會の方は只今出願中で、六月から借りられます。

私の入学の際の席次は、事務所へ行ってきいてみましたが教へて呉れません。発表の時もアイウエオ順に発表したさうでした。それは、内申書と、進学適性検査と学科試験とで合否を決めるので厳密に順位をきめるのが不可能なためなさうです。でも学科試験に重点を置いたので、私は少くも十番以内な譯です。

宇治は櫻の名所です。名高い平等院の鳳凰堂もあります。今はもうすっかり散ってしまひましたが、来た当初は見事なものでした。歴史できいた宇治川の中の島に白い橋がかかり、点在する松をとりまぜて一面に咲いた櫻などはぜひ一度お見せしたいものです。その後に青い山々がかすんで見えるのです。

又、秋にもなれば、もみじが美しいともききました。

あれを見、これを聞いた時には早く偉くなって、この美しい平安京に御招待したいものだと、遠い北の空を望んで感慨が無量でした。

嵐山、嵯峨、御室の櫻も壮観でした。清涼寺へ行ったときに見て来たのです。比叡山にも行かうと思って居ます。大阪へもいつか行ってみたいとも思ってゐますが、せっかくいたゞいた大事な名刺をどこかへしまひなくしてしまったのが残念です。大学は四年であとは大学院が三年であります。七年たてば必ず博士になります。そうしたら會津へ歸ります。それまでは歸りません。どうか御身体を大切になさって、いつまでも〳〵丈夫でいらして下さい。その時をたのしみにして一生懸命勉強して居ります。今年、必ず首席に成ります。教科書も発表になりましたが、そんなにむづかしくありません。中の人間も思った程の秀才は居りません。

今勉強している科目は、英語、ドイツ語、フランス語、哲学、論理学、経済学、地理、歴史、心理学、物理学、化学、天文学、地学、数学、それに体育であります。（初と少

し変更になりました)

授業は土曜日四時間、その他は八時間であります。初《(ママ)》まるのは午前八時四十分、八時十分に家を出ればまに合ひます。食堂は学校にあります。

もっと申し上げたい事も報告したい事もずいぶんありますが、鉛筆をとってみますと、まだ思った萬分の一もかけません。若し私が文学者であったならば少しでも書けたらうにと残念でたまりません。いづれくはしいことは後でゆっくりおたよりします。

くれぐれも御身体を大切になさって下さい。

乱筆で、失禮ですが。

昭和二十六年四月十九日

小室直樹

岩崎光衛様
岩崎トキ様

京都大学宇治分校

小室は、京都大学理学部に入学した。(5) 新制大学となって第三回目の入学生である。

京都大学は、昭和二四(一九四九)年、新制大学設置に伴い、宇治市五ケ庄《ごかのしょう》に宇治分校を設置した。宇治分校で学ぶのは一年間、一回生の間のみである。二回生になると旧制三高の跡地にある吉田分校での授業となる。

京阪電鉄宇治線に乗って黄檗《おうばく》駅で降りると、すぐ目の前が宇治分校である。線路を隔てて反対側の宇治市黄檗には、黄檗山萬福寺がある。インゲン豆の隠元《いんげん》禅師開祖の黄檗宗の大本山である。

宇治分校の隣には、警察予備隊が入っており、「宇治は坊主と学生と警察予備隊の町」と呼ばれていた。

もともとこの地は、明治二六（一八九三）年、明治政府が火薬庫を置いたところで、日清戦争、日露戦争ではここから火薬が運ばれた。その陸軍火薬庫が急遽、校舎に改造された。

火薬庫の半分は警察予備隊が使い、半分を京大教養部が使っていた。火薬庫だった建物に、蛍光灯を設置し机を並べて教室へと改造したのである。新築の建物は、図書館のほか、二、三しかなかった(6)。

もともと火薬庫であるから、誘爆を警戒して建物と建物との間が広くとられている。だから、全速力で走っていかないと次の授業に間に合わない(7)。

京大に宇治分校が設置された当時の総長は鳥養利三郎《とりがいりさぶろう》。彼は、宇治分校を、アメリカ・ノースカロライナ大学と同様、緑豊かな学園にするという雄大な構想を持っていた(8)。しか

し、現実には、メタセコイヤの並木道を外れると蝮《まむし》が出るほどの草深い僻地《へきち》であった。(9)

吉田本町の京大本校からは遠く離れ、教授らは吉田本校からバスに揺られて来ていたので、講義以外で顔をあわすことは少ない。その半面、学生らはのびのびと勉強会やサークル活動を行ない、他学部生とも広い交流が行われていた。(10)

小室はそんな宇治分校のキャンパスで、信玄袋を手に提げ、高下駄を履いてあたりを睥《へい》睨《げい》しながら歩いていた。

アルバイトの日々

生活は再び貧しくなった。教科書を買う金がなかったので、友人から借りて筆写した。(11)

アルバイトもやった。伏見稲荷の祭りの日に神輿をかついで二五〇円を稼いだのを皮切りに、(12)労働組合委員長の息子の家庭教師をした。(13)小林にいったとおり、お経を覚え、坊主の代役として檀家で読経したりもした。(14)

授業料は免除になったものの、仕送りはない。六月までは奨学資金も出ない。

とにかく金がない。

小室は、恥を忍んで、会津の岩崎弁護士や先輩の鈴木淳一に無心した。下宿から京都駅まで電車で行き、その後、京都駅から鈴木の下宿まで歩いた。市電の八円の電車賃すらなかった。

「鈴木さん、銭《ぜに》、貸してくなんしょ」

鈴木も決して豊かではない。このとき手元にあった現金は全部で六〇〇円。

「すまんが、オレもこれだけしかない。半分お前にやる。返すことはない」

そういって、鈴木は小室に半分渡したのだった。

その後、下宿代を節約するため、小室は萬福寺の塔頭《たっちゅう》に転居した(15)。当時、萬福寺の塔頭には同じような境遇の学生が生活しており、対価として、寺の掃除をやった。

六月になって大日本育英会(16)の奨学資金が出た。これでやっと息がつけた。

その後、奨学金とアルバイト料合わせて、月五〇〇〇円での生活が続く(17)。

弁論部結成

昭和二六（一九五一）年六月二日、土曜日。

京都大学弁論部結成の日(18)。

数日前、小室は大学の掲示板で「弁論部結成」のビラを見かけていた。

集合場所は「宇治分校一一番教室」と書いてあった。

ビラを貼ったのは、法学部一回生・内田剛弘《うちだたけひろ》と、同じく法学部一回生・伊藤皓文《いとうこうぶん》の二名。

二人は下宿が一緒であり、ともに弁論部がないことを嘆いてのことだった。

集合場所に赴くと、すでに何人かの一回生が集まっている。

所定の時間となると、内田の司会のもと、各自、自己紹介をした。

小室の番となった。

「小室直樹です。理学部一回生。物理学科志望です。高校は会津高校です。日本は戦争には勝っていたが、原子爆弾で敗けました。だから、湯川さんの研究室に入って原子力を研究し、もっとすごい原爆をつくって〝アメリカ征伐〟に行く。そのために京都大学に来ました」

これには皆、驚いた。その上、小室は続けてマルクス批判もした。

小室の自己紹介を聞きながら真砂泰輔《まさごたいすけ》は「ごっついのがおるなぁ」と感心した。

他の参加者も同じ思いだった。(19)

北村英樹《きたむらひでき》が「京都出身です」と自己紹介すると、すかさず、小室は頭を下げて、

「維新のとき、わが殿様がお世話になりました」

本気とも冗談ともつかない神妙な顔をしている。

「わが殿様」とは、幕末期、徳川幕府に命ぜられ京都守護職として京都に赴任した、会津藩主・松平容保《まつだいらかたもり》公のこと。聞いていた者は「白虎隊の生き残りが京都大学に現れたのか」と、目をこすった。

小室は、とりわけ伊藤皓文と話が合った。

初めて会ったこの日のうちに二人は意気投合した。

会津高校時代、「ヒトラーを崇拝している」というと同級生からは「頭がおかしい」といわれた。そのことを小室も少しだけ気にしていた。しかし、伊藤は「ヒトラーは凄い」といってくれた。「大学っていいところだ」と思った。[20]

異色の部員

京都大学弁論部が正式に発足した。

昭和二六（一九五一）年入学の弁論部員を五十音順に列挙しよう。[21]

伊藤皓文（法学部）、内田剛弘（法学部）、北村英樹（法学部）、小室直樹（理学部）、富田《とみた》清《きよし》（法学部）、真砂泰輔（法学部）、三島淑臣《みしまとしおみ》（法学部）、森井暲《もりいあきら》（法学部）、山本耕三《やまもとこうぞう》（法学部）。

所属学部を見ると、小室だけが理学部。異色の弁論部員であった。

京都大学弁論部が結成された後、東京大学駒場祭での東大・京大弁論大会（一一月）の企画、関西の他大学における弁論部との交流、関西の高等学校の生徒に呼び掛けて高校弁論大会の企画などが進んだ。最初に具体化したのは、七月の京都青年学生平和祭に参加しての関西高等学校弁論大会（審査委員長は立命館大学総長・末川《すえかわ》博《ひろし》）であった。

当時は、どのような時代であったか。

昭和二〇（一九四五）年八月のポツダム宣言、降伏文書に基づき、日本は連合国軍最高司令官総司令部（ＧＨＱ）の占領下に入る。その後、数年間、日本はＧＨＱにより民主化・非軍事化を推し進められてきた。しかし、ソ連を中心とする共産主義勢力の拡大のあおりを受け、アメリカ政府は、日本を反共の防波堤と位置づけた。ＧＨＱは、占領政策をガラリと転換する。

昭和二二（一九四七）年一月末。ＧＨＱが日本共産党主導による二・一ゼネストへの中止命令を出したのを皮切りに、労働運動に対する取締り、締付けが厳しくなる。

朝鮮半島では、昭和二五（一九五〇）年六月二五日に戦争が始まり、日本では、昭和二五（一九五〇）年八月一〇日に警察予備隊が創設され、日本の再軍備が進められた。

日本共産党幹部に対しては様々な理由で逮捕状が出された。いわゆるレッド・パージ。対照的に、公職追放指定者の処分解除が行われた。

連合国軍最高司令官の首もすげ替えられた。昭和二六（一九五一）年四月、ダグラス・マッカーサーの後任として、マシュー・バンカー・リッジウェイ（Matthew Bunker Ridgway）が、第二代連合国軍最高司令官として日本の占領統治に当たることになった。

日本は、〝逆コース〟の真っ直中にあったのである。

他方、京都大学の学生たちの大勢《たいぜい》は〝反戦・平和〟である。

もちろん、創立間もない弁論部の主張も〝反戦・平和〟。

朝鮮戦争に対する反戦の意志が、学生の行動を支えるエネルギーとなった。(22)

昭和二六（一九五一）年九月には、サンフランシスコで講和条約と日米安全保障条約の調印が行われた。

この年の一〇月一六日、黄檗山の山頂で弁論部のコンパが行われた。

京都出身の弁論部員・北村が、一升一〇円のどぶろくを仕入れ、部員全員ファイアストームを囲んで、〝デカンショ節〟を歌った。つまみは焼き芋だった。(23)

旧制高校時代の魂が踊り出し、燃え上がった。

ここでも、小室はマルキシズム批判を行う。

内田は恐れ入った。『資本論』を読破しているだけでも感心だ、と思った。

部室でも、小室は、弁論部員を相手にしゃべりまくった。

マルクスを打ち倒すために『資本論』を読破したこと、スターリンは独占資本の援助によって独裁を行っているんだと話した。(24)

ある弁論部員は、半ば呆れて笑いながら聞いた。

「バカバカしい。しかし、小室はどうしてそんなにマルクスを敵視するんや」

「……親父はマルクス主義を研究しすぎて、病気で死んだ。マルクスは親の敵《かたき》なんだ(25)」

そう呟いたのだった。

スターリンを殺せ！　リッジウェイを叩き出せ！

小室と伊藤の行動は徐々にエスカレートし、他の弁論部員たちの困惑を誘うようになった。

一〇月半ばすぎ、小室と伊藤は檄文《げきぶん》ビラを構内に貼り出した。

これは、小室の草稿を伊藤が清書したものである。ビラには太文字で、こう書かれていた。

〝スターリンを殺せ！　リッジウェイを叩き出せ！〟

もっとも、この部分は補導委員の注意が入った。結果、上から棒線で消されていたが、申し訳ばかりの細い線なので、ちゃんと読めるのだった。

リッジウェイさえも追い出そうとする、その小室の目的は、日本の完全なる独立であったのだ。

小室らの行動は、左がかった多くの学生の目には奇異に映った。

小室と伊藤の出現は、〝新しいファシズム〟の台頭として、民主主義科学者協会、略称「民科《みんか》」から激烈な反駁《はんばく》にあうことになる。

昭和二六（一九五二）年一〇月二七日。

講堂で討論会が行われたが、これは全学生の関心を呼んだ。

小室は激しく応答。戦争を肯定し、「平和論は感傷だ！」と叫んだ。

しかし、返ってくるのは野次と嘲笑だった。

小室は全て受けとめて、いった。

「君たちは『資本論』を読んだのか？　俺は読んでいるぞ！」(26)

気迫に満ちた堂々たる態度であった。

その後、内田は、小室のビラは弁論部の意見ではないこと、自由と平和を愛することこそ弁論部の理念であることを紙に記して掲示板に貼った。

この頃から、弁論部と小室・伊藤の思想的対立が明確化してきた。

自治会である京大同学会《どうがくかい》の役員の一人に女性がいた。某大学の有名教授の娘で理学部生。奈良、秋篠寺《あきしのでら》の伎芸天《ぎげいてん》立像に例えられるような豊満な美人であった。(27)

あるとき、その彼女がニッコリ笑って小室を呼び止めた。

「あなた、再軍備論者だそうですね。ちょっとお話しませんか」

女をつかって懐柔する気かと苛《いら》ついて、小室は怒鳴った。

「なにィ？　種付けするゾ！」

「キャーーーーッ!!」

キャンパスに悲鳴が響いた。以降、彼女は小室の姿をみかけると逃げるのであった。

東大・京大弁論大会

昭和二六（一九五一）年一一月一一日、日曜日、第二回東大駒場祭。東大・京大弁論大会が開催された。京大からは、内田、真砂、北村、そして伊藤が乗り込んだ。小室は京都に残った。東大弁論部の資料はこう記す(28)。

一一月一一日午後一時、教養学部本館一大教室。淡野《だんの》（安太郎《やすたろう》）教授師席のもと、東大対京大の第一回弁論大会が開催され、午後一時より四時半まで熱弁が振るわれた。

東大　徳富《とくとみ》　克治《かつじ》　――　実践の政治学
京大　内田　剛弘　――　現下言論界と知性の使命
東大　鈴木《すずき》　滋三《しげぞう》　――　自由と人間性を守るために
京大　北村　英樹　――　現代社会における人間像―生と個の世界観―
東大　富永《とみなが》　健一《けんいち》　――　人権の擁護
京大　伊藤　皓文
講師　淡野　教授

淡野教授が特に、勉学結果の発表にしては、余りにも平面的であり、今後もっと立体的に勉強して欲しいと講評で指摘された事は、弁論大会が、ともすれば技巧に陥り、ジャーナリズムの域を出ない弊を戒められたものであった。

一高弁論部が三高戦を毎年の一大行事として、広く知識の研鑽に努めてきた過去の事実に照らし、此処に東大教養学部弁論部が、京大弁論部と一堂に会し、相互に切磋琢磨する契機を作るに至った事は、先の「縦之会」と共に大きな意義をもつものである。

東大・京大弁論大会後の写真が残されている。

中列、右から三人目に写っているのは二年生の富永健一である。

小室と富永。後に出会う二人の、運命のすれ違いとなった。

実は、このとき小室のいる京都ではとんでもない事件が起こっていたのである。

京大天皇事件

昭和二六（一九五二）年一一月一二日月曜日、天皇の京都大学巡幸の日。

大学当局は、一〇月からその準備に余念がなかった。

天皇が歩かれる場所を舗装しなおし、目に付く建物の壁を塗り直した。それが多くの学

東大駒場祭　第二回東大・京大弁論大会後の写真。旧制第一高等学校同窓会館にて（昭和二六（一九五一）年一一月一一日、真砂泰輔氏提供）。前列左から、田口富久治氏（東大）、北村英樹氏（京大）、内田剛弘氏（京大）、真砂泰輔氏（京大）、山本耕三氏（京大）、伊藤皓文氏（京大）。中列左から、菊地康弘氏（東大）、岩田修氏（東大）、山本敏氏（東大）、徳富克治氏（東大）、富永健一氏（東大）、加納甚太郎氏（東大）、堀江昇氏（東大）。後列左から、上田治氏（東大）、黒田眞氏（東大）、片岡賢一郎氏（東大）、大原俊雄氏（東大）、相山威氏（東大）、鈴木滋三氏（東大）。

生には、表面糊塗のようにみえた。

学生たちは、事前に同学会を中心に大学当局に申し入れを行っていた。「大学と学生生活のありのままの姿をみてもらうことが人間天皇を迎える正しい態度」であり、同学会としては「天皇来訪に対して歓迎もしなければ拒否もしない」が、「警官が学内に侵入する」のには反対する、と。

これに対して、大学当局は、同学会からの天皇への公開質問状の取り次ぎ依頼は断ったものの、警察官を構内に引き入れないことを確約していた。

そして、一一月一二日になった。

冷たい小雨降る日であったが、すでに大学付近には多数の学生、市民が集まっていた。午後一時。どこからともなく『君が代』のメロディーが流れてきた。やがて、正門前を毎日新聞社のニュース・カーが通る。車体には大きく「天皇奉迎車」と横書きしてある。『君が代』はこの車のスピーカーから流れ出たものだった。

天皇の乗った車が京大正門を入った。天皇は、自動車の中でこくりと学生の方に頷《うなず》いている。当初、群衆は静かに見守っていた。

ところが、である。天皇が車を降り、玄関に立ったとき、だれからともなく、どこからともなく『平和の歌』が歌われ始めたである。

〽 解放のため　尊き生命《いのち》をとして
激しき心をもやし
斗う友よ　世界の友よ
吹きつのる嵐をついて
赤ききずなを結びつつ
平和　平和　平和を守れ(29)

『君が代』のメロディーはかき消された。ほどなく学生たちの歌声が揃いはじめる。固くスクラムを組んだ学生らは、声を張り上げて歌う。

これに慌てた大学当局は、同学会との約束を反故にし、構内に警官隊を引き入れた。学生たちはこれに反発。学生たちと警官隊との押し合いとなった。その摩擦の熱が『平和の歌』の歌声をさらに大きくし、二キロ離れた地点でも、歌声が聞こえるほどになった。『平和の歌』の合間あいまに、シュプレヒコールが起こる。(30)

「単独講和反対！」

「日米軍事協定反対！」

「再軍備反対！　オレたちは肉弾にならない！」

その合唱は天皇が、帰路につくまで続いた。

警官隊ともみ合う学生たち（「平和の歌で出迎え――京大天皇事件」『画報現代史――戦後の世界と日本　一一（一九五一年七月～一二月）』国際文化情報社、昭和三〇（一九五五）年、七七三頁）。

多くの学生が『平和の歌』の大合唱に酔っているとき、ひとりの学生が「止めろ！止めろ！」と絶叫する姿が目撃されている。[31] たった一人の反抗。しかし、その声は「平和の歌」の大音量にかき消された。

孤軍奮闘するその学生の姿は、小室に似ていた。[32]

事件の大きな余波

翌日の新聞報道はすさまじかった。

例えば、地元の『京都新聞』（一一月一三日、朝刊）では、次のように報道された。

陛下巡幸と京大生のデモ

十二日の陛下巡幸中、全市民が心をこめて歓迎申し上げたなかにあって、ただ京大だけが一部学生のため〝インター〟斉唱の不穏なお出迎え風景をみせた。陛下の御着と同時にプラカードを掲げた学生約千人が学内奉迎車にまじってヤジリ出し、御進講がはじまると同時に本部通路に殺到、制止出来なくなった大学側では市警当局に警察権の発動を要請、これにより制服警官五百人が学内に入り込み整理に当たったため、事なく終わったが、知性も良識もある最高学府の学生の行動は早くも市民の間に伝わり、極度の

ヒンシュクを買っている。(33)

意図的かどうか不明だが、『平和の歌』が『インターナショナル』に変わっている。どの新聞も、ほぼ同様に報じていた。すなわち、京大への天皇巡幸にあたり、一部の学生が突然、天皇が降車した後の空車をかこんで騒ぎ、平和の歌やインターナショナルを歌って収拾のつかない混乱が生じたこと、そして、大学は五〇〇人の警官を呼び、ようやく鎮められたことを。

その後、「事件」は学生たちの予想もつかない方向へ拡大する。

同日、吉田茂《よしだしげる》首相は、天野貞祐《あまのていゆう》文部大臣、大橋武夫《おおはしたけお》法務総裁、増田甲子七《ますだかねしち》自由党幹事長らに対し、今後、天皇巡幸先で同様の事件が起こらないように注意した。

国会でも取り上げられた。

衆議院文部委員会で、民主自由党の岡延右衛門《おかのぶえもん》が質問した。

「今度の事件は前日に共産党と京大生が秘密会合を開いて計画したといわれているが、文部大臣はどう思うか」

天野文部大臣は、答弁した。

「まだ報告を受けていないが、まことに残念なことだ。騒いだ学生も自分では国のためによかれと思ってやったことと思うが、その根本の考え方に間違ったものが含まれている。

たしかに学生として取るべき態度ではない。最後の責任は私にある。私自身十分、反省しなくてはならない[34]」

一四日に至ると、さらに拡大。東京から、検察局、特審局関係から人員が派遣されることになり、法務府は人選を決定。文部省からは、実情調査のため、大学学術局学生生活課の森永事務官が派遣された。

京大側も、午後三時一〇分、事件の真相を発表。常軌を逸した一部学生の行動が京大の名誉を傷つけたとして、事件を「計画的」であると推定。

そして一五日、同学会に対し解散令を出し、学生八名を処分した。処分された学生の中には、天皇巡幸時には収監されて、参加することが物理的に不可能だった小畑哲雄《おばたてつお》も入っていた。大学当局の狼狽ぶりがみて取れるようである。

同日、参議院予算委員会でも事件が問題となり、天野文部大臣は「私の責任については吉田首相と相談して善処したい」と答えた。なんと文部大臣の去就問題にまで発展したのである。

これらの出来事を総称して、「京大天皇事件」という。

小室は、現人神・今上天皇がこのような不当な仕打ちを受けたことに、愕然とし、悲憤《ひふん》慷慨《こうがい》した。再び小室の孤軍奮闘が始まった。

大演説「天皇は神である」

昭和二六（一九五一）年一一月二四日、弁論部主催の討論会が開催された。テーマは「天皇と民主主義について」。京大天皇事件を受けて、急遽、開催された討論会であった。

ここで、小室は「天皇は神である」と論証する大演説を行った。『学園新聞』の通信員だったある文学部生は「小室君の説は田辺元《たなべはじめ》氏のものとそっくりだね」といった[35]。

小室の〝活躍〟は続く。

同年一二月八日。

大東亜戦争十周年記念大弁論大会が開催された。大東亜戦争の意義を問うこの弁論大会で「聖戦だ」と主張したのは二人。小室と伊藤であった。「侵略戦争である」と主張したのが、理学部・高橋哲郎《たかはしてつろう》、法学部・木坂順一郎《きさかじゅんいちろう》、法学部・江口圭一《えぐちけいいち》、文学部・松浦玲《まつうられい》らであった[36]。

小室は、ここで太平洋戦略論を一席ぶち、ごうごうたるヤジと駁論《ばくろん》を浴びた[37]。

しかし、意に介するそぶりもみせず、得意満面であった。

年が明けて、昭和二七（一九五二）年一月一二日。

弁論部のコンパが、内田の下宿で行われた。ここでも、小室、そして伊藤は持論を滔々と語った。

他の部員が小室らを見る目は冷たかった。彼等の耳には、小室の言論は、非常識な右翼小児病としてしか響かなかった。ますます、小室、伊藤は、弁論部の中で浮いた存在となった。

燃える〝ファシスト〟小室と伊藤。対する〝反戦・平和〟弁論部。

小室と伊藤以外の部員は、呆れるばかりであった。内田は「部の将来は容易ならざるものがある」と慨嘆した。

当時の京都大学の学生たちを包む雰囲気は、こうであった。

東西対立の冷戦下。極東では、朝鮮戦争の最中で、北朝鮮の軍隊が日本列島の一衣帯水《いちいたいすい》の釜山《プサン》まで迫っていた。再び日本が戦争に突入していくのではないか。多くの学生は、戦争は、もうこりごりだと考えていた。

国内では、武装闘争を志向する日本共産党の勢力が学内で積極的に活動し、その反戦・平和のスローガンに賛同する学生が多かった。

だから、思想・信条を異にする小室にとっては違和感のある、ストレスのたまる環境であった。

小室は心身に灼熱のマグマを宿し、未だ進路が確定しないまま、広範な読書と研究を試みつつも噴火口を求めてエネルギーをもて余していた。(38)

左翼学生の巣窟へ

昭和二七（一九五二）年四月、京都大学二回生となった。

二回生からは旧制第三高等学校の跡地にある吉田分校での授業となる。

小室は京都大学吉田近衛寮、通称「吉田寮」に入寮した。

吉田寮入寮にあたっては、こんなことがあった。(39)

吉田寮は、一人一室制の上、寮費も安い。入寮希望者は多く、競争率は一〇倍を超えていた。入寮の選考に当たっては、面接委員の面接があり、小室も面接を受けた。

隣国では朝鮮戦争が続いており、再び戦争のきな臭さが日本を覆っていた。学生の間では、破壊活動防止法案反対運動が盛り上がり、吉田寮は左翼学生の巣窟となっていた。小室はすでに〝ファシスト〟、〝右翼学生〟として、その名を轟《とどろ》かせていた。

左翼系の面接委員から小室入寮反対の声があがったのも当然であった。

しかし、京都大学学生部の角南正志《すなみまさし》厚生課長は小室の姿をみていった。

「赤貧洗うがごとし。彼を落とすことは許されない」

角南のおかげで小室は吉田寮に入寮を許されたのであった。

吉田寮には、北寮、中寮、南寮の三つの建物がある。小室の部屋は南寮となった(40)。

ここでも、小室の名前は直ちに広まった(41)。あだ名は「小室将軍(42)」。

坊主頭で、朴歯の下駄をはき、吉田寮界隈を跳びはねるように歩いた(43)。

弁論部除名、「決闘だ！」

昭和二七（一九五二）年四月二六日、午後一時。

法経一番教室にて徴兵反対大会が開かれた。講師は岡倉古志郎《おかくらこしろう》、柳田謙十郎《やなぎだけんじゅうろう》。

場内はほとんど満員の盛況、熱気で沸き返っていた。ここでも、小室はブッた。徴兵令賛成、再軍備賛成の演説を行ったのである。大会は五時半頃まで続いた。

同年四月末、ついに弁論部中央委員会は小室の除名を決議した。

これまでの小室の言動が、弁論部規約第一三条第一項、部の品位、名誉、信用を著しく傷つけ、秩序を乱した場合に該当するとされたのである(44)。

除名された小室は、坊主頭だったが怒髪天を衝く勢いで憤慨《ふんがい》した。

小室は、伊藤を連れて、左京区黒谷《くろだに》の内田の下宿に押しかけた。

黒谷の金戒光明寺《こんかいこうみょうじ》には、蛤《はまぐり》御門《ごもん》の変で殉難した会津藩士が眠っている。

「見ていて下さい」

そう心の中で呟いて、内田の下宿のドアを開けた。ちょうど弁論部員の富田もいた。

内田らを睨み付けて、怒鳴った。

「決闘を申し込む！　立会人は伊藤に頼んだ！」

内田は、あっけにとられた。決闘なんて前世紀の遺物ではないか。

しかし、若き内田も男であった。

「よし、わかった！　吉田山の山頂でやろう」

「いいだろう！」

内田は下宿のおばさんに迷惑はかけたくなかったのである。

十数分後、吉田山を登る四人の姿があった。

小室、伊藤、内田そして富田の四人だ。

頂上に着くまでいろいろ議論しているうちに、自然と「やめよう」という雰囲気になった。

結局、四人はもと来た道に引き返したのだった。

数日後、内田は小室と大学キャンパス内で偶然出会った。

小室は笑顔でいった。

「あのとき、決闘をやらなくてよかった。法律で罰せられるところだった」

それは「決闘罪ニ関スル法」のことであった。

第五章　軍事科学研究会と平泉学派

烈々たる憂国の真情

小室直樹「日本再軍備の性格——一大学生のノートより」『桃
(三巻四号、昭和二八（一九五三）年四月)。

日本再軍備の性格

一大学生のノートより

小室直樹

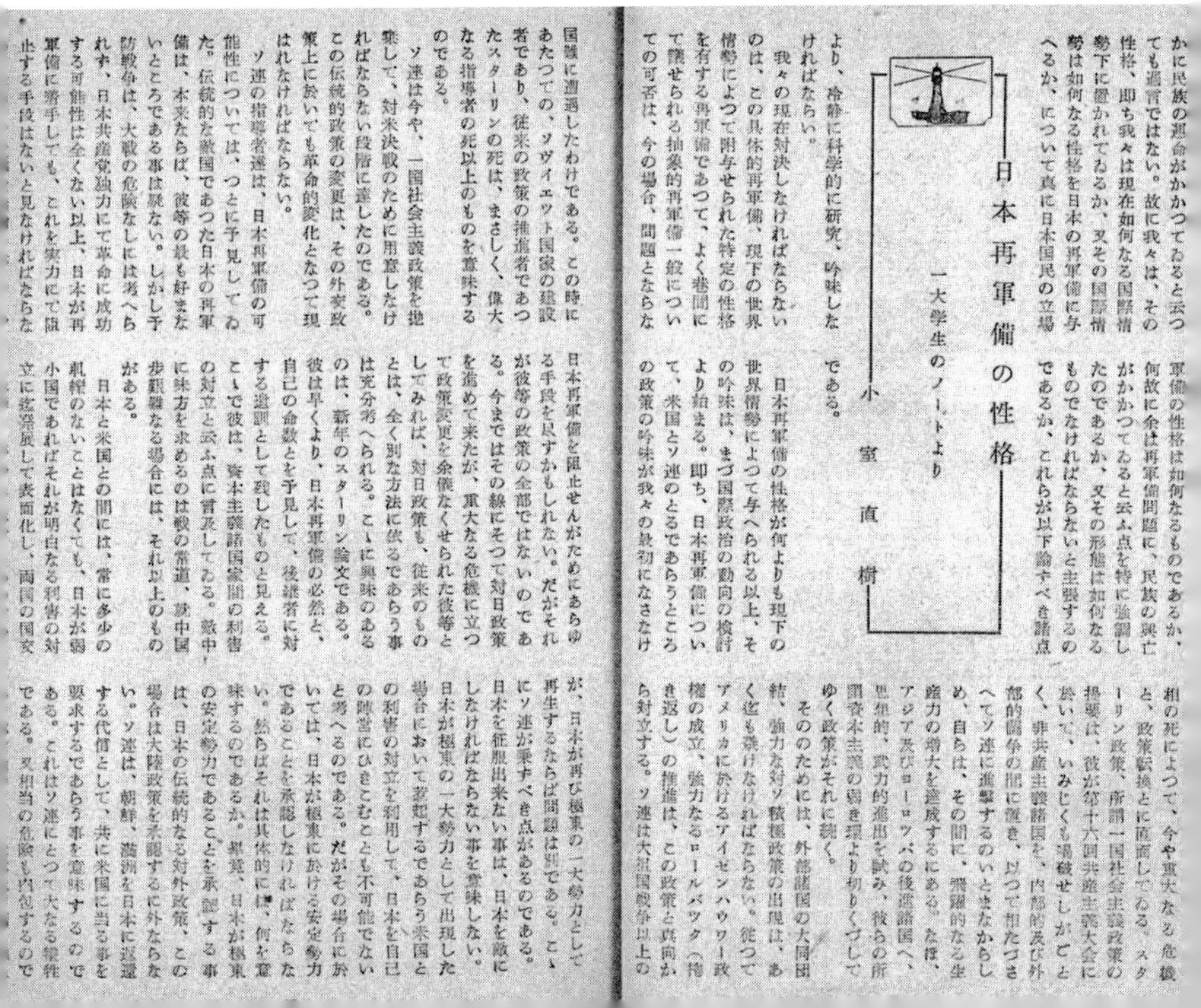

かに民族の運命がかかつてゐると云つても過言ではない。故に我々は、その性格、即ち我々は現在如何なる国際情勢下に置かれてゐるか、又その国際情勢は如何なる性格を日本の再軍備に与へるか、について真に日本国民の立場より、冷静に科学的に研究、吟味しなければならない。

　我々の現在対決しなければならないのは、この具体的再軍備、現下の世界情勢によつて附与せられた特定の性格を有する再軍備であつて、よく巷間にて論ぜられる抽象的再軍備一般についての可否は、今の場合、問題とならな

軍備の性格は如何なるものであるか、何故に余は再軍備問題に、民族の興亡がかかつてゐると云ふ点を特に強調したのであるか、又その形態は如何なるものでなければならないと主張するのであるか、これらが以下論ずべき諸点である。

　日本再軍備の性格が何よりも現下の世界情勢によつて与へられる以上、その吟味は、まづ国際政治の動向の検討より始まる。即ち、日本再軍備について、米国とソ連のとるであらうところの政策の吟味が我々の最初になさなけ

相の死によつて、今や重大なる危機と、政策転換とに直面してゐる。スターリン政策、所謂一国社会主義政策の提要は、彼が第十六回共産主義大会に於いて、いみじくも喝破せしがごとく、非共産主義諸国を、内部的及び外部的闘争の間に置き、以つて相たづさへてソ連に進撃するのいとまなからしめ、自らは、その間に、飛躍的なる生産力の増大を達成するにある。なほ、アジア及びヨーロッパの後進諸国へ、世界的、武力的進出を試み、彼らの所謂資本主義の弱き環より切りくづしてゆく政策がそれに続く。

　そのためには、外部諸国の大同団結、強力なる対ソ積極政策の出現は、あく迄も避けなければならない。従つてアメリカに於けるアイゼンハウワー政権の成立、強力なるロールバック（捲き返し）の推進は、この政策と真向から対立する。ソ連は大祖国戦争以上の

国難に遭遇したわけである。この時にあたつての、ソヴィエット国家の建設者であり、従来の政策の推進者であつたスターリンの死は、まさしく、偉大なる指導者の死以上のものを意味するのである。

　ソ連は今や、一国社会主義政策を抛棄して、対米決戦のために用意しなければならない段階に達したのである。この伝統的政策の変更は、その外交政策上に於いても革命的変化となつて現はれなければならない。

　ソ連の指導者達は、日本再軍備の可能性については、つとに予見してゐた。伝統的な敵国であつた日本の再軍備は、本来ならば、彼等の最も好まないところである事は疑ない。しかし予防戦争は、大戦の危険なしには考へられず、日本共産党独力にて革命に成功する可能性は全くない以上、日本が再軍備に着手しても、これを実力にて阻止する手段はないと見なければならな

日本再軍備を阻止せんがためにあらゆる手段を尽すかもしれない。だがそれが彼等の政策の全部ではないのである。今まではその線にそつて対日政策を進めて来たが、重大なる危機に立つて政策変更を余儀なくせられた彼等としてみれば、対日政策も、従来のものとは、全く別な方法に依るであらう事は充分考へられる。こゝに興味のあるのは、新年のスターリン論文である。彼は早くより、日本再軍備の必然と、自己の命数とを予見して、後継者に対する遺訓として残したものと見える。こゝで彼は、資本主義諸国家間の利害の対立と云ふ点に言及してゐる。敵中に味方を求めるのは戦の常道、就中国歩艱難なる場合には、それ以上のものがある。

　日本と米国との間には、常に多少の軋轢のないことはなくても、日本が弱小国であればそれが明白なる利害の対立に迄発展して表面化し、両国の国交

が、日本が再び極東の一大勢力として再生するならば問題は別である。こゝにソ連が乗ずべき点があるのである。日本を征服出来ない事は、日本を敵にしなければならない事を意味しない。日本が極東の一大勢力として出現した場合において惹起するであらう米国との利害の対立を利用して、日本を自己の陣営にひきこむことも不可能でないと考へるのである。だがその場合に於いては、日本が極東に於ける安定勢力であることを承認しなければならない。然らばそれは具体的には、何を意味するのであるか。畢竟、日本が極東の安定勢力であることを承認する事は、日本の伝統的なる対外政策、この場合は大陸政策を承認するに外ならない。ソ連は、朝鮮、満洲を日本に返還する代償として、共に米国に当る事を要求するであらう事を意味するのである。これはソ連にとつて大なる犠牲である。又相当の危険も内包するので

小室将軍、軍研を結成す

昭和二七（一九五二）年五月。

弁論部を除名された小室は、いよいよ意気軒昂であった。

小室と伊藤は、二人の理想を実現するため軍事科学研究会、略称「軍研《ぐんけん》」を結成する。その目的は「世界史の発展過程における戦争の意義の研究並びに近代戦の科学的分析、その正確なる知識の普及[1]」である。

五月初め、服部峻治郎《はっとりしゅんじろう》総長に学内団体としての正式許可を申請し、速やかに許可が下りた。幸先の良いスタートだった。

両雄並び立たず、どちらも「長」でなければならなかった。そこで、小室が軍事科学研究所長、伊藤が軍事科学研究会長と称した。

学生らは、小室、伊藤をあたかもヒトラーとムッソリーニのようにみていた[2]。

二人は思想的に共鳴した。ただ、性格は違っていた。才気のほとばしりを隠そうともしない切れ者・小室と、おおらかで純朴な伊藤[3]。主張を滔々と語り、盛んに議論を吹っかける小室を、伊藤は大きな心で包み込んだ。

学生のほとんどが左翼であるなか、二人は右翼であることを公言していた。ともに背が高かった。小室は一七〇センチ。[4] 伊藤はさらに高く一八〇センチ。二人が並んで歩くと、周囲は威圧されるように感じた。

二人だけの小さな研究会だったが、その名前は京大生の皆が知っていた。

小室の一つ上の学年に、法学部三回生の大島渚《おおしまなぎさ》がいた。

共産党には入党しないものの、左翼の活動家として共産党とつかず離れずの立場にいた大島[5]も、小室のことを知り、「この小室というヤツはまったく変な男だが、ある意味、偉いな」と思った。[6]

吉田寮の部屋の入口には「軍事科学研究会」の看板を掲げた。

友人から研究内容を尋ねられたときは、こう答えた。

「日本は戦争に敗けた。では、どうやったら勝っていたのかを研究している」[7]

その烈々たる憂国の真情は聞く者の心を打った。[8]

同年五月一六日、内田剛弘は日記に、こう記した。

　小室・伊藤両君創立の軍事科学研究会をめぐって学内の進歩的学生と彼らの間に一大激戦が展開されていく模様である。既に、学内の所々に〝小室君の再軍備論を注視せよ〟といったビラが貼られ、明日は両者の懇談会が開かれるという。〝京大に初の軍事科学研究会〟といって京都新聞に載っているという。小室君の思想が特異である事、そして多くの学生から批判・非難されることには驚いた。然し驚いてばかりはいられない。意識のおくれた農民や一般庶民にアピールすることは必定《ひつじょう》である。そうすれば日本のファッショ化は促進され、学生運動は内部から崩壊する。彼らについては黙視するか徹底的に討論するかの二つあるのみである。ここまで彼らの存在が拡まった以上は後者を選ぶべきであろう。大学側が軍事科学研究会を、何の支障もなく設立を許したというのは不可思議千萬であるといわねばならない。

闘志満々、再軍備問題討論会

昭和二七（一九五二）年五月一七日、〃決戦の日〃が来た。

午後一時、法経三番教室において再軍備問題についての討論会が開催された。

招かれたのは、小室と伊藤。

招いた方は、ここを二人の吊し上げの場とする意気込みである。

初めに、弁論部を代表して内田が発言。小室の除名問題の経過について説明した。

当時、京大内に「小室が除名された際、ドスを抜いて弁論部員を脅迫した」と根も葉もないことが記載されたビラが貼られていた。内田としても、これは正《ただ》しておかなければならなかった。

いよいよ討論が開始された。

小室は主張した。(9)

「日本の潜在的軍事力すなわち人的資源は、日本の国際的地位を向上せしめつつある。われわれはこれを利用して、急速に長距離爆撃機を含む三〇〇万の国軍を創設すべきだ」

「民族の血をもって築かれる再軍備こそ、アメリカ帝国主義軍隊を駆逐し、ソ連帝国主義の侵略を迎え撃ち得るし、中国の資源をおさえ、オーストラリアをも席巻し得る」

「再軍備計画の詳細は、我輩が政権をとった暁に公表いたすであろう」

「大東亜戦争を含めて日本はいまだかつて侵略をなしたことはないが、歴史上、名をなした大国はすべて侵略しているし、侵略は正当なものだ」

小室らに対する反撃は物凄かった。

反撃が激しければ激しいほど、小室もまた猛烈に駁論《ばくろん》する。

それが、何回、繰り返されたかわからない。

小室は闘志満々、軍事科学研究の必要であることを力説した。

伊藤は挨拶に終わった。そして何もあとは話さなかった。

小室の独壇場であった。

遂に一部の急進的意見の学生が挙手して激越な発言をした。

「われわれは平和を守るために、軍事科学研究会を実力をもってしても撲滅する」

小室は直ちに応答した。

「軍事科学研究会を実力で潰そうとするなら、実力を以て戦う！」

このときの模様は新聞でも報道され、京都で蟄居していた保田《やすだ》與《よ》重郎《じゅうろう》も次のような評論を残している。(10)

京都大学学内団体として、学長認可の下に「軍事科学研究会」が生れたことは、近頃の学生運動状況から見て注目すべきものである。この会は、新聞報道によれば徴兵制再軍備促進の見地から、再軍備問題を科学的に研究するという。（『産業経済新聞』昭和二七（一九五二）年五月一八日）再軍備を科学的に研究するという軍事研究は、学生にとっても緊急問題である。しかしその前提はどうであろうか。

一七日学生五名が、各学部代表と称して、再軍備促進団体を学問団体として認めることは不穏当であると、学長を詰問した。又この日午後一時より、学内平和懇談会では軍事科学研究会の代表二名を招き、討論会を開いた。会衆三百人、学内左翼団体、カトリック研究会などの所属学生との間に、軍事研究会の二名の学生（理学部二年小室、法学部二年伊藤両君）は四時間に亙って激論を闘わせた。

この時平和擁護をいう左翼学生が、「我々は平和を守るために、こういう研究会を実力をもってしても撲滅する」と「激越な発言さえした」。これに対し軍事研究会代表の

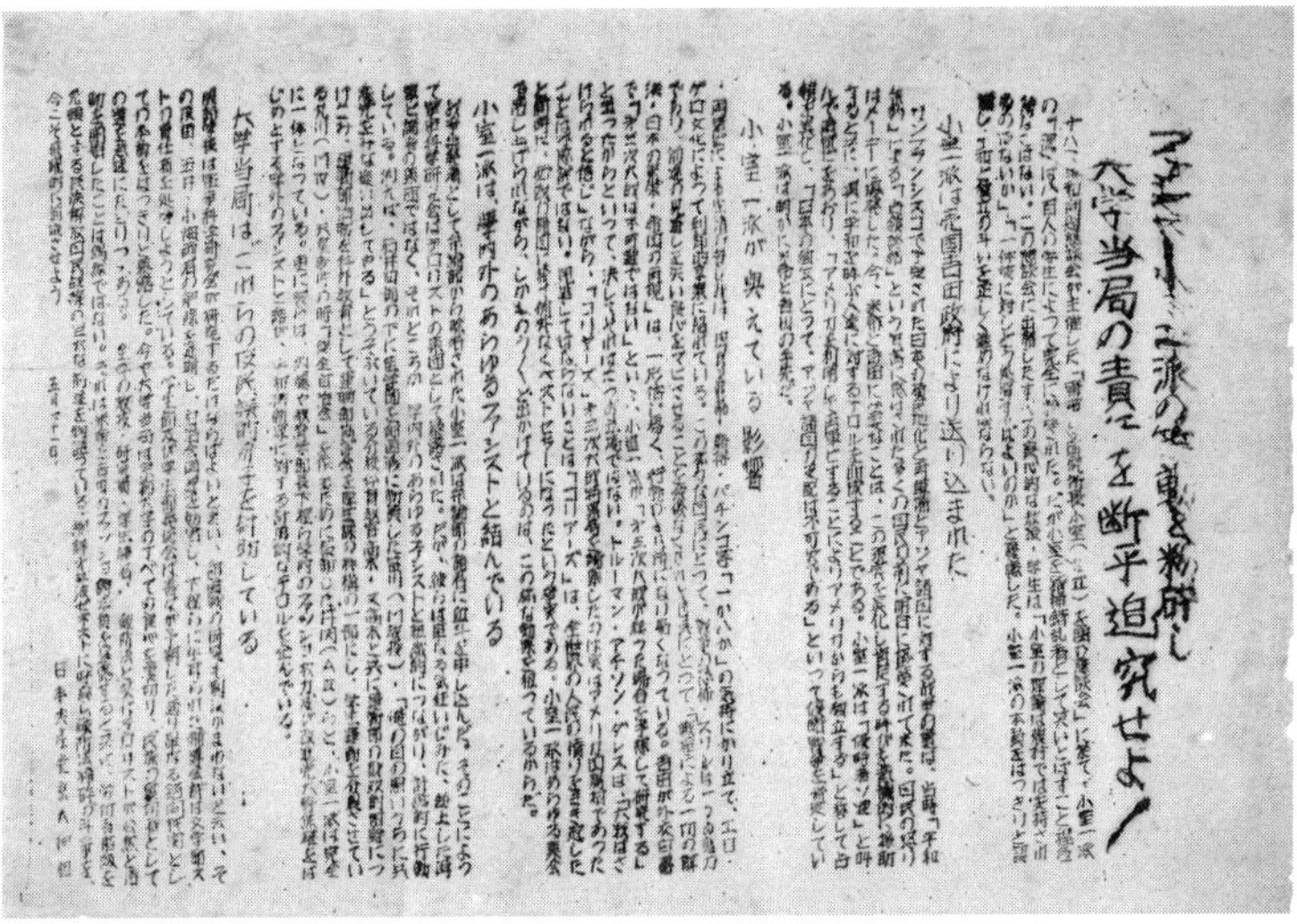

軍事科学研究会を非難するビラ。「ファシスト小室一派の策動を粉砕し大学当局の責任を断乎追究せよ！」。

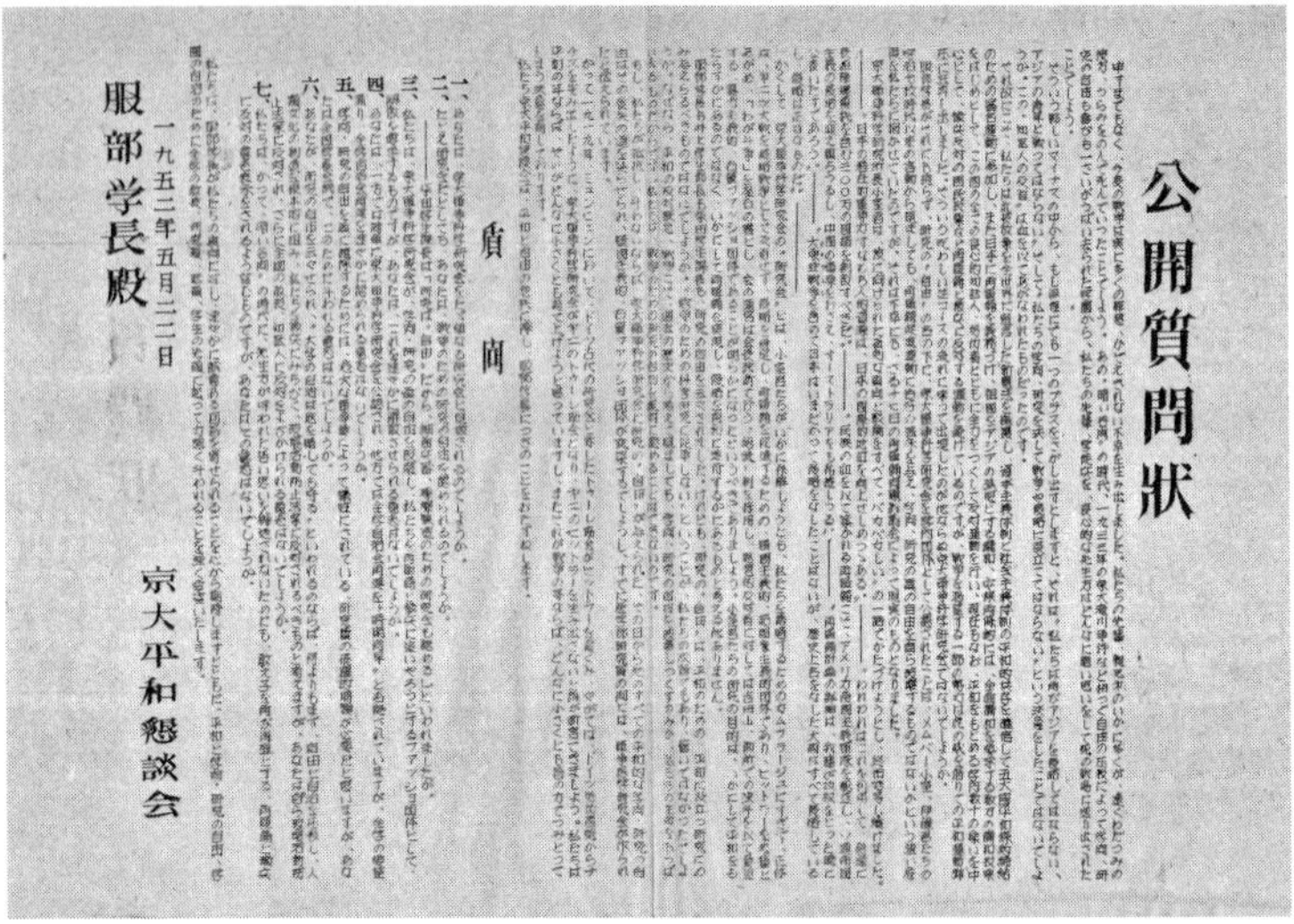

公開質問状

質問

一九五二年五月二二日

服部学長殿

京大平和懇談会

軍事科学研究会に関し、京大平和懇談会から服部峻治郎総長に対する公開質問状。

理学部二年生小室直樹は、「研究会を実力で潰そうとするなら、実力をもって戦う」と応答した（同紙）。

新聞報道に誤りなければ、これは近ごろの大学生らしい奇怪な平和擁護論である。しかし今日の一部学生と組合一部の平和運動は、反対の相手を「実力を以て撲滅する」状態に来ているのである。これこそ再軍備論の根拠である。再軍備論は、このヒステリーを冷静合理に云うだけであって、それだけ学問的なわけである。しかも激情とヒステリーにいる彼らは、ものごとを合理的に考える余地をもたない。共に学問的ならば、共に相手を検討し、真理を導き出すとよい。これが学問の自由である。軍事科学研究会は純粋な研究会と思って許可したが、もし何らかの政治的宣伝活動に出るなら直ちに差止めると学長はこの日言明しているが、この討論会で、学問の自由を離れて政治的に出ているのは左翼の学生である。「実力をもって撲滅」するとは何ごとかを検討すべきである。しかし今日国内の平和擁護運動は、みなこういう形で、自らの再武装に賛成しているのだ。嗤《わら》うべき現象である。大学生が実力をもって撲滅するという時は、すでに自ら学問の自由を蹂躙していることをきづくべきである。大学の自由は、そういう言葉が出るぎりぎりのところにある。学問の結論としての実力は大学の外で出すべきである。これは大学の自由のＡＢＣであるが、このごろの左翼学生には本当にそれがわからぬのだ。これは頭のよい学生が、ものごとを偽瞞しているのではない。頭の悪い者が力みかえった状態である。

芦田均に質問

昭和二七（一九五二）年六月一六日。京都大学法経一番教室において、弁論部主宰の各政党立合演説会が開催された。[11]演題は「講和後の日本の政局」。講師は、改進党・芦田均《あしだひとし》（第四七代内閣総理大臣）、右派社会党・水谷長三郎《みずたにちょうざぶろう》、そして左派社会党の岡田宗治《おかだむねはる》。

このときすでに弁論部を除名されていた小室も、聴衆の一人として参加していた。

芦田の講演が終わると、会場から「質問！」と小室の甲高い声が響いた。

「日本は原爆で武装して、再軍備するべきだと思うのですがいかがでしょうか[12]」

持論を芦田にぶつけてみたのだ。

「何をいうか、君はもっと勉強したまえ」

芦田は捨て台詞のようにそういって、さっと退場してしまった。[13]

芦田はこの程度か、と思った。

理学部数学科へ

昭和二八（一九五三）年四月、京都大学三回生になった小室は理学部数学科に進学した。物理学科ではない。

つねづね「原子爆弾を作ってアメリカ征伐に行くため京都大学に入学した」と公言していたから、理学部物理学科に進みたい気持ちもあった。

しかし、当時、湯川秀樹のノーベル賞受賞の影響で、理学部物理学科には進学希望者が殺到した。結果、選抜は成績順とならざるを得ない。

小室の成績は決して悪くはなかったが、他の物理学科志望の学生たちよりは悪かった。物理学科への進学は断念せざるを得なかったのである[14]。

しかし、動じない。数学科へ進んだ小室は、「数学こそが科学の基礎である」と胸を張っていた。

数学科の定員は二〇名で、進学者は一三名だった。

演習が週に五回、一回二時間。しかし、若手の助教授は六、七時間、平気で行う。

演習に参加していた学生は五、六人だったから、徹底的にしぼられた[15]。

さすがの小室も、得意の暗記力では対応できず、演習には苦しめられることになる。

うすうす自覚していたことであるが、小室の数学の力は、数学的なセンス、あるいは天才的なひらめきに基づくものではなかった。非凡な記憶力に頼る、記憶による数学なのだ。

こんなことがあった。数学科の試験で「次の命題を証明せよ」との問題がでた。しかし、どうしてもわからない。小室の記憶にない問題だったのだ。

遂に時間切れ。慌てて書き殴って、「Q.E.D.[16]（証明終わり）」と書いて提出した。

数学の証明は、公理、定理から演繹的に論証しなければならず、そのプロセスが大事なのである。しかし、小室の答案は、途中の証明をグチャグチャッと飛ばして結論に至っていた。

当時、京都大学数学科の主任教授は、代数学の秋月康夫教授だった。秋月は小室の答案をみて、呆れたのだった[17]。

とはいえ、小室は小室なりに位相幾何学の研究に励んだ。

先輩の家で

昭和二八（一九五三）年八月。

三回生の夏休み、アルバイトで汽車の運賃を捻出できた小室は久しぶりに会津、岩崎邸に戻ってきた。

岩崎邸の近くに会津中学の一年先輩だった羽賀重弥の家があった。

岩崎トキと羽賀の母が外で立ち話をしているときに、ちょうど小室が外出先から戻ってきた。そこで、トキは、羽賀の母に小室を紹介した。[18]

羽賀の母は、かねてから小室の話を聞いていた。小室に興味を持っていた彼女は、「あのなし、重弥は今、家にいっからし。寄って上がらんしょ」と家に招き入れたのだった。

自宅にいた羽賀は、挨拶もせず、黙って部屋に入ってきた小室をみて、驚いた。三星荘で小室とは顔なじみで性格をよく知っていたので、小室らしいとも思った。

しばらく羽賀の本棚を見渡していた小室は、そこに数学の本をみつけると、数学の歴史の〝講義〟を始めた。京大理学部数学科で最新の数学を学んでいる自負がそうさせたのである。

「昔は学問が進んでいなかったので、任意に与えられた角の三等分が不可能であることが証明できなかったのし。それは、解の有無の問題としてしか考えていなかったからだし。後にわかったことだがなし、代数方程式の解を求める算法の有無の問題として考えないとできるわけがねいのし。そのころは、いまだ学問の進歩が遅れていたわけだし[19]」

これに対して、羽賀は反論した。

「俺たちは大学の図学で定規とコンパスを使った角の三等分の方法を習ったぞ」

それを聞いて、小室は大変な剣幕で「絶対そんなことができるわけがねいし！」という。

羽賀は、大学の授業のノートを持ち出した。ノートを見返しながら、定規とコンパスを使って紙に角の三等分を書いてみせたのだ。

小室は「これは正確な三等分じゃねいがらし」と譲らない。

羽賀がノートをよく調べてみると、最後に「この方法は概略で、何千分の一の精度で誤差がある」と書かれてあった。自分で書いたのだが、すっかり忘れていた。羽賀の完敗だった。

小室は、鬼の首を取ったかのように喜色満面だった。

負け惜しみで「お前たち、理学部数学科の学生は細かいことをいうが、我々、工学部の学生は実用を重んじている。だからこれで十分に役に立つんだぞ」といったが、内心では恥ずかしく思っていた。そして、「小室はよく勉強している」と敬意を払ったのだった。

その後、本棚から数学者でもあったブレーズ・パスカル（Blaise Pascal）の本を取り、小室に話した。[20] それは、パスカルが大変、親孝行であったという話だった。

小室は、羽賀の話を関心をもって聞き、しかも、真摯に受け取ったようだった。そのとき、いつもの自信にみちた、小室独特の傲岸さは微塵もなく、むしろ、寂しさを感じているようにみえた。[21]

雑談をしているうちに、羽賀は「そういえば」と、数か月前に、吉田寮に泊まったときのことを話した。

旧制高等学校では、学生が旅行するとお互いの寮に実費で安く宿泊できた。この頃は、まだその習慣が残っていた。旧制水戸高等学校を卒業した羽賀は、大学最終年の春休み、友人数人と関西旅行をした際、旧制第三高等学校の寮であった吉田寮に泊まったのである。その食堂で食事したとき、寮生の名前の木札が壁に架けてあるのに気がついた。不在者は朱色の文字で書かれた裏面が架けられている。

何気なくみていたら、「小室直樹」という朱色の文字で記された札が、最上段の右端に架けられていた。そのことを話したのである。

小室は、得意満面で答えた。

「よくみてくなはったなし。あの木札の位置は主任教授の位置と同じなんだし[22]」

それは、いつもの小室の姿であった。

平泉学派と藤井正道

昭和二八（一九五三）年四月、京都大学理学部数学科に進学した三回生の春のこと。

小室の処女論文が雑誌に掲載された。

タイトルは「日本再軍備の性格」。今の世界情勢のもとでの日本再軍備がいかにあるべきか、軍研で主張してきた小室の持論をまとめたものであった。

掲載誌は『桃李《とうり》』。平泉澄《ひらいずみきよし》が主宰する桃李会（後の日本学協会）発行の雑誌である。

小室が『桃李』に投稿するきっかけは、学友・藤井正道《ふじいまさみち》であった。

藤井は、昭和二六（一九五一）年三月、福井県立勝山高校を卒業後、同年四月、京都大学理学部に入学。

勝山高校では、平泉澄の長男・平泉洸《あきら》の教え子であった[23]。

小室とは、大学一回生のときから顔見知りであり、三年からは同じく数学科に進む。数学科ではあったが、文学者肌でよく本を読んだ[24]。

藤井は、同じ理学部ではあるが理学部生らしからぬ小室をみて「面白い男だなぁ」と思い、友となった。小室は、藤井を通じて、あの皇国護持史観の平泉澄が健在であること、そして平泉の発行する『桃李』という雑誌があることを知った。そうして『桃李』のバックナンバーを藤井から借りて読みあさったのである。

『桃李』とは一体どのような雑誌だったのか。

その名前は、平泉博士およびその高弟らが、「傾き倒れつつある祖国日本を支える力はあまりに弱く、このままでは嵐の中に耐えることができない。祖国を支える力を養いたい」として、吉田松陰の次の憂国の詩から採った。

大樹將顛仆　大樹まさに顚仆《てんふ》せんとす、

一縄非可維　一縄《いちじょう》の維《つな》ぐべきに非ず。
且除北園棘　且《しばら》く北園の棘《いばら》を除き、
盛植桃李枝　盛んに桃李の枝を植えよ。

【意訳】
国家がまさに滅亡しようとするときは、独力ではどうしようもない。
要路に生える雑草のようなつまらない人間を除いて、人徳才能のある人間を育てよう。

昭和二六（一九五一）年二月二五日、平泉寺《へいせんじ》の白山神社《はくさんじんじゃ》社務所に、久保田収《くぼたおさむ》、村尾次郎《むらおじろう》、原正《はらただし》の三氏が参会し、平泉澄とともに最終協議を行った[25]。

前年の昭和二五（一九五〇）年四月には、学術誌『藝林』が創刊されていた。「皇国の命脈護持を念願」とし、国民の間に精神を奮起させ、精神界の純粋崇高を期して刊行された『藝林』であったが、学術誌であるがゆえに、難解であった。

そこで、さらに、高校生、大学生向けの雑誌を創刊することが決まったのである。

『桃李』の創刊号の発刊日は、昭和二六（一九五一）年四月一五日とされた。その後、昭和三二（一九五七）年正月号より、誌名を『日本』と改めた。『桃李』では、俳句の同人誌などと間違われることがあったからである。改名にあたっては、平泉が『月刊日本』

を主宰した大川周明《おおかわしゅうめい》に名称を譲り受けたい旨、懇願し、大川より快諾を得ている。小室は『桃李』を発行する「桃李会」に入会する。会費は一年三六〇円。小室には大金であったが、迷わず支払った。

そして、昭和二八（一九五三）年、論文を投稿するのである。投稿の条件は、会員であること。そして、歴史的仮名遣いを使用することだけである。[26]

こうして、「日本再軍備の性格」が『桃李』昭和二八（一九五三）年四月号に掲載されたのであった。

市村真一との邂逅

昭和二八（一九五三）年六月、市村真一《いちむらしんいち》がアメリカから颯爽と帰国する。

市村は、昭和二五（一九五〇）年から三年間、ガリオア奨学金を得てアメリカ留学。コロンビア大学を経て、マサチューセッツ工科大学（ＭＩＴ）大学院に進んだ。サムエルソン（Paul A. Samuelson）の許でPh.D（博士号）を取得しての凱旋帰国である。

経済学者であると同時に、市村は国士であった。戦前から平泉澄に師事し、敗戦時には切腹も考えていたほどであった。日本に帰国するやいなや、経済学の研究とともに日本の再興のため、若者の教育にも着手する。

和歌山大学経済学部では助教授、京都大学経済学部でも講師を務め、志の高い学生を探し、育てはじめた。

小室のほか、京大では、藤井正道や、渡邉正之《わたなべまさゆき》、伊藤皓文らに声を掛けた。市村と小室らは京大キャンパスの芝生に座ったり、寝転んだりして、平泉澄『武士道の復活』（至文堂）を輪読したりした(27)。

その謦咳《けいがい》に触れ、小室は市村こそが我が人生の師と確信した。

J・R・ヒックス（John R. Hicks）が『価値と資本』（岩波書店）の「日本語版への序言」で、こう書いていたことを知り、確信は強まった。

市村真一氏（大阪大学経済学部編『大阪大学経済学部十年の歩み』大阪大学経済学部、昭和三四（一九五九）年三月、六七頁）。

本書が日本語訳で出ることは、わたくしの甚だ喜びとするところである。本書の取扱った諸問題が今日日本において強い関心を惹いている様子にかんがみると、特にそうである。日本で行われた研究の大部分は直接にはわたくしの手の届かないものであるが、ただこの機会に、*Review of Economic Studies*, June 1951 (No.47) に掲載され、連関財の理論に著しい貢献をしている市村真一氏の論文に言及しないでおくのは当を得たことではないであろう。この貢献は本書第三章で連関財の問題について述べられたところと全く同じ線に沿うているけれども、しかしさらに立入った非常に価値のある解明を与えているのである。

この論文は、「A Critical Note on the Definition of Related Goods」というタイトルで『The Review of Economic Studies』(Volume 18, Issue 3, 1 January, 1950) に掲載されたものである。

サムエルソンだけでなく、ヒックスもまた市村を高く評価する。どれほど凄い学者なのだろうか。しかもまだ二〇代。以降、小室は、この若き青年社会科学者・市村真一を師と仰ぐことになる。

昭和二九(一九五四)年八月、戦後初めての千早鍛錬会《ちはやたんれんかい》が開催された。

大阪府南河内郡千早赤阪村大字千早の千早城跡地。鎌倉時代末期、楠木正成《くすのきまさしげ》は後醍醐《ごだいご》

天皇の鎌倉幕府討幕の呼びかけに応じ、ここ千早城にて奮戦。結果、鎌倉幕府は倒れ、建武の新政を導いた。室町幕府誕生までの数年間ではあったが、天皇による親政が復活するきっかけとなった戦いが、楠木正成の千早城での戦いである。

昭和一一（一九三六）年には、楠公《なんこう》精神を顕彰し敷延《ふえん》するため、この地に存道館《そんどうかん》として、武館、文館、二棟の建物が建てられた。

平泉澄は、戦前から、この存道館で千早鍛錬会という合宿を主催し、若者たちを訓導、教育してきた。昭和二九（一九五四）年に、その千早鍛錬会が復活することになったのである。小室は市村に勧められ、下駄履き姿で、風呂敷包みを背中に背負って参加した。

参加者の約八〇名は五つの班に分けられ、小室は第五班となった。班長は田中卓《たなかたかし》、副班長は平泉洸。(28) 他の班員には、小谷恵造《こだによしぞう》、飯田瑞穂《いいだみずほ》、佐中仁《さなかじん》がいた。

班会での班長・田中の指導は大変厳しかった。あるとき、小室が指名され答えた。しかし、田中にとってその答えは満足の行くものではなかった。田中から答えの不十分さを難詰された小室の目には、うっすらと涙が浮かんでいた。そんな班長の厳しさを、副班長・平泉洸が優しくフォローしていた。

講義（祖述）は、鳥巣通明《とりすみちあき》「送赤川淡水《あかがわたんすい》遊学常陸序」、久保田収「代笠亭記」、三木正太郎《みきしょうたろう》「楠子論」、講話などでは、今立鉄雄《いまだててつお》、桂正昭《かつらまさあき》「共産党の戦術」、村尾次郎「歴史の見方」、田中卓「日本古代史」、市村真一「日本経済の現在と将来」、佐中壮《さなかそう》「個の問題」

最終日、平泉澄の長い講話があった(30)。平泉はこう結んだ。

千早の城に登り、存道館に御厄介になって、われが、自分が、と考えるのは大きな誤りであります。これは楠公の山である。登らせて頂いたのである。存道館は、創立以来二〇年に亘って苦心して支えられて来たところでありますが、同様に各人の家も皆そうであり、祖先の苦心して今日に伝えたものであります。いわんや日本の国においてをや、であります。

我々の幾多の先祖が、神武天皇にお仕え申し上げ、仁徳天皇にお仕え申し上げ、後醍醐天皇にお仕え申し上げた跡を受けて、謹んで何とか誤りなく御奉公する事を考えねばなりません。ここに始めて道を踏んで大事に貢献し得るのであります。

大楠公亡くなられて六〇〇年、しかし楠公はなくなっておらない。明治天皇もなくなって数十年、乃木大将なくなって数十年、しかも御精神は生きておられる。しかしてその前において「かくの如き事を致しました」と御報告申し上げて、我々の一挙一動、悉《ことごと》く御照鑑を仰がねばなりません。ここにおいて学問は、謙虚にならなければならない。真に先哲の前にひれ伏して教を受けてゆく、この誠なくして皇国の発展を担ってゆけるものではない。再たび三たび、ここに思を致して、先哲の意のあるところを審《つまびらか》にして精密に考えてほしい。

　吉田松陰先生は、明治維新の原動力となった方である。しかも赤川淡水に何とさとされているか。真木和泉守《まきいずみのかみ》は幕末第一の豪傑である。その人が楠公を血を吐きながら毎年お祭りされた。祭られて祈りに生きられたお方であります。

　この城は六〇〇年前において、大事全く去ったかと思われた時、日本の国はこれまでと思われた時、日本を支えたのである。九〇年前に、この城を敬慕し、楠公を敬慕する人々が、明治維新を打ち立てられました。家の垣が崩れ大黒柱が崩れた今日、また三たびこの城を仰がねばなりません。今日の恐るべき現状においてこの千早城は、これが日本建設の柱にならなければなりません。我々願わくは楠公の城に馳せ参じ、楠公の一兵卒として御奉公しなければならぬと思います。


昭和二九（一九五四）年、秋。

小室は、将来の進路を市村に相談した。

市村はいった。

「僕は阪大に行く。君が京大に行っても面倒はみるけれども」

「自分も阪大に行きます」

市村から経済学、そして平泉史学を学ぶことが輝ける未来を約束してくれると確信した。

親友を歓待

昭和二九（一九五四）年一〇月三〇日。

大阪市会議事堂において、全日本学生雄弁連盟主催の第一回全日本学生国会が開催された[31]。

早稲田大学雄弁会に入っていた渡部恒蔵もこれに参加した。

吉田内閣のサンフランシスコ講和に反対し、安保反対・再軍備反対を、せめて学生国会で決議しようとする目的は明らかであった。したがって、野党を志願する学生が圧倒的多数。

悪役にならざるを得ない政府与党の代議士役を志望する学生はほとんどいない。

渡部は、友人におだてられ、与党・自由党内閣の首相役を務めることになった。

いやがる友人達をかき集め夜行の学割三等車で西下《さいか》し、三日間の模擬国会を闘い抜いた。

帰途、渡部は友人達と別れて、ひとり、京都大学吉田寮を訪問した。

小室は、高校時代の親友の来訪を子供のように喜んでくれた。

当時、小室の部屋の中にあったのは、本以外には小さなアルミの鍋一つだけ。

「恒蔵が来たんでごちそうするぞ」と、はりきった。

渡部はてっきりどこかに行くのかと思っていた。

しかし、小室は、おもむろに小さなアルミ鍋を取り出し、電気コンロにかけた。湯を沸かし、きたない袋を押し入れの中からもちだし、押し麦を手ですくって鍋の中に入れはじめる。

「小室、米はねえのか」

「麦だけだ」

「おかずは何だ」

「塩を入れたらよかんべ」

渡部も質素な生活には慣れてきたつもりであったが、これほどひどい食事をした経験はこれまでなかった。しかし、小室の志はますます高く、日本の学者などは塵《ちり》や芥《あくた》の有様であった。

昭和三〇（一九五五）年三月。

小室は、京都大学理学部数学科を卒業した。

同時に数学科に入学した一三人のうち、卒業できたのは半分の六人だった。(32)

第六章　大阪大学大学院経済学研究科

日本伏龍　小室直樹

渡米出発日、青々塾にて。前列左から佐中仁氏、小室、三木正太郎氏、半田裕巳氏。後列左か
平井聖司氏、飯田耕司氏、まかないの小川氏（昭和三四（一九五九）年八月、半田嘉弘氏撮
飯田氏提供）。

高田保馬と大阪大学社会経済研究室

昭和三〇（一九五五）年四月、小室は大阪大学大学院経済学科修士課程に入学。社会経済研究室、通称「社研《しゃけん》」に所属する。

指導教官は市村真一。このときはまだ社研の非常勤講師であった。

社研では「京都大学の数学科を出た男が大阪大学大学院で数理経済学を学びにやってくる」ということで、大いに期待され、歓待されたのだった(1)。

社会経済研究室、社研とは何か。

高田保馬《たかたやすま》教授の提唱により、昭和二九（一九五四）年四月に発足した、大阪大学経済学部の附属施設である(2)。

昭和二八（一九五三）年八月、高田保馬は大阪大学経済学部の初代学部長となった。学部長になるなり、強いリーダーシップを発揮した。

以前から、大阪大学内には、文学部、法学部、経済学部の教授たちの間で「文科系一丸となった研究所を作ろう」という動きがあった。近松門左衛門《ちかまつもんざえもん》や井原西鶴《いはらさいかく》などの大阪文化の研究を、という声すらあった。これが高田の登場によって大きく方向転換する。

昭和二六（一九五一）年八月、大阪大学法経学部の教授として赴任したときすでに六七歳[3]。高田は昭和二一（一九四六）年六月に京大経済学部の教員適格審査委員会により教員不適格の判定を受けており、数年間、大学教員となることができなかった。しかし、昭和二六（一九五一）年六月にその判定が取り消され、大阪大学の経済学部に招聘されたのである。その後、高田は、昭和二八（一九五三）年に経済学部長に就任。社会学者であり経済学者でもあった高田の強い意向を受けて、文科系全般の研究を目的としていたはずの研究所構想は、ソシオエコノミクスの研究所構想へとモデルチェンジしたのである。

昭和二九（一九五四）年四月、大阪大学経済学部附属の研究施設として社研が発足。同年六月、高田がその初代室長として就任した。

高田保馬氏（大阪大学経済学部編『大阪大学経済学部十年の歩み』大阪大学経済学部、昭和三四（一九五九）年、七頁）。

社研では、毎週、所属教官を中心として、共同研究、個別研究に関する報告を行う。参加する学部教官らを交えて討議を続行し、考察内容が成熟するのをまって、『研究叢書』の形で発表した。

社研の研究方向は、二つに大別される。一つは、数学と経済学との接合領域に重点をおき、とくに数学的経済理論の分析を主眼とするもの。もう一つは、経済と社会との接点に重点をおき、経済理論の新しい建設を図ろうとするもの(4)。

ともに小室が目指した方向と一致した。小室は水を得た魚のように社研で活躍する。

高田によって社研に招聘されたのは次のような学者らであった。森嶋通夫《もりしまみちお》(助教授)、市村真一(助教授)、建元正弘《たてもとまさひろ》(助教授)、二階堂副包《にかいどうふくかね》(助教授)、厚見博《あつみひろし》(助手)。

初代室長の高田は昭和三一(一九五六)年三月末で退官するが、その後も非常勤講師として社研に関わった。

小室が社研に所属していた時代にも、高田はたびたび社研に姿をみせた。

森嶋通夫

小室が社研に所属するようになったきっかけは市村真一であった。

しかし、社研に入るなり、森嶋通夫の数学的実力に圧倒され、魅了された。

森嶋は、昭和二一（一九四六）年に京都大学経済学部を卒業後、昭和二三（一九四八）年に京大助手、昭和二五（一九五〇）年に京大助教授に就任。京大では青山秀夫《あおやまひでお》に教えを受けた。

その後、高田保馬に引き抜かれ、昭和二六（一九五一）年三月、大阪大学経済学部助教授となり、昭和二九（一九五四）年四月、社研の助教授となって、学部の助教授と兼任した。

小室はその森嶋を尊敬し、森嶋もまた小室に目を掛けた。小室が高い能力をもち、絶大な努力家であることを認め、きっと将来名をなす人だとみていた(5)。

小室は、森嶋から「経済学を会得する秘訣」を教わった(6)。

それは、ヒックスの『価値と資本』を経済学学修の初期に徹底的に精読して自家薬籠中のものとすること、これである。

『価値と資本』は、その数学的内容のために経済学の本場であるイギリスやアメリカにおいてさえ読解困難な書物とされていた。森嶋は、この本を何が何でも理解して活用せずにおくものかと、経済学の学修事始《ことはじ》めにおいて決意した。大東亜戦争中も『価値と資本』を手放さなかった。学徒出陣で戦地に赴いた森嶋は、暗号解読兵としての任務を与えられた。その任務の途中、全力を尽くしてこの本を耽読して、遂にマスターして帰投したので

大阪大学社会経済研究室の教官ら。前列左から、建元正弘氏、森嶋通夫氏、市村真一氏。後列左から、中川登美子氏（事務員）、二階堂副包氏、厚見博氏（大阪大学経済学部編『大阪大学経済学部十年の歩み』大阪大学経済学部、昭和三四（一九五九）年、六五頁）。

ある。

小室が問うた。

「『価値と資本』をマスターするには、どう読むべきでしょうか」

森嶋は答える。

「この本の主旨は、片言隻語《へんげんせきご》に至るまで〝数学に依る表現〟にある。本文にある一語一句ことごとく数学でもって言い換えてみよ。その上で巻末の数学的付録と付き合わせてみよ」

そして、このとおりの方法で小室を指導した。

さらに、指導は続く。

「『価値と資本』をマスターすれば、それ以後の前進は容易である。次に、サムエルソン博士の『経済分析の基礎（Foundation of Economic Analysis）』を読み、自らケインズ・モデルを作成してみよ」

これが、森嶋の方針であった。

政治好きの奇人

森嶋の指導に小室はよく応えた。

もっとも、森嶋は小室が思想的には反対であることを意識していた。これは、森嶋が市村に対して抱いたのと同じ意識である。

あるとき、小室が森嶋にこう尋ねた。

「横山保《よこやまたもつ》先生はどこの高校出身ですか」

横山は、森嶋と同じ年に鹿児島の第七高等学校造士館《ぞうしかん》を終え、東大理学部数学科を卒業後、昭和二六（一九五二）年に大阪大学経済学部助教授に着任していた。森嶋が京大を辞め阪大に移るのは、この横山の紹介によるところが大きかった。(7) 横山の担当講座は、統計学。(8)

小室は、横山から統計学を学んでいたのだった。

森嶋は、答えた。

「七高《しちこう》だよ」

会津人・小室は、急に真剣な顔をして呟いた。

「ようし、薩摩か……。見ていろ、敵《かたき》をとってやる」

森嶋は、これを聞いて、小室を「政治好きの奇人だな」と思った。

ただ、小室が森嶋の指導を受けることができた期間はそう長くはなかった。

森嶋は、小室入学の翌年の昭和三一（一九五六）年九月から、昭和三三（一九五八）年二月まで、ロックフェラー財団のフェローとして、英国・オックスフォード大学に留学するのである。目的は、景気変動論等の研究だった[9]。

小室は、留学中の森嶋に手紙を出している。そこにはこう書かれていた。

「イギリスは〝タイトル〟がモノをいう国です。一介のアシスタント・プロフェッサーであれば、先生も肩身が狭いでしょうから、次のタイトルのうち、お好みのものをお選びください。今後はそのタイトルで手紙を書きます」

森嶋が選べるタイトルには〝ロード〟、〝デューク〟、最後には〝キング〟まであった。

封筒をみかえすと、宛名は〝ロード・モリシマ（Lord Morishima）〟、つまり、モリシマ卿になっていたのだった[10]。

森嶋通夫氏（大阪大学経済学部編『大阪大学経済学部十年の歩み』大阪大学経済学部、昭和三四（一九五九）年、六六頁）。

修士論文と博士課程進学

小室は、昭和三二（一九五七）年、論文「理論経済学の基本問題」で経済学修士号を取得する。(11)

この年の四月、博士課程に進学する。

博士課程に入ると、デモンストレーション効果の研究に入った。

デモンストレーション効果とは、他者の影響を受けて消費行動が変わることであり、経済学が前提とする合理的な消費行動をする人間像からは直接説明できない効果である。

小室は、経済学の一般均衡論モデルの中に、この新しい考え方を位置づけようと試みたのである。

昭和三三（一九五八）年一月、社研の定例研究会において「デモンストレーション効果と市場の均衡および安定」の論題で発表。(12)

これは、特定の前提のもとではデモンストレーション効果を含むシステムを考慮しても市場は動学的に安定であることを証明したものだった。この研究成果は『大阪大学経済学』で発表された。

研究会の席上、市村は「その前提のもとにおいては、システムはデモンストレーション

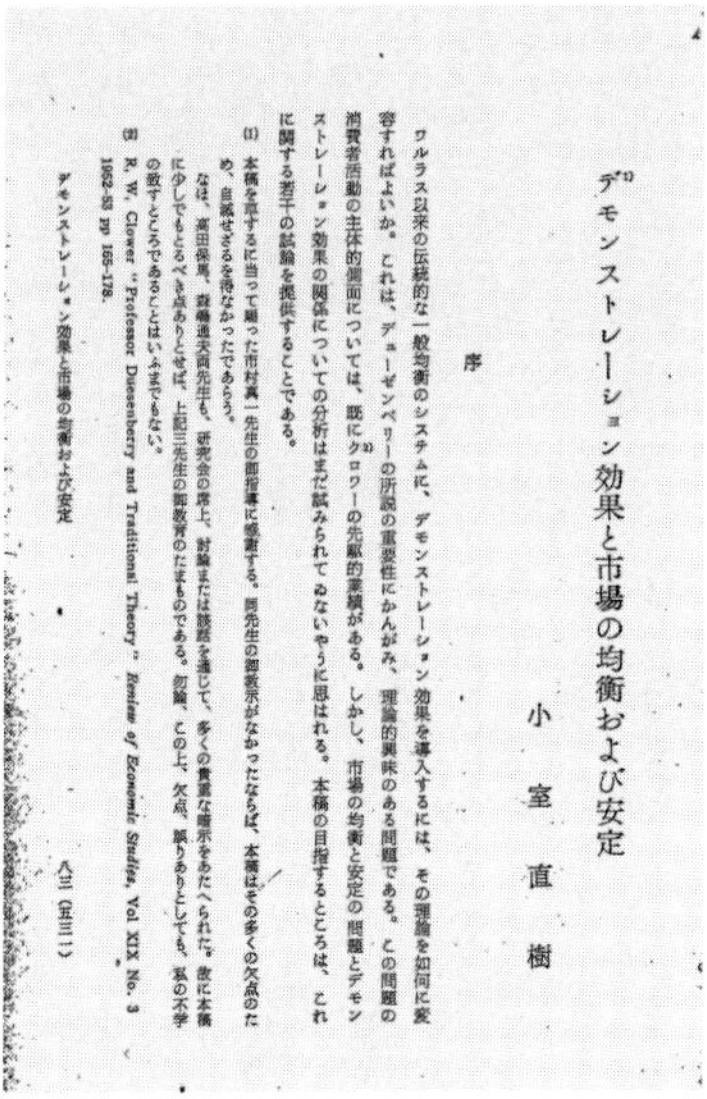

デモンストレーション効果と市場の均衡および安定[1)]

小　室　直　樹

序

ワルラス以来の伝統的な一般均衡のシステムに、デモンストレーション効果を導入するには、その理論を如何に変容すればよいか。これは、デューゼンベリーの所説の重要性にかんがみ、理論的興味のある問題である。この問題の消費者活動の主体的側面については、既にクロワー[2)]の先駆的業績がある。しかし、市場の均衡と安定の問題とデモンストレーション効果の関係についての分析はまだ試みられてゐないやうに思はれる。本稿の目指すところは、これに関する若干の試論を提供することである。

(1) 本稿を草するに当って賜った市村真一先生の御指導に感謝する。同先生の御教示がなかったならば、本稿はその多くの欠点のため、自滅せざるを得なかったであらう。

なお、高田保馬、森嶋通夫両先生も、研究会の席上、討論または談話を通じて、多くの貴重な暗示をあたへられた。故に本稿に少しでもとるべき点ありとせば、上記三先生の御教育のたまものである。勿論、この上、欠点、誤りありとしても、私の不学の致すところであることはいふまでもない。

(2) R. W. Clower "Professor Duesenberry and Traditional Theory" *Review of Economic Studies*, Vol XIX No. 3 1952-53 pp 165-178.

デモンストレーション効果と市場の均衡および安定　　八三（五三一）

「デモンストレーション効果と市場の均衡および安定」（『大阪大学経済学』七巻四号、昭和三三（一九五八）年一月、八三頁）。

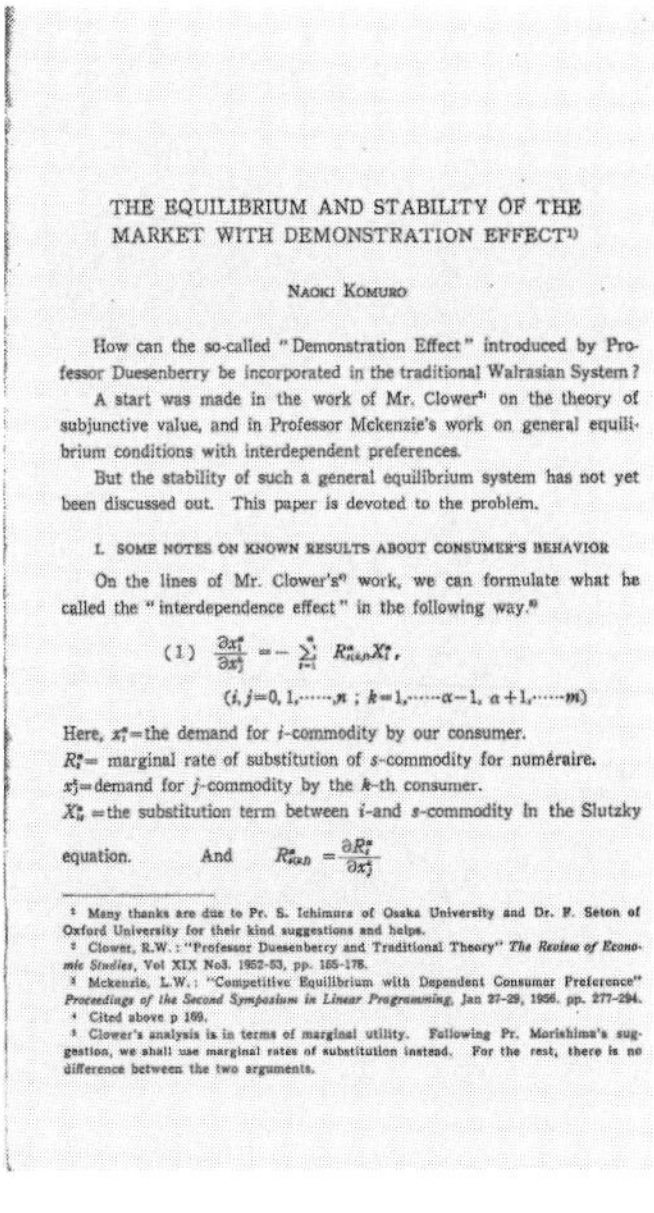

THE EQUILIBRIUM AND STABILITY OF THE MARKET WITH DEMONSTRATION EFFECT[1)]

NAOKI KOMURO

How can the so-called "Demonstration Effect" introduced by Professor Duesenberry be incorporated in the traditional Walrasian System?

A start was made in the work of Mr. Clower[2)] on the theory of subjunctive value, and in Professor Mckenzie's work on general equilibrium conditions with interdependent preferences.

But the stability of such a general equilibrium system has not yet been discussed out. This paper is devoted to the problem.

I. SOME NOTES ON KNOWN RESULTS ABOUT CONSUMER'S BEHAVIOR

On the lines of Mr. Clower's[4)] work, we can formulate what he called the "interdependence effect" in the following way.[5)]

$$(1)\quad \frac{\partial x_i^a}{\partial x_j^k} = -\sum_{s=1}^{n} R^a_{s(k,j)} X^a_{is},$$

$$(i, j=0, 1, \cdots\cdots, n\ ;\ k=1, \cdots\cdots \alpha-1,\ \alpha+1, \cdots\cdots m)$$

Here, x_i^a=the demand for i-commodity by our consumer.

R_s^a= marginal rate of substitution of s-commodity for numéraire.

x_j^k=demand for j-commodity by the k-th consumer.

X_{is}^a =the substitution term between i-and s-commodity in the Slutzky equation.　　And　　$R^a_{s(k,j)} = \frac{\partial R_s^a}{\partial x_j^k}$

[1] Many thanks are due to Pr. S. Ichimura of Osaka University and Dr. F. Seton of Oxford University for their kind suggestions and helps.

[2] Clower, R.W.: "Professor Duesenberry and Traditional Theory" *The Review of Economic Studies*, Vol XIX No3. 1952-53, pp. 165-178.

[3] Mckenzie, L.W.: "Competitive Equilibrium with Dependent Consumer Preference" *Proceedings of the Second Symposium in Linear Programming*, Jan 27-29, 1956. pp. 277-294.

[4] Cited above p 169.

[5] Clower's analysis is in terms of marginal utility. Following Pr. Morishima's suggestion, we shall use marginal rates of substitution instead. For the rest, there is no difference between the two arguments.

「The Equilibrium and Stability of the Market with Demonstration Effect」（『OSAKA ECONOMIC PAPERS』Vol. 7（1）、No.14、昭和三三（一九五八）年九月、三一頁）。

効果を入れて考えることによって、安定性を保持し得るだけでなく、一層安定的となるであろう」との予想を述べた。ただちに、小室はその証明に取りかかる。

同年四月、小室はその証明を果たし、「『デモンストレーション効果と市場の安定性』に関する補論」を『大阪大学経済学』に寄稿する。

これら小室の研究成果は、同年九月、欧文誌『OSAKA ECONOMIC PAPERS』に「The Equilibrium and Stability of the Market with Demonstration Effect」として掲載された。この論文は、後に小室がアメリカ留学の際に、大いに利用されることになった。

昭和三三（一九五八）年二月、森嶋がイギリスから帰国。小室は再び、森嶋から指導を受けることになる。

森嶋の授業の進め方は、まことに独創的であった。(13) 小室は、同じ学年の院生・新開陽一《しんかいよういち》とともに選ばれて特別クラスを構成し、特訓を受けることになった。

森嶋は二人にいった。

「優秀な君たち二人は、他と別に教育した方が効果的だからな」

小室らは、解析的に特別に工夫した方法で「大域的安定性の収束」過程を細かく指導された。森嶋の特訓によって、初期条件と解析的特徴の違いによって収束の有様がどのように違ってくるかについて数学的に体得することができたのであった。

右派の市村、左派の森嶋

この後、小室の二人の恩師、市村と森嶋は鋭く対立するようになるのであるが、小室が社研に所属していた時代には、対立は潜在的であった。

対立の根本には、思想的な違いがあった。市村は右派、森嶋は左派である。

森嶋は、市村が戦前から平泉学派に所属していることを知っていた。他方で、市村は、親米派でもある。「アメリカかぶれの皇国主義者」は、森嶋にとっては明らかな形容矛盾であるように感じられた。

昭和三三（一九五八）年の夏頃である。森嶋は、旧制浪速高等学校の同級会で田中卓に会った。田中が東大文学部史学科での平泉門下生であることは有名であった。

そこで森嶋は、市村の平泉学派内での活動を知りたいと、田中を質問攻めにした。田中は、熱心に森嶋の質問に対応した。そして、田中もまたしきりに森嶋に対し、社研での市村の動向を質問したのである。

なんのことはない、お互いに知りたかったのだ。森嶋は、市村の「皇国主義者」ぶりの程度を。田中は、市村の「アメリカかぶれ」ぶりの程度を。

不思議に思った森嶋が聞いた。

「なんでまた、君も市村に興味をもつんだ」

田中は答えた。

「皇国主義者がアメリカに過度にコミットしていたら困るじゃないか」

森嶋も応じた。

「われわれの方は、過度に皇国主義に肩入れされたら困るんだよ」

二人は大笑いして「困るなぁ」と顔を見合わせたのだった。(14)

青々塾

三年ほど時を遡って、昭和三〇(一九五五)年一二月一八日。

平泉澄とその門下生たちは、大阪府吹田市山田別所に青々塾《せいせいじゅく》を開く。

正式名称は青々第五塾。単に「青々塾」と呼ばれたり、地名をとって「大阪塾」とも呼ばれた。

塾頭は市村真一。小室は、その青々塾に第一期生として入塾する。

青々塾とは何か。

平泉が将来有望な若者を育てるためにつくった私塾である。塾頭の指導のもと、寝食を共にした共同生活を行い、全人格的な教育が行なわれた。

塾名は、南宋末期の学者・謝枋得《しゃぼうとく》の詩「初到建寧賦詩（初めて建寧に到りて賦するの詩）」から採られた。

雪中松柏愈青青　雪中《せっちゅう》の松柏《しょうはく》いよいよ青青《せいせい》
扶植綱常在此行　綱常《こうじょう》を扶植《ふしょく》するは此の行《こう》に在り
天下久無龔勝潔　天下久しう無し龔勝《きょうしょう》が潔《けつ》
人間何獨伯夷清　人間何ぞ獨り伯夷《はくい》のみ清からむ
義高便覚生堪捨　義高うして便《すなわ》ち覚ゆ生の捨つるに堪《た》ふるを
礼重方知死甚軽　礼重うして方《まさ》に知る死の甚だ軽《かろ》きを
南八男児終不屈　南八《なんぱち》男児終《つい》に屈せず
皇天上帝眼分明　皇天上帝眼分明《まなこぶんみょう》

【意訳】
厳冬《げんとう》の松柏《しょうはく》は雪に籠《こも》って、いよいよ青い。
乱世、難《なん》に臨んで、義士の節操がいよいよ明らかになるように。
我、今行く、囚《とら》われ行く、君臣の大義の犠牲たるべく、喜んで北に行く。
龔勝の潔、今の世、人心の奥底深く、死んだように眠る。醒めよ、目覚めよ。

伯夷の清、ただ伯夷のみ有するのではない。人倫の大義、それは人、皆が有するべきだ。

醒めよ、目覚めよ。

生命を捨てる！　それは何でもない。義のさらに高きを思えば。

死！　それはいかに軽いことか。礼のさらに重きを思えば。

我、今、死に行く。義のために、礼のために、喜んで死に行く。

南八男児！　彼は最後まで屈しなかった。ああ、我も男児ぞ。

正よ、義よ、それは皇天の上帝の透徹した御眼《おんまなこ》には明らかである。(15)


青々塾は戦前にも存在していたが、戦後は東京、大阪、後に水戸などにおかれた。

青々第五塾は、戦後、二番目に作られた青々塾であったが、平泉の稀有壮大《けうそうだい》な夢を託して第五塾と称された。

昭和三〇（一九五五）年当時、京都、大阪には平泉の弟子が多数いた。

大阪府立大学教授、佐中壮。

京都新聞論説委員、久保田収。

神戸新聞論説委員、原正《はらただし》。

大阪府警、三宅二郎《みやけじろう》。

大阪社会事業短期大学教授、三木正太郎。

大阪社会事業短期大学助教授、田中卓。

帝塚山大学助教授、谷省吾《たにせいご》。

そして、和歌山大学助教授であり、同年四月からは大阪大学非常勤講師を兼務していた市村真一がそうであった。

これらの弟子の間で、大阪に〝塾〟を創ろうという話がおこる。

そこで、佐中を中心に五、六人で相談会がもたれた。参加者全員が賛成、必要な拠金もしようという申し合わせになった。問題は「塾頭を誰にするか」である。

席上、佐中は「塾頭は一体誰がやるんですか」といいながら、市村の顔を見た。

市村は、すぐさま「やっていいです」といった。

佐中の顔がパッと明るくなった。「それならできる！」

市村に対する信頼はそれほど厚かった。当時三〇歳。まだ結婚もしていなかった。

かくして大阪の地に青々塾が誕生することになったのである。(16)

開塾

開塾式には、関西の平泉門下生が多く集まった。(17)

開塾にあたって、平泉は、吉田松陰の「士規七則《しきしちそく》」の講義を行った。(18)

講義が始まると、会場は静まり、ここから始まるであろう新しい時代の溌剌《はつらつ》とした空気がみなぎった。

本日は、吉田松陰先生の「士規七則」を拝読しようと思います。まず一度、通読いたします。

一、凡《およ》そ生れて人となる。宜《よろ》しく人の禽獣《きんじゅう》と異なる所以《ゆえん》を知るべし。蓋《けだ》し人に五倫あり、而して君臣父子を最大となす。故に人の人たる所以は忠孝を本となす。

一、凡そ皇國に生れては、宜しく吾が宇内《うだい》に尊き所以を知るべし。蓋し皇朝は萬葉一統にして、邦國の士夫、世々《よよ》禄位《ろくい》を襲《つ》ぎ、人君は民を養ひて、以て祖業を續《つ》ぎたまふ。臣民は君に忠にして、以て父の志を継ぐ。君臣一体、忠孝一致、唯《た》だ吾國を然《しか》りとなす。

一、士の道は、義より大なるはなく、義は勇に因《よ》りて行はれ、勇は義に因りて長ず。

一、士の行は、質実欺《あざむ》かざるを以て要となし、巧詐《こうさ》過《あやまち》を文《かざ》るを以て恥となす。光明正大、皆是《これ》より出《い》づ。

一、人、古今に通ぜず、聖賢を師とせざるは鄙夫《ひふ》のみ。讀書尚友は君子の事なり。

一、徳を成し材《ざい》を達する、師恩友益多きに居る。故に君子は交遊を慎む。

一、死して後已《や》むの四字は言簡にして義広し。堅忍果決、確乎として抜くべからざるものは、是を舎《お》きて術なきなり。

右の士規七則、約して三端となす。曰く、立志以て萬事の源となし、擇交《たくこう》以て仁義の行を輔《たす》け、読書以て聖賢の訓《おしえ》を稽《かんが》ふ。士苟《いやし》くもここに得るあらば、また以て成人となすべし。

平泉は、一度、「士規七則」を通読したあと、再読しながら、解説を加えていった。

一、凡そ生れて人となる。宜しく人の禽獣と異なる所以を知るべし。蓋し人に五倫あり、而して君臣父子を最大となす。故に人の人たる所以は忠孝を本となす。

一体我々は、人と生まれたのでありますから、人の禽獣と異なる点を知っていなければなりません。これは非常に重要なことであります。終戦後、人は自由を唱え、解放といって、ただ本能の要求に身をまかせて、それが当然であると考え、従来、本能を抑圧してきたことを封建的だといって非難していますが、決して左様のことはありません。（中略）思うに、人が禽獣と異なるところについて考えますと、そこに重大な五つの徳目があります。君臣の関係、父子の関係、夫婦の関係、長幼の関係、朋友の関係についてであります。これは孟子から出ています。（中略）しかし、これらは戦後、失われてしまいました。正しい社会は、君臣の道、父子の道を最も重大とするのであります。ゆえに、人の人としての根本のことは、忠孝であります。これは実に大きな問題で、今日の世界の問題が、すべてここにかかってくるといって過言ではありません。（中略）一つはデモクラシーであり、一つはマルクシズムであります。しかし、そのいずれも君臣父子の道を踏みにじって、これに反逆して生まれてきた思想に外ならないのであります。今日、この混乱を鎮めますためには、デモクラシーとマルクシズムの両思想が、人間として自殺に等しいことを批判し、明らかにしなければならない。なにゆえデモクラシーが尊くて、封建制は非難されるべきか、この点についての深い批判分析は行われず、ただ世界の大勢なるがゆえにそれを正しいとして受け入れているにすぎないのであります。かかる人による、かかる浅薄な考えを打破せねばならないのであります。

このように、平泉は一つひとつ解説を加えながら講義を進めていった。そして最後にこう締めくくった。

国家を双肩に担うのは、国民の何割かの一部の人であります。昔、朝廷につかえた公卿が腐敗堕落し、朝廷につかえて国を治めることができなくなったとき、国を担って立ったのは武士であります。幕府のできたのは残念ではありますが、武士は生命にかけて国を護ってきました。ことに国難に当たり、幕末に外国の勢力が日本列島に迫ってきたとき、我々が先哲と仰ぐ人々が、決然として立って国の護りを全くされたのであります。しかるに不幸にして国を支える政治家、軍人にして、大正以後見るべき人なし。（中略）大勢は、アメリカに媚び、ソ連に迎合する輩である。国を双肩に担い、国家の中核となって、これを護って行く人物の必要を痛感します。外国においては、この特殊の人々が厳然として存在する。イギリスでは貴族が偉いのである。ドイツでも我が武士のようなのがありました。それのあることが、国家の栄える所以であります。社会的に特殊の地位にある必要はない。ただ我が国にこのような人のないことを慨《なげ》かねばならない。慨いてやまないだけではすまない。かかる道を我も行き、人も行き、目覚めたる者が手をたずさえて、国の護りにつかねばならない。士とはかかる人物をいう。腰に剣を佩《は》かずともよい。職業は何であってもよい。眞に道義に目覚めて、道によって国を護ろうとする者、しかも義勇の精神により、死して後已むの覚悟ある者、これを士というのであります。

我々の願いは、全国の賢才を得て、我が国の士たらしめることであります。ここにおいてか大事なすべし。大厦《たいか》は現に傾き始めましたが、何とかしてこれを支え、もって回天の大事を為し遂げねばなりません。これが、私の士規七則を講じた所以であります。

青々塾、開塾式。昭和三〇（一九五五）年一二月一八日撮影。全六列とみて、最前列右から一人目が市村真一氏。前から二列目左から三人目が平泉澄氏。後ろから三列目左から三人目が伊藤皓文氏、四人目が小室（眼鏡をかけて斜め上を見上げている）。後ろから二列目右から二人目が渡邉正之氏（渡邉氏提供）。

辛苦を貴ぶ

開塾式で、平泉は、塾生の心得として「辛苦」と墨書した。

「辛苦」と書いて「たしなむ」と読む。

これは、江戸時代の国学者・谷川士清《たにかわことすが》の著わした『日本書紀通證《にほんしょきつうしょう》』から採られた言葉である。

　辛苦　学術之要唯此二字為貴矣　辛苦困難不備嘗之則清清之地豈其可期哉（辛苦　学術の要は唯此の二字を貴しと為す　辛苦困難つぶさに之を嘗《な》めずんば清清《せいせい》の地あにそれ期《き》すべけんや）

つまり、学術において大切なことは辛苦を貴ぶことである。辛苦困難を味わって初めて清清《すがすが》しい地に到達できる、というのである。

この揮毫は掛け軸に表装され、青々塾の床の間に掛けられることになった。

開塾時の塾生は、小室直樹、伊藤皓文、渡邉正之[19]、田中正明《たなかまさあき》[20]の[21]四名であった。

小室、伊藤、渡邉は、同じ昭和七（一九三二）年生まれ。田中は二つ下の昭和九（一九三四）年生まれであった。

それぞれ、市村から誘いを受けての入塾であった。

この後、小室は、アメリカに留学する昭和三四（一九五九）年八月までの四年弱の間、青々塾で共同生活を送ることになる。

開塾当初から二年ほどの間は、市村も青々塾の二階で寝泊まりした。

会津高校恩師への手紙

青々塾開塾の三日前のことである。

小室は、会津高校の恩師・小林貞治に宛てて手紙を書いた。

拝啓
ながらくごぶさた致しましたが、その後お変りありませんか、私は、学は日に進み、術は、月に新に、従って、さういふ意味で、日変月化です。
こんど、我恩師、市村眞一博士、即ち、まへにも云った、実力日本一の天才的青年科学者たる市村眞一大博士が、めでたく結婚されて、新に居をかまへられることとなりましたので、私は、博士の家に置いて頂くことになりました。それで、家が変ります。

青々塾外観（昭和三六（一九六一）年四月、飯田耕司氏提供）。

博士は、今、「日本經済の産業連関論的分析」をやって居られます。ロックフェラー財団から研究資金五十一万円が贈られて来ました。通産省も援助してゐます。

なにしろ劃期的な大研究です。私もお手伝ひします。若冠二十五才で、世界一の大經済学者ヒックスにみとめられ、その主著「価値と資本」の序文にまで激賞措くあたはざる大經済学者市村眞一大博士（例へば、岩波現代叢書「価値と資本」日本版序文をみられよ）の第一の高弟が、この私なのであります。

さて、既報、京大及び阪大における私の世紀の大講義（残念ながら代講ですが）はめでたく大盛況のうちに終りました。ふつう数理經済学などと云へば、途中で学生がついて行けなくなるものなのですが、私の場合にかぎって、終始大盛況で、さしもの法經十番教室すきまなく。学生に一人の落伍者なく、助手助教授さへ入りまじり、大教授の講義もかくあらむと云はむばかり、先生に、お見せしたならば、感涙にむせばれたことでせう。

けだし、世界經済学界の主流は、とうとうとして数理經済学に向はむとする当今、日本の学者のみひとりダ眠をむさぼり、本当に実力のある数理經済学者は、ほとんどゐないからなのであります。

ともかく、会津から、野口英世《のぐちひでよ》以上の大科学者が、さうして、維新時代の薩長に負けない大政治家が、出ることは確実です。

乞ふ、説教の材料にせられよ。修身あに二宮金次郎《にのみやきんじろう》のみ専らにせむや、であります。アルバイトしながら、数学、經済学をあはせ修めた比類なき天才児を祝福せられよ。

くれぐれも御身体を大切になさって長生きなさって下さい。

二六一五年一二月一五日

小室直樹

小林貞治先生

封書裏面には、次のように認《したた》めた。

大阪府吹田市大字山田別所七五二ノ七　市村眞一方　日本之伏龍　小室直樹

小林は「やれやれ、相変わらずだな」と微笑《ほほえ》みながら読んだのであった。

塾の生活

青々塾では、その後、花本治《はなもとおさむ》[22]が入塾したが、わずかの間だった。

梅山富弘《うめやまとみひろ》が加わったのは、昭和三一（一九五六）年の年明けである[23]。その半年前、和歌山大学経済学部の学生だった梅山は、当初、市村とは違う先生のゼミをとっていた。しかし、若手で非常に優秀な学者がアメリカから戻ってきたとの話をきき、途中から市村に「ご指導をお願いできませんか」と頼んだ。そして市村のゼミに通うようになったのである[24]。

梅山は、和歌山大学経済学部における市村の最後の弟子であった。

梅山が昭和三〇（一九五五）年の夏の宿題レポートを書いて提出したところ、それをみた市村が梅山にいった。

「実は、大阪で塾を開くんだが、梅山くん、来ないか」

梅山は、昭和三一（一九五六）年一月から昭和三二（一九五七）年三月まで在塾した。

その後、佐中仁[25]が参加。

飯田耕司《いいだこうじ》[26]は、昭和三二（一九五七）年四月から昭和三六（一九六一）年三月までの四年間、在塾した。茨城県出身、水戸第一高等学校で、名越時正《なごやときまさ》（国史担当。平泉澄の高弟）の指導を受け、その紹介により青々塾で市村の指導を受けることになった。飯田は伊藤・梅山と入れ違いに入塾している(27)。

青々塾の朝は早い。起床は、夏六時、冬六時半。

布団を畳んだら、ただちに部屋の掃き掃除、拭き掃除。

終わると洗面。

その後は、一階の大広間で朝の輪読会となる。

輪読会では、『論語』、『孟子』の二、三節を、全員で声を出して読む。テキストは、簡野道明《かんのどうめい》補註『論語集註《ろんごしっちゅう》』（明治書院）や同『孟子通解』（同）を使った。平泉澄『伝統』や『武士道の復活』の数頁を読むこともあった。

輪読会は、一五分から二〇分間程度の短い時間である。

終わると、皆で外に出る。

外では、ラジオ体操と木刀の素振り、そして塾の周りを駆け足する。下駄で全力疾走するから、ガタガタと周囲に音が響いた。当時は家もまばらで苦情のようなものは出たことがなかった。

運動のあとは全員で朝食をとり、各自、七時三〇分から八時に登校する。

晩御飯も夜七時と決まっていて、原則として集まって食べた。住み込みの賄《まかな》いのおばさ

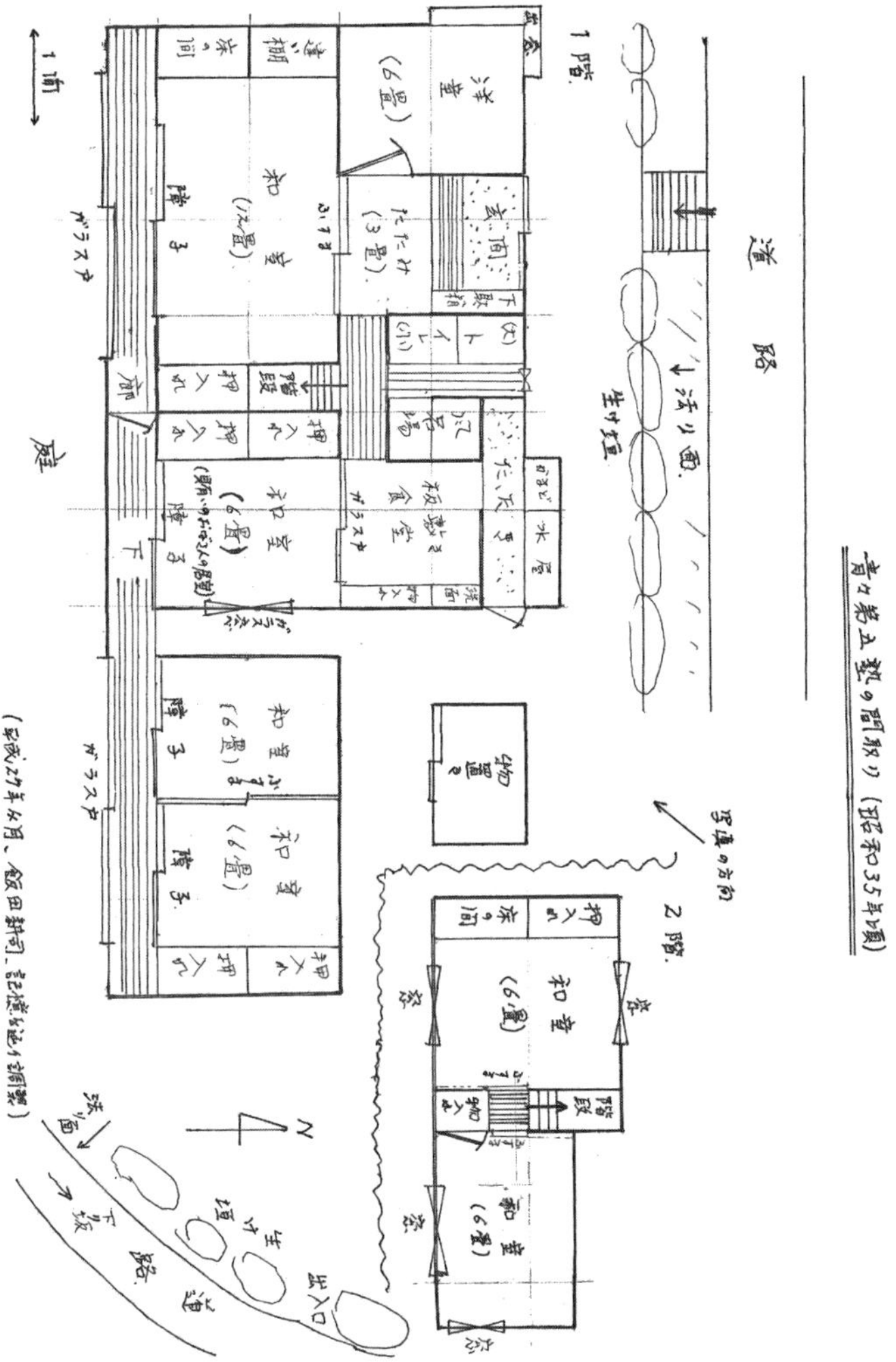

青々塾の平面図（飯田耕司氏作成）。

んを雇い、朝食、夕食だけでなく弁当も作ってもらった。

週の行事としては、土曜の夜の勉強会。主に、市村が講義する。テキストは、吉田松陰の『講孟箚記《こうもうさっき》』や先哲遺文が多かった。先輩が来塾して、平泉澄の過去の講義を祖述することもあった。休日には時折、防具を着けて庭で剣道の試合をしたが、小室が出ることはなかった。

月の定例行事はどうか。

毎月一日は、水無瀬宮《みなせぐう》参拝。朝五時頃、食事をしないで青々塾を出る。茨木駅まで歩き、茨木から山崎まで電車を使って移動。桂川、宇治川、木津川が合流して、淀川となる辺りに、水無瀬川という細い川が流れている。その南側に水無瀬宮があった(28)。

ここは、かつて後鳥羽上皇の離宮、水無瀬殿があった場所である。後鳥羽上皇は承久の乱で隠岐へ流されたのち、その地で崩御された。

後鳥羽上皇がことのほか愛されたのが、この水無瀬宮の地であった。このお参りには、市村も必ず同行した。

年間行事はどうか。

正月、ご講義初めとして、平泉学派の先輩が来て講義をしてくれた。

五月、楠公祭《なんこうさい》。平泉澄の主宰で大阪住吉大社で行われ、そのときには平泉が塾に泊まった。

八月、塾生は可能な限り、千早鍛錬会に参加する。小室は第一回以降、アメリカに留学する直前の昭和三四（一九五九）年（第六回）まで参加し、第四回から第六回までは副班長を務めた(29)。

一〇月、崎門祭《きもんさい》。京都の八坂神社で行われることが多かった。

慕われる小室

小室の風体は、丸坊主で丸い黒縁めがね、裸足に下駄履き(30)。くたびれた学生服を着て、手拭いを腰にぶらさげている。

開塾当初の同学年三人、小室、伊藤、渡邉は盛んに議論をした。特に、小室と伊藤は激しくやり合った。下の学年の梅山らはその様子をみつめていた。

議論を聞いていてわからないことがあるときは、小室に質問すると即座に答えてくれた。小室は『三国志』などを、塾生らに披露した。曹操《そうそう》、劉備《りゅうび》らの活躍する様を語った。漢文の読み下し文を暗誦することもあった。

小室の本棚には、ディズレーリや、ビスマルク、ヒトラーなどの政治家の伝記が並んでおり、トインビーもよく読んでいた。

楠公祭　住吉大社（大阪市住吉区）。小室は後方左から五人目（昭和三二（一九五七）年五月、飯田耕司氏提供）。

第五回　千早鍛錬会。小室は前列左から二人目（昭和三三（一九五八）年八月、飯田耕司氏提供）。

崎門祭　八坂神社（京都市東山区）。小室は後列左から六人目（昭和三三（一九五八）年一〇月、飯田耕司氏提供）。

あるとき、飯田が部屋で、大学の教科書である岩切晴二《いわきりせいじ》『微分積分学精説』（培風館）を読んでいたところ、小室がそれを見咎めた。

「そんなのを読んでいたら、ダメだ！　これを読め」

そういって、飯田に貸したのは、高木貞治『解析概論』。

飯田が裏表紙をみると「会津中学二年　小室直樹」と書いてあった。

飯田はいろいろな数学の本をもらった。その折、「『解析概論』も下さい」とねだったが、断られた。

「これは、やれん」

小室にとっては、会津中学時代の思い出のつまった大切な愛読書であった。

飯田は、数学だけでなく、物理学も教えてもらった。

小室は親切な先輩だった。

ただ、深く掘り下げ、人格を磨き上げるのが平泉の学問だとすれば、小室が目指したのは広く諸学問を修めることであった。そこにズレがあった。

急性アノミー論の萌芽

昭和三一（一九五六）年二月、ソビエト社会主義共和国連邦、第二〇回ソ連共産党大会において、ニキータ・フルシチョフ共産党第一書記による秘密報告「個人崇拝とその結果について」がなされた。

これが、いわゆる「スターリン批判」である。

その後、日本でもフルシチョフのスターリン批判は大々的に報道された。

これを受け、小室は『桃李』（四月号）に論文を投稿する。題して「スターリン批判からソ連の崩壊へ」。

ソ連共産党幹部のスターリン批判が、ソ連崩壊ないしはその指導的地位の喪失、さらには共産主義の退潮に繋がると論じた。スターリンはソ連建国の父。それを、批判したら体

（雄心）
スターリン批判からソ連の崩壊へ
小室直樹
— 43 —

「スターリン批判からソ連の崩壊へ」『桃李』（昭和三一（一九五六）年四月号、四三頁）。

制を維持できない。早晩、崩壊する、というものである。「急性アノミー」の概念はまだ存在しないが、内容としては、急性アノミー論そのものであった。

このとき、大阪大学大学院修士課程二年。二三歳の若さであった。

青々塾でも、たびたび、このような議論を繰り返した。

市村は、それを聞いて諭した。[31]

「小室、その意見は卓見だと思う。ソ連はたしかに致命的欠陥を抱えている。しかしな、崩壊するかどうかは、しないような手立てがあるか、ないかにかかっているんじゃないか。例えば、建国の考えから換骨奪胎してなお存在している、そういう国もあるじゃないか。ソ連がそうなるかどうかわからないが。もしソ連が崩壊するというんなら、何が原因でどういうプロセスをたどって崩壊するのか、それを研究するのが学問である。『建国の父を批判したから崩壊する』で、放っておいていいわけはないだろう。勘はエエが、もうすこし細かくプロセスを考えないといかん」

平泉澄のトインビー論

昭和三一（一九五六）年一一月二六日、平泉澄は京都の福知山で講演した。その翌日、青々塾に泊まった。そして、小室ら塾生を前に講義を行った。

一一月二七日の夜のことである。

この頃、小室も伊藤もトインビーの考え方に大きく影響を受け、しきりに「トインビーが」、「トインビーによると」と話していた(32)。

平泉は、小室ら若き学徒を戒《いまし》める意味を込めて、トインビー論を語ったのだった(33)。

トインビーの考え方は甘い。浅薄且つ愚劣である。その理由は

(一)「世界の歴史は危機に直面している」というが、危機を悲しむのは滅亡寸前のことである。保元の乱の頃、京都の公卿は毎日愁嘆していたが、源氏等武士は危機を感じていなかった。

(二)「戦争は決して起こらぬだろう。起これば全人類が破滅する」といっているが、私は、歴史を深刻に見ると、戦争は世界で避けられぬと見る。

(三)「同時代性」というが、これは浅薄な考え方だ。中世と現代は異なる。

(四)「世界連邦」を唱えるが、これほど浅薄な考え方はない。

(五)「独裁の危険」というが、デモクラシー程大きな危険はない。これは幕末の尊皇攘夷と同じ単なる合い言葉だ。

普通の歴史家がトインビーを批判するのは、概論をやりすぎること、予言をし過ぎること、宗教的過ぎること、であるが、この三つの批判については、私はトインビーの側

に立ちたい。ただし、トインビーが宗教に心があるのは結構であるが、キリスト教以外に理解がない。予言するのは良い。予言が出来ぬような歴史家は駄目である。概論をやることも良いが、同時代性などというのは、広いが浅い。あの人には大英帝国の象徴的な姿を見る思いがする。人を見れば人間の深さが判る。この前見て、深い人物とは思わなかった。

米国留学への道

昭和三二（一九五七）年三月、大阪大学大学院で経済学修士号を取得し(34)、四月、博士課程に進学。

ここで別れがあった。〝戦友〟伊藤皓文が、青々塾を卒塾した。防衛研修所の助手への就職が決まり、東京へと発ったのである(35)。

昭和三三（一九五八）年、夏。

毎年開催されている「京都アメリカ研究セミナー」が、この年も開催されていた。

これは、米国広報文化交流局（ＵＳＩＳ）のプロジェクト。

アメリカの学者を派遣して経済学、文学、社会学、文化人類学など、六、七の分野で、講師が講義をしたり、セミナーをしたりする。数週間かけて行われ、無料である。

そこに、ミシガン大学からダニエル・スーツ（Daniel B. Suits）准教授（アソシエイト・プロフェッサー）も参加していた。

スーツは「優秀な学生を一人、ミシガン大学にリサーチ・アシスタント（research assistant）として採用したい」と、市村や森嶋らに話した。

すでに日本人研究者の小泉 進《こいずみすすむ》を、リサーチ・アシスタントとして採用した実績があった。小泉は、昭和二九（一九五四）年八月から昭和三三（一九五八）年四月までの間、リサーチ・アシスタントを務めた。スーツは、小泉の後釜となる研究者を探していたところだったのだ。

市村、森嶋は相談の結果、小室と京大の森口親司《もりぐちちかし》の二人を候補者として挙げた。直接指導している小室が優秀であることはよく知っていた。また、京大大学院の森口の優秀さについてもその論文を通して認知していた。小室と森口は、ともにスーツの面接を受けたのだった。

結果、どちらが採用されたか。

スーツはいった。

「二人とも来て欲しい」

このスーツの決断が小室の人生を大きく動かした。

ただ、条件があった。「リサーチ・アシスタントとして、仕事を頼みたい。薄給だが給料は出る。しかし、渡航費は出せない。フルブライトに〝トラベル・グラント〟という制度があるから、それを獲得できるようにアプライしなさい」といわれたのである。

それからは毎日、英語の特訓となった。

小室は、市村から徹底的に英語の指導を受けた。

英語会話の習得のために、大阪の繁華街・梅田の映画館に日参した。三本立ての映画が上映されており、その多くは西部劇。朝から映画館に入って、持参した弁当を食べながら、焼き付けるように観て、聴いた。そのせいか、のちに小室はアメリカで「お前の英語は、カウボーイ・イングリッシュだ」といわれることになった。省略の多い、訛りの強い英語。「ハワユー」を「ハワヤッ」、「ハロー」を「ハイ」といったりするのだ。少々、乱暴な英語の使い手となった。

同年、秋。東京。フルブライト委員会で選考の口頭試問。試験官には、数人のアメリカ人に混じって、東大の嘉治元郎《かじもとお》教授がいた。

小室も森口も無事、合格。晴れてトラベル・グラントを獲得したのだった。


「先生、靴って温かいんですね」

昭和三四（一九五九）年五月、小室より一足先に、市村はアメリカに発った。(36)

ジョンズ・ホプキンス大学大学院に客員教授として招聘《しょうへい》されたのだった。

アメリカに発つ前、市村は小室を自宅に呼んだ。

「ミシガンは寒いと聞く。これを持っていけ」

かつて市村が学生時代に使っていた分厚いオーバーコートだった。

フォーマルな席に出席することもあるだろうと、背広も与えた。

足の大きな小室には市村のものは小さかったので、新しい革靴を買って与えた。

小室は嬉しそうに笑って、いった。

「先生、靴って温かいんですね」

下駄を履き通した小室が革靴を履いたのは、ほとんど、これが初めてだったのだ。

今度は、小室が、市村に大きな日の丸の旗を渡した。

「先生、ご一筆、お願いします」

寄せ書きの依頼だった。日本を背負ってアメリカに殴り込みを掛けるような意気込みが伝わってくる。

少し考えて、書いた。

「細心《さいしん》」

小室は大きなことばかりをいっているが、物事はステップ・バイ・ステップで行かなければならないよ。アメリカでも、その一歩一歩に細心の注意を払って進みなさい。

そう諭した。大雑把で失敗することの多い小室に対する餞《はなむけ》の言葉だった。

京都・大阪での別れ

昭和三四（一九五九）年六月、青々塾に、森口親司が現れた。

このとき、初めて森口と会った。森口は、留学が決まって挨拶がてら会いに来たのだった。

名前は、もちろん知っていたし、彼の書いた論文を読んだこともあった。

森口は昭和三三（一九五八）年の論文「代替定理について」を『経済論叢』に寄稿。修士論文を元にしたこの森口論文は、森嶋通夫の『産業連関論入門』（創文社）に触発され書かれたものである。当時、理論経済学界では、線型経済学が最先端であり、産業連関分析は、線型経済学の典型的なモデル分析であった。

森嶋は、この森口論文に「七五点」をつけた。

小室はこれを聞き、地団駄を踏んで口惜しがった。実は、小室の論文「デモンストレーション効果と市場の均衡および安定」に対して森嶋がつけた点数は「七〇点」だったからだ。

自分よりも高い点を獲得した森口とは、一体どんな人間か。同世代で初めて自分と対等かそれ以上の学力を持つかもしれない人間がいる。並々ならぬ興味を抱きつつ、激しい対抗意識を燃やしたのである。

もっとも、森口と対面した小室は、そんな内心はおくびにも出さなかった。玄関で挨拶をした後、森口を部屋に通した。そうして、おもむろに机の上に置いてあったミカンを手にとると、そのままガブリと食らいついた。

「オレは皮ごと食うんだ。ハウザー食をやっている」

〝先制攻撃〟のつもりだった。驚いた森口の顔をみて痛快だった。

他方、最初は虚をつかれた森口であったが、会話しているうちに「この小室という男は、無邪気で面白そうなヤツだな」と思っていた。

良きライバル、良き友となる二人の出会いである。

小室がアメリカに出発する直前の八月頃、京都大学弁論部同期だった真砂泰輔が、小室の姿をみかけた。

京大の北門をすこし上がったところに、進々堂というコーヒー店がある。その前で、バタリと会ったのだ。驚いた。坊主頭に下駄という見覚えのある小室の姿は消え、ふさふさと髪が伸び、足には革靴を履いていた。

「えらいジェントルマンになっとるが、小室、どないしたんや⁉」

「アメリカに留学することになったんだ。『郷に入りては郷に従え』っていうからなぁ。ハハハ」

小室はそういって、照れくさそうに笑った。

青々塾では、小室がアメリカに持参する荷物をまとめていた(37)。主として本であり、多くはない。しかし、重くて風呂敷では包みきれない。

そこで本棚として使っていたリンゴ箱に詰めこむことにした。

当時、本を運ぶのに、リンゴ箱をよく使っていた。届いたらそのまま本棚として使える便利な箱であった。

部屋で作業していると、塾生の飯田耕司がひょいと覗いて、

「小室さん、それではダメですよ。船積みしたらバラバラになりますから」

早速、飯田は材木屋で厚い板を買ってきて、手先の器用さを活かして大きい箱をいくつかこしらえた。飯田の手によって、みるみる間に〝板〟が〝箱〟になっていく。

上手《うま》いもんだな、と思いながら、みていた。

何か飯田にお礼を、と思ったが何もない。

「飯田、これをやる」

小室は、そういって自分の写真の裏にサインをして渡した。パスポート用として、初めて写真館で撮影した写真であった。飯田に渡す前、裏にサラサラと署名をした。

「畏友　飯田君　　未来の内閣総理大臣　小室直樹」

「日本の行くべき道」

平泉澄の主宰する『日本』に「日本の行くべき道」と題した小室の長い論文が掲載されたのは、小室がアメリカに発つ直前の昭和三四（一九五九）年七月のことであった。

これは、「皇太子殿下御成婚・『日本』第百号　記念懸賞応募論文」として小室が応募し、「第二席」として入賞したものである。ちなみに「第一席」の入選者は「該当者なし」とされた。

審査委員は久保田収（高野山大学教授）、三木正太郎（大阪社会事業短期大学教授）、村尾次郎（文部省教科書調査官）、市村真一（大阪大学助教授）、松木通世《まつきみちよ》（日本学協会理事長）の五名であった。

小室の論文の内容を紹介する前に、審査委員による「選評」を記そう。

さて小室直樹氏の論文は、堂々たる大論陣で、論旨明快、文意暢達《ちょうたつ》、その力量と熱情ともに第一席に推《お》すべきものであるが、その枚数が著しく規定を違反している点から、選外作とすべきであるという意見も行はれた。しかしその力作であることが尊重されて、慎重審議の結果入選第二席に決定せられた。なおこの論文は、力作たると同時に少から

「日本の行くべき道」（『日本』九巻七号、昭和三四（一九五九）年、一〇—一一頁）。

—懸賞応募論文第二席—
日本の行くべき道
小室直樹
一
— 10 —
— 11 —

ぬ欠点も指摘し得る。例えばマルキシズムはやがて打倒せられ、没落を免れないという論者の見識と、その大勢判断は見事であるが、これは吾々お互いの協力によって切り拓かれるものであるという点を正しく評価していると云いがたい。そのためにこの威勢のよい論述が、かえって読者をして現実の問題の深刻さを看過させ、努力の目標を見失わせ、問題を皮相化してしまうおそれがある。力の過信は深く戒めねばならず、より着実な研鑽が期待される。(38)

この論文は、これから日本を背負ってアメリカに発つという小室の気概、その世界観を示したものであり、小室の内面を知る上で極めて重要である。

小室は説く。(39)

現在日本の直面せる最大の課題は何であるか。巷間《こうかん》多数の論者の唱うるがごとく経済問題であるか。曰《いわ》く否《いな》、断じて否《いな》である。極言すれば経済問題のごときは、重大問題のうちではむしろ最小のものであるとさえいうことが出来るであろう。それは何故であるか。

小室の挙げる理由の第一は、資本主義か社会主義かという選択の問題はもはや消え、どの程度まで資本主義的であるべきか、あるいは、社会主義的であるべきか、という政策的問題にすぎなくなったから。第二は、かつて日本にとって致命的だとされた、不況、恐慌、経済問題は解決されたか、解決の途上にあるから。第三は、目下の日本経済は復興しつつあり、明るい未来が見通せるからである。小室は続ける。

ところで一度目を転じて政治、思想の側面を見れば如何。吾人《ごじん》はそこに日本最大の危機と無限の暗黒と、而《しか》しておどろくべき集団発狂を見出すであろう。

小室は、現在の日本の課題は、政治面、思想面にあると指摘する。それを「集団発狂」とまでいい切る。のちの小室の表現でいえば「急性アノミー」のことである。

その原因は、何か。

余《よ》をもってこれを見るに、その原因は次の四者である。
一、維新の初期に名教の樹立をなさざりしこと
二、大東亜戦争敗戦の影響、とくに国民心理に対する決定的影響
三、日本文明が西洋文明の挑戦をうけつつあること
四、日本も欧米諸国とともに近代との対決をせまられていること

小室は、とくに大東亜戦争敗戦の影響を強調する。敗戦により、信仰と権威、つまり、日本人が皇室への信仰と軍隊への信頼を失ったことの致命的な心理的打撃を指摘する。

日本人の皇室に対する信仰とは何か。

小室は、フロイト学説を応用し、日本人の尊王心《そんのうしん》には後天的な「意識的尊王心」と先天的な「無意識的尊王心」の二つがあると指摘する。

まず注意しなければならないことは、一口に尊王心とはいっても実は二重の内容をもっているということである。即ち、意識的尊王心と無意識的尊王心である。而して、前者は後者の背景あればこそ、よく信仰の段階にまで達し、後に詳述するごとく、後者も前者の確立あってはじめて、その正常確実の発露を見る。前者は、学問教育等によってあたえられ、各人の理性によって納得されて行動の基準となり、又は、各人の育った

成長環境によっては自ら形成され、場合によっては各人が当時おかれている状況に対する判断によっても得られるものである。従って、かかる条件に適する個人が少い場合には、必ずしも世の風潮とは成り得ぬし、逆の場合も充分あり得るのである。故に、これは明かにすべての日本人にとって後天的であって、もし一般的たらしめんとすれば、教育、社会環境の整備、啓蒙《けいもう》宣伝等に依って初めて達成し得るものである。しかしこれは日本人の尊王心の一側面にすぎない。もし、日本における尊王思想が、かかる側面しか有しないならば、それは他の諸々の思想と同列に取扱わるべきであって、日本精神の最も根本的なものとなり、民族発展の最大のエネルギーたり得ないであろう。もう一つのおそらくは、一層重要な一面として無意識的尊王心なるものがある。これは全く日本独自のもので外国の王朝に類を絶するものである。而してやや近きものとしてはわずかにユダヤ人のモーゼ信仰をあげ得るのみである。これは日本民族の形成期に数千年にわたって出来上ったものであり、列聖の懿徳《いとく》と皇室を中心としつつ大家族的に平和と栄光のうちに統一して行った日本古代帝国時代のすばらしい民族的記憶が基礎となっていて、すべての日本人に、彼自身意識すると否とに拘《かか》わらず必ず備っているものである。（中略）

時代によっては国民はこれを意識せぬことはある。しかし忘れ去ることはついに不可能であって、心が最も純粋清澄となった場合には必ず想起するのである。これによって見るも、日本人の尊王心なるものが無意識の間にあっても、いかなる連想圏にあり、いかなる心と密接な関係にあるかを知り得るのであるが、この事実そのものは、次のごとき現象によって説明し得る。まず、国家の大発展及び危急存亡《ききゅうそんぼう》の折には必ずあらわれること。けだし、このような国家の大変は必然的に国民の心を純粋ならしめざるを得ぬからであろう。次に、日本人の中でも感情の極めて純粋な人には必ず見ることが出来ることである。日本史を見て直ちに気のつくことは、尊王精神と日本国家の発展とが密接な相関関係のあることである。大化の改新、元寇の撃退、建武中興《けんむのちゅうこう》、桃山時代の海外進出、明治維新等々日本歴史にとってもっともすばらしい時代には、表現はちがっても必ず国民の尊王精神が熾烈《しれつ》に成った時期であり、反対に、古代末期、中世戦乱の時期、足利屈辱の時代、徳川萎縮の時代等、日本史のむしろ暗黒時代に属し、人々の気風汚濁《おだく》頽廃《たいはい》の世には必ずこの精神が背後におしやられた時代であった。現に明治以後においても、国民の志気と皇室への尊崇の念とは、ほぼ消長をともにして来たと見て誤りないであろう。（中略）

この精神こそ、実に、悠久の歴史を含み、太古の神秘を現代にまでも実現する驚くべき精神的媒介であり、日本人の特徴的上位自我を決定する最大の要因である。

小室は、敗戦前における皇室は次の三重の性格のもとに国家を統治していたと分析する。その一は「日本古代神話と直接の繋りをもつ現人神的 或《あるい》は全国民の家長的御性格」。

その二は「儒教的聖天子としての御性格」。

その三は「大帝国の皇帝としての御性格」。

ゆえに、敗戦が日本国民に与えた打撃が大きかったことを指摘する。


明治以来、皇室は社会的、心理的、倫理的に国民の中心であり、心の拠りどころであった。それが以上のごとく重大な打撃をうけたもうた事実は、日本全体をその最も深《しん》奥《おう》なる組織に至るまでゆすぶり、動揺せしめずにはおかない。


小室はトインビーの学説などをひきながら、日本の「集団発狂」の四つの原因を分析した後、日本の「現代の危機は絶望的か、革命は必至か」と自問自答する。

答えは「否」である。

第一の理由は、革命勢力であるマルクス主義は現在、おそるに足りないこと。第二の理由は、敗戦によって受けた「終戦外傷」はいかに重大であっても、理性の回復をまって大東亜戦争の再認識をなせば治療可能であること。

小室は今後の行く末を見通した後、日本人がとるべき行動を提示する。そのヒントは、かつて「支那文明」の未解決問題に対して日本独自の解決を与えることで超克《ちょうこく》した経験、すなわち、儒教における君臣間の道義の問題を解決した崎門《きもん》の学の誕生である。

この点、幸《さいわい》に吾国《わがくに》は一つの貴重なる経験を有する。即ち往時《おうじ》支那文明を超克する際に得たる経験である。かつて、ややもすれば吾日本文明を併呑《へいどん》せんとする、高等なる支那文明の挑戦に対して崎門の諸学者、及び山鹿素行《やまがそこう》などの先哲は次のごとき方法を以て応戦した。即ち、支那文明中、最も本質的なるものに決戦を挑み、その未だ解決せられざるものを日本独自の方法により解決することによって支那文明を超克することこれである。かくすることによってのみ、日本文明の支那文明に対する終局的なる優位を確保することが出来るのである。これによって、日本文明は呑噬《どんぜい》を免れるのみならず、逆に支那文明を内に含みつつ新なる発展を期待し得るであろう。この血みどろの思想戦の勝利の結果が輝かしい明治維新の精神的背景と成り、日本の大発展を約束したのも偶然ではない。然《しか》らば支那文明の最も本質的なるものとは如何《いかん》。儒教である。而して儒教中にて解決を絶した難問とは君臣間の究極の道義とは如何なるものでなければならぬか、即ち革命は結局容認せらるべきであるかの問題であった。この支那本土においても畢《つい》に解くあたわざりし難問を、吾国の国体に深く根ざす思考方法をもってみごとに解き得た先哲の努力こそ最も注目しなければならない。

小室は、それと同様のことを「西洋文明」に対しても行うべきであると主張する。それは、日本人による西洋文明の超克である。

西洋文明の本質的部分は科学である。しかし、科学は未だ不完全。とくに社会科学のレベルは余りに低い。そこで、東洋古典に通暁《つうぎょう》する日本人こそが、社会科学を超克することができると主張する。

大ざっぱにいって近代科学には三つの発展段階を画することが出来よう。これは三人の偉大なる科学者の名と結びつけて記憶さるべきである。ニュートン、ワルラス、フロイトである。古代ギリシャの哲学がたどったごとく、近代科学も、まず自然の観察、社会の研究より最後に、吾自らを知るの人間自身省察の学たる心理学に到達した。

天文学は人類の文化と同じくらい古く、昔より莫大なエネルギーを費して研究されて来たが、天体の運動を決定すべき一般的法則の解明は実に千古未知のままであった。ニュートンによる科学的解明は、その直接の結果よりも、人類にあたえた思想的影響を一層重大とする。科学はこれによって地歩を確立し、人間理性は勝利をさけんだ。爾来《じらい》のおどろくべき自然科学の進歩も、科学的方法に対する確信と自然解明の情熱がなかったならば全く不可能であったろう。

十九世紀解析力学による完備、マッハによる方法論的基礎づけ、二〇世紀に入ってからの相対性原理と量子力学とによるニュートンの超克、すすみては近時素粒子論の発達も畢竟《ひっきょう》同一の流に棹さす者であって、ニュートンの名称のもとに分類さるべきである。

経済学においてニュートンに匹敵すべき者は、レオン・ワルラスである。社会法則も、自然法則解明に用いたのと同様の方法をもって解明せられるであらうとは多くの科学者によって予想されたが、現在のところ経済現象の解明のみが確実な成果を収めている。

ワルラスの理論は経済現象間に存する縦横の相互連関関係を一望の下に収め、これを数学により一挙に解決せんとするものであって、今世紀に入って、ヒックス、サムエルソンによって発展せしめられ、ワルト、アローによって完成され、ウイクセルをへてケインズによって政策化への途を開かれ、レオンティフによって実証化され、フォン・ノイマンによって動学化されて、今や社会現象解明のための用具のうちで人類の有する最強力のものである。マルクス体系のごとき、現代において意義をいささかでも有し得るものはすべて（世人が想像するよりずっと鮮《すくな》いのではあるが）ワルラス体系の極く特殊な場合にすぎない。

ワルラス体系の経済現象以外の社会現象への拡張は当然早くより試みられた。彼の高弟パレートによる試みがそれである。しかし、パレートが成功し得なかった最大の原因は、一般の社会現象にあっては、経済現象とちがって不合理な動機によるものあまりにも多く、一般均衡論建設に欠くべからざる主体行動の理論を準備するを得なかったからに他ならない。

ここに心理学、就中《なかんずく》無意識心理学たるフロイト説の重要性が浮び上って来る。人間の心にも、その最も奥深い秘密の領域までも含めて一般的に妥当する科学法則があり、その解明は実証と推論によって可能であるとの認識は今日でも反対者が多いが、科学の発達は結局ここに向うべきであり、完全な心理学の上にのみ初めて完全な社会科学人文科学の建設が可能であろう。

すべての社会科学を精神分析学の上に建設したいとの希望はフロイト自身によって表明せられたが、ワルラスとフロイトの結合こそ今後の社会科学の最も実り豊かな成果を期待し得る方法である。

また、これによって初めて、懸案の、宗教、倫理、伝統、家族、政治等々の重要問題に対して決定的な返答が可能であろう。

小室は結論づける。

由是観之《これによりてこれをみるに》、吾人の近代西洋文明超克の問題に対する解答は次のごとくである。即ち、ワルラスとフロイトの結合の方向に科学的思考をすすめ、東洋の古典にある重要問題を新しい方法をもって再組織するとき、吾々は新時代の決定的な指導理念と具体的解決法とを得るであろう。

この理論、即ち、肇国《ちょうこく》以来の日本精神と、数千年来の東洋学の道統と、西洋最新の科学とを打って一丸と成したる理論を以って、現在吾国が直面しつつある思想的、政治的、社会的な重要問題を解き、内は国民に教へ外は諸外国に示すとき、新なる日本再建の精神的、政策的準備は完了するであろう。

然り而してこれは啻《ただ》に日本に対してのみでなく、全アジアにとっても大なる福音であるにちがいない。文明挑戦の問題と近代との対決はアジア諸国においては日本より一層深刻であると思われる。何となれば彼等は文化的、社会的に日本より遥かに低く、従って西洋文明との落差は比較にならぬほど大きいであろうし、日本人ほどの適応弾力性も有せず、過去に自己より高度の文明を超克した経験もない。故に西洋文明の本格的挑戦を受ける場合にあっては、日本がなし得るほどの応戦もとうてい不可能であろう。ここに現在、一見上昇に向いつつあるごときアジア民族主義の最大の弱点がある。彼等は明治の日本に習って西洋文明の輸入によって発展を期せんとするも、その際の副作用たる中毒現象は一層激烈なものと成るであろうからである。故にもしその際日本が彼等にそのための対抗手段を教え得るならば、全アジア、翕然《きゅうぜん》として日本を盟主として仰ぐに至るであろう。これこそ日本帝国再建絶好の機会でなければならない。かつて日本が自らアジア解放の先頭に立つ機会にめぐまれつつも、充分の用意と覚悟なかりしが故に、ついにアジアの人心を失いしの愚をくりかえしてはならぬ。今度こそ、この政策と、この決意とをもって全アジアの指導者と成らなければならない。民族解放が二〇世紀前半最大の問題でありしがごとく、二〇世紀後半最大の問題は後進諸国の西洋文化消化の問題である。従って、この際最も必要とされるのは、この大傾向を看破し、そのための指導理念を掲げて民心を統一し、全アジアに臨むの政策を採り得る大指導者でなければならない。日本の進むべき方向はここに存し、青年の覚悟、またここになければならない。

最後に小室は、宣言する。これを成し遂げるのは自分である。「われこそが、日本再興の英雄となる」と。

おそるべきはマルクス主義にあらず、国の貧なるにあらず、すすみては現在挙国の発狂ですらない。実に一の指導者、一の指導理念の欠如である。

指導者はよく一人もって足れりとする。古人の言のごとく、一人よく国を興《おこ》し、一人よく国を亡す。見よ一人のバーク、英国革命を拒《ふせ》ぎ、一人のレーニン、ロシア革命を起したるにあらずや。世人よく邦家《ほうか》の将来かかりて青年の双肩にありというが、青年一般、国を起しまた滅す者ではない。漠然たる複数の人間に責任を転嫁するところに、奮起もなければ立志もない。自らよく一人、天下を興すの士と成らなければならない。

一浪士吉田松陰の思想、維新回天の原動力となり、匹夫《ひっぷ》ヒットラーの隻手《せきしゅ》よく敗残孤影の祖国を十有余年に興したるを思うとき、一個人の精神、一個人の努力こそ、国家民族興隆の最大の力であることを知らなければならない。
かかる気魄が一人の青年の胸中にやどり、やがて十人百人と伝へられて、全坤輿《ぜんこんよ》を動かす澎湃《ほうはい》の大潮流となる日こそ、新日本帝国は死灰の中よりよみがえり、新アジアは古代の栄光を恢復《かいふく》するであろう。（大阪府・大阪大学大学院経済学博士課程・二十八歳）
小室の志、気概は、常人には計れないほど高く聳《そび》え、広大であった。

「留守中、日本を頼む」

アメリカ留学前、いったん会津に戻った。

渡部恒三とも会った。渡部は県議会議員となっていた。選挙で書きやすいようにと、名前を「恒蔵」から「恒三」に変えていた。二人で誓いあった〝内閣総理大臣〟への道を一歩、踏み出していた。

小室には大きな心配ごとがあった。それは自分が渡米した後の日本のことである。

「恒三、オレの留守中、日本を頼む」

渡部は一瞬、冗談かと思った。しかし、まっすぐ自分を見つめる眼は真剣だった。

「えらいことを頼まれてしまったもんだ……」と思った。(40)

もうひとつ、渡部に頼みたいことがあった。

「柳津の叔母さんのことだ。生活に困ってっから、恒三、おめえ、俺が外国に行っているあいだ、面倒みてくれ」

そういいながら、頭を下げたのだった。渡部に頭を下げたのはこれが初めてのことだった。

「柳津の叔母さん」とは、爲田エイのことである。実母・小室チヨにかわって、小室を育て上げた人物である。子連れで出戻ったエイは、自分の子同様に小室を可愛がった。冬の間、若松市内に家を借りて、小室が学校に通えるようにしたのはエイだった。

その言葉をきいて、「小室も人間なんだなぁ」と思った。

ただ、一県議会議員にすぎない渡部には、爲田一家の生活をみてやるほどの余裕はない。柳津町の町長と面会し、爲田家を生活保護世帯とすることで、小室との約束を果した。(41)

その後、渡部を連れて、岩崎弁護士宅に向かった。小室は、阪大で市村先生の弟子となって修業をしてきたこと、鞄や靴を頂戴したことを嬉しそうに語った。

そのほか、会津高校の同級生・江川哲《えがわてつ》、会津高校・京大の先輩・鈴木淳一宅も訪問している。あいにく鈴木は郡山に就職して不在であったが、小室は鈴木の母に「鈴木先輩には京都でお世話になりました。これからアメリカに参りますのでよろしくお伝えください」と律儀に伝えた。(42)

最後に、恩師・小林貞治宅にも寄り夕食を共にした。

「アメリカからソ連を回って帰るので一〇年間は先生に会えません。帰国する時は報道陣とのインタビューで先生と話す余裕がないから羽田へいらっしゃっても無駄です」

小林は聞きながら、「また、大言壮語が始まったか。まったく相変わらずだ。飛行機に乗ったこともないだろうに、偉そうなヤツだ」と呆れた。

「誰が出迎えになど行くもんか。そんなことより、小室。飛行機に乗ったらしっかり窓枠に掴まっていろ。飛ばされるからな。ウロチョロするな」

小室はビックリして「はい」といった。

これが、小室が小林と会った最後となった(43)。

いよいよ、日本伏龍・小室直樹はアメリカに発つ。

まっておれ、アメリカ。サムエルソンを成敗するぞ。

そう心に誓った。

昭和三四（一九五九）年夏、
小林貞治氏の自宅にて（小林正典氏提供）。

左が小林貞治氏、右が小室。

第七章　米国留学、栄光と挫折

サムエルソンを成敗する！

後列左が小室、右が森口親司氏。前列左から永井陽之助氏、伊藤史朗氏、沖縄からの留
（昭和三六（一九六一）年八月頃、森口氏提供）。

横浜出帆、シアトルへ

昭和三四（一九五九）年八月二七日、快晴。

横浜港大桟橋に繋がれた氷川丸は、まさにシアトルに向けて出発しようとしている。(1)

タラップ上には、ひときわ目を引く小室の姿があった。

大きな日の丸を結わえた旗竿を肩に担いでいる。よくみると旗竿でなく警策《けいさく》だ。座禅の時にピシッと肩を叩く、あの棒である。見送りに来てくれた友人・渡部喬一《わたなべきょういち》から贈られ

出発する氷川丸（昭和三四（一九五九）年八月二七日、小林實氏提供）。

たものだった。

警策には日の丸のほか、緑と白の唐草模様の風呂敷包みをひっかけている。周りはみなトランクやスーツケース。時代がかった小室の風呂敷包みは特に目立っていた。

唇を固く結び、その目は爛々《らんらん》と輝き、近寄りがたい雰囲気を漂わせている。

パタパタと風にたなびく日の丸をよくみると、そこには小室に寄せた細かい文字が書かれていた。市村真一の書いた「細心」という文字もみえた。

「学もし成らずんば死すとも帰らず。アメリカを成敗する」

そんな気持ちだった。

いよいよ出発の時間。

汽笛の音が響き、何千本というテープが舞うなか、氷川丸は出発した。

これから小室らフルブライト留学生は、グレート・サークル、大圏航路《たいけんこうろ》を真っ直ぐ、シアトルへ向かって一一日間の旅に出るのである。

氷川丸には、一般旅客のほか、フルブライト留学生約六〇名、AFS留学の高校生約六〇名が乗船していた。(2)

フルブライターとして

フルブライト留学とは、アメリカ合衆国上院議員を務めたJ・ウィリアム・フルブライト（James William Fulbright）によってアメリカと世界各国との相互理解を高める目的で発案、設立された国際交換プログラムに基づく留学制度である(3)。

フルブライトの奨学金には二種類あった。フル・イクスペンス（full expense）と、トラベル・グラント（travel grant）。学費・旅費含めての全額支給組と、旅費のみの支給組である。

フル・イクスペンスの場合、全国各地で開催される留学生試験を受ける。それを通って、面接をパスすると晴れて合格となる。行き先は自由に選べた。二五〇〇ドルから三〇〇〇ドルのスカラーシップで、そこから旅費を払って渡航しても十分やっていける。『何でも見てやろう』（河出書房新社）の小田《おだ》実《まこと》はこのフル・イクスペンスだった。

他方、トラベル・グラントは旅費のみである。しかも、渡されるのは現金ではない。手配された交通手段の切符を渡される。

小室や森口が得たのは、このトラベル・グラントであり、二人は氷川丸のチケットを渡されたのであった。

ともあれ、フル・イクスペンスも、トラベル・グラントも、ともに〝フルブライター（フルブライト留学生）〟であることは間違いない。

昭和三四（一九五九）年の大学院生（graduate student）のフルブライターは約九〇人。飛行機と船に分かれて渡米する。氷川丸に乗船したのは九〇人のうち約六〇人だった。

氷川丸は、ただひたすら荒波の北太平洋をはしってシアトルへとまっすぐ進む。

出航すると、留学生たちはダイニングに集められ、オリエンテーションが始まった。それぞれ指定されたテーブルに着席。

各テーブルは五人または六人掛けとなっており、その座席は定位置で航海中の一一日間、移動はない。

これから朝昼晩の三食をこの座席で食べ、ナイフとフォークの使い方、グレープフルーツの食べ方など、テーブルマナー、エチケットをみっちり教え込まれるのだ。

小室の座った六人掛けのテーブルには、三人の女性が座った。六〇人のフルブライターの中で女性は一〇人弱だったから、かなりの高確率である。

女性の割合が多いだけで、ウブな小室は緊張した。

そのとき、小室の目の前に、ひときわ美しい女性がふわりと腰を下ろした。

一目で心を奪われた。

堀江瑠璃子《ほりえるりこ》だった。

氷川丸のクイーン

小室と同じテーブルに座ったのは、森口親司、奥村保明《おくむらやすあき》、入江恭子《いりえきょうこ》(4)、渥美冷子《あつみれいこ》、堀江瑠璃子である。

早速、各テーブルでは自己紹介が始まった。

森口は、京都大学大学院経済学研究科博士課程在学中。小室と同じくミシガン大学へ向かう。

奥村は、静岡大学から来た温厚で寡黙な化学者で、ハーバード大学へ。

入江は、可愛い女学生風。イエール大学に留学することになっていた。父親は「全面講和論」グループの入江啓四郎《いりえけいしろう》、兄は入江昭《あきら》(国際政治学)。

渥美は、国際基督教大学(ICU)の大学院生で、心理学を専攻。分厚いメガネをかけていた。シラキュース大学に行った。

堀江は艶麗《えんれい》で、とびぬけた容姿の美人であった。フォークナーの研究で、南部のミシシッピー大学へ向かうという。

こんな美しい人がこの世にいるのか、と思った。

自己紹介が終わって雑談になったとき、堀江に聞いた。

「堀江さん、独身ですか？　結婚していらっしゃるんですか？」

「もちろん独身よ」

心の中で快哉《かいさい》を叫んだ小室だった。

その他、フルブライト留学生として氷川丸に乗船していた中に吉田《よしだ》ルイ子《こ》(5)がいた。吉田は氷川丸で堀江と同室だった。

小室は堀江にぞっこんだった。一目惚れである。

中国の古典で読んだ、英雄と絶世の美女との出会いを自分と堀江に重ね合わせた。英雄・小室直樹は、麗しの貴婦人・堀江瑠璃子との空想上のロマンスに遊んだのである。

もっとも、実行が伴わない。中・高と男子校育ち、しかもそこは幼少期から「戸外で婦人《おんな》と言葉を交わしてはなりませぬ」という規範(6)を叩き込む会津の地。未だに女性との意思疎通《コミュニケーション》の仕方が全くわからなかった。

女性が半径一メートル内に近寄るだけで、顔が真っ赤に染まるのだった。

堀江に心奪われたのは、小室だけではなかった。ライバルは多い。

〝堀江瑠璃子嬢は氷川丸のクイーンのようだ〟というのがもっぱらの評判だった。

氷川丸の名物男

船の中で、留学生たちは毎日、アメリカでの基本的な生活様式を学んだ。

ダンス・パーティー、字幕なしの映画会、コンサート、ゲーム、討論会など、毎晩、何かしらのイベントが行われた。

ダンス・パーティーでは、女性の争奪戦となった。

夕食は、毎回フルコースメニューを一時間半かけて食べる。

テーブルマナーをみっちり仕込まれた。

海は荒れに荒れ、二日目から船はよく揺れた。食卓の皿が五センチメートルくらい動く。

そんなときは、皿が落ちないよう、テーブルに枠がとりつけられた。

当然、船酔いで苦しむ者、食事ができなくなる者が続出した。

留学生の間で「誰が最後まで毎食、完食するか」と賭けたことがあった。

結局、最後まで全部食べきったのは、小室ただ一人。

小室は酔わない。いや、多少酔っていても、残すのがもったいなかった。

「小室氏はとんでもない健啖家《けんたんか》だ」と噂になった。

ある日の夕食前、こんなゲームが行われた。

当時、定番の英和辞典といえば、三省堂の『コンサイス英和辞典』。

「『コンサイス』のAからZまで全部覚えているヤツはいるか」と話題になった。

留学生の五人が手を挙げた。その中に小室もいた。

公開テストとなった。

並んだ五人に対し、『コンサイス』からランダムに聞いた事もないような英単語が投げかけられる。日本語の意味が答えられないと脱落。最後に残ったのは小室だった。

これには皆が驚嘆した。

氷川丸では、小室も名物男だった。

結局、一一日間の航海で、堀江に話しかけることができたのは数回だった。

〝氷川丸の女王様〟はいつも多くの男性に囲まれていたし、なによりも小室は女性の前ではあがってしまう。

堀江の小室に対する印象は〝無口で素朴な人〟であった。

どうしても堀江に話したいこと、聞きたいことがあるときには、森口を呼んだ。

小室は森口に「ムニャムニャ……」と話す。森口はそれを堀江に伝える。

まるで〝通訳〟だった。

そこで、小室は、募る想いを毎日、手紙にしたためることにしたのである。

氷川丸は、九月に入ってアメリカ西海岸北部のシアトルに到着。

小室は、森口とともに手配された軍用機に乗りこみ、ミシガンに飛んだ。ほどなくウィローラン（Willow Run）という小さな空港に到着。空港には、スーツ准教授が直々に迎えに来てくれていた。空港からは車で移動。スーツは下宿先も手配してくれていた。ジョンストン夫人が営む下宿部屋。こうして二人は、同じ部屋で同居生活を始めたのだった。

RSQEでのリサーチ・アシスタント

小室らが所属するのは、ミシガン大学のリサーチ・セミナー・イン・クアンティタティブ・エコノミクス（Research Seminar in Quantitative Economics）、略して「RSQE《アールエスキューイー》」。訳すと「数量経済分析セミナー」。ローレンス・クライン（Lawrence R. Klein）が創設した施設で、当時は、ダニエル・スーツ准教授が責任者である。

ミシガン大学のキャンパスの中央には立派な図書館があり、向かい合ってバートン記念塔（Burton Memorial Tower）がある。経済学部のビルは、そのすぐ近くだった。

RSQEは経済学部ビルの地階に入っていた。二部屋ほどあって、ズラリと卓上計算機が並んでいる。その奥にはスーツの部屋があった。

小室らの資格は、リサーチ・アシスタントシップ（researsrch assistantship）。日本の大学でいえば助手にあたる。

リサーチ・アシスタントの義務は何か。

それは、週に一〇時間ほどの仕事をすること。一年のうち一〇か月だけ働く。給料は、一年合計一六〇〇ドル。月単位で一六〇ドル。夏休みには働かなくてよい。

小室らの仕事の内容は、こうだ。

ＲＳＱＥでは毎年秋に、経済統計を元に、アメリカ経済の予測発表をする。

ダニエル・スーツ（ミシガン大学ウェブサイトより）。

スーツが開発したミシガン・モデルという計量経済モデルを作って予測する。小室らリサーチ・アシスタントの仕事は、その計量モデルの推定・再推定、改良、モデルが組み上がった後でのシミュレーションの計算である。

その際、時系列データ（time series data）を統計書から引っ張り出してきて、卓上計算機で計算する。卓上計算機といっても、カシオやシャープの電卓を想像してはならない。ガチャガチャガチャと騒々しい音のする、モンロー（Monroe）やフリーデン（Friden）といった巨大な計算機械である。なんとか机の上には載っているものの、とても卓上とは言いがたい代物だった。

かつて、ＲＳＱＥにクラインがいた頃、アーサー・ゴールドバーガー（Arthur S. Goldberger）という優秀なアシスタントがいた。そして共同で「クライン・ゴールドバーガー・モデル」を作った。

「ゴールドバーガーはこれだけの方程式を一晩でやったんだよ」と、当時のいろいろな話を聞かされたが、小室らにはとてもできそうになかった。

典型的な仕事は方程式の推定。

計量モデルは連立方程式で成り立っているから、消費関数や投資関数を推定する。要するに連立方程式のシステムを作っている式の一本、一本を推定する。

回帰方程式を使うのだが、その計算方法に、ドゥリトル・メソッド（Doolittle method）

がある。もっぱらそれをやった。

ところがである。

小室は、全くの機械オンチである。もともと卓上計算機など扱えるわけがないのである。やってもやってもミスが出る。トンチンカンな操作が多く、小室が関わらない方が、時間の節約になるくらいである。

その頃、和歌山大学助教授の杉浦一平《すぎうらいっぺい》が、ロックフェラー財団の資金を得て、ミシガン大学に来ていた。家族連れで、アナーバー郊外の大学関係の宿舎に住んでいた。ひろい庭のある平屋根の一戸建てで、小室や森口はよく晩ご飯をご馳走になった。

この杉浦、小室とは正反対。とにかく器用で、緻密で、計算機が好きだった。〝計算の杉浦さん〟ということで鳴らしていた。

小室は、その杉浦に助けられた。リサーチ・アシスタントに、もう一人アシスタントが付いたようなものであった。杉浦のお陰で仕事をなんとかこなすことができた。

そんな小室の姿を、スーツは黙ってニコニコとみていた。

小泉進

リサーチ・アシスタントとしての仕事は、週に一〇時間。

だから、一日に二時間ずつで五日で終わる。時間的には余裕があった。

これから異国の地・アナーバーでいかに暮らすべきか。

実は、留学前、ミシガン留学の先輩・小泉進から貴重なアドバイスを受けていた。

小泉進は、大阪大学大学院経済学研究科で助手をしていたが、昭和二九（一九五四）年から昭和三三（一九五八）年までの間、ミシガン大学に景気変動論等の研究のため留学していたのだ。

小泉からの情報で一番貴重だったのは「どうやってメシを食うか」という話だった。

小室らリサーチ・アシスタントの給料は、月に一六〇ドル。

円ドル換算では一ドル＝三六〇円だから、数字の上では、当時の日本人の給料よりずっといいように感じる。

もっとも、実際には一ドル＝一〇〇円というのが感覚的なレートだった。

とすれば、月一六〇ドル＝一万六〇〇〇円で生活しなければならないことになる。金銭的には、まったく余裕のない生活だった。

大学の普通の寮《ドミトリー》（dormitory）に入るのは難しい。

小泉によると、コーポラティブ・ハウス（cooperative house）、略して、「コアップ・ハウス（co-op house）」というのがあるという。

コアップ・ハウスとは何か。

それは、貧乏大学生が、安い食事を確保するために家を一軒丸ごと借りて、そこに住んで、共同で炊事、掃除をして、通常の寮費の半分くらいで収めるというシステムだった。大不況期のアメリカで始まったらしい。

アナーバーはそれが盛んで、六、七軒あった。

コアップ・ハウスに使われる一軒家は、アメリカン・サイズで、とにかく大きい。部屋数は一〇くらいあるので、二段ベッドで一部屋二人で住むと、二、三〇人はかるく住める。

加えて、外部から二〇人くらいが食べるためだけにやってくる。もちろん実費は負担し

小泉進氏（大阪大学経済学部編『大阪大学経済学部十年の歩み』大阪大学経済学部、昭和三四（一九五九）年、五一頁）。

てもらう。

このように住み込んで生活する人達をルーマー（roomer）といい、食べるためだけに来る人達をボーダー（boarder）といった。

小泉が小室らに勧めたのは、小泉自身もしばらく利用したことのあるジョン・ナカムラ・コーポラティブ・ハウス（John Nakamura Cooperative House）、略して「ナカムラ・ハウス」であった(7)。

乳と蜜の流れる地

ナカムラ・ハウスは、ミシガン大学からほど近いサウス・ステート・ストリートにある。ジョン・ナカムラという朝鮮戦争で戦死したミシガン大学のＯＢだった日系二世の名前がつけられていた。

小室らはジョンストン夫人の家で下宿しながら、ボーダーとして、ナカムラ・ハウスに通うことにした。

食堂は地下にある。五人掛けのテーブルが一〇脚ほどあって、座席は決まっていない。栓をひねると、ミルクがジャーッと出るサーバーがあった。もちろん飲み放題。パンもたくさん重ねて置いてあって、トースターもある。自由に食べてよし。

ナカムラ・ハウス（平成二九（二〇一七）年八月現在、グーグルマップ、ストリートビューより）。

腹が減ったら、食事の時間以外でも、そこへ行ってトーストを焼いて、バターやジャム、蜂蜜を塗って、牛乳を飲んで、腹を満たすことができる。

小室は、感激して呟いた。

「これぞ『乳と蜜の流れる地』……」

神がイスラエルの民に約束されたもうた〝カナンの地〟は、アナーバーにあったのだ。

コアップ・ハウスでは料理や皿洗いといった共同作業の割当てがある。料理をするクックにはサパー・クック（supper cook）とランチ・クック（lunch cook）があった。それぞれ五〇人分の食事をつくる。

サパー・クックの場合、これを週一回やると、労働時間のノルマとして四時間相当とみなされる。

食事関係ではスチュワード（steward）の学生が全体を統括していた。バランスのよい食事を心がけて、メニューを作る。その上で、共同作業の分担を決めて、しっかりやっているかどうかを評価する。食品を仕入れて、クックに供給するのもスチュワードの役割だ。

サパー・クックが夕食の四時間前に行くと、肉の塊や野菜などが、キッチンにドンと置いてある。傍らには『クッキング・フォー・フィフティ（Cooking for Fifty）』という船乗り用の料理本。サパー・クックは、それをチラチラみながら料理を作るのである。

料理をしないクックとしてアシスタント・クックという役割もあった。その仕事は何か。

食事の三〇分前に行って、皿やフォークを並べる。サパー・クックの作った夕食を、五人分ずつボウルに入れて、配膳する。食事の後は、皿洗いもしなければならない。

重労働ではあるが単純労働のアシスタント・クックの仕事は一時間相当とみなされ、週に四回もやらなければならなかった。

ボーダーとしてナカムラ・ハウスに通い始めた二人は、クックの仕事も始めることになった。

小泉は「日本人は器用で料理が上手いという定評がある。割のいいサパー・クックをすると時間の節約になるぞ」といった。

森口は、早々にサパー・クックになった。最終的には、毎週金曜日、スパゲッティ・ミートボールを作る役に落ち着いた。"Moriguchi's Spaghetti with meatballs"と呼ばれ、「美味い」と好評だった。

他方、小室はというと、その尋常でない不器用さゆえ、サパー・クックには昇格できず、アシスタント・クック止まりであった。

小室が当番となって片付けをしたときのこと。「もったいない」と、余った食べ物を冷蔵庫にしまっておいた。これをみて、スチュワードがいった。

「他の食べ物が入らないから全部捨てろ(8)」

小室は少なからずショックを受けた。アメリカの豊かさには驚くばかりだった。

次の当番のときには、全部捨てた。しかし、今度は「調味料は捨てるな」と叱られた。

講義と暮らし

アナーバーでの二人の一週間は、このように進む。

月曜から金曜までは、講義を聴く。朝九時開始である。

一回の講義は五〇分で、一〇分の休憩。一時間単位で行われる。

基礎的な科目は週二回、講義がある。マクロ経済学は月曜と木曜、国際経済学は、火曜日と金曜日など。

そうやって一科目をワン・セメスター（one semester）で終わらせてしまう。

ワン・セメスターは正味四か月、一六週間くらいである。

卒業するための、必須科目は決まっている。もちろん、選択科目もある。原論、国際金融、レイバー・エコノミクス等であるが、科目は多くない。

授業は、講義形式で、日本の大学のゼミのように円座になって対話形式で進めるのではない。ただ、日本の大学の講義と違うのは、学生がやたらに質問することである。わかるまで食い下がる。単純な質問をしつこくやると、叱られることもあったが、普通は先生も叱らずにちゃんと教えてくれる。

筆記テストは、期末にあり、中間テストもある。しっかり点をつけて返してくれる。講義を聴いた後は、リサーチ・アシスタントとしての仕事が始まる。午後三時か四時頃、ＲＳＱＥに行き、スーツの指示にしたがって午後七時の夕食までの間、仕事をする。

アシスタント・クックの小室は、午後六時くらいになるとＲＳＱＥを抜けて、ナカムラ・ハウスに行って、ナイフ、フォークを並べる。他方、サパー・クックの森口は、金曜日だけ講義のあとにナカムラ・ハウスに行って、夕食の準備をする。

土曜日は、ほとんど講義らしいものはなかった。

日曜日は、昼飯がディナーとなる。ビッグ・ディナーとかサンデー・ディナーと呼ばれ、一番上手いクックが、ローストビーフやチキンの丸焼きを仕込んで振る舞う。昼にそれを食べ、夜は何も作らない。

夜は勝手にパンを焼いて食べたり、近くの店でハンバーガーを買って食べたりした。

ナカムラ・ハウスの一階には、ラウンジがあって、白黒テレビが置いてある。一四、五人いる住人は、それぞれが思い思いにソファに座って、ニュースなどをみていた。

ミシガン大学はフォード財団との関係も深い。デトロイト郊外のディアボーン（Dear-born）はヘンリー・フォード生誕の地。

大学の斡旋で、ディアボーンのフォード博物館を見学し、また、リバー・ルージュ(River Rouge) のフォード・モーター・カンパニーの巨大な工場を見学して、アメリカの工業力のすごさに圧倒された。

またたく間に、最初の四か月間が過ぎた。

そして、待ちに待ったクリスマス休暇がやってきたのである。

クイーン、現る

クリスマス休暇の少し前、ミシシッピー大学の堀江瑠璃子から二人に宛てた手紙が届いた。

「クリスマス休暇を利用してシカゴの方に行くので、途中、アナーバーにも寄ります」

小室は色めき立った。

堀江は、アメリカ南部のミシシッピー大学でウィリアム・フォークナー(William Cuthbert Faulkner) の研究に励んでいた。

ただ、田舎暮らしに飽きてきたこともあり、クリスマス休暇を利用して、留学生仲間を訪ね歩くことにしたのである。

堀江は、シカゴに行く友人の車に同乗し、アナーバーに到着した。

数か月ぶりの再会。

堀江は、小室が自分に〝気がある〟のは知っていた。

小室から分厚いラブレターの束《たば》を受け取ったことがあったからだ。

それは、堀江がシアトルから五日くらいかけて寄り道しながら、ミシシッピー大学に着いたときのことである。

「ミス・ホリエ、あなたに小包が届いてますよ」といわれた。

堀江よりも先に、小室からの小包がミシシッピーに着いていたのである。

なかには、どっさりと手紙の束が入っていた。

ルーズリーフに、独特のカナクギ流の文字で丁寧に書かれている。

読むと、氷川丸の船の中で、毎日まいにち書いていたようだった。

「今日は、堀江さんがデッキで歩いていて、その後ろ姿がとても美しかった」

そんなことが、日記のように書かれていた。

堀江は意識していなかったが、小室は堀江の姿に見惚《みと》れながら、思いの丈をつづっていたのである。

作戦会議

昭和三四（一九五九）年一二月。

クリスマス休暇で小室、森口のもとに訪れた堀江は、アナーバーをひと通り案内された。

その後、休憩がてら、小室らの〝部屋〟で寛《くつろ》いでいた。部屋には小室、森口、そして堀江の三人がいた。

ジリリリリリーン……！

突然、騒々しく鳴った電話に、三人の会話が止まった。

森口が電話に出る。

「Hello, This is Moriguchi speaking. あ、李《イ》さんですか。……。はい。そうですか。わかりました。すぐそっちに向かいます」

受話器を置いて、二人に言った。

「大事な用件ができたんで、ちょっと出かけてくる。また帰ってくるから」

そういって小室に目配せすると、小室はコクリと頷いた。

そして、いそいそと部屋を抜け出した森口であった。

遡ること、数日。

小室は、森口に相談した。

「おれは、堀江さんにプロポーズする。ただ、ずっと男子校だったから、女との接し方がまったくわからん。森口、教えてくれ」

目は真剣だった。

「よし、わかった」

森口も乗り気になった。

作戦会議が始まった。

まずは、場所だ。

二人の住むジョンストン夫人の下宿は却下。狭い部屋にベッドが二つ並んでいるだけで、雰囲気も何もあったもんじゃない。

もっと広くて綺麗で雰囲気のある場所はないか。

直ぐに思いついたのが、ＲＳＱＥに出入りしていた李さんのアパートだった。

李《イ》亨純《ヒョンスン》は、韓国からの留学生。裕福な家の子弟で、日本語が実に達者だった。慶應義塾大学大学院に留学後、ミシガン大学に留学していたのだ[9]。

彼は、電話のある広いアパートの一室に住んでいた。中古のシボレーまでもっていた。

プロポーズの舞台は、その李さんの部屋にしよう。

李に話すと、喜んで協力してくれた。

これで、場所は決まった。

二人が練ったシナリオはこうだ。

小室、森口、堀江が、李の部屋で一息ついているころ、李から電話がある。「森口に急用」ということで呼び出してもらう。森口は二時間ほど外出。あとは小室よ、頑張れ。そういう作戦だった。

ただ、小室はまだ不安だった。どう口説けばいいのかわからない。

アメリカ留学前、映画館で多数のラブシーンを観ていたが、実際に自分が〝主人公〟となると、どう会話し、身体を動かしていいかわからない。

そう森口に相談したとき、ちょうど目の前に人の背丈くらいの電気スタンドがあった。森口が提案した。

「これを堀江に見立てようじゃないか」

小室は、森口の指導のもと、堀江を口説く練習、抱きしめる練習を電気スタンドを使って行った。

「森口、こうか?」

「いや、もっと、優しく、そっとだ」

「こんな風か」

「おッ、なかなかいいな」

小室はおおまじめ。森口はふざけ半分だから、いいかげんなアドバイスが飛んだ。

手取り足取り、教えた。

もっとも、キスの仕方の練習まではしなかった。

プロポーズ

そして当日。

予定どおり森口は出ていき、舞台は整った。

この後、二時間は帰ってこないはずだ。

小室は緊張した。もともと緊張していたのが、さらに緊張した。

二人っきりになって急に会話が途切れがちになり、その都度、不自然な空気が流れる。

そして、お互いに切り出した会話がぶつかって、また沈黙。

意を決した。

「堀江さん……」

「はい？」

「ぼ、ぼ、僕と結婚してください」

「は?」

「け、け、結婚してください。ぼ、ぼ、僕はどうしても貴女《あなた》と、け、け、結婚したい」

堀江は驚いた。小室が自分に気があることは知っていたが、まさかプロポーズされるとは思ってもみなかったのだ。小室との夫婦生活など、想像したことすらなかった。

小室をみると、その目は怖いほど真剣である。

「……小室さん、お気持ちは嬉しいんですけど……。わたしたち、学生でしょ? 勉強するためにアメリカに来たんでしょう? それに、まだ、アメリカに来たばかりですし、結婚することなんて考えてもおりません」

小室の気持ちも考えながら、できるだけ傷つけないよう、やんわりと断ったのだった。

「……」

再び沈黙が流れる。

そのとき、小室と堀江は、大きいテーブルをはさんで、向かい合って座っていた。

小室は、悔しげに呟いた。

「堀江さんが、何年かして他の人と結婚したら、僕は日本刀をもって押しかけます……」

そんな脅しともとれる言葉を吐いてしまった。

そして、小室の中で動物的本能が蠢《うごめ》いた。

言葉でだめなら、押し倒して、自分のものにするしかない。

小室はいった。

「最後に握手してください」

目が据《すわ》っていた。獲物を狙う獣《けもの》の目だ。

怖い。

堀江は瞬間的に思った。

小室は、上背があり、力もありそうだった。

「別に握手なんてしなくてもいいわよ。日本人なんだから……」

堀江は断った。

しかし、小室は実力行使にでようと、椅子から立ち上がった。

本能的に、堀江も立ち上がる。

「握手してください」

「いやよ」

堀江は逃げた。小室は追ってきた。

そうして大きなテーブルの周りでグルグルと、二人の〝追いかけっこ〟が始まったのだった。

あやうく堀江が、野獣・小室に押し倒されそうになったその時。

ピンポーン！

チャイムが鳴った。

外から「入るぞ」という声が聞こえる。森口が帰ってきたのだ。

「森口さん、助けてェーッ!!」

堀江の悲鳴が響いた。

ドアを開けて森口はすぐに状況を悟った。

「お前、何してるんだ!」

「……」

初めてのプロポーズはこうして終わった。

その後、森口は、李のシボレーに堀江を乗せて、オハイオ大学の吉田ルイ子のもとに送ったのであった。

評判を呼ぶ学力

クリスマス休暇が終わった頃、ナカムラ・ハウスにルーマーの空きが出た。

小室と森口の二人はジョンストン夫人宅から出て、ナカムラ・ハウスのルーマーとなることにした。

ジョンストン夫人宅での下宿生活には不満も多かったのだ。

バナナの皮は部屋のゴミ箱に捨てるなとか、とにかく夫人は小言が多かった。

また、金曜の夜になると、ジョンストン夫人の友人のおばさま連中が集まって、下手なコーラス始めるのだ。うるさいこと、この上なかった。

二人が落ち着いたのは、ナカムラ・ハウスの三階の一部屋。

部屋は同室で、二段ベッド。

小室は「オレは上だ！」と有無をいわさず上段を占領し、鼻高々だった。

ルーマーとしての、食費込みの居住費は一か月およそ六〇ドル。

ボーダーのときは四〇ドルだったから、居住費はわずか月額二〇ドルである。

リサーチ・アシスタントしての給料は、月一六〇ドルだったから、残る一〇〇ドルが自由に使えるお金となった。

一月一〇〇ドルもあれば、なんとか生活はできた。

そして、期末テスト。

小室は、いきなりやった。

ガードナー・アクリー[10]（Gardner Ackley）教授のマクロ経済学の授業で、A^{+}（エープラス）をとったのだ。

成績評価のグレードは、A^{+}から始まって、A、B^{+}、B、B^{-}。ここまでが、文句なく合格。

Cをもらうと、ちょっと怪しくて、ダメなのはF。

小室がとったのは最高位のA⁺。小室の大好きな「一番」である。

小室の筆記具は、いつもガラスペンとインク壺、場合によっては鉛筆。

ガラスペンとは、筆の形をした、ねじりの入ったガラス製のペンで、インク壺に浸すと万年筆のように長く書けた。小室は、そのガラスペンでガリガリ、答案を書く。周りの学生たちが「What's that?（なんじゃそりゃ？）」と、小室の手元をよく覗き込んだ。

とにかく小室は書くのも速く、筆記試験で抜群の成績を取ったのだ。

小室の学力は、ミシガン大学でもたちまち有名になった。

当時、ミシガン大学には、各国から留学生がたくさん来ていた。ヨーロッパだけでなく、アジアからも来ていた。

そのうち、とくにタイから来ていた人たちは、皆、数学が弱かった。

小室の噂を聞いて「数学を教えて欲しい」と訪ねてきた。

小室は、喜んで教えて、感謝された。

留学生だけではなかった。〝GIビル〟にも教えた。

当時、兵役を終えて大学に来る学生らを〝GIビル〟と呼んだ。朝鮮戦争で兵役を終えた学生が大学に行くことを奨励して、国は奨学金を与えたのだ。〝GIビル〟たちは総じて学力が低く、小室らにも「教えてくれ」と頼むのだった。

ある一人の女性にも数学を教えるようになった。学生自治会（student government）の副会長（vice president）だった。得意の数学を、しかも英語で教えることで、日本語で女性と話すときのように緊張することはなかった。彼女が小室の初体験の相手となった。(11)

歴史談義

ナカムラ・ハウスの夜。
ベッドに横になって電気を消すと、小室の歴史談義が始まる。
小室が上段、森口が下段。
顔はみえないが、息づかいまでが聞こえてくる距離だ。
小室は、古今東西の歴史を、講談調で語る。
森口は、下で耳を傾ける。大変面白かった。
ただ、小室が調子よく喋っているときに限って、森口が茶々を入れた。
「小室、じゃあ、そのときにさっきの人はどうしてたんだ」
森口は、小室の語らない裏の事情に関する質問をしてみるのである。
あまりに愚問なときは「わかってない！」と怒った。
でも、それが的を射ていると、「うっ……」と詰まったりした。

二人は、よく話し合った。

「どうしてそんなに歴史に詳しいんだ」と森口が聞いた。

小室は、英雄物語が大好きであること、子どもの頃から『プルターク英雄伝』、『十八史略』、『史記』をくり返し読んでいたことを話した。また、伝記を読むのが好きで、第二次大戦開戦頃の政治家の伝記をよく読んだこと、特に好きだったのは、ディズレーリ（Benjamin Disraeli）の伝記だったことを話した。

実際、小室はベッドの上段で、何度もディズレーリの話をした。

ディズレーリは、ヴィクトリア女王お気に入りの首相で、イギリスがスエズ運河を手に入れた当時に活躍した。全盛期のイギリスの帝国主義を支えた宰相だが、ディズレーリ自身はイタリア系ユダヤ人でいろいろ苦労している。その彼が、とにかくイギリスの上流社会に潜り込んで、若くして代議士になって活躍する。その生き様を活き活きと語った。

あるとき、ディズレーリが議会で演説をした際、騒乱状態になり、野次り倒された。

彼は、降壇するときに、眉をあげてこういった。

「The time will come when you will hear me.」

（諸君が私の意見に耳を傾けるときがいつか来るでしょう）

小室は、感情を込めて英語で再現した。

まるで自分がディズレーリになったような気になっていた。

二段ベッドの上で、英雄たちの世界に自分が入り込んだかのように感じ、話し始めると興奮して、終わらなくなった。

そのうち森口は、下段でウトウトはじめる。

気がつくと、下がやけに静かだ。ちっとも茶々を入れてこないのである。

「森口、起きてるか?」

「……」

小室は、起き上がって下を覗き込んだ。

森口はスヤスヤと寝息を立てて、眠っていたのだった。

小室は、アメリカに二冊の本を持ってきていた。

ヒトラー『我が闘争』の日本語版。

それから、生長の家の谷口雅春《たにぐちまさはる》の著作であった。留学前、生長の家の熱心な信者の叔母エイから手渡されたものだった(12)。

二人の部屋は三階なので、見晴らしがよく、音の聞こえもよい。

時々、近くのアパートから、艶めかしい女性の嬌声が聞こえることもあった。

あんまりひどいと、どこかの建物から、「Stoooooop!（ヤメローッ!）」という怒鳴り声が響いた。

あるとき、森口が窓から外を眺めていたら、向いの建物に上半身裸の女性の陰がチラッと見えた。

「おい、小室！　なんかみえるぞ」

森口がニヤニヤしながらいった。

小室は怒っていった。

「お前、そんなことするもんじゃない！」

「サムエルソンを成敗する！」

その頃、ＲＳＱＥにＭＩＴのロバート・ソロー（Robert M. Solow）がやって来た。

小室は、ここぞとばかりに、自分の論文を手渡した。それは、『OSAKA ECONOMIC PAPERS』に掲載された英語論文「The Equilibrium and Stability of the Market with Demonstration Effect」。

これが、小室とＭＩＴとの縁の始まりだった。

年が明けて、昭和三五（一九六〇）年。

春になった頃、スーツが小室、森口の二人を部屋に呼んだ。

「君たちに二年目の給料を出すことができなくなるかもしれないから、他の大学のフェローシップ（Fellowship）に応募しなさい」

そもそも、ＲＳＱＥがリサーチ・アシスタントに支払う給料は、ミシガン大学が出してくれるものではない。給料や研究費、そういう運営費は、スーツがフォード財団はじめ、いろいろな企業、財団に申し入れて、集めたお金が元手となっている。

その見通しがちょっと立ちにくくなったようだった。

スーツは「もちろん推薦文は書くから」という。

ＭＩＴ、ハーバード等、四つほど応募した。

結果、ほとんどのところから、フェローシップを認める回答がきたのだった。

小室は、迷うことなく、

「森口、オレは、サムエルソンのいるＭＩＴに行くぞ！」

ＭＩＴに行けば、ハーバードは目と鼻の先。ハーバードでも学べる。ボストンでは、ＭＩＴであろうと、ハーバードであろうと、どこの講義を聴くのも自由なのだ。

小室が得たＭＩＴのフェローシップは三〇〇〇ドルほどだった。

他方、森口は、大学を渡り歩いて時間を使うより、ミシガンでそのまま頑張って、Ph.Dを取得しようと考え、残ることにしたのだった。

同年、初夏。小室は森口に別れを告げて、ボストンに発った。

ちょうどこの時期は、学生が大学を変えるシーズン。学生の大移動が起きる時期である。車を持っている学生が東部に行く場合、ガソリン代を安くあげるために、「ライドシェア（rideshare）」と称して、一緒に行く仲間を募る。ガソリン代を割り勘にするのだ。

小室も、ボストン行きの学生をみつけた。

荷物は、スーツケース一つだけ。

森口に残した言葉は、こうだった。

「オレはサムエルソンを成敗する！」

小室はボストンで、森口はアナーバーで、それぞれの研究を続けることになった。

ボストンで住み着いたのは、MIT近くの、狭い下宿だった。

細長い、天井の高い一部屋で、家具はベッド一つと机一つ。それだけ。

薄い壁を隔てて、隣室に学生がいて、あまり大きな音は出せない環境だった。

これからの二年間、サムエルソンのもとで研鑽を積み、博士号をとって〝世界の小室直樹〟となるのだ。

小室は希望に燃えていた。

そんなとき、小室の耳に堀江瑠璃子の消息が聞こえてきた。

共通の友人だった、吉田ルイ子から連絡があったのだ。

吉田によると、堀江は、急遽、日本に帰るという。

小室は、その前に、どうしても堀江に伝えたいことがあった。

クイーン、帰国の前に

都会育ちの堀江には、ミシシッピーのド田舎生活は刺激が少なく、物足りないものだった。

しかも、堀江の専攻はアメリカ文学。アメリカ人にとっては〝国文学〟であるから、堀江は二三年のハンディを背負っての奮闘を強いられた。

週末になると、アメリカ人の級友たちはデートにいそしむ。

堀江は、皆が出払ってガランとなった寮の一室で、宿題の本を読み込むのだった。

寮にはときどき、見知らぬ男性から名指しで電話が掛ってくる。

「ルリコ、ぼくは法学部のジョン・ミラー。目はブルー。髪はブラウン。身長は六フィート二インチ。明日の晩、食事をご一緒してくれませんか？」

そんな甘い誘いも、一〇回のうち九回は断らざるを得なかった(13)。

しかも、ミシシッピー大学では、ただ一人の日本人女性。堀江はどこに行っても注目の的になった。一挙手一投足をみられているような息苦しさがあった。

すでにフォークナーにも会えた。南部はもういいわ。そう思った。

二年目、堀江はニューヨーク大学に転学するため、ニューヨークのインターナショナル・ハウス（International House）、通称「アイ・ハウス（I-House）」に移り住んだ。このアイ・ハウスは、マンハッタンのアップタウン、ハドソン川畔のリバーサイト・ドライブ（Riverside Drive）にある。ロックフェラー財団が国際親善の目的で建て、海外からの大学院生、研究者、助教授クラスが安く利用できるアパートだった[14]。

ニューヨークに住んでみて、堀江は理解した。自分に合っているのはやはり都会だわ。街並み、街行く人、すべてが洗練されていた。

秋になると燃えるような紅葉で溢れるセントラル・パークは、黒人の家族がピクニックを楽しみ、ブラジリアンたちがボンゴを鳴らし、気取った白人たちの乗馬姿が見え隠れする平和な人種の坩堝[15]。日本人の堀江が注目されることもない。

このままニューヨークで勉強を続けようと思っていた、その矢先のことである。堀江に、外務省から南米調査旅行の誘いがあったのだ。貴重な人生体験となるのは間違いなかった。迷った末、堀江は留学を切り上げ、半年間の南米旅行に参加することを決めたのだった。

ニューヨークともお別れ。

堀江は、ウォール街の富士銀行でアルバイトをして貯めたお金で、帰国までの一週間、アメリカ留学最後の贅沢として、ウォルドルフ・アストリア（the Waldorf-Astoria）に滞在することにしたのだった。ニューヨークの最高級ホテルの一つ、セレブ達の定宿である。

再　会

アイ・ハウスを引き払ってウォルドルフ・アストリアに滞在する直前のこと。

どこで電話番号を聞いたのか、小室から堀江に電話が掛ってきたのである。

「きっと吉田ルイ子ね」と思いながら、(16)電話に出た。

「堀江ですが」

「小室です。堀江さんが日本に帰られると聞きました。日本に帰られる前に、どうしても会いたい。どうしても伝えたいことがあるんです」

すこし考えて、答えた。

「いいわ。ホテルのレストランでお食事しながらお話しましょう。ウォルドルフ・アストリアのレストラン〝ブル・アンド・ベア（Bull and Bear Prime Steakhouse）〟に六時半でどうかしら」

「大丈夫です。ありがとうございます」

こうして二人は再び会う約束をしたのだった。

当日。

堀江は、ホテルのレストランで着飾って小室を待っていた。

一度、レストランの入口で小室らしき日本人がレストランのボーイと、何か揉めているような様子に気がついた。しかし、すぐに、その姿は消えた。

その後も小室は来ない。一〇分、一五分、時間だけが過ぎていく。

「何かあったのかしら」

堀江は席を立ち、ロビーに出た。

ロビーでは、小室が檻のなかの猛獣のように行ったり来たりしている。

「小室さん、どうなさったの?」

小室の話は、こうだった。レストランに入ろうとしたら、ボーイがやってきて「May I bring your suit, Sir?(スーツ、お持ちしましょうか)」という。なるほど上着が必要だから貸してくれるんだナと思って、「Yes, please.」と即座に答えた。ところが、もう一五分も経つのに、一向に持って来ないのだ、と。(17)

堀江は、ボーイを呼んで、聞いた。

「あなた様のお連れ様でしたか。失礼しました。すぐ、ジャケットをお持ちいたします」

話の流れからすると「上着なしでは入れませんよ」という、ていのいい断り方だったようである。

小室はしきりに感心した。

「一流ホテルのボーイは、さすがですね」

借り物のジャケットを着て席につくと、アラカルトで堀江が注文し、ワインで乾杯した。

堀江はいっそう洗練され、美しく輝いていた。

会話はなめらかで、〝あのとき〟とは雰囲気が全然違っていた。

堀江には、小室がずいぶんリラックスしているようにみえた。

きっとミシガンでの一年間で女性にも慣れたのね、と思った。

食事も終わりに近づいた頃、小室が切り出した。

「僕は、絶対にノーベル賞をとります。そして、もう一度、堀江さんにプロポーズにいきます。そのときには、け、結婚してください」

真剣だった。この先どんな苦難が待ち受けているかわからない。しかし、貴女《あなた》のために俺はやり遂げてみせる。それを伝えるため、ひとりニューヨークに会いに来たのだった。

「そう……。がんばってね」

堀江は微笑んでいた。「はい」とも「いいえ」とも答えなかった。

そして、ホテルの入口で、二人は握手して別れた。

「じゃあね。がんばってね」

「はい」

それが、二人が交《か》わした最後の会話となった。

サムエルソンの元で

昭和三五（一九六〇）年九月、新学期が始まった。

市村、森嶋に鍛えられた小室の数理経済学の理解は、アメリカの学生と比べても、はるかに先に進んでいた。

〝免許皆伝〟の域に達していたのだ。

小室は、サムエルソンのクラスに出て、やはり最前席に座って、さかんに手を挙げて発言した。

ある真夜中のこと、小室はどうしてもわからない問題にぶつかった。そこで、サムエルソンに電話した(18)。

「サムエルソン教授、実はこういう問題があるんですが、どういうことでしょうか」

サムエルソンはいった。

「わかった。今から、きみのところに迎えに行こう」

サムエルソンは、自分で車を運転して小室の下宿まできて、小室を乗せて自宅に戻る。自宅には黒板があり、サムエルソンはその前に立って、小室の疑問について解説した。

「ミスター小室、わかったか」

「はい」

「そうか。では、お茶を飲もう」

そんなこともあった。

小室の計画はこうだった。

尊敬するサムエルソンの元で研鑽を積み、二年目中に博士論文提出資格を得る。それから、急ぎ博士論文を書いて、三年目の終わりにPh.Dを取得する。

そして、日本に凱旋帰国。経済学を制覇し、いずれ世界をも制覇する、と。

ところで、小室が師事したサムエルソンとは、どんな人物だったか。

サムエルソンは、ユダヤ系アメリカ人で、天才的な頭脳を持った人であった。

ノーベル経済学賞の二番目の受賞者である。

サムエルソンは、物理学の様々な理論、動態理論を経済分析に応用して、『経済分析の基礎（Foundations of Economic Analysis）』を書いた。これは、彼の博士論文をベースにしたものだった。

経済システムが均衡に至るプロセスを動学的に分析する。均衡を乱されても元へ戻る。その安定性の証明は、全部、物理学の道具を使った。

また、サムエルソンを世界的に有名にしたのは、経済学の教科書、『経済学（Economics)』であった。標準的なテキスト・ブックとなり、毎年、版を重ね、世界中で売れた。アメリカの経済学界のドン、総帥《そうすい》みたいな位置にいた。

その頃、ミルトン・フリードマン（Milton Friedman）はすでにシカゴ大学にいた。しかし、彼は数理経済学の最先端的な仕事は苦手であった。直観を重んじ、貨幣数量の変動が経済に与える影響を研究していたが、当時はまだまだだった。

後に、レーガン大統領がフリードマンを優遇し、結果、サムエルソンの新古典派総合、すなわち政策的に経済成長をコントロールするという考え方が下火になる。しかし、それはずっと後の話。このとき、サムエルソンは、誰も異論をはさまない超大物だった。

だから、サムエルソンに認められて、Ph.Dを取ることができたら、世界的学者への第一歩となることは間違いなかった。

会高時代を回顧

昭和三五（一九六〇）年一〇月。

会津高校の後輩・佐々木毅《ささきつよし》から、ボストンの小室に手紙が届いた。

佐々木は、『学而新聞』編集委員。手紙は「会津高校始まって以来の天才・小室直樹先生に『My School Days』のコーナーへのご寄稿をお願いしたい」との内容であった。

喜んで書いた。

吾高校時代

小室直樹

吾高校時代は終戦直後の動乱の中にすごされた。正規の新制高校生としてはじめから入学したのは我々の学年が最初で、中学の三年までは旧制会津中学校生として都合諸君の倍この学校に学んだことになる。その頃は、すべてが過途《(ママ)》期で制度もととのはず、まだ物資も鮮《すくな》く、生活も相当苦しくて毎日空腹をかゝへて登校すると云つた有様であつたが、我々若干の同志の意氣は天をつくものがあつた。どんなことがあつてもこの日本を復興してみるんだと、自分達の手でも近い將来に何か大きなことが出来るみたいな氣がして、新らしい国造りの計画と、祖国復興を阻む徒輩への戦闘準備に余念がなかった。

早いもので、それからもう十年近くになる。

いま回顧しても昨日のやうな氣がするのは、この時代に養はれた精神と理想と学問が今もすべての基礎を提供して、盡《つ》きざる発展の保証をあたへてくれつつあるからであらう。

余の高校時代は実に有意義であつた。今のやうに受験にわづらはされることもなく、六年間、思索と交友と、さうして世界観形成に専心することが出来たからであつた。神皇正統記、日本外史、史記、十八史略、三国史（ママ）、プルターク英雄伝、ローマ衰亡史、ヒットラー吾闘争、ヂェスレーリー伝、ビスマーク伝、チャーチル大戦回顧など何回くりかへして讀んだか判らない。

而してこれらの書物こそが、余の現在と、おそらく将来も、形成して呉れてゐるのである。なほ、その当時讀みたくとも入手できず、今だに残念に思つてゐるのは、靖献遺言と大日本史である。少年多感の日の愛読書にこの二書と講孟箚記を加へたならば、吾高校時代は間然するところがなかつたであらう。

もう一つ特筆すべきは、学問の基礎もこの時代に形成されたことである。スミス国富論、リカード経済原論、マルクス資本論など、誰も質問すべき人がないまゝ、一人で考へ考へ讀書百遍して讀破しておいたことが後年どれほど役に立つたか判らない。

数学や理論物理学は少しでも早くやつた方がいゝ、この方面も興味にまかせて相当讀んだ。湯川秀樹の量子力学序説や、高木貞治の解析概論、代数学講義など、今も坐右にある。

思へばこれらの書に初めて接したのは十年の昔、少年の日の夢をしのばせて呉れてなつかしい。

ともに会津の天地を逍遥しつつ夢を語り、理想を語った友人も多いが、わけても意氣投合したのは、渡部恒三君、渡部喬一君、松崎《まつざき》巌《いわお》君、相良《さがら》義雄《よしお》君などであつた。その

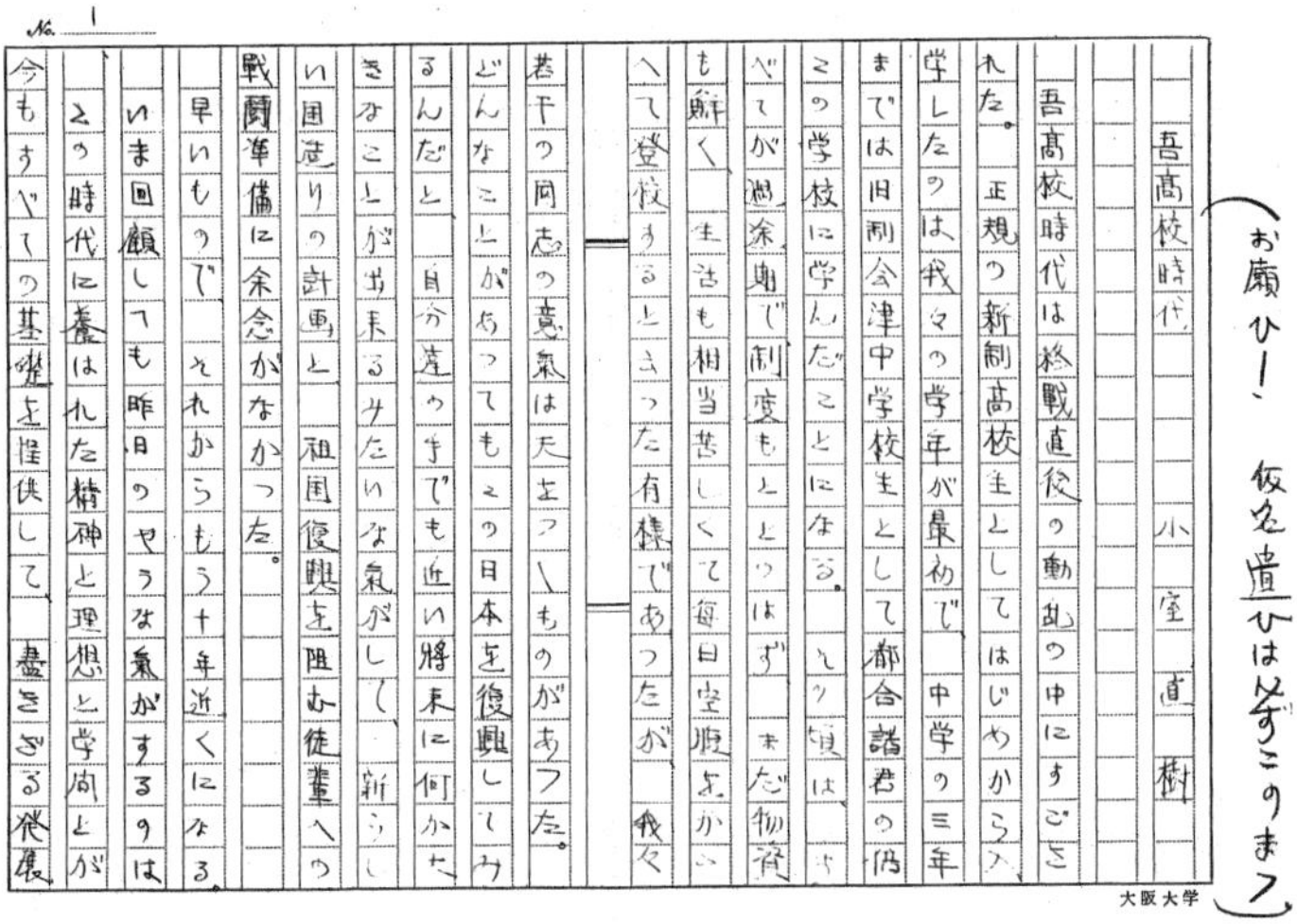
No. 1

吾高校時代

小室直樹

吾高校時代は終戦直後の動乱の中にすごされた。　正規の新制高校生としてはじめから入学したのは我々の学年が最初で、中学の三年までは旧制会津中学校生として都合諸君の仍この学校に学んだことになる。その頃はまだすべてが過渡期で制度もととのはず、まだ物資も缺く、生活も相当苦しくて毎日空腹をかかへて登校するといった有様であったが、我々

若干の同志の意氣は天をつくものがあった。どんなことがあってもこの日本を復興してみるんだと、自分達の手でも近い将来に何かでっきなことが出来るみたいな氣がして、新らしい国造りの計画と、祖国復興を阻む徒輩への戦闘準備に余念がなかった。

早いもので、それからもう十年近くになる。いま回顧しても昨日のやうな氣がするのはこの時代に養はれた精神と理想と学問とが今もすべての基礎を提供して、尽きざる発展

（お願ひ！　仮名遣ひは必ずこのまゝ）

大阪大学

小室直樹「吾高校時代」。直筆原稿のコピー（佐々木毅氏提供）。

他にもすばらしい人物がずいぶんゐた。異境にある身のこれらの人々の消息を詳《つまびらか》にする由もないが他日再会の日もあることであらう。鈴木広木両先生、今も矍鑠《かくしゃく》として会高に健在と聞く喜びに耐へない。

昭和三十五年十月二十五日　於北米客舎

（昭和二十六年卒業、現 Fellow of the Department of Economics, Massachusetts Institute of T）

挫折

昭和三六（一九六二）年の六月。

アメリカ留学二年目が終ろうとしていた。

ボストンでは、いろいろなところへ出入りした。経済学に飽き足らず、社会学への関心が頭をもたげ始めていた。

ハーバードに出向いて、タルコット・パーソンズ（Talcott Parsons）、ジョージ・ホマンズ（George C. Homans）の社会学の講義を聴いた。

ところで、小室がＭＩＴで論文提出資格を得るためには、まずはジェネラル・イグザミネーション（general examination）を受けて合格しなければならない。

ジェネラル・イクザミネーションには、筆記試験と口述試験があり、その両方に合格すると論文提出が可能となる。その後、テーマを決めて、指導教官を選んで、博士論文を提出することになる。

ところが、小室は、このジェネラル・イクザミネーションの筆記試験で失敗をする。

いや、失敗させられたのである。

ＭＩＴに、あるアメリカ人教授がいた。彼の担当は経済理論[19]。

小室は、彼とまったくそりが合わなかった。その教授の方も、小室を嫌った。

留学前の市村真一の心配が、現実化していた。

市村は、留学前の小室をつかまえて、こんこんと諭していた。

「博士号を取るためには、こういうことが大事だよ」

噛んで含めるようにして、言い聞かせたつもりだった。

市村が心配していたのは、市村自身が小室との関係で苦労していたことだった。

「小室は、何かをするときに、雑ぱくだ。大づかみなことは正しいんだが、細かいところに目が届かんから、失敗する。だから、細かいところに注意しろよ」

だからこそ、日の丸への寄せ書きにも「細心」と書いた。

一生懸命、気遣いを細かくしろ、ということを教えたかったのだ。

しかし、小室は、市村の注意を、ものともせず、わが道を行った。

小室が受けたジェネラル・イグザミネーションの筆記試験。小室を嫌う、その教授の試験問題は、英文で長文の解答を書かないといけない問題ばかりであった。

その目的は、明らかに小室を落第させることにあった。

数理経済学は免許皆伝の域にあり、よくできた。しかし、さすがの小室も、解答を制限時間内に英語の文章で書かねばならないとなると、とても上手には書けなかったのであった。

小室は、その教授の目論見どおり、落第する。

そのころ、市村はサムエルソンから小室について書かれた手紙を受け取った。手紙には、小室が置かれた状況が細かく記されていた。

小室はかくかくしかじかで、合格できないかもしれない、と。

市村は、サムエルソンに返信を出した。

「小室は数理経済学は非常によくできる。数学ができるんだから、できて当たり前。普通の理論は十分、解っている。小室は、こうこうこういう論文も書いているし、実力として全く問題ない。たしかに、英語力では劣るかも知れないけれど、その点だけを問題にすることはフェアじゃない」

しかし、市村の努力も空しく、その教授は小室を合格させなかった。

再び、市村はサムエルソンから手紙を受け取ったのだった。

「彼は合格できなかった。彼の先生は、リテラリーな文章で書かせる答えを要求したみたいだけれども、自分にはどうすることもできない。人の採点にクレームつけることはできないから。その点、十分、了解して欲しい。しかし、ミスター市村、あなたの送ってきた学生をしかるんじゃない」

サムエルソンの気持ちの伝わる優しい手紙だった。

市村は、サムエルソンからの手紙を同封して、小室を諭す手紙を出した。

「小室、サムエルソンはこうやって認めてくれている。落ちたのは仕方がない。けれど、何でも自分の思うようにいくと考えない方がいい」

「もう死にます」

その頃、ボストンでは、小室が絶望の淵に立っていた。

自分を落第させた教授に対する凄まじいばかりの怒り。それから、市村に対する申し訳ない気持ちとが渦となって、小室を飲み込もうとしていた。[20]

死ぬしかない……。

日が落ちて暗くなった部屋で、電気もつけず、ひとり机の前に座っていた。

外が明るい。

立ち上がって安アパートの窓から空を見上げた。
小室の絶望をよそに、月は煌々と輝いている。
脳裏に、これまで出逢った人々の顔が浮かんだ。
厳しくも優しい市村の顔。
ノーベル賞を取ると誓って再度のプロポーズを約束した堀江の顔。
青々塾で共に学んだ友の顔。
恒蔵の顔。
おぼろげながら記憶している父の顔、そして母の顔。
小室の目から涙がポロポロとこぼれおちた。
部屋の電気を付けて、手紙を書いた。
まず、市村真一に手紙を書いた。
「もう死にます」。
森口には葉書を書いた。
「これも夢　あれも夢なり　きょうの月」
ふとそんな辞世の句が浮かんだので、森口宛の葉書に認《したた》めた。
「もう死にます」と書かれた手紙を受け取った市村は腰をぬかすほど驚いた。
直ちにサムエルソン、ソロー他、ＭＩＴの知人、友人のアメリカ人に書いて送った。

「小室からこういう手紙が来たけれども、そういったことのないように」という頼みの手紙だった。

市村がサムエルソンに手紙を書いていた頃、すでに、ミシガンの森口には小室からの葉書が届いていた。

そこには、こう書かれていた。

「オレは日本に帰ることができない。チャールズ川に身を投げる」

普通郵便の〝遺書〟。

「大変だ‼」森口は、飛び上がらんばかりに驚いた。

直ちに葉書を持って、スーツの部屋に駆け込んだ。

スーツは森口の話を聞くと、すぐに受話器をとって森口の目の前で電話をかけた。

かけた先は、ＭＩＴ。

マゴマゴしている交換手に対して、スーツはいらだちを隠さず怒鳴った。

「This is a matter of life and death！（これは生死に関わる問題だ！）」

数十分が数時間に感じられた……。

小室は生きていた。身投げはしていなかった。

安堵の溜息がスーツの口から漏れた。

Komuro's Disaster

アメリカ東部で起ったこの一留学生の自殺未遂騒動は、アメリカ全土の経済学者の間でちょっとした話題となった。

のちに、森口が、クラインに当時の様子を話したとき、クラインはいった。

「Oh, Komuro's Disaster!」

当時、一橋大学教授の都留重人《つるしげと》は、MITに客員として滞在していた。サムエルソンと朋友の関係にあった都留はサムエルソンから頼まれて、小室のなだめ役となった。

その後、スーツとサムエルソンとの間で話し合いがもたれ、最終的には「小室はミシガンで引きとる」という話になった。

スーツは小室に提案した。

リサーチ・アシスタントの給料の半分だけ支給しよう。約八〇〇ドル。義務は免除する。

それで、ミシガンに戻って好きな勉強をして、日本に帰ったらよろしい、と。

スーツの好意以上の好意だった。

小室の回答は「Yes.」

自殺騒動が収まった頃、森口はスーツにいった。

「He does not know what he is.（彼は自分のことを知らなさすぎる）」

スーツは難しい顔して、反論した。

「Nobody knows what he is.（誰だって自分のことなんてわかるものか）」

確かにそうだ。森口も参りましたと引き下がったのだった。

森口親司の優しさ

昭和三六（一九六一）年八月。

アメリカ留学三年目が始まろうとしていた頃、小室はアナーバーに戻ってきた。

スーツに面倒をみてくれと依頼されたわけではなかったが、森口はごく自然に小室を受け入れた。

森口は順調に研究を進め、フォード財団の研究奨学金を得ていた。

そこで、森口は、ナカムラ・ハウスを出て、一軒家を借りて暮らす計画を立てた。

その一軒家は、ヴォーン・ストリート（Vaughn St.）にあった。[21]

ナカムラ・ハウスよりは大学から離れるが、環境はずっとよい。周りには三階建ての大

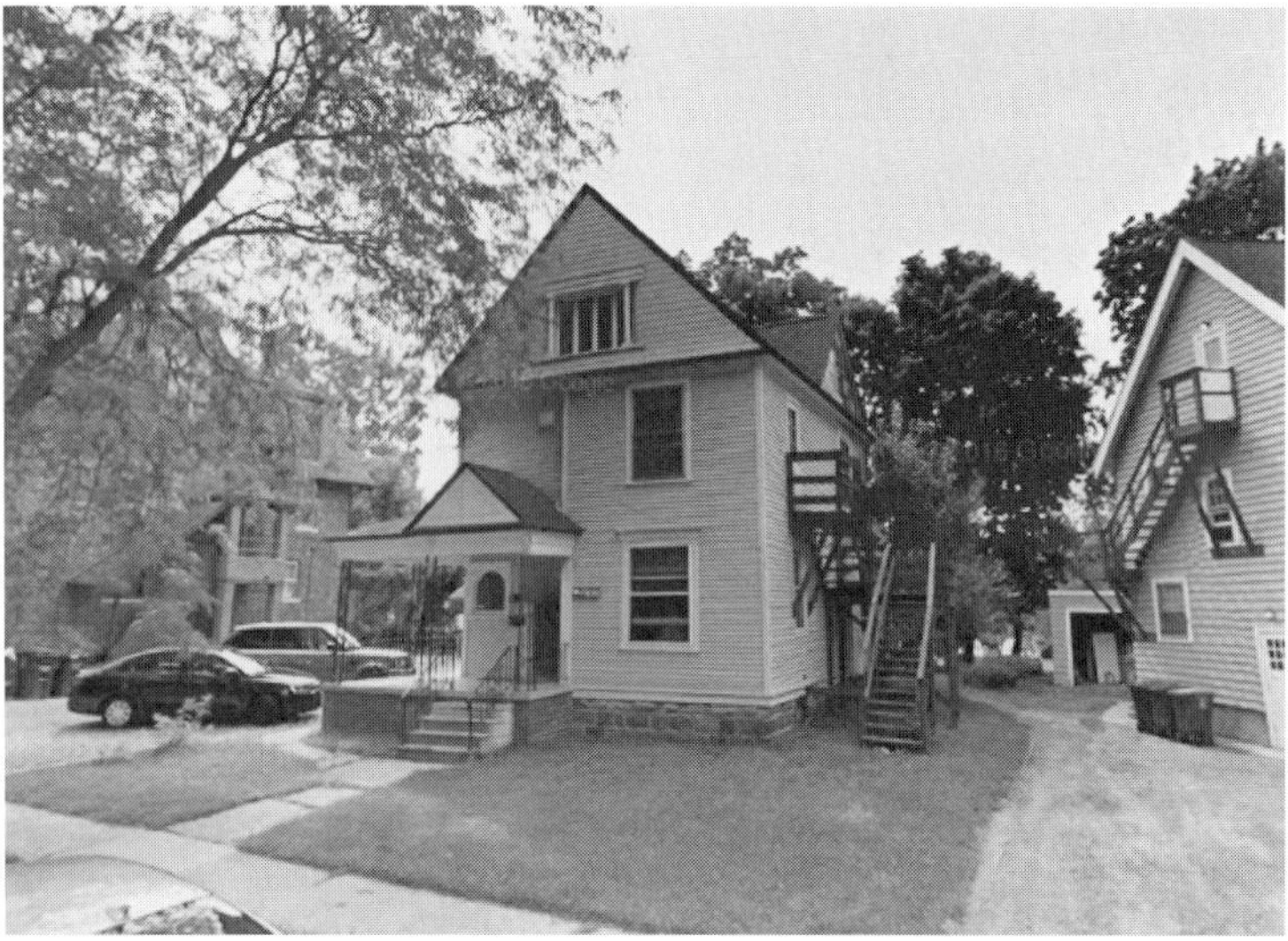

森口親司氏が借りた一軒家。平成二八（二〇一六）年八月時点で外壁は塗り替えられている（グーグルマップ、ストリートビューより）。

きな建物が建ち並び、アッパー・ミドル・クラスの人たちが住んでいた。

森口は、二階、三階に、沖縄からの留学生を入れた。沖縄はまだアメリカの占領下にあって、アメリカは沖縄の大学生を優先的にアメリカ本国に留学させていた。アナーバーにもおおぜいの沖縄留学生が来ていたのだ。

地階には、ベッドルームが二つあり、一つはアメリカ人の学生に貸し、もう一つのベッドルームに、二つのベッドを並べて、森口は小室と暮らした。

一階にはラウンジがあった。隣接して立派な部屋があり、そこには同志社大学からの派遣でミシガン大学に来ていた伊藤史朗《いとうしろう》が住んだ。伊藤は、京都大学大学院卒で青山秀夫門下生だった(22)。

小室は、衣食住の衣を除いて、食、住、全部を森口の面倒になった。もちろん酒も。月八〇〇ドルを自由に使えたから、本を買う金ができて嬉しかった。

「食費は取らない。住居費もいい。出世払いでいいから」

森口がそういうと、小室も答えた。

「おう、出世払いにしよう(23)」

こうして、小室は、スーツと森口のお陰で、生活の心配をすることなく、自由な身分で、再びミシガン大学で研究生活を始めることができた。

あのような事件を起こした直後でもある。当時、経済学では成長理論が隆盛しつつあったが、小室は、経済学に専念する気にはなれなかった。

ミシガン大学の経済学部には、ケネス・ボールディング（Kenneth E. Boulding）教授がいた。

一風変わった、経済原論の先生だったボールディングも、小室のなだめ役を買って出た一人だった。彼はこういって励ました。

「私は若い頃、化学者になろうと思っていた。でも、実験で失敗ばっかりしたもんだからやめたんだ。でも今はなんとか経済学者として好きなことができている。人生どうなるかわからないものだ、ミスター小室」

新たな希望

ＭＩＴで肩書きを得られず、ミシガンに戻った小室ではあったが、ＭＩＴでの成果はあった。

サムエルソンの優れた学問方法論を見抜いたこと、これである。

一九世紀の終わり、理論経済学をシステム的に考えたのが、レオン・ワルラス（Leon Walras）であった。その弟子のパレート、あるいは、Ｊ・Ｒ・ヒックス（John Richard Hicks）の流れをくみ、一般均衡論を〝完全〟理論として構築したのがサムエルソンである。

その業績は「星辰《せいしん》とともに永遠」（シュテファン・ツヴァイク）である。

そのサムエルソンの方法論で、最も光輝くところは何か。

それは、ワルラスの経済学理論に対して、物理学者であり数学者でもあったジョージ・バーコフ（George D. Birkhoff）の理論を〝接合〟せしめた点にある。

多くの経済学者がアプローチしたところではあったが、サムエルソンだけが体系的に整合的にまとめあげることに成功したのだった。[24]

そこから、小室はビジョンを得た。それを一言でいうと〝学問落差論〟。

進んだ学問分野の成果をもって、遅れた学問分野を発展させる。

サムエルソンが物理学の成果で経済学を発展させたように、小室は、進んだ経済学と心理学によって社会学、政治学を完成させ、社会科学を統合するというビジョンを得た。

そこで、小室はミシガン大学で、心理学、社会学、政治学の講義やセミナーに足繁《しげ》く通ったのである。

社会学では、ゲルハルト・レンスキー[25]（Gerhard E. Lenski）教授やレスリー・キッシュ（Leslie Kish）教授の講義に出て、パーソンズについて学んだ。[26]

政治学のセミナーに出ては、質問をした。

たまたま、その会場に東京大学法学部から派遣された石田《いしだ》雄《たけし》助教授がいた。[27]

政治学者の石田からみると、小室の質問は的外れだった。

「あの日本人は誰ですか」と、石田が隣に座った学者に聞いたところ、「彼は経済学研究者だからね」とのことだった。石田は「なるほど」と思った。

そして、石田に続いてミシガンに現れたのが、永井陽之助《ながいようのすけ》であった。

永井陽之助

三〇代半ばで北海道大学法学部教授となった若き政治学者・永井陽之助(28)は、数か月間、アナーバーに滞在した。ミシガン大学で計量政治学を勉強するためだった。(29)

小室はミシガンでの政治学のセミナーで、永井と出会って意気投合した。

永井は、小室から食事に誘われ、森口の家にやってきた。

「僕は、ポリティックスとセックス、二つの〝クス〟に関心があってね……。実は、アメリカに来て、ポルノ小説を集めてんだ」

永井はそういって、ポケット版のポルノ小説を取り出した。

「へぇー……」

いい歳《とし》をした男たちが覗き込む。

永井のいう「ポリテックスとセックス」というのは、要するに、フロイトの精神分析学

昭和三六（一九六一）年、クリスマス。左が小室、右が森口親司氏。暖炉の前で、空き瓶を並べて威勢よく見せる（森口氏提供）。

の応用である。

小室と永井は、政治学、社会学の話題で語り合った。ときに小室は、滔々と理論を弁じ、永井は、驚いた様子をみせた。

「へぇ、こんなところに偉い人がいるもんだ」

永井がそういうのを聞いて、小室も鼻が高かった。

永井は何気なくいった。

「政治学やりたいんだったら、東大の大学院なんてどう？　丸山さんに紹介状書いてあげるよ」

永井は丸山眞男《まるやままさお》門下だったのだ。

毎晩のように森口宅のダイニングに皆が集まり、食事をしながら、また酒を飲みながら議論した。ときどき道田信一郎《みちだしんいちろう》も参加した。道田は、陸軍士官学校出身の京大法学部教授だった。

自由の国の、自由きままな生活

ヴォーン・ストリートの森口宅で、二人は遠慮することなく議論し合った。

議論が白熱すると、つい声量が上がった。

裏庭で相撲を取る小室と森口親司氏。背中を向けているのが小室（森口氏提供）。

夏のある夕刻、食後に窓を開け放して激論を交《か》わしていたときのこと。

隣の家にすむ女子学生の大きな声が聞こえた。

「Will you be a little noisy？（もう少し大人しくできなくって？）」

二人は、彼女の控えめな表現に感心したのだった。

家の裏庭で相撲を取ったこともあった。

小室は、よく寝た。

授業があるときでも開始のギリギリまで寝た。休日などは昼過ぎまで寝た。

森口も「起きろ」とはいわない。

寝坊しても、布団をはぎ取られることもない。

自由の国の、自由きままな生活だった。

二人でストリップ・ショーをみに行ったこともあった。

もっとも、ミシガン州はストリップ禁止。そこで、比較的自由な隣のオハイオ州に行った。

オハイオとの州境を越えたところに、トレド（Toledo）という街がある。

そこにストリップ小屋があった。

行くと、ものすごい巨乳のお姉さんたちがオッパイをブルンブルン振り回している。

「すげえなぁ……」

ニヤニヤしながら、小室は、講義と同じく最前列席に陣取った。

振り回される巨乳を見上げて観ていると、舞台上のお姉さんが二人を指さして、

「Close your mouth.（お口をしめなさい）」

二人ともポカンと大きく口を開けて観ていたことに、自分たちでは気がつかなかったのだった。大笑いした。

日　記

アナーバーに戻ってきた小室の世話をしながら、森口は感じていた。

「小室って男は、周りの人間が自分の世話を焼くことに慣れていて、それを〝英雄〟としては当然のことだと考えているんだろうな」

あるとき、小室は森口をこう評価した。

「お前には〝デモーニッシュ〟なところがなさすぎるな。偉くなる学者は、もっと、半分狂ったみたいなところがないとイカンのだ」

小室は、もちろん、〝デモン〟を内蔵していた。小室の〝デモン〟がささやく。

天下を取るのだ、と……。

森口が、小室と付き合って感じたのは、思いやりだとか優しさだとか、そういった

ウォーム・ハートの欠如であった。感じたのは、相手を圧倒しようという威力である。小室にとっては、森口が人生初のライバル。対抗心からそうなっても仕方なかったのかもしれない。

ただ、森口は、小室から嫉妬心や欲深さなど、そういった低次元の感情を感じたことは一度もなかった。

だから、気分を悪くすることはあまりなかった。

小室が、自分の内面の分析を森口に話したこともあった。

「母はフロイトを勉強していたんだ。フロイト研究会にも出入りしていた。その影響だろう、俺は、子どもの頃から母に『お前は偉くなる』『必ず偉くなる』と吹き込まれたんだ。暗示をかけられた。普通、人前では、自分の子どもを紹介するのに『この子は出来が悪くて……』とか『バカで……』とか、要するに『愚息』だ、『豚児』だと謙遜するだろう？　でも、オレの母は違った。それを一切しなくってね、オレの自慢ばっかりしていた。人前でも『この子は必ず偉くなります』といっていた。オレは、動機付けされているんだ」

昭和三七（一九六二）年に入ってからのことである。

森口は、偶然にも小室の内面をのぞきみることになる。

ある日、小室が政治学か社会学の講義に出かけていった後、小室の机にノートが広げられたまま置かれているのに気がついた。

それは小室の「日記」だった。

見てはいけないと思いつつ、好奇心に駆られてちょっとのぞいてみた。

そこには、自分自身に暗示をかけるような文句が並んでいた。

「大学者になる」

「東大教授になる」

「迎えられて大政治家、首相になる」

「邪魔をした連中を強制収容所にぶち込む」

日記だとすると、普通は、反省の言葉などがあると思うのだが、小室は、願望を書き並べていたような、そんな印象だった。

みてはいけないものをみたような気がして、森口はそっとノートを閉じた。

「邪魔をした連中を強制収容所にぶち込む」

これは、ヒトラーやスターリンがやったことである。

小室が実際にやるつもりだったかどうかは、森口にはわからない。

小室は「強制収容所にぶち込む」とか「concentration camp（強制収容所）送りにする」という言葉をよく使った。「市村先生をconcentration camp送りにする！」と放言したこともあった。そのとき、森口はなにか反抗的なにおいを感じたのだった。

帰国

昭和三七（一九六二）年、初夏、帰国直前のアナーバー。

森口は、ぎりぎりまで博士論文をまとめるのに忙しくしていた。論文は、学期が終わった頃にやっと完成した。スーツの承認を得て、審査員会議を無理して開いてもらい、口頭試問を終えて、無事、Ph.D を取得した。

帰りも、二人とも同じ船で、出航日も決まっていた。

ところが森口は、アメリカ横断旅行をしたいと言い残して、一人でさっさと行ってしまった。

しかたなく、小室はひとり、列車に乗ってロサンゼルスに向い、森口と落ち合った。

ロスでは、森口の友人で、加州住友銀行に出向で来ていた人の所有するフォードのコメットを借りてディズニーランドに行った。

もちろん運転は森口がした。

ディズニーランドでは少年のように楽しんだ。

中で迷子になったが、小室も森口も「お前が迷子になった」、「いや、お前だ」と譲らなかった。

破門

帰りの船は、プレジデント・ウィルソン号。

ロサンゼルスから横浜に帰る。

氷川丸は一万トン足らずの船だったが、プレジデント・ウィルソン号は二万トンくらいの巨大な船だった。

小室と森口が入ったのは三等で、かなり船底に近く、狭い客室だった。

「だいぶ悪いなぁ」と二人でぼやいた。

途中、ハワイに立ち寄ったので、オアフ島観光を楽しんだりした。

昭和三七（一九六二）年九月八日、プレジデント・ウィルソン号が横浜港に到着。

小室は、そのまま真っ直ぐ関西へ向かった。

森口に付き添われて、市村真一に帰国と侘びの挨拶に向かったのだった。

市村の家に近づくほど、足どりは重くなる。

森口が一緒に来てくれなかったら、永遠に市村宅には着かなかっただろう。

「ただ今、帰りました……」

小室は、ガラガラッと市村宅の玄関の扉を開けた。

奥から、ヌッと市村が現れた。黙っている。

市村の推薦を受け、アメリカに渡った小室。彼の起こした自殺未遂騒動は、市村の面子《めんつ》をいたく傷つけていた。

小室の態度も悪かった。

「このたびは申し訳ありません……。死んでお詫びをしようと思います」

市村は、玄関先に立つ小室を怒鳴りつけた。怒りで目が燃えていた。

「アホ！　簡単に『死ぬ』なんていうんじゃない！」

真っ赤な顔をした市村の怒号が玄関に響いた。

思わず、小室と森口は首をすくめた。

小室は、声を絞り出した。

「……これからは、政治学、社会学をやりたいと思います……」

「私に、こうします、ああします、という必要はない！　しかし、私に何かやって欲しいことがあったら、できるだけのことはやる。で、経済学はどうするんだ」

「経済学はやめます」

「なら私のところに来る必要はない」

「……京大、阪大にはいい先生がみつからないので、東大へ行くつもりです」

「そうか。それなら自分で勝手に行ったらいいだろう。お前に教えることは何もない。

出て行け！［30］」

虎が吼《ほ》えたようだった。

市村は〝破門〟という言葉は使わなかったが、実質上〝破門〟といってよい。

そのとき、小室の少し後ろに立って聞いていた森口は、市村の剣幕に驚きながらも、「『森口君、小室の付添役ご苦労さんでした』くらいあってもいいのにナ」と思っていたのだった。

しばらくたって怒りが収まったころ、市村は「なんで森口が一緒にきていたのかな。森口はちゃんとPh.Dとったのに」と、ふと思った。

報われない、損な役回りであった。


こうして市村と訣別した小室は、大阪大学大学院博士課程を中退する［31］。

その後、小室はしばらくの間、兵庫県西宮市の浜甲子園の森口の実家で静養したのち、いよいよ、東京大学の門を叩くのである。

第八章　東京大学大学院法学政治学研究科

社会科学の方法論的統合をめざして

東京大学法学部三号館（平成三〇（二〇一八）年五月二七日、編集部撮

大日本国再興を胸に

昭和三八（一九六三）年四月。

小室は、東京大学大学院法学政治学研究科（通称「法研」）修士課程（政治専門課程）に入学する。(1)

永井陽之助から丸山眞男への口添えもあり、東大法研への入学はスムーズに進む。希望どおり指導教官は丸山となった。(2)

市村に〝破門〟された後、小室は考えた。

もはや経済学には戻れないだろう。また、戻るつもりもなかった。経済学において学ぶべきもの、その本質的部分はすでに体得していたからだ。

人生かけての目的。それは世界に冠たる大日本国の再興、これである。

それは英雄によって成し遂げられるであろう。その英雄こそ自分であると確信していた。

戦前の輝ける大日本帝国がアメリカに敗けたのはなぜか。

それは「科学」の力が圧倒的に劣っていたからである。だから、日本の栄光を取り戻すためには、西洋文明の精華である科学、とりわけ社会科学を体得し、理論的不備を補い、完成させる。それが〝社会科学の方法論的統合〟である。

社会科学の統合という高い目標からすると、経済学は社会科学の一分野。負け惜しみではなく、もともとそこに留まるつもりはなかった。

経済学は社会科学における最先進科学であり、その成果については、免許皆伝レベルまで理解した自信がある。これからは、経済学で得た学問的成果を利用して、社会科学の統合を成し遂げよう。

サムエルソンから学んだ学問発展の方法論〝学問落差論〟の実践が始まるのである。

経済学で体得した理論的成果を、他の後進社会科学に適用して、一気に後進科学を発展させる。その後進分野が、たとえば政治学、社会学であった。

幸いなことに、アメリカ留学中に永井陽之助と知遇を得ることができた。

永井は「政治学に関心があるなら、東大はどうか。丸山さんに紹介状書くよ」とまでいってくれた。

よし決まった。オレは東大政治学(3)の大学院、法研に入るぞ。(4)

小室は、本郷キャンパスに近い、文京区西片町に下宿を借りた。(5)

こうして東大での研究生活が始まったのである。

学問落差論

では、小室は、東大大学院で政治学の勉強に邁進したのか。

いや、そうではなかった。

小室が邁進したのは心理学であった。

小室の理解では、現在、社会科学の最先端の方法論を有するのは、理論経済学と心理学だった。ただし、両者は非常に対蹠的《たいせきてき》（gegensätzlich（ゲーゲンザッツリッヒ））。経済学は理論において最先端、他方、心理学は実証において最先端である。

そもそも、科学とは理論と実証の統合にある。だから、その両方を修得することが、新しい社会科学の統合をなし遂げるために最も重要だと考えた。

理論経済学の方法論については、理解し尽くしたという自信があった。

しかし、心理学については、ミシガン大学でサワリを学んだ程度にすぎない。

そこで、政治学の授業、ゼミは適当に済ませて、心理学を徹底的に学ぶことにしたのだった。

心理学の研鑽を積む

小室は、東京大学文学部心理学研究室に通いつめた(6)。

心理学は非常に基礎的な学問だから、専門家と一緒にきちんと勉強すればできる。授業に出て講義を聴き、一緒に実験をやった。心理学研究室のゼミに参加して議論した。

田中良久《たなかよしひさ》担当の心理学のゼミでは、ダンカン・ルース（R. Duncan Luce）の『Individual Choice Behavior（個人の選択行動）』を輪読した。

ルースのこの本は、個人の選択行動が公理主義的な数学的方法で捉えられるというもの。距離や確率の公理（probability axioms）が三つの不等式で表現されるように、選択の公理（choice axioms）が三つの不等式で与えられていた。

ルース、ロバート・ブッシュ（Robert R. Bush）、ユージーン・ガランター（Eugene Galanter）編『Handbook of Mathematical Psychology Ⅰ-Ⅲ』が関心を呼んでいる頃でもあり、実験心理学の基礎に数学的心理学があるという認識が一般的となっていた。

まさに小室の認識にピッタリ一致する。水を得た魚のように心理学研究室で、その学問的成果を吸収していった。

ゼミでは、数理経済学者の名前を出し、実験心理学との関連などを論じた。

あるとき、心理学研究室の院生・中谷和夫《なかたにかずお》は、助手・今村護郎《いまむらごろう》から頼まれた。

「小室さんが研究室の本を借り出して返さないんだ。返してもらってきてくれないか」

中谷は、西片町の小室の下宿を訪ねた。

「小室さん、『研究室からもっていったルースの本を返して下さい』って、今村さんがいっていますが」

「いいえ、僕は借りてませんが……」

小室は否定する。

「ええ⁉ ホントですか……」

中谷はそれ以上、追求できず、どこかに置かれてないかと、部屋を見回した。すぐにウィスキーの空き瓶がいくつも転がっているのに気がついた。

驚いて「これ、全部飲んだんですか」と聞くと、小室は「僕が飲んだんじゃありません」と弁解した。

しばらく部屋の中で雑談していると、小室は、高木貞治『解析概論』を大切にしていていること、子供のころにそれをマスターしたことを話した。

小室から渡されたその『解析概論』をパラパラめくると、裏表紙の見返しに「内閣総理大臣　小室直樹」と署名してあった。

「なんですか、これは?」

「僕は、小さい頃から政治家になり、総理大臣になるのが夢なんです。東大の政治学科に籍をおいたのもそのためなんです」

そう答えたのだった。

計量政治学の研究へ

心理学の勉強をしながら、単位を落とさない程度に政治学の授業、ゼミに出た。そうして、丸山に提出した修士論文のタイトルは「権力の一般理論」[7]であった。

これにより、昭和四〇（一九六五）年三月、小室は政治学修士号を取得した。

同年四月、東京大学大学院法学政治学研究科博士課程（政治専門課程）に進学する。[8]

小室は、計量経済学の手法を応用した計量政治学の研究に進むことにした。

研究テーマに合わせて指導教官は、丸山眞男から京極純一《きょうごくじゅんいち》に変わる。

京極は、日本における計量政治学の先駆者とされており、昭和三五（一九六〇）年、『思想』に「戦後総選挙における投票行動（上・下）」（八月号、九月号）を発表していた。[9]

もっとも、日本での計量政治学の本当の先駆者は、尾形典男《おがたのりお》であった。[10]

戦前に東京帝国大学法学部政治学科を卒業し、助手となった尾形は、すぐに大日本帝国海軍に入隊。敗戦後、東京帝国大学に戻るが、ある事情で東大で教授になる道は困難と判断。その後、旧制第二高等学校の講師を経て、北海道帝国大学法文学部助教授に就任。北海道で投票行動の計量的研究を始めたのである。その尾形が「一緒に計量的研究をやらないか」と誘ったのが京極だったのだ。

この後、小室は京極の指導のもと、選挙の計量的分析を進める。しかし、京極とそりが合わず、たびたび衝突するようになるのである。

富永健一

心理学の方法論的研究にある程度、見通しがついたころ、小室はいよいよ社会学の研究にも歩を進めることにした。

学問落差論における〝高〟については方法論的にほぼ修得できた。次は、〝低〟の社会科学、すなわち、社会学、政治学に進む段階に至ったと考えたのである。

すでにアメリカ留学時代、社会学をかじっていたから、社会学の一般的な理解はあった。昭和三五（一九六〇）年、アメリカ留学二年目のMIT時代、ハーバード大学を訪れてパーソンズの講義を聴講していた(11)。また、昭和三六（一九六一）年、ミシガン大学のレンスキー教授の講義でもパーソンズ社会学について学んでいた(12)。

しかし、さらに研究が深まると、パーソンズ理論、とくに構造機能分析においてどうしても理解できない点が多数みつかったのである。

そこで、富永健一の門を叩いた。富永ゼミの時間にいきなり押しかけていったのであった。

昭和四〇（一九六五）年四月頃のことであった[13]。

「小室といいます。富永先生に、パーソンズの社会学理論を学びたい」

富永は三二歳ながら、『経済と社会一・二』（岩波書店）を訳出しており、日本におけるパーソンズ研究の中心にいた。

ゼミの後、富永は小室からその経歴を聞いて驚いた。京都大学理学部数学科を卒業後、高田保馬が設立した大阪大学社会経済研究室（社研）で市村真一、森嶋通夫らから理論経済学を学んだという。

富永にとっても、これは願ってもないチャンスであった[14]。

富永は、昭和三〇（一九五五）年三月に東京大学文学部社会学科を卒業。卒論のタイトルは「行為分析と均衡分析」であった。そこで富永は社会学が定式化した行為分析と、新古典派経済学が定式化した均衡分析とをつなぐことが必要であるとのアイディアを提示していた。

東大大学院に進学してからは、均衡分析について理解を深めるべく、経済学研究科で大《おお》石泰彦《いしやすひこ》のゼミに参加して学んでいた。

ただ、均衡分析の基礎にある数学がどうしても、ストンと理解できない。腑に落ちなかったのである。

「経済学部生はどうやってこの経済学に必要な数学を勉強しているのか」

それが、富永が直面している問題であり、経済学理解のための数学をどうしても学びたいと願っていたのである。

そこに現れたのが、数学、理論経済学ができる小室。

二人の利害はピッタリ一致した。

小室は富永ゼミに出席し、富永からパーソンズ理論を学び、他方、富永は個人的に小室から数学と理論経済学を学んだのである。

富永の自負

当時、富永ゼミでは、パーソンズの原典講読がさかんに行われていた。

富永ゼミには特徴があった。それは、そのときそのときの富永の関心に沿ってテーマが決められることだった。教育的配慮には少々欠けていた(15)。

この頃の富永の最大の関心事は、パーソンズ理論の日本への受容。富永ゼミでも、パーソンズを読み込み、助手、院生、学生たちとともに理解を深めていった。

これを面白く思わなかったのが高橋徹《たかはしあきら》のゼミ生たちであった。その筆頭が、高橋の直弟子・庄司興吉《しょうじこうきち》。高橋は、左翼的でマルクス主義に近い思想を持つ。ゼミ生たちも自然、そういう人間が集まった。パーソンズ理論は、マルクス理論とは相容れないというのが通説。高橋ゼミ生にとっては、パーソンズは打倒すべき相手だとみなされた。

富永がゼミでパーソンズを取り上げると、そこへ高橋ゼミから庄司らが乗り込んで、しきりにパーソンズ批判を行うようになった(16)。

ネチネチと感情を逆撫でするようなことも言い放つ。富永も負けずに反論するのだが、学者らしく緻密に議論をするものだから、議論が行ったり来たりしてなかなか決着しない。富永は「日本においてパーソンズを必死に守ったのは自分である」という自負とともに、「自分はマルキストに虐《しいた》げられたマイノリティだ」という一種の被害者意識すらもっていた。

そこに、現れたのが小室。高橋ゼミ生らと論戦し、断固として折れない(17)。庄司らも小室の反論にはタジタジとなった。論戦に極めて強い小室の登場は、富永にとっては心強い、頼りになる味方の登場でもあった。

小室という強力な味方を得て、富永は本気で思った。

「経済学の一般均衡分析を使って、パーソンズの構造機能分析をリファインしたら……。もしかしたら、社会学に革命が起きる」と(18)。

中根千枝

小室は、先進科学として、経済学、次いで心理学、と学んできた。

しかし、気づいたことがあった。それは、経済学、心理学という先進学問の適用可能な領域の〝狭さ〟である。そこで、さらに社会人類学の方法論の研究へと進む[19]。

小室の一貫した学問方法論は〝学問落差論〟。方法論的にレベルの高い学問を修得し、レベルの低い学問に適用する。方法論的に先進学問である経済学、心理学は、対象領域が厳しく限定されている。その二つの方法論だけを使って社会科学を統一的に展開しようとすれば、はなはだ難しい問題が生じてくる。

そこで、対象領域の広い学問の方法論を借りてくる必要があると考えた。

それが、社会人類学である。特に、エドワード・エヴァン・エヴァンズ＝プリチャード(Edward Evan Evans-Pritchard)、エドマンド・ロナルド・リーチ(Edmund R. Leach)、レイモンド・ファース(Raymond W. Firth)などの理論であった。

そこで、東京大学東洋文化研究所の中根千枝《なかねちえ》の社会人類学ゼミに押しかけた。

中根も、小室の博覧強記ぶりには驚き、感心した[20]。

中根ゼミに出ては、質問した。頭の中にある彼の〝世界〟、社会科学の一般的分析枠組に、どのように社会人類学の方法論を組み込むか、それればかり考えていた。それは、社会人類学プロパーとしての理解よりも、はるかに抽象度が高く、スケールが大きい。

そんな小室の質問は、中根からみるとピント外れであり、自己中心的に見えた。その発言に、社会科学に対する強い熱意は感じたものの、中根としては、果たして小室に何ができるのかについて疑問に感じていたのだった(21)。

昭和四一（一九六六）年三月。

社会学における小室の最初の論文が、社会学界の代表的雑誌である『社会学評論』六四号に掲載された。

「構造機能分析と均衡分析」である。

これは、理論経済学の理解をもとに、パーソンズの構造機能分析を均衡分析の観点から動学的に再構成する試みであった。

広瀬和子

昭和四一（一九六六）年四月、小室に一年遅れて、広瀬和子《ひろせかずこ》(22)が東大大学院法学政治学研究科（法研）の博士課程に進学する。小室は政治専門課程であったが、広瀬の方は公法専門課程での進学、専攻は、国際法、法社会学であった。

当時、法研の研究棟が改装されることになり、院生らは図書室のある階の大部屋に押し込められていた。

女性研究者が大変珍しい時代。凜とした広瀬の姿はその大部屋の院生室でひときわ目立っていた。

ある日のこと。小室が論文「構造機能分析と均衡分析」のコピーを手に、院生室を歩いていると、前から来た広瀬と目が合った。

広瀬が、ふと小室の持つ紙に目をやると「小林直樹《こばやしなおき》(23)」と書いてあるようにみえた。

「あら、小林直樹先生の新しい論文ですか?」と聞いた。

「ち、違います。僕の論文です」

不意に女性に声をかけられて、ドギマギして答えた。

「あら、ごめんなさい。すごいですね。ちょっと拝見していいですか?」

「どうぞ」

小室から受け取った論文を斜め読みしたところ、大変興味深い内容だった。ただ、残念なことに極めて読みにくくもあった。

「ここ、文章おかしくないですか。こう直したらどうですか」

「……なるほど。たしかにそうですな。どうもありがとうございます」

小室は素直に感動した。

以降、小室は自分の論文が出る前に、広瀬に校正刷りのチェックを頼むようになる。これをきっかけに二人はよく議論するようになり、お互いの思想を理解するようになる。

広瀬は文系では珍しく数学が得意だった。祖父は東北帝国大学の数学者。幼いときから数学の公理論的な体系に触れ、自分でも公理系の学問を作りあげたいという野心があった。数学好きといい、学問の志向性といい、小室と大いに話が噛み合った。

「こんな女性研究者がいたのか」と驚き、惹かれた。二人で『解析概論』を一緒に読んだりもした。

小室は、広瀬に、理論経済学、構造機能分析を教えた。他方、広瀬は、小室に論文の書き方、文章の書き方、定義のつくり方を教えた。

二人は議論を通して、パーソンズの発想の根本にあるもの、潜在的にしか提示していない考え方を明らかにし、概念同士の関係を定式化していった。パーソンズにおいて理論的整理が不十分なところは、再構成した。

周りには、小室と広瀬のふたりは共同研究者のようにみえていたであろう。

「社会動学の一般理論構築の試み」

昭和四一（一九六六）年一〇月。小室の論文が、岩波書店の『思想』に掲載された。題名は「社会動学の一般理論構築の試み（上）」。『思想』に投稿できたのは、富永健一の紹介によるものだった。[24]

小室が理論的に再構成した構造機能分析が、変動分析やコンフリクト分析に適用可能で

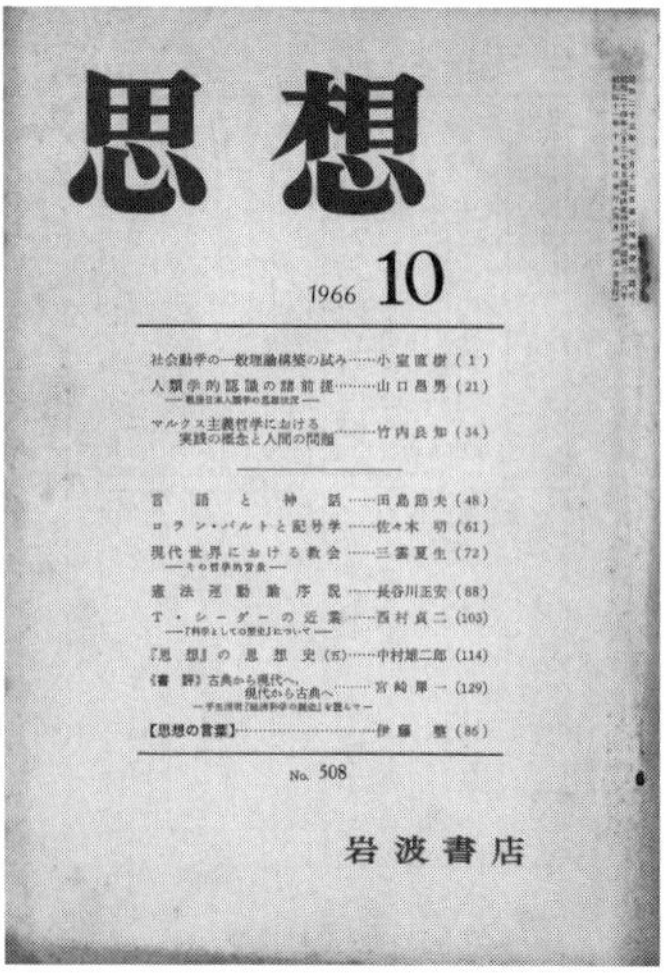

思想

1966 10

社会動学の一般理論構築の試み……小室直樹（1）
人類学的認識の諸前提……山口昌男（21）
マルクス主義哲学における実践の概念と人間の問題……竹内良知（34）

言語と神話……田島節夫（48）
ロラン・バルトと記号学……佐々木明（61）
現代世界における教会……三雲夏生（72）
――その哲学的背景――
憲法運動論序説……長谷川正安（88）
T・シーダーの近業……西村貞二（103）
――『科学としての歴史』について――
『思想』の思想史（五）……中村雄二郎（114）
〈書評〉古典から現代へ、現代から古典へ……宮崎犀一（129）
【思想の言葉】……伊藤整（86）

No. 508

岩波書店

「社会動学の一般理論構築の試み（上）」が掲載された『思想』（五〇八号、昭和四一（一九六六）年一〇月）。

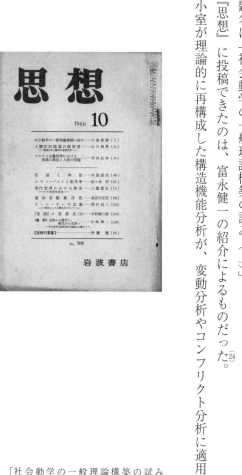

あることを示した。

この論文、当初は箇条書きの姿であった。あとはこれを論文の形にすればいいだけなのだが、書けない。広瀬の助けを得て、ようやく論文の形に仕上がったのだった[25]。

同年一二月、続けて「社会動学の一般理論構築の試み（下）」が『思想』に掲載された。小室の目標は〝社会科学の方法論的統合〟。いいかえれば〝社会科学の一般理論の構築〟という壮大なものである。

その一般理論は〝社会行動論〟と呼ばれるべきと考えた[26]。本論文は、その土台となる一般分析枠組（general analytical frame of reference）の試論であった。

パーソンズの開発した構造機能分析を再構成して、社会科学への一般化を試みていた。パーソンズの構造機能分析は、数学、理論経済学、心理学、社会人類学に対する理解が不十分である。だから、小室は、それらの学問方法論の研鑽結果をひっさげて、構造機能分析の再構成を図ったのである。

この論文は、日本全国の社会科学系の学者の耳目を引いた。

いや、度肝を抜いた。

その中に、法社会学者・民法学の大家・川島武宜《かわしまたけよし》もいた[27]。

吉田民人

小室は、自分の再構成しつつある構造機能分析が、社会変動の分析に十分使えるとの自信があった。

当時、社会学理論においてもマルクス主義の影響が強いなか、「パーソンズ理論には変動論がない」、「均衡論で保守的」であるなどといった批判がなされていた。これに対して、強く反論を唱え続けた。

昭和四二（一九六七）年一〇月開催、第四〇回日本社会学会大会（名古屋大学）第一部会テーマは「現代の社会変動をどうとらえるか」。小室は、「社会変動の原理」を報告した。昭和四三（一九六八）年一〇月開催、第四一回日本社会学会大会（早稲田大学）理論分会テーマは「機能主義は社会変動を処理しうるか」。小室は、肯定的立場で報告した。

早稲田大学の会場には塩原勉《しおばらつとむ》がいた。塩原は関西学院大学社会学部の助教授として、理論部会に出席していたのであった。塩原が会場からぼんやり前を眺めていたとき、壇上に立った人物をみて目をこすった。

アメリカ仕込みのスーツをきちんと着こなして、まるで講義のような大発表をする人物。その早口の甲高い声には聴き覚えがあった。

「こ、こ、〝小室将軍〟ではないか……」

塩原は、京大時代、法経大教室で開かれる全学学生集会に参加したときのことを思い出していた。

当時、小室は〝小室将軍〟との異名をもち、甲高い早口で自説を滔々と主張していた。その情景が甦ってきたのである。

「間違いない、〝小室将軍〟だ！」

塩原は小室の変貌ぶりに仰天したのだった(28)。

大会が終わった。

小室は、会場にいた吉田民人《よしだたみと》に声を掛けた。吉田は、大阪大学教養学部助教授。構造機能分析が社会変動を扱えると主張するひとりで、小室と立場を同じくしていたのだった。

二人は構造機能分析の問題点について語り合った。会場の早稲田大学から高田馬場駅まで、狭い歩道を歩きながら議論は盛り上がって終わりそうにない。

「小室さん、ちょっと喫茶店に入って続けませんか」

そう吉田が勧めるのだが、小室は断る。

「喫茶店というものに入ったことがないので……」

「そうですか。なら、また歩きますか……」

話が終わったときには、二人は早稲田大学と高田馬場駅の間を三往復していた(29)。

吉田三七歳、小室三六歳。お互い三〇代。情熱に溢れていた。

城戸賞受賞

小室は、富永、吉田らとともに、構造機能分析の主唱者《プロタゴニスト》として、学会をかけずり回った。

昭和四三（一九六八）年二月から昭和四四（一九六九）年三月まで、約一年間をかけて、小室は『思想』に「社会科学における行動理論の展開」（全五回）を連載する。

この論文で小室は、昭和四五（一九七〇）年七月、第一一回城戸浩太郎《きどこうたろう》賞を受賞する。(30)

城戸浩太郎賞（通称「城戸賞」）は、日本社会学会による若手研究者に対する奨励賞。若き社会学者・城戸浩太郎が登山中の事故で早世《そうせい》したことを惜しみ、親族の拠金により設けられた賞である。

さらに、小室は、昭和四四（一九六九）年七月、『社会学評論』に「機能分析の理論と方法」を寄稿する。

素朴目的論に代わるサイバネティックス的目的論の採用により、機能分析が社会変動分析、コンフリクト分析に有効となることを論じた。

広瀬和子との訣別

すでに、京極純一の指導のもと計量政治学の研究を開始していた(31)。

小室は、選挙の計量的分析についても広瀬和子に協力を求めるようになる。

実は、広瀬は困っていた。小室の博識ぶり、その情熱溢れる行動力には感心していたが、徐々に小室の厚かましさ、要求の強引さに不満を覚えるようになっていたのである。

選挙の計量的分析のためには、どうしても電子計算機を動かして計算する必要がある。しかし、小室は機械操作が大の苦手である。他方、広瀬は、電子計算機の扱いが得意であった。

ちょうど東大に大型電子計算機センターができた時期。電子計算機をフォートラン（FORTRAN）のプログラムで動かす。そのためには、データカードをパンチ（穴開け）して、コンピューターに読み込ませて計算する必要がある。パンチカードを山のようにつくり、それを運ぶ。これだけでも重労働だった。

小室は、アメリカでの経験からわかっていた。自分がやっても、失敗するに決まっている。そこで、広瀬に丸投げすることにしたのだった。

「僕はやり方がわからないから、広瀬さん、これを読んで、つくって下さい」

そういって、広瀬の前にポンと一冊の本を置いた。それは、森口繁一《もりぐちしげいち》の書いたフォートランの入門書だった。

「……」

広瀬は、最初、嫌々ながらも手伝うことにした。もちろん、アルバイト料などは一切ない。小室の自己中心的な態度に不満ばかり募った。

広瀬は京極純一のゼミにも出ていた。計算機の扱いが得意な広瀬は、京極が選挙の計量的分析をしたとき、頼まれて手動の計算機で行列式の計算を手伝ったこともあった。

広瀬は、京極がこうぼやくのを聞いた。

「小室君には困った。まったく絨毯爆撃みたいなことをして……」

京極の目には、小室が、仮説の妥当性を顧《かえり》みず、とにかくガムシャラに、強引に、力尽くで検証をやっているようにしか映らなかった。それを「絨毯爆撃」と呼んだのだ。しかも、細かい作業は広瀬に押しつけているようだ。そんな様子をみるにつけ、指導教官の京極においても不満が募っていたのだった。

昭和四三（一九六八）年三月に入ると、広瀬自身が博士論文の執筆に集中しなければならなくなった。

意を決して小室に告げた。

「もうお助けできません」

以来、広瀬は小室から距離を置くようになった[32]。広瀬が、小室の論文の原稿をチェックしたのは、『思想』に連載された「社会科学における行動理論の展開」の最初の二本までだった。

『紛争と法』

昭和四四（一九六九）年三月、広瀬は「安保理における紛争の平和的解決機構」で、博士号を取得（法学博士第二九号）。論文審査委員の主査は国際法の権威・高野雄一《たかのゆういち》であった。続けて、昭和四五（一九七〇）年八月、九月、東大政治学科の紀要に相当する『国家学会雑誌』に「経済社会学と法社会学の双対性について（一）（二）」を発表。さらに、同年一〇月、広瀬は『紛争と法』（勁草書房）を刊行する。

これら一連の広瀬の論文では、小室との共同研究の成果が活かされることになった。刊行されたばかりの広瀬のこの著作を、小室は「精読を要する〝古典〟」と高く評価した。小室はいう[33]。

「出現と同時に真価がみとめられることが滅多にないのが古典作品の宿命である。」ツヴァイクが芸術について述べたことは学問にもあてはまる。本書が、バイロン的名声を獲得するか、七つの封印の彼方に放置されるか、それとも中間的場合として、長期間の無理解とまとはずれな批判の後に正当な地位をうるかについて出版と同時に予想することは困難だろう。ただ、本書が理解され利用されないとすれば学界の損失は大きすぎるような気がする。

本書のような、新しい方法によるインターディシプリナリーな書物は、伝統的学問に従事する人びとからウサンくさそうな目でむかえられるのが常である。最近のように、新しがりやでそのくせ学問的水準の低い行動科学者の手になる書物の洪水になやまされている者にとっては、それももっともだと言いたいだろう。が、本書は名誉ある例外で

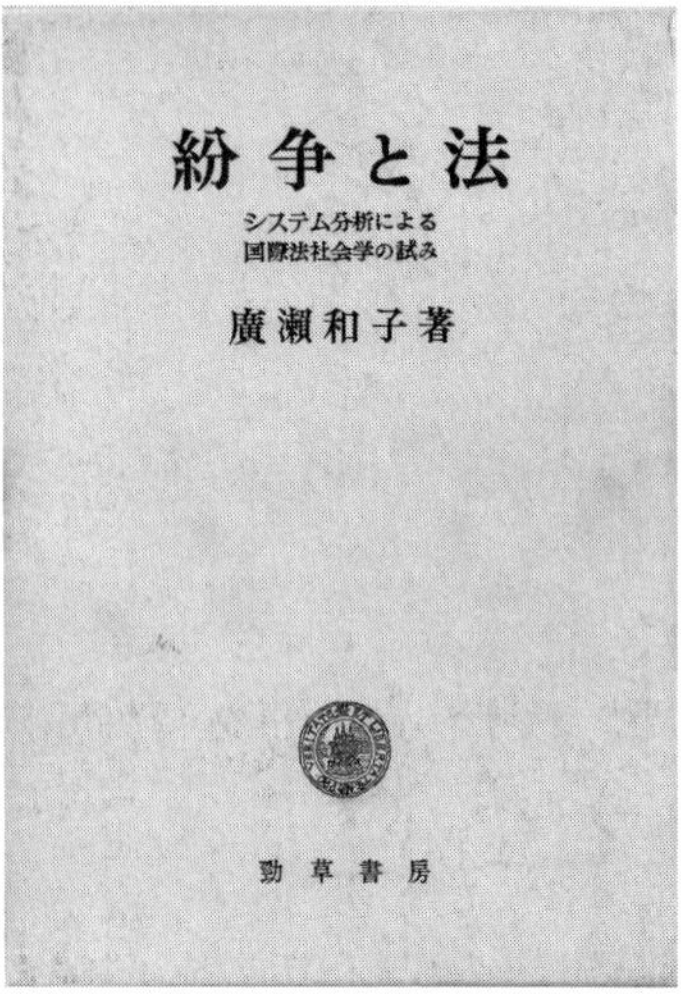

廣瀬和子『紛争と法』(勁草書房、昭和四五(一九七〇)年)。

あって、社会科学の各分野に最高水準の貢献をもたらしているのである。

まず、法社会学上における三つの画期的貢献に注目すべきである。（一）国際法社会学の体系的理論の提示。（中略）本書は、法解釈学と法社会学との方法的連関を、法の論理を精密に分析することによって吟味した後に、広義の法社会学モデルとして国際法社会学の一般理論を提案する。これによって、永年の不毛の論争は根絶され、両法学は協働の関係にもたらされるであろう。（二）紛争解決の体系的理論の提示。（中略）本書は、ボールディング理論を出発点にとり、これを一般化し体系化して理論的モデルの構築に成功している。これだけでも、法社会学上の古典と呼ばれるに価しよう。（三）実証的用具としての論理構造分析（主張構造分析）の開発。（中略）

社会学における貢献も法社会学におけるそれに劣らない。（一）社会行動論をはじめて法社会学に応用した。（中略）（二）理論経済学的思考法を方法論的に検討しつつ社会現象分析に一般化した。（中略）（三）パーソンズ再構成として。（中略）本書のパーソンズ再構成は、論理的には間然とするところはない。本書は精密論理がすみずみにまで行きわたっている意味で、社会行動論のテクストとしても使用可能である。

本書の問題点は、次のような諸点にあろう。（一）人類学の利用が不十分である。（中略）（二）動学的分析が不十分である。本書における社会変動はいわば一回かぎりの変化に重点があり、定常的動学に対する考察はなされていない。（三）ケース・スタディは一例のみである。

ただ、これらの点についてあまり多くのものを要求するのは年少初学の著者には無理というべきか。今後を期したい。いずれにせよ、本書は、英語を母国語または第一外国語とする国民の間で、今年度出版された社会科学の業績のうち最高のものの一つとなることはたしかだろう。本書を精読(中略)する者は同意されることと信ずる。

後の小室ゼミでも、たびたびゼミ生に話していた。

「広瀬先生の『紛争と法』は、日本学士院賞の候補にまでのぼった。しかし、対抗馬だった学者が七〇代で先が短いからということで選ばれて、残念ながら彼女のこの研究は受賞を逃してしまったんだ」

衝撃的発表

昭和四四(一九六九)年一〇月四日、五日。第四二回日本社会学会大会が、島根大学で開催された。

その二日目のテーマ部会(理論部会)「社会体系論」において、小室は「社会体系の一般理論にむかって」を報告した。

日本社会学会は、数年前から大学紛争の影響を受け、また理論面・方法論面での行き詰まりもあり、突破口が見出せないままに停滞を余儀なくさせられている状態であった。その閉塞状況を打ち破るように登場した小室の発表は会場に激震を与えた。参加者に配付された報告要旨では、普通の会員の要旨が一、二頁にとどまるところ、小室のそれは二三頁にものぼっていた。それだけでも圧巻。『毎日年鑑　一九七〇年版』では、小室の報告が次のようにまとめられた。

同氏はこの報告で、(一)社会体系論の基礎概念を明らかにし、それを方法論的に基礎づけ、(二)社会行動論、とくに主意主義的行動論との連関を解明し、(三)規範社会学のモデルを提案し、さらに、(四)コンフリクトの理論を準備し、(五)社会有機体説、およびマルキシズムに対してもコメントすることを目的としていた。

社会体系論の基礎概念は均衡概念であるが、経済学からの借物はあっても社会学独自の均衡理論はまだ存在しているとはいいがたい。しかし、経済行動は一般的社会行動の特殊場合なのであるから、均衡概念をはじめとする経済学上の諸概念は、限界はあるにしても、ある程度まで適用できるはずで、社会学的均衡理論の構築の要点は、この限度がどこにあり、この限度外ではどのような修正が必要であるかを明確にすることが先決だというのが小室氏の主張の骨子である。そして、この限度内で経済学理論の成果がそのまま利用できるはずなのに、日、米の社会学者は、この成果を利用する段階に至っていないと指摘する。このことは、心理学、人類学、情報理論、サイバネティックスなどの成果の利用についても同様である。

また、方法論上最も重要なことは、因果論と目的論との内容を明らかにし、両者の関係を確立することであり、この解明が十分でないと理論的に混乱が生ずる。このような混乱を根絶し、社会体系の理論を確実な方法論的基礎の上に置くべきであるというのが同氏の要旨である。

小室の大発表は、アメリカのパーソンズの理論をもとにした行動科学的な視点から〝新社会学の構築〟をめざすものであり、出席者たちに大きな衝撃を与えたのである。(34)

博士論文完成

昭和四四（一九六九）年一〇月一八日、一九日、日本政治学会第二四回総会・第三一回研究会が、神田一ツ橋の一橋講堂で催された。

二日目の共同報告「投票行動の実証分析」で、小室は「戦後諸選挙における社会的経済的要因の計量政治学的分析」を報告。

日本社会学会大会で「社会体系の一般理論にむかって」を発表した、わずか二週間後のことである。

戦後日本の衆、参、都道府県議員の選挙結果をコンピューターを用いて分析。各党の得票率から、いかなる社会的要因、たとえば都市化や農村居住、所得、第一次、第二次、第三次による就業差などが、どのように政党の選択、棄権に影響を及ぼすかを調査解析しようとしたものである。(35)

ここでも、小室の報告は参加者の耳目を集めた。

計量経済学や行動心理学において会得された計量的方法、つまり、コンピューター的方法を政治学に導入し、政治学においても計量政治学の方法論を確立すべきことを高らかに宣言したのである。(36)

昭和四五（一九七〇）年五月、三年と半年かけて博士論文が完成した。

論文タイトルは、「衆議院選挙区の特性分析」。

昭和二二（一九四七）年から昭和四二（一九六七）年までの衆、参、都道府県の全選挙を、衆議院の選挙区単位に分け、産業人口構成、所得などの社会的・経済的な各種要因が、各政党支持票、無所属支持票、棄権票にどうつながったかを実証的に分析した。分析用具としては、計量経済学、心理学測定法、多変量分析、実験計画法などの方法を政治学用に作り替えたものを使った。

原稿用紙一〇〇〇枚、図表二〇〇〇枚の大論文となった。動員された人員、費用も博士論文としては桁外れ。

動員された人員として、データ収集などに雇ったアルバイト学生が八〇人。それを東大の大型コンピューターにかけて整理、検証した。その作業に要したプログラマーは二〇人。

費用は、しめて四〇〇万円。うちアジア経済研究所から一三〇万円、東大法学部から三〇万円、友人・知人の援助二四〇万円である。(37)

執筆、清書については、前半は田無寮生らが協力し、後半は東大大学院生・中山慶子《なかやまけいこ》らが協力した。

「acute anomie」

小室は、博士論文の研究の途中で、重要な〝副産物〟を得ていた。

指導教官の京極純一は、昭和四三(一九六八)年九月、『政治意識の分析』(東京大学出版会)を刊行。小室は、博士論文執筆の際、この京極の本を参考書として使った。

そこで出会ったのが、「acute anomie」概念であった。(38)

小室は一瞬で悟った。

この「acute anomie」こそ、敗戦日本の「集団発狂」を説明するもの、『桃李』に投稿ないか。

した「スターリン批判からソ連の崩壊へ」で触れた、あの現象をズバリ説明するものではないか。

ただちにセバスティアン・デ・グラツィア（Sebastian de Grazia）の『The Political Community』(39) を読み込んだ。そして、ますます意を強くした。

そうして、「acute anomie」に〝急性アノミー〟との訳語をあてた。

小室はこう理解した。

アノミーとは、ある社会に支配的な信念体系の攪乱から生じた緊張状態である。その緊張状態が、社会の構成員個人において現れたものが、目標の喪失、規範感覚の崩壊、破壊衝動である。それが現れるのは、その社会の構成員のうち弱い者であろう。袋いっぱいに水をくんだとき、弱い場所に穴があいて水が噴き出すように。

その反対に、ある社会において、特定の信念体系が各構成員の行動を規定し、社会が統合されている状態が〝連帯《ソリダリテ》〟。つまり、社会を構成する人々は、相互に直接的に結びつくのではない。そうではなく、社会を構成する人々は、同じ信念体系を共有することによって連帯感をもつ。信念体系を通じて間接的に結びつくのである。

だからこそ、ある社会を分析するのに、その社会を統合している特定の信念体系、イデオロギーそのもの、その誕生と崩壊の過程を分析する必要がある。

とくに宗教の分析が重要なのだ、と。

川島武宜

この頃、重要な人物との出会いがあった。川島武宜である。

昭和四五（一九七〇）年三月、川島は東大を定年退官する。多くの私立大学から教授就任の依頼があったがすべて断った。川島はそのとき「学生アレルギー」になっていたからである。学生の顔をみるだけで身の毛がよだつほどだった。

そこには、川島が大学紛争から受けた深刻な物質的、精神的な〝傷〟があった。まず、学生による暴力的研究室封鎖により、川島は大量の書籍、研究時間を奪われた。しかも、封鎖が解除されてみると、三五年間にわたって書きとめてきた研究ノート、研究メモのカードのほとんどが失われていた。この研究ノート類は、学術論文を書くために必須のもの。これを失ったことにより、川島は学者として殺されたも同然と思い詰め、深い悲嘆のどん底に突き落とされた。

また、大学紛争のあおりを受けて試験を実施できず、レポート提出による採点となった際、多数のカンニング行為が発覚。しかも当のカンニング学生は平然としていた。この恥知らずな学生の態度が追い打ちをかけた。結果、川島は、学生嫌いとなったのである(40)。

退官後、川島は、しばしの静養を経て、弁護士となる。そして、研究意欲が再び湧いてきたころ、岩波書店から『法社会学講座』の企画が持ち込まれたのであった。

『法社会学講座』の当初の担当編集者は、石崎津義男《いしざきつぎお》であった。

川島は、執筆者としてマルクス主義者だけでなく、行動科学者等も含めて広く迎えないといけないと考えた。そして、その執筆者の重要なひとりとして川島が指名したのが、小室であった。

川島は、学者、研究者を評価するのに大変に厳しい目をもっていた。

直弟子に対しても辛辣であった。

潮見俊隆《うしおみとしたか》について「潮見君は不勉強です。彼のほとんどの論文は自分の同調者に向けた論文にすぎない。社会科学の論文はそれではいけない。中立ないし反対の人間を説得できるような論文でないと社会科学の論文としては認められない」といった。(41)

渡辺洋三《わたなべようぞう》については「渡辺君の最高の論文は助手論文『農業水利権の研究』です。しかし、未だにあれ以上の論文は出てきていません」とまでいった。(42)

それほど厳しい目を持っていた川島が、小室についてはこう評価した。

「小室さんは、すでに一流の学者です(43)」

このとき、小室は無職であった。

岩波書店の編集部では、月に一回、『法社会学講座』の編集会議が行われていた。(44)

ここで、小室の社会学理論の講義が何度も行われ、川島は熱心かつ真剣に小室から学んだ。こうして小室のシステム論的な社会学理論を川島は理解し、受け継ぎ、川島自身の法の基礎理論を組み立てていくようになる。そして、小室自身も『法社会学講座』において、理論的に核心となる論文執筆を依頼されるのである。

こうした川島の姿をみて、東大法学部での教え子たちは「まったく……川島先生も虜《とりこ》にされちゃって困るね」と不平をこぼしていたのだった。(45)

宗教研究へ

社会行動論の完成がみえてきた頃、小室は宗教の問題に直面する。マックス・ヴェーバー（Max Weber）、とくに、彼の宗教社会学を理解する必要を感じるようになる。『法社会学講座』の編集会議の際、川島と小室の間で、ヴェーバーの話になったときのこと。

小室がいった。

「僕は大塚久雄《おおつかひさお》先生にお会いしたいんです」

そこで、大塚とも親しい関係にあった編集者の石崎が大塚に小室を紹介したのであった。小室は、大塚にヴェーバー理論の特訓を願い出た。大塚は承諾。その後、大塚に入れ込みすぎるくらい入れ込んだ。

学問のこととなると、相手の事情を考えないで行動する。大塚は、片足がなく、体力も衰えてきたころだったが、夜中でも平気で大塚に電話した。サムエルソンにしたことと同じだった。大塚は、小室の熱意に応じつつも、いささか辟易していた(46)。

小室は住む場所まで大塚宅の近くに変えた。

以降、約一〇年間にわたり、小室は大塚から講義やゼミの場で、また個人的にもヴェーバー理解のための指南を受けるのである。

昭和四七（一九七二）年四月、川島武宜編『法社会学講座』の刊行が開始された。

小室の構造機能分析による体系化が成功した分野が、法社会学であった。とくに「規範

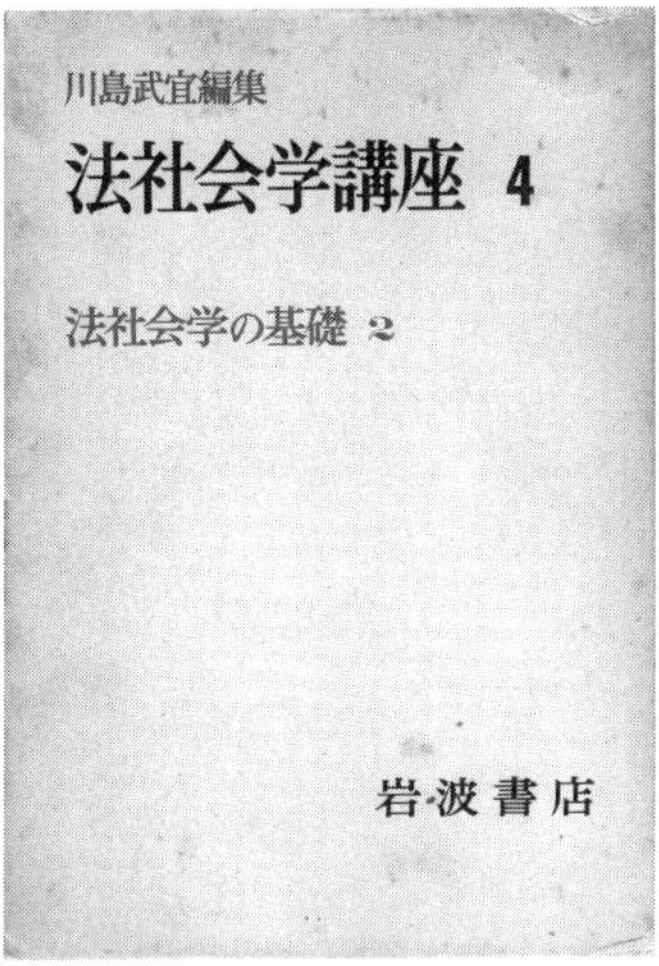

川島武宜編『法社会学講座四　法社会学の基礎二』（岩波書店、昭和四七（一九七二）年）。

社会学」は、『法社会学講座』の理論的核となる、完成度の高い論文となった。

小室が執筆した各巻の章のタイトルを列挙すると次のとおりである。

「現代経済理論」（一巻）
「スキナー、ホマンズ」（一巻）
「科学的分析の基礎」（三巻）
「規範社会学」（四巻）
「裁判過程の社会行動論」（五巻）
「諸変種における力関係の機能」（六巻）
「裁判の政治的機能」（八巻）

林知己夫と丸山久美子

『法社会学講座』と並行して、小室は日本行動計量学会とも一時、関わりをもった。日本行動計量学会は、若き二名の研究者、丸山久美子《まるやまくみこ》、柳井晴夫《やないはるお》が企画して昭和四八（一九七三）年九月に成立したばかりの学会。丸山は青山学院大学助手、柳井は東京大学医学部大学院生。ともに二〇代であった。

すでに、丸山、柳井らは、昭和四四（一九六九）年から、学士会館本郷分館等において「行動計量学シンポジウム」を開催してきた。

柳井は、丸山に相談した。(47)

「これからの世の中は、行動計量学的なデータ解析の時代になる。だから、このシンポジウムを『学会』にしたい。会員は二〇〇〇人規模がいいと思う。理事長は林《はやし》知己夫《ちきお》先生に頼みたいんだけど、どうだろう」

丸山も賛成した。青学での丸山の指導教官は瀬谷正敏《せやまさとし》であったが、昭和四六（一九七一）年に、林の所属する統計数理研究所に派遣される。そこで、丸山は林の指導を受けていたのである。

林知己夫は日本のデータ・サイエンスの第一人者である。

実は、林の学統を辿ると、数学者・高木貞治に行きつく。(48)

高木は、京都の第三高等学校時代、河合十太郎《かわいじゅうたろう》により数学を徹底的に指導される。その後、高木は、東京帝国大学の数学科に進学。東京帝国大学では、下村寅太郎《しもむらとらたろう》を通して、哲学者・西田幾多郎《にしだきたろう》や仏教学者・鈴木大拙《すずきだいせつ》と知己となる。

高木の専攻は整数論ではあったが、西田や鈴木の影響を受けて、哲学と仏教、とりわけ華厳経《けごんきょう》の研究に没頭した。

その高木の直弟子のひとりが末綱恕一《すえつなじょいち》であった。末綱は、高木から整数論を学んだ。そして、末綱自身も、西田哲学、仏教思想を深く学んで、数学基礎論の確立に努めたのである。

昭和二一（一九四六）年に統計数理研究所に入所した林は、そこで末綱と出会う。林は、末綱から、高木貞治直伝の整数論、数学基礎論を教わるとともに、科学や数学の基礎にある考え方、さらに、哲学、仏教思想を学ぶのである。これらの思想が林の哲学を構成していたのであった。

丸山の専攻は「数理心理学[49]」。これは、心理現象を数理モデルで解明することを目的とした研究分野である。

そもそも心理現象は非線形現象であるから、数理モデルをつくるには非線形数学が必要である。本来ならば、非線形方程式を解かなければならないが、人間の手計算ではとても無理である。

そこで、丸山は、ある条件を設定して現象のごく一部を計算し、それを全体に当てはめることによって解決しようと試みた。

林が、丸山に教えたのはこういうことだった。

線形モデル（一次式で定式化されるモデル。産業連関分析等）が非線形関数で定式化されるモデルに移行するときの「切り口」、限界を発見し、そこまでの範囲にしぼって全体を解釈するしか方法はない。そのためには、「切り口」をどこに設定するか、非線形から線形に切断するための方法をどのように考えるかが問題となる、と。

丸山はその研究に邁進したのであった。

日本行動計量学会誕生

林の元で研究していた丸山は、柳井とともに、林知己夫に理事長就任を依頼した(50)。しかし、二〇代の若者が学会を作るなどというのは笑止千万の時代。一度目の交渉では、かるく断られた。

それでも執拗に林に交渉した。ついに林も折れた。若い人たちでつくる新しい学会に期待もあった。

ゼロからの学会の立ち上げである。

理事長は林と決まったが、その他の理事となってくれる人間を全国から集めなければならない。そうしないと、お金も人も集まらないからだ(51)。

二人は、候補者名を紙に書き出した。そして、北海道を除いて、全国津々浦々を回って、学会設立の趣旨を熱く語り、理事就任を依頼した。

こうして誕生したのが「日本行動計量学会（Behaviormetric Society of Japan）」である。

学会の趣旨は、人間の行動を数量化して、そこに哲学的思考を積み重ね、人間行動のあり様を解明すること。いいかえれば、単にデータを採取して機械的に分析するのではなく、データに潜む「構造」を抽出して論理的に現象を解明することである。

その欧文誌は、『Psychometrika』を参考に『Behaviormetrika』と命名された。編集委員長には、慶應大学教授・印東太郎《いんどうたろう》が就任。実務は、野崎昭弘《のざきあきひろ》（数学）、宮原英夫《みやはらひでお》（医学）、佐伯胖《さえきゆたか》（教育学）、松原望《まつばらのぞむ》（統計学）、上笹恒《かみささひさし》（心理学）、そして、丸山久美子が行った。

説得

会員募集の段階で、柳井の口から「小室直樹」の名前が出た。(52)

「全共闘《ぜんきょうとう》の人たちから『希望の星』みたいに崇《あが》められていて、自主ゼミをやっている小室直樹って人がいるんだけど、彼も入れちゃおうよ」

「ええ!? 全共闘の希望の星？ で、誰がネコの首に鈴をつけるのよ」

「丸山さん、お願いします」

「……」

こうして、しぶしぶながら丸山が小室を勧誘することになった。

丸山は、小室を学士会館本郷分館のレストランに呼んだ。

現れた小室を前に、丸山は「日本行動計量学会」を立ち上げることになったこと、是非ともその会員になって欲しいことを話した。

最初、小室の反応は芳《かんば》しくなかった。

「僕のような者は適さないと思います。相手を間違ってるんじゃないでしょうか……」

全国を回って人々を説得した経験をもつ丸山は、そう簡単には引き下がらない。小室の説得にかかった。

「そんなことはないですよ。小室さんが素晴らしく高い能力をお持ちであることは聞いています。理事長は林知己夫先生という実力のある有名な先生です。是非とも会員となっていただきたい」

これに小室の心も、少し動いた。

「じゃあ、どうすればいいんですか」

「行動計量学会では『Behaviormetrika』という欧文誌を発行する予定です。そこに英語の論文を寄稿していただけませんか。タルコット・パーソンズの研究をされていると聞いておりますので、それについて行動計量学的、データ解析的な視点から書いていただければと思います」

「いや、僕にはとても……」

「いや、どうかお願いします」

「……はい」

こうして、小室は日本行動計量学会の会員となることを承諾し、英語論文を書くことになったのである。

退会

昭和四七（一九七二）年九月三日から六日にかけて、第一回行動計量学大会が開催された。場所は、東京都港区の統計数理研究所。東京都立中央図書館の、道路を隔てた隣にあった。

小室は「法の機能の概念について」という演題で発表した。発表内容は、川島武宜編集『法社会学講座四　法社会学の基礎二』に寄稿した「規範社会学」を要約したものだった。

昭和四九（一九七四）年七月。『Behaviormetrika』一号に、小室の論文が掲載された。タイトルは「ON THE CONCEPT OF "MARGINAL FUNCTION" ESPECIALLY IN REFERENCE TO THE SOCIOLOGY OF LAW」。

この論文で、小室は、（一）構造機能分析において中心的役割を演ずる「機能（function）」概念に対して分析的定義を与え、（二）「全機能（total function）」と「限界機能（marginal function）」の相違について指摘を行い、（三）両概念を法社会学に適用する理論的作業を行った。

　この論文、小室の日本行動計量学会での最初で最後の論文となった。

　こんなことがあったのだ。

　手書きで英語論文を書き上げ、丸山に手渡したときのことである。小室は、丸山がいった次の一言に激怒するのである。

「小室先生、この論文にはレフェリー（査読者）がつきますからね」

　極めて不快であった。自分の論文が、どこの誰ともわからない人間に査読され、評価されることが。

『Behaviormetrika』（一号、昭和四九（一九七四）年七月）。

「丸山先生、そんな話は聞いていません。ボクの論文に文句があるなら、その人と堂々と議論したい」

丸山は、査読があることは当然と考えていたから、特に伝える必要があるとは思っていなかったのだ。丸山は慌てた。そして、何とかなだめて、小室の論文には手を入れず、そのまま発表することになった。

結局、小室の怒りは収まらなかった。

「こんな学会、絶対に嫌だ！」

そういい残して、小室は日本行動計量学会を退会したのである。

もっとも、小室は林知己夫には惚れ込んでいた。退会後も、林、そして、統計数理研究所との縁を切ることはなかった(53)。

翌、昭和五〇（一九七五）年九月。

川島武宜らの主催で、法社会学理論国際シンポジウム（ＩＳＡ法社会学研究委員会東京会議、国際法社会学委員会（ＲＣＳＬ）の年次大会）が東京と箱根で開催された。

小室はここで「Structural Functional Analysis as a Theoretical Method for the Sociology of Law」を報告した(54)。

これは、法社会学における方法論としての構造機能分析を論じたものである。

この論文で、小室は、（一）社会学理論の観点から法社会学の方法論的背景を概観し、

(二) 川島武宜の提唱する「theory by postulation (公準に基づく理論構成)」の方法論を体系的に再定式化し、社会科学的方法論としての決定的重要性を論じ、(三) 構造機能分析の観点から法社会学におけるモデル構築法を提示することを目的とした。

これは、昭和四八(一九七三)年の日本法社会学会秋季大会での発表内容を英訳したものでもあった。その発表内容については、昭和五〇(一九七五)年に刊行された『現代社会と法』に「法社会学におけるモデル構築法」として掲載されている。

法学博士号授与

東大大学院法学政治学研究科において、小室は博士課程に必要な単位はすべて取得し、論文も提出した。

ところが、京極純一は、小室が提出した論文を審査しない。その状況が数年間、続いた。この間、京極は何をしていたのか。一つは、小室の経歴を調査していたのである(55)。

小室は、たびたび京極に電話をし「審査して下さい」と申し入れをした。しかし、京極はいっこうに審査しない。電話越しにケンカすることが多くなった。

頭にきた小室は〝切り札〟を使うことを決心する。

「京極先生、あなたを訴えますぞ!」

そう恫喝した。

小室が調べたところ、教育関連の法規によると、大学院の教官は、提出された論文を審査する義務があることがわかったのだ。

小室は、その論文審査義務違反で訴えるぞ、と京極を脅したのだ[56]。

頭にあったのは、アメリカでの苦い思い出だった。

今度こそ、絶対に博士号を取る。何が何でも取るのだ……。

こうして、ようやく小室の論文審査のための委員会が結成された。

主査は、京極純一教授。その他、福田歓一《ふくだかんいち》教授、石田雄教授、井出嘉憲《いでよしのり》教授、有賀《あるが》 弘《ひろし》教授が論文審査にあたった。

口頭試問の日、久しぶりに小室と京極は顔を合せた。

開口一番、京極は小室に訊いた。

「政治とは何だと考えますか[57]」

一瞬、小室は詰った。しかし、なんとか答えた。

そして、昭和四九（一九七四）年三月一五日。

小室の論文『衆議院選挙区の特性分析』は、東京大学大学院法学政治学研究科（政治専門課程）博士号論文第五〇号として認められた。

これにより、小室は「法学博士」となった。「博士」という肩書きを得た瞬間である。

小室版・構造機能分析の彫琢

昭和四九（一九七四）年六月、小室は青井和夫編『社会学講座一　理論社会学』に「構造-機能分析の論理と方法」を寄稿した。ここで、小室は構造機能分析の本質、論理、手法を明らかにした。

構造機能分析の小室版の全体像がこれで明らかになった。

実は、小室が、構造機能分析について体系的に記した論文が、この後に一本、存在して

青井和夫編『社会学講座一　理論社会学』（東京大学出版会、昭和四九（一九七四）年）。

いる。

『自治研修』（第一法規）の昭和五一（一九七六）年九月号に寄稿した「新しい社会システム分析法」である。

あえて誤解をおそれず一言で表現すれば、構造機能分析（structural functional analysis）とは、社会学におけるシステム論である、と言えよう。あるいは、それは、理論経済学における一般均衡論の社会学におけるカウンターパートである、とも言えようか。

（中略）

今日における構造機能分析の特徴を述べると、それは、つぎの特徴をもった理論である。すなわち、それは、（一）相互連関分析（interaction analysis）であり、（二）制御分析（control analysis）であり、（三）構造分析（structural analysis）であり、さらに、（四）自己組織系の理論でもある。

このように、小室は『社会学講座』では、「構造-機能変動公準（structural-functional change axiom）」と表現していた部分を「自己組織系の理論」であると表現を変えている。

相互連関分析と制御分析

小室は、まず「相互連関分析」について説明する。

社会現象の特徴は、その相互連関性にある。すなわち、社会現象においては、「すべてが他のすべてに依存し、一個所に生起した『変化』の影響が無限に波及してゆく」からこそ、この「変化」によって生じた全効果は、常識や直観のみによってはみきわめ得ず、「思わざる結果」の生起は不可避であり、その予知は困難をきわめるのである。それであればこそ、社会科学は必要となってくる。ゆえに、社会科学の中心テーマは、この社会現象における「相互連関性」の理論的把握である。

しかし、この「相互連関性」の理論的把握こそ至難の技である。そのための適切な枠組を設定することなしにかかる説明を企てようとすれば、その説明は循環論におちいり易い。そして、このような「適切な枠組」の設定こそ、実に容易ならぬ学問的作業を要求する。社会科学において初めて、このような「相互連関分析のための理論（的枠組）」の構築に成功したのは理論経済学である。ワルラスに濫觴《らんしょう》を発し、ヒックス、サムエルソンなどによって完成された一般均衡論（general equilibrium theory）こそ、まさにかかる理論である。そして、それは、単に純粋理論における画期的成功であるだけでなく、経済学の実証化のためにも決定的役割を演ずることになる。

構造機能分析は、一般均衡論をうけつぎ、その技法を社会学に外延しようとする試みである。それは、この意味における相互連関分析である。

続けて、「制御分析」を説明する。

しかし、構造機能分析の特徴は、これにつきるものではない。相互連関分析にも多くのものが考えられるが、構造機能分析は、制御分析という特徴をもった分析法である。では、制御分析とは何か。

まず、その大体の輪郭を明らかにするために、大胆な表現法を用いれば、制御分析とは、目的論的説明法をとる分析法である。ところで、周知のように、「目的論的」説明法は、科学的方法としては悪評が高い。それについては「未来からの因果の帰属である」と言って全面的にこれを拒否する心理学者から、その使用について割合に寛大である人類学者にいたるまで、その受容をめぐっての態度はさまざまであるが、いずれにせよ、目的論的説明法は、少なくともそのままでは、科学的説明法としては受入れられない、とする説が有力である。しかし、幸いにも、現在においては、サイバネティックスおよび工学的制御理論の発達によって、目的論的思考法は、「ある目標へむけての制御である」という考え方によって再編され、また、そのための数学的諸方法も準備されることとなった。その結果、目的論的思考法の論理的特徴および方法論的意味は明確にされ、それは、科学的方法としてゆるぎなき基礎のうえにたつことになったのである。今日、構造機能分析において使用される目的論は、かかる意味における目的論であり、それは、かかる意味における制御分析である。このさい、それにむけて制御されるべき「目標」を、当該社会システムの機能的必要あるいは機能的要件という。社会システムを構成する諸変数の作動は、機能的要件を充足すべく制御されている、と考えられる。

相互連関分析であり、しかも、制御分析であるところの分析法を、機能分析（functional analysis）という。機能分析のことをまた、機能主義（functionalism）ともいう。以下の叙述において、これら両用語は、同義に使用される。

構造分析

続けて「構造分析」の説明に入る。

そして、構造機能分析は、ただに機能分析であるだけでなく、また、構造分析でもあ

る。では、構造分析の特徴は何か。これと機能分析とは、いかなる関係にあるのであろうか。（中略）

構造分析の特徴は、理論的にはつぎの点にある。すなわち、経済学における場合とはちがって、内生変数にいくつかの層を設けて考えるところにその特徴がみられるのである。つまり、まず、当該社会システムを構成する内生変数のなかに、第一次内生変数を考える。これらは、いうまでもなく、密接な相互連関関係の網の目の中にあるが、その他の内生変数にくらべて、「はるかにすばやく」連動する、と仮定される。これに対し、第二次内生変数は、第一次内生変数にくらべて、はるかに動きにくいものであり、短期間に第一次内生変数からのフィードバックをうけることはないと考えられる。しかし、長期間をとって考えれば、全く動かないというのではなしに、第一次内生変数間の相互連関関係があらわす波及過程がゆきついた結果に対して、全体としてフィードバックをうけ、やがて変動する、と考えられる。このように、第二次内生変数は、内生変数でありながら、第一次内生変数にくらべて、はるかに変動速度のおそい内生変数である。ゆえに、それは、短期間においては、第一次内生変数に対して、あたかも外生変数のごとき立場にある、と言えよう。数学的表現をとれば、第一次内生変数の変動速度は、第二次内生変数のそれにくらべて、第一次の無限大であると言える。以下、全く同様な論理によって、第三次内生変数……第n次内生変数が定義される。このように定義された場合、第k次内生変数の変動速度は、第n次内生変数のそれにくらべて、nマイナスk次の無限大である。このように、その変化の遅速に着目することによって、内生変数をいくつかの層に分けて考えるところに、構造分析の特徴がある、たとえば、社会人類学においては、変り易さの相違に着目して、要因、組織、構造の三者を区別することがある。これなど、構造分析の典型的なものである。

構造分析とはこのようなものである。そして、機能分析であると同時に構造分析であるような分析法を、構造機能分析という。

最後に、「自己組織系の理論」を説明する。

構造機能分析は、まず、機能分析であるから、当該社会体系を構成する諸変数は、この社会体系の機能的要件を達成すべく制御される。しかし、このことは、「必ず機能的要件」が達成（充足）されることを意味しない。すなわち、それは、目標ではあるが、目標の達成が不可能であることも十分にありうるのである。では、このような場合を、構造機能分析は、いかに処理するであろうか。

それは、つぎのように処理される。すなわち、社会体系にとって、機能的要件が達成されることは、この社会体系の構造が維持されるための必要且十分な条件である。

では、社会構造が維持されなければ、この社会体系において、いかなることが生起するであろうか。もちろん、構成員全員が死滅してしまう場合も考えられるであろうし、この社会体系が解散してしまう場合も考えられよう。しかし、現代社会においては、このような場合は、むしろ極限状況であろう（もちろん、このような場合が重要でない、というのではない）。より一般的には、機能的要件が達成されないような場合においては、その達成を不可能ならしめるような社会構造が変化して（論理的には、「消滅」も、変化の特殊場合である）、新しい社会構造が形成されると考えられる。そこでいま、「社会構造の変化」を社会変動と定義すれば、「機能的要件が達成されなければ、社会変動が生起する」と考えられる。これが、構造機能分析の第四番目の特徴である。ラドクリフ＝ブラウンのような人類学の巨匠がいみじくも道破したごとく、豚が病気になって死んでも、河馬《かば》になって治ってくるということはあり得ないが、社会体系に関しては、このようなことがあり得るのである。たとえば、「ある封建社会がその病弊のために死滅したとき、資本主義社会となって再起してくる」ことは、十分にあり得るのではなかろうか。

ここに、構造機能分析的社会変動論の要諦がある。すなわち、構造機能分析は、相互連関分析である、という点に関しては一般均衡論と同様であり、それゆえに多くの分析用具を共有する（とくに重要なものとしては、均衡条件、存在定理、安定条件など）ものであるが、それにつきるものではない。一般均衡論が有せず構造機能分析が有する特徴こ

そ、この自己組織系の理論である。（中略）

すでにふれたように、社会体系の機能的要件が達成されなければ、この社会体系の構造は、変化をよぎなくされる。では、いかに変化するであろうか。この「変化様式」が特定のものとされるところに、自己組織系の理論の特徴がある。

ひとくちに、「社会構造が変化する」といっても、多くの場合が考えられる。社会変動モデル構築のためには、その「変化」の内容が特定されなければならない。たとえば（一）どの社会構造の、（二）どの部分が、（三）どの方向に、（四）どれだけ、変化するということなどが特定されなければならない。（中略）

このように、「社会構造の変化」の内容を特定し、「その変化様式のすべての場合」を列挙することによって構成される空間を、「構造変動空間」と呼ぶ。もちろん、ここに、「変化様式のすべての場合を列挙する」といっても、それは、モデル構築者が設定するところの「すべての場合」という意味であって、何をもってそれと考えるかは、全く彼の自由である。

他方、この社会体系の「機能的要件が達成されない」ことについて考えてみよう。これを「機能的不充足空間」と呼ぶ。それには、（一）どの機能的要件（パーソンズでいえば、ＡＧＩＬのいずれ）が、（二）どれだけ達成されないか、ということが特定されなければならない。

これだけの準備のうえに、機能的不充足空間から構造変動空間への写像を与える。このようにして社会変動を考えるところに自己組織系の理論の特徴がある。

その最も単純ですなおな場合が、「機能的要件を充足しないような社会構造は変化して、それを充足するような社会構造となる」場合である。多くの機能主義者は、社会変動ということの場合だけを考えるようであるが、他にも多くの場合が考えられる。

以上が小室の、昭和五一（一九七六）年時点での、構造機能分析の説明である。

第九章　田無寮

学問と酒と猫と

田無寮跡記念碑（平成三〇（二〇一八）年六月二八日、筆者撮

その存在と意味

昭和三九（一九六四）年二月、小室は本郷近くの下宿を引き払い、田無寮に入寮する。その後、昭和四七（一九七二）年四月に退寮するまでの約一〇年間、小室はこの古い学生寮で存分に学問と酒にのめりこむことになる。

東京大学田無寮。田無学寮ともいう。

武蔵野平野の西方。新宿から西武新宿線の急行に乗って二〇分。田無駅を降りて北に真っ直ぐ進むと東大田無農場がある。田無寮は、約三〇ヘクタールの巨大な農場・演習林田無試験地内の一角に建っていた(1)。

もともとは戦時中に農林省の委託による「東京帝国大学熱帯農業員養成所」として建築された。南方への従軍農民養成所であった。敗戦後は、いったん東大農学部所管の学生寮となり東大農学部の学生、実習生が入居。昭和二六（一九五一）年四月には学生部所管となり、本郷関係各学部の学生、大学院学生が利用する学寮となった。

二階建の居住棟二棟と、そこから渡り廊下でつながった食堂棟一棟があった。農場正門に近い南側の建物が「前寮」、北側の建物が「後寮」と呼ばれた。老朽化、入寮者数の減少等により、昭和六三（一九八八）年三月末で廃寮。

田無寮全景（東京大学広報委員会『学内広報』七八三号、昭和六三（一九八八）年三月）。

その四〇年弱の間、一〇〇〇〇人の東大生とその他の人々がここで生活した(2)。

寮の日常

コケコッコーッ……チュンチュン……コケコッコーッ……。

田無寮の朝は早い。

寮生は、ニワトリとスズメの〝二重奏〟で目を覚ます。

ニワトリは、農場内で放し飼いにされており、寮の中にも平気で入ってくる。

スズメは、寮の軒下にたくさんの巣を作っている。

しかし、いったん目を覚ました寮生は、再び布団をかぶり、まどろみの世界に戻るのであった。

それが田無寮を象徴する一コマである。

田無寮は、世間から隔絶された、浮き世離れした世界である。

「田無の寮の内と外では流れる時間の速さが違う」

「あそこにいたら、なかなか出られない」

田無寮生は、よくそういった。のどかで、余りに居心地がいいのである。

田無寮に住んでいると、皆だんだん大学には行かなくなった。

定期券を持っている学生は、まずいない。

真面目な学生は、田無寮のブラックホール的吸引力に数年で気がついて、あわてて出て行った。

のんびりした学生は、指折り数えてみたら七年、八年。人生の何分の一かをここで費やしてしまった、これは大変だ、といいながら出ていった。

その田無寮の時間の流れに身を委ねた結果、遂に大学を卒業できなかった人達も多い。

東大の大学院生が一番多いが、学部生、卒業生、研究生、他大学生、公職選挙法で捕まりそうになって身を隠している人など素生のよくわからない人もいた。

棲んでいるのは、人間だけではない。

農場だから、野良猫がたくさん住みついていて、堂々と部屋の中まで入ってくる。いや、その猫も住人の一人なのかもしれない。

猫も遠慮してか、放し飼いのニワトリとは仲良くやっていた。

寮生はバラエティに富んでいた。

教養学部にある駒場寮とは異なり、学部生よりも大学院生の方が多い。年齢的には二〇歳そこそこの学部生もいれば、四〇過ぎの大学院生もいる。

小室がいた頃には、もう舎監はいない。

寮生以外で住んでいるのは、寮の雑用係の夫婦とその子供、それから食事を作る老夫婦

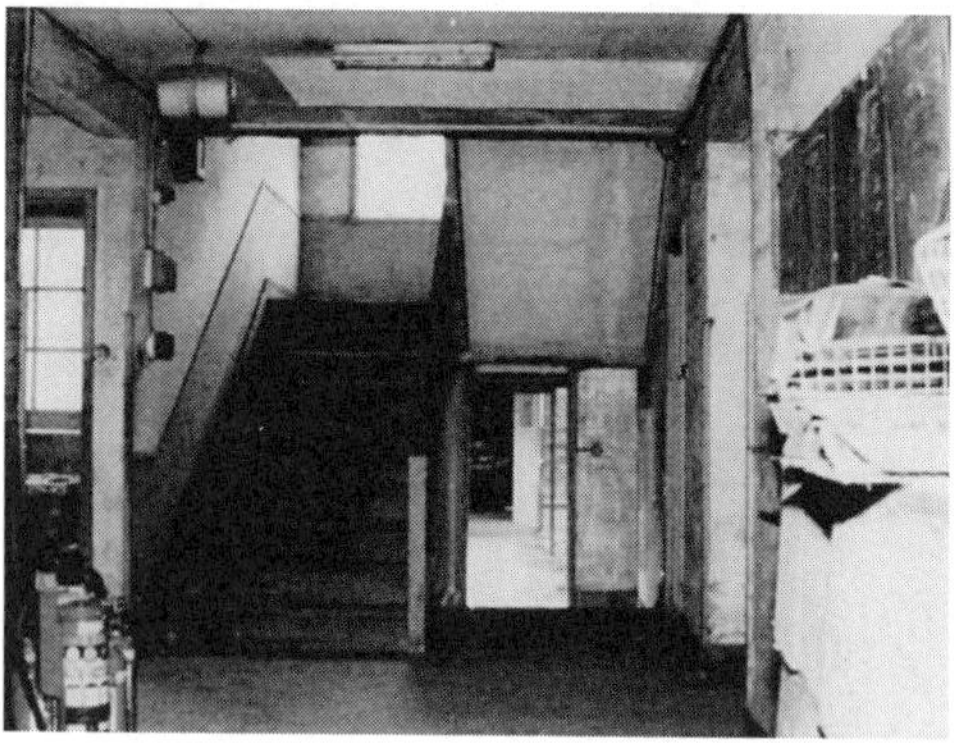

田無寮・後寮一階階段（東京大学田無寮記念誌編集委員会編『東京大学田無寮記念誌』昭和六三（一九八八）年、六頁、小山年勇氏提供）。

である。

雑用係の夫婦の小さな男の子一人と女の子二人は、いつも寮生と遊んでいた。

小室が主《ぬし》のように棲みついていたのは、後寮二階の一番東側の部屋だった。

田無寮でも、小室は有名人であった。存在感、迫力があった。

大きい頭が目立つ。エラが張っていて、額が広く、髪の毛は少し薄い。

身体も大きい。赤ら顔で、甲高い声で話す。

履物は、いつも裸足に下駄。コツコツコツコツ、音をさせながら、ちょっと前のめり気味に大股で歩く。

世間に合わせて自分を変えることをせず、素の自分のまま生きていた。

裏表がなく、純粋そのもの。世間の常識とは関係ないところで生きている。他人に合せて自分を

田無寮・部屋（東京大学田無寮記念誌編集委員会編『東京大学田無寮記念誌』昭和六三（一九八八）年、六頁、小山年勇氏提供）。

作らないから、〝自分〟の量が全く減らなかった。[3]
だから、プラスの評価、マイナスの評価、小室に対してはいろんな評価があった。
「すっごい学者だ」という評価もあれば、「わけのわからん人だ」という評価もあった。

アルバイト

当時、田無寮の寮費は、二食付きで、月額三八〇〇円。[4]
しかし、小室はその金も払えない。寮費滞納の常習者で、ほとんど免除扱いだった。[5]
皆、仕方ないなぁ、と諦めていた。
生活は、極めて慎ましやかであった。というか、貧乏そのものであった。
アルバイトをすると勉強する時間がなくなる。だから、基本的にアルバイトはしない。当然、貧乏にならざるを得ない。

やむを得ずアルバイトをする必要があるときは、勉強を妨げない仕事を選んだ。基準は、アルバイトをしながら勉強できるか、短時間で高額な報酬を得られるか。

田無寮から歩いて一五分のところに保谷《ほうや》第二小学校があった。その夜警のアルバイトをしばらくやった。月に五〇〇〇円の収入になった。(6)

大学教授の家庭教師もやった。タレント教授になるとメディア対応に忙しくて、論文を読んだり、講義案をまとめたりする時間がなくなる。そういう大学教授の執筆原稿を見直したり、論文の要約を作ったりした。(7) しかし、大学教授の家庭教師は、大学受験の高校生のように、毎週というわけにもいかなかった。

東大大学院では、小室の窮状を聞いた助教授・石田雄が、アルバイトの口を紹介した。それはアジア経済研究所での石田の研究サポートであった。その成果は、昭和四二（一九六七）年六月に、合同研究国際関係分科会第一小分科会の第二中間報告として発表された。タイトルは「比較政治学の社会学的基礎」である。

食の「収穫」と「収奪」

田無寮の敷地は、とにかく広い。

農場では、農学部の学生、院生が、様々な野菜を育て、品種改良の実験を行っている。田無寮生にとって、それは食料そのものであった。トウモロコシは飼料用の品種で固くて不味いが、トマトやキュウリは美味い(8)。小室は、よく拝借して腹の足しにした。

もっとも、それは小室に限ったことではない。寮生の何人かは、食べ頃となった野菜を勝手に「収穫」して持ち帰った。

小室が凄いのは、そこからだ。他の寮生が収穫した野菜を「収奪」するのである。

「あれ、そこに置いてたトマト、どこいった?」

「小室さんが食べたんじゃないか(9)」

そんな会話がよく聞かれた。

演習林には竹林があった。そこで「収穫」されたタケノコは、良い「おつまみ」になった。

三月のまだ寒さ残る夜。後寮一階の娯楽室では、寮生らがストーブに鍋を載せて熱燗をつくる。だから、タケノコは夜中に収穫されることが多かった。管理人の監視の目を逃れるにも好都合だった。

収穫されたばかりのタケノコは、しっかりと灰汁《アク》抜きされて、美味しく茹であがる。寮生の高山秀男《たかやまひでお》や藻谷《もたに》佳也は、タケノコ茹での名人であった。

ちょうど茹であがった頃に、黒猫のクロを抱いて小室が二階から降りてくるのが定番。

「お、タケノコか」

「あ、小室さん、どうぞ」

その言葉をまって、小室が娯楽室の畳に座る。

酒とタケノコで雑談していると、そのうち、小室の講談調の歴史講義になる。小室の話はとにかく面白い。博学、博識で、寮生は「へぇ～！」と思うことばかりだった。とくに英雄たちが活躍する小室の中国史の講義が始まると、みな惹きつけられて聞き入った。

ときどき、東洋史専攻の高山が小室に指名されて、問題を出された。答えられないと「それでも東洋史専攻か！」と怒られた。

回っている洗濯機に

話術の名人であるだけではない。小室は、立ち読みの名人でもある。(10) 本を買う金がないから必要に駆られてのことである。

毎日のように、田無駅前の本屋に現れ、ずっと立ち読みをした。当然、本屋は嫌がる。漫画の一コマのように、ハタキでぱたぱたと追い払われる。

しかし、小室はめげない。本の内容は頭に焼き付けた。単行本に限らず、週刊誌、写真誌も読む。だからいろんな噂話、ゴシップも知っていた。洗濯をしたいが、石鹸を買う金がない。そこで小室はどうしたか。

一階に住む農学部の長井《ながい》は、のんびりした適当な男だった。昼過ぎに起き出した彼は、共用の洗濯機の前を通って、二階の小室の部屋をのぞいて、

「小室さーん、起きたあぁ？　また、誰かが怒ってたよ。他人《ひと》のところに入れちゃダメだよ」

そう。小室は、朝起きて一階に降り、誰かが洗濯機を回していると、そっと自分の下着やシャツを投げ込むのである。

入れられた方はたまったものではない。洗い終わると、小室のものと思われる、薄汚れた服や穴の開いた下着が、自分の服と一緒に出てくるのだから。

長井の言葉を聞いた小室は、悪びれた様子なく「ばれちゃったか」と笑っているのだった。(11)

断食とニンニク

田無寮には、渡り廊下で結ばれている食堂があった。

田無寮・食堂への渡り廊下（東京大学田無寮記念誌編集委員会編『東京大学田無寮記念誌』昭和六三（一九八八）年、六頁、小山年勇氏提供）。

午後一一時を過ぎると、残っている夕食は、誰でも食べていいことになっていた。

毎晩その時間になると、数人の寮生が渡り廊下をダダダダッと走った。早い者勝ちなのだ。小室もよく走っては、残った夕食をガツガツ食べた。

「ハイエナ」と揶揄する寮生もいた。

「冷めてて不味《まず》いからあんなの食わない」という寮生も多かったが、全然気にならなかった。

自分がお金を出さないときは、質より量を重視した。

接待で高級料亭に招待されたときのこと。

帰ってきた小室は、不満げに寮生に話した。(12)

「懐石料理はね、俺、好きじゃないんだよね」

「どうして？」

「だって、刺身だってこれっぽっちだろ。刺身なんて口いっぱいに、ほおばって食べたいんだ、俺は」

田無寮・食堂（東京大学田無寮記念誌編集委員会編『東京大学田無寮記念誌』昭和六三（一九八八）年、六頁、小山年勇氏提供）。

小室は年に一、二回、断食《だんじき》をした。断食を始めると、どんどん痩せていく。フラフラフラフラしながら歩いている。結果、頭ばっかりでかくなったようにみえた。

寮生の小《こ》山《やま》年《とし》勇《お》が聞いた。

「ほんとに健康にいいんですか、断食って？」

「すごくいいんだ。頭にもいいんだ」

暴飲暴食をしながら、小室なりに栄養にも気を遣っていた。

ときどき、田無の駅前に買い出しに行った。自分で買うのは、胚芽米とか、トマトジュースとか、アメリカで覚えてきたという健康食品、密教食品。

「トマトジュース、小山、飲んでみろ」

「こんな不味いもの、小室さん、よく飲めるね」

「えぇぇ⁉　こんなに美味しいのに『不味い』なんていって、もったいない、もったいない……」

そういってゴクゴク飲んでいた。

断食の後は、ニンニクを好んで食べた。

「ニンニクは元気になるんだ」

そういって食べるのだが、量が尋常ではない。結果、小室の口、肛門、毛穴、体中の穴という穴からニンニク臭が染み出してくる。

小室がそばに来ると、尋常でない悪臭に、皆、鼻をつまむのだった。

寮生の間では「小室さんが便所に入った後は、ウジ虫が死に絶える」という噂がまことしやかに流れた。当時の寮の便所は汲み取り式。いわゆるポットン便所。壺の中で蠢《うごめ》く虫たちの命をも奪う、それほど強烈なニンニク臭だったのだ。

寮生が部屋に遊びに来ると、気を遣って勧めた。

「このレーズン、食べるか?」

袋に入ったレーズンをみると、白い斑点がポツポツと付いている。糖分の結晶かもしれないが、小室の部屋では、カビにしかみえない。

部屋は余りに汚かった。「汚い」では伝わらないくらい、汚かった。

まず、目に付くのは、ゴミ。足の踏み場もないほど散らばっている。

「いくら何でも、小室さん、これは掃除しなきゃ」

そういって、小山がゴミをかき分けてみると、畳に何かが、めり込んでいる。

「あれ？　なんだ、こりゃ」

よくみると、電気コンロの丸い電熱器の部分が、見事に畳に埋もれている。周囲の畳が焦げていることからすると、電熱器は畳を燃やしながら、少しずつ沈下していったようだ。

小室は、それを横でみながら、楽しそうにいった。

「火も出さずに、ここまで上手に焦がすってのは、滅多にできないことじゃないか？」

呆れた。

「小室さん、そんなこといって、ダメじゃないか。火事出したらどうするの」

「うん、でも火事にはならなかったわけだから……。今度から気をつけるから」

「よく無事にすんだよね……」

赤電話と黒猫・クロちゃん

田無寮の娯楽室には、赤電話があった。電信電話公社が施設に管理を委託した公衆電話である。

小室も、この赤電話をよく利用した。電話になると声が大きくなる。独特のかすれた小室の声が、娯楽室にたむろする寮生、通りかかった寮生の耳に自然に入る。

田無寮・娯楽室（東京大学田無寮記念誌編集委員会編『東京大学田無寮記念誌』昭和六三（一九八八）年六頁、小山年勇氏提供）。

ヴェーバーの個人指導を受けている大塚久雄にたびたび電話しているのを寮生が聞いている(13)。

あるとき、小室は娯楽室で飲んで、酔いが回り、学問の議論がしたくなった。そこで、大塚宅に電話した。

「もしもし、大塚でございますが」と、夫人が電話に出る。

「小室です。大塚先生、いらっしゃいますか。僕は、今日、論争を仕掛けたいと思います」

「あらまぁ、お元気でいらっしゃいますこと。でも小室さん、酔っ払っていらっしゃいます？」

「え？」。ドキッとする。

「お酒飲んでいらっしゃるの？」とたたみかけられると、ドギマギしてしまう。

「えッ、えッ……」

「だいぶお酔いになっていらっしゃるようですが、たくさん飲んでいらっしゃるの？」

「はい、少しは飲んでます……。いや、実はたくさん飲んでます」

小室は一生懸命、弁解する。

「小室さん、電話してくるのはいいけれど、次からは絶対に酔っ払っていないときに電話して下さいね」

「はい……。失礼します」

チーン……。

小室は、頭をボリボリかきながら、娯楽室にたむろしている寮生たちにいうのだった。

「奥さんにまた怒られちゃったよぉ。ハハハハ」

満面の笑みで、さも嬉しそうにみえた。母に優しくたしなめられたような気持ちだった。

大学院の指導教官である京極純一との電話も多かった。

しかし、大塚とは対照的。京極と電話するときには、娯楽室に険悪な空気が漂った。

たいてい怒鳴るように話していた。激しい口論となっている様子がうかがわれた。(14)

「訴えますぞ！」

小室のそんな声が響くこともあった。

大の猫好きの小室は、田無寮ではクロと名付けたメス猫を飼っていた。

毛並みのいい、美人の黒猫だ。

隙間風の入る部屋で、クロは小室の暖房代わりになってくれた。電気代もいらない。ただ、参ったのは、雨の日の夜、外を歩き回ったその冷たい足でペチャペチャペチャと布団に入ってくることだった(15)。

黒猫は、化け猫の血を引くといわれる。小室は、クロをなんとか化け猫にしようと数々の実験を行った。

昔の魔術の本に、「冬至と夏至の日に鏡をひいた箱の中にいれればいい」と書いてあったので、実際にやってみた。

しかし、結局、実験は失敗したのだった。

クロは、たくさん子猫を産んだ。生まれた子猫は、いろんな人にあげた。

寮史に残る〝真昼の決闘〟

寮生の松下周二《まつしたしゅうじ》とは、よく娯楽室で喧嘩した。

二人とも天才肌。だが、そのタイプは違っていて、性格も合わない。

小室は、数学ができるタイプ。他方、松下は、数学的能力はないが、語学は天才的であった(16)。

喧嘩は、きまって学問上の議論から始まる。議論は徐々に白熱し、二人の唾が飛び散って相手の顔にかかるようになる。

そこで終わることもあるし、終わらないこともある。

ある休日のお昼のこと。寮生の間で〝真昼の決闘〟と呼ばれる事件が起った。

最初は、いつものように小室と松下との論争から始まった。そのうち、どちらからとも
なく手が出て、とっくみあい、殴り合いの喧嘩が始まった[17]。

二人とも身長が高く、恰幅がよかった。誇り高きふたりの大男同士の闘い。寮生たちは、
大人になってからとっくみあいの喧嘩などみたことがないから、ゾロゾロと集まってくる。

お互い一歩も退かず、もの凄い迫力である。

遂に小室の鉄拳が、松下の鼻っ柱にヒットした。

松下はズドンと倒れて、鼻からは真っ赤な鮮血が流れた。

小室は思い出した。

「そうだ！　最近読んだ魔術の本で、黒猫を化け猫にするには人間の生き血を飲ませよ、
と書いてあったナ」

急いで二階の自室に戻り、クロを抱いて現場に戻った。

そして、クロの顔を松下の顔に近づけ、流れる血をペロペロと舐めさせたのだった。

「うう……ひどい……」

床に倒れた松下の口から、そんな言葉が漏れた。

「小室さまには及びもせぬが……」

小室の汚い部屋は、寮生にとっては口述筆記のアルバイトをする場所であった。高山秀男は、うず高く積まれた本と塵の隙間に座って筆記したが、徐々に講義を受けるハメになった。その記憶量の厖大さに驚いた(18)。

藤田恍一郎《ふじたこういちろう》は、字が上手だったので、『思想』の原稿の清書をした(19)。

青木寿《あおきひさし》は、大学に一切行かないため暇をもてあまし、よく小室を手伝った。

田無寮では、定期的で組織立った学問の指導はしなかった。

しかし、『思想』などに小室の論文が掲載されるようになると、小室の噂を聞きつけた学者の卵たちが、小室に教えを乞いに集まるようになった。

日本全国から「小室先生はいらっしゃいませんか」と訪ねて来た。小室の学問は、社会科学の若手研究者の目には希望の星のように輝いてみえた。

京都大学人文科学研究所の助手という若い学者が訪れたことがあった。小室は、出身校の京大から来てくれたと感激。ご馳走を作ってもてなそうと農場に「収穫」にいった。しかし、あいにく食べ頃の野菜がない。そのとき、足元の草むらで「ガォーーーーン、ガォーーーーン」と鳴くものに気がついた。巨大なウシガエルだった。小室は、そのカエルを捕まえて料理し、チキンラーメンに入れて関西からの客人をもてなしたのだった[20]。

その点、田無寮生は、贅沢だった。

小室に教えてもらいたいことがあれば、その都度、部屋を訪ねた。また、散歩中の小室をつかまえて質問した[21]。

原洋之介《はらようのすけ》は、そのような一人だった。

小柄ではあったが、やたら弁が立ち、ガハハという豪快な笑い声が特徴だった原。

彼は物怖じせず、小室を質問責めにした[22]。

サムエルソンの『経済学』を読んでいて、途中、行列式がでてきてわからなくなる。

そうすると、足は小室の部屋に向かう。

小室は、きわめてわかりやすく教えてくれた。

こんな風に考えたらいいんだと、ズバッといってくれる。

ただ、こんなこともあった。『経済学』の第二部を読んでいて微分方程式の計算がわからなくて質問にいったときには、「高木貞治の『解析概論』から読み直せ！」と怒られた。

小室の口癖は「小室さまには及びもせぬが、せめてなりたやサムエルソン」。

寮生の皆が知るフレーズとなった。

小室はいう。

「サムエルソンはものすごく頭がいい」、「パーソンズはパー。頭が悪い」

論文を執筆中の小室から、逆に質問されることもあった。

「おい、原！ サムエルソンの『経済学』の何ページあたりにこういう話があると思うんだけど、ちょっと調べてくれ」

小室の部屋にあるはずの『経済学』は、ゴミに埋もれてみつからないのだ。

原が調べると、ピッタリ、頁数まで当たっていた。

凄いと思った。

原は、法社会学も教わった。

「法社会学は、法解釈学ではなく、社会科学だ。ものすごく面白いんだ」

小室はそういって、楽しそうに教えてくれた。

原山保《はらやまたもつ》は、東北大学大学院文学研究科・文学部社会学研究室の大学院生であった。しかし「田無寮に小室直樹という天才がいる」という噂を聞きつけて田無寮に来た。そして、そのまま田無寮に棲みついた。(23)

東北大学の社会学は、新明正道《しんめいまさみち》が〝支配〟していた。新明は学生に対して、どの人物の思想を研究対象とせよ、と指定し、それ以外を研究することは許されなかった。

そのような環境からドロップアウトした原山は、田無寮に住み込んで小室から経済学を学ぶ。原山は教えを受けながら、小室の論文の口述筆記のバイトもやった。驚いたのは、小室が、論文に引用する文献の中身をそらんじることができたことだ。主要な学術書の内

容は頁数を含めて、全部覚えていたのだった。(24)

女性の研究者も、「博士論文執筆の教えを乞いたい」と、何人か来ていた。

小室自身は「女にモテて、モテて困っている」という。(25)しかし、小室びいきの寮生の一部は、あまりいい目ではみていなかった。「博士論文を仕上げるために、近寄ってきて利用されてるんじゃないかな。ウブで、おおよそ女性のことはわからないからなぁ、小室さん。女性を大事に思うあまり、利用されるだけじゃないのかな」と思えた。(26)

「気の毒だよね」

「女性に甘くってなぁ。そんなこと全然わかんないんだよなぁ」

小室のいないところで、そんな会話になったこともあった。

小室が博士論文を書き始めると、原や原山など、小室に教えを受けてきた寮生はこぞって協力した。計算機を動かすには、パンチカードを作る必要がある。彼らは、選挙のデータをパンチカードにした。本郷の大型計算機センターでの順番待ちなどにも協力した。(27)

中山慶子

昭和四四（一九六九）年二月、東大紛争は、ようやく終息した。

機動隊が安田講堂の封鎖解除を実行するのが同年一月一八、一九日。東大が入試の中止を受け入れるのが同年一月二〇日。しかし、荒れた時代の空気は、いまだ収まらない時期であった。

中山慶子《なかやまけいこ》は、中古の日産サニーのハンドルを握って、東京都田無市(28)に向かっていた。(29)

東大の田無寮に住む「小室」という人物の博士論文の清書をするためだ。

田無は、本郷の騒乱が嘘のように、のどかであった。

車に乗ったまま田無農場の門をくぐり、茂みにとめた。

農場内の畑では、麦踏み直後のまだ短い麦の芽が、再び強く立ち上がろうとしていた。

他方、中山の胸の中は、先のみえない不安が溢れていた。

「これからどうなるのかな……。もしかしたら、東大だってなくなるかもしれない」

目標も規範も失われていく時代。みな真面目だが、東大の授業もなくなり、〝義務〟もなくなった時代。何をすればいいのかわからず、途方にくれた。

多くの真面目な学生たちの心には、ぽっかりと空洞があいた。

そこに、現れたのが小室直樹だったのだ。

「中山さん、田無寮に行ってくれない?」

数日前のこと、中山は、大学の知人からアルバイトの口を紹介された。

「田無寮に、すごい博士論文を書いている小室って人がいるんだ。彼が論文の清書のアルバイトを探しているから、中山さん、字、綺麗でしょ。行ってくれないかな」

「はい、わかりました」

車を買い換えたかった中山は、少しでもその足しになればいいか、と思った。

中山は九州、佐賀県の出身で、開業医の娘であったから比較的ゆとりのある生活ができていた。

実家からは「お見合い話があるから、いったん帰ってこい」との連絡もある。

帰るべきか、帰らざるべきか。

先の見えない中で、中山のこころは揺れていた。

大学生であったが中古の自家用車も持っていた。

当時、車を持っていた若者の生活パターンは、貧乏学生とは違っていた。

夜中に湾岸を走り、休憩は葉山のドライブイン。

ドライブインには、車に乗っている人、いや、車に乗れるような人しか来ていないから、比較的裕福な人たちの集う場所だった。隣の席に、テレビや雑誌でみた芸能人がいるなんてことはザラだった。

中山の生活はそうだったから、田無寮の、そして小室の部屋の荒廃ぶりを見て、言葉を失った。

でも、なぜかアルバイトをしてみようという気持ちになった。

妹

田無寮には警察の取調室のような小部屋がいくつかある。部屋の中には、会議机が一つと黒板があった。

中山は、そこで清書のアルバイトを始めた。

小室の書いた独特のカナクギ文字を清書する。

そのうちに、小室の手書き原稿が底をついた。

小室が口述し、中山がそれを筆記するようになった。

最初、中山は小室の学問に圧倒され「凄い」と思った。

数学、経済学、統計学、社会学の難しい理論を、わかりやすい言葉で論理的に説明してくれる。

小室は、田無寮でムサ苦しい男性ばかりを相手にしているものだから、自分の話を嬉々《きき》として聞いてくれる、若くてかわいい女性が来てくれることが嬉しかった。まるで妹ができたように思えた。

そういえば、母から自分が小さい頃に妹がいたこと、生まれて間もなく亡くなったことを聞かされたっけ。いま、生きていたら、彼女みたいな感じなんだろうか、と思った。

淋しくなると、つい中山の家に足が向いた。

中山の家は、アメリカ空軍の家族宿舎・練馬グランドハイツ(30)の近くにあった。田無寮から直線距離で約一〇キロあるが、小室は歩いて行った。

当時、中山は弟と二人で住んでいた。

小室は「弟さんがいるから、僕が来てもスキャンダルにならない」と笑っていった。

あるとき、酔ってやって来た。

仕方がないから、中山が弟の部屋で寝かせると、真夜中、弟が部屋から「うわーッ！」と叫んで飛び出してきた。

何ごとかと聞くと、「殺されると思った」という。

中をのぞくと、悪酔いした小室が寝ながら押し入れの襖を蹴破って、穴が開いているのだった。

誕生日プレゼント

「なにを持ってくるのよ！」

中山家の玄関で、中山の呆れた声が響いた。

突然訪問した小室が、黒猫を中山に渡すのだった。

「誕生日祝いです。クロといいます。どうぞ」

そういえば、今日は自分の誕生日だ、と気がついた。

小室は、中山に論文清書のアルバイト料が渡せないのを心苦しく思っていた。

そこで、田無寮で飼っていたクロが産んだ子猫・二代目クロをプレゼントすることにしたのだ。

中山は、心の中で「清書のバイト代を渡すのが先でしょう……」と思ったが、いえなかった。

「ありがとうございます」

受け取ったはいいものの、猫がいると家を留守にできない。後日、実家に連れて帰って、クロは野良猫になった。

数日後、再び中山の声が響いた。

「また、なにを持ってきたのよ！」

「グレーを連れてきました」

小室は、紙袋を手にぶら下げている。キヨスクで売っているような、ビニールカバーのついた厚みのある紙袋。その紙袋の中で、バサバサと音が聞こえてくる。

紙袋の口は、開かないようにホッチキスで留められている。

実は、中山にプレゼントしたクロには、まるまると太った兄猫がいた。

毛が灰色だったから、グレーと名付けていた。普段は、田無寮に居ついている。

「たまに会わないと寂しいだろうから、兄のグレーをつれてきました」

そういって、小室はビリッと紙袋の口を開けて、グレーを取り出したのだった。

「そんなもの出されたって困ります。置いておくわけにいかないし……」

「大丈夫、『妹がいたら嬉しいな、ニャーン』って、いってますよ」

中山は怒って、グレーを再び袋に入れて、小室ごと車に乗せ、田無寮に〝返品〟したのだった。

小室が中山の家に居座ったときには、こう小室を誘った。

「先生、ドライブしませんか」

高尾山あたりまで小室を乗せて、車を走らす。

「すごい！　ハリウッドみたい」

小室は助手席でキャッキャッと喜んでいる。

ほどよいところで、中山は車を田無寮に着けて、小室を降ろすのであった。

もともと中山は小室の博士論文清書のアルバイト役であった。

アルバイトをしながら、小室から多くの学問を学んだが、中山は、だんだん心配になってきた。

小室がバイト代を払ってくれないのだ。

アルバイトは、一日四〇枚の予定で、日程も事前に空けてある。

場所は、田無寮から西武新宿線、上石神井駅前の喫茶店に変わっていた。

大体、小室は清書前の手書きの原稿を持ってこない。

「大丈夫です。すぐいえますから」といって、小室は中山に口述筆記をさせる。

口述筆記なので、長い用語は略語を作って済ませた。

たとえば、構造機能分析は、「SFA（エスエフエー）」とした。

喫茶店で、小室は、中山を前に、まくし立てる。

会津なまりがあって聴き取れないことも多かった。

小室は、しばらく話すと、「あとは、ヴェーバーの学説を入れて、二、三枚でまとめておいてください」と、中山に丸投げした。

昭和四四（一九六九）年一〇月。小室は、日本社会学会大会の報告で、島根大学に出張した。

この小室のいない間に、小室にとっては大変な〝事件〟が起きていたのだった。

クロをはじめ、世話をしていた数匹の猫が行方をくらましてしまったのである。

小室は、この〝集団脱走〟についての情報提供者を求めて、十数枚のポスターを作成した。

急告！　小生不在の折、黒猫の一団が蒸発。特長、四匹とも全身が黒。連絡先、東大田無寮内小室直樹。謝礼、マルクス、マックス・ヴェーバー、ケインズ、この三名の内だれか一名の全業績をきわめてコンパクトにまとめて講義する。以上。(31)

ただ、ポスターを貼った場所が悪かった。娯楽室、食堂、トイレ、洗濯場、廊下など。すべて田無寮内である。

一人だけ「猫は寮の外へ逃げたと思いますよ」と当たり前の情報を提供してきた寮生がいた。小室は、その経済学部の学生にケインズ経済学を教えたのであった。

国民生活研究所へ

「サギだ……。こんなことなら、清書なんてやらなかった」

とうとう中山慶子の堪忍袋の緒が切れた。

小室が博士論文清書のアルバイト料を、まったく払おうとしないのだ。

「ごめんなさい。僕がお金儲けの方法をかんがえますから」

さすがに、小室もただ働きさせることは、悪いと思った。

頭をかきながら、謝った。

ちょうど、博士論文を書き上げた直後であり、比較的時間があった。

富永健一に何かお金になる仕事はないかと尋ねたところ、ちょうど、富永に国民生活研究所から仕事の依頼が来ていた。

富永はそれを小室に紹介した。

「これで中山さんに支払いができる」

小室はホッとしたのだった。

昭和四五（一九七〇）年九月四日。

小室は、国民生活研究所[32]に呼ばれた。

「社会指標（social indicators）の作成について、社会学的観点からその意義、問題点、課題をお話しして欲しい」と。

同年四月、国民生活研究所は社会指標研究会を立ちあげていた。所長であった浅野義光《あさのよしみつ》[33]も加わった。

社会指標研究会の目的は、アメリカなどで話題になり始めた「social indicators」、すなわち社会指標、あるいは社会的指標について、最新の知見を得て、今後の施策に活かすことであった。

国民生活研究所の事業は、二つあった。[34]一つは、経済企画庁を介した政府の補助金事業。もう一つは、発注者がテーマを決めた委託調査研究事業である。

社会指標研究会は、後者の予算で組織された。発注者は、経済企画庁国民生活局。(35)日本における国家的社会指標研究の事始めに小室の頭脳が必要とされたことになる。

当時、GNPが国民の満足度指標としては機能していないことが世界的に明らかになってきていた。日本でも、公害などの環境問題、家族問題、教育問題、医療問題など、GNPで測ることのできない問題が次々と現れ、GNP神話が崩壊しつつあった。しかし、そもそも社会指標とは何なのか、何が問題点なのか。それすらわからない、手探りの状態だった。

社会指標研究会としては、自分たちでチマチマと本を読み解いていくよりは、その分野の最新の学識を有する人物にヒアリングすることが近道と考えた。

指数研究については、その分野に造詣の深い一橋大学の伊大知良太郎《いおちりょうたろう》が、国民所得統計の研究については、早稲田大学の林文彦《はやしふみひこ》が呼ばれた。その他、統計局の家計調査担当者、物価統計の実務家なども呼ばれた。

また、社会指標研究会は、社会学の専門家にも加わってもらう必要があると考えた。最初に目を付けた社会学者は、富永健一である。

当時、富永は、経済企画庁が設置していた国民生活審議会の委員であったし、社会学の若手研究者の中で実力者と認識されていたからである。

所長の浅野が直々に富永に参加を要請した。

ところが、富永は「多忙」を理由に断り、代わりとして小室を推薦したのである。

そして、九月四日、小室に対するヒアリングが行われたのであった。

熱意あふれる論争

小室自身も、そこから勉強を始めた。

資料としては、アメリカの文献があるが、日本語訳がない。

小室は、いいことを思いついた。

英語文献の和訳には予算からバイト代が出るという。

社会指標についての英語論文の和訳を、英語の得意な中山慶子に頼めば、中山にお金が入ることになる。

これで、中山への不義理が多少、緩和されるのではないか。

中山も承諾し、一〇日ほどで訳し終えたのだった。

こうして、約半年後に、一応の和文資料が揃った。

それらを参考にしながら、各界の専門家によるヒアリングが持たれたのであった。

小室のヒアリングは激しく、かつ、会議は激烈であった。

大先生たちにも遠慮のない論争を仕掛け、しばしば相手を黙らせるような、あるいは、戸惑わせるような場面も現れた。

それらの論争は、小室の着眼点のユニークさと教養のほとばしりであり、研究会にとっては課題や展開の方向性を示す有意義なものだった。

資料は、まとめられ、次のような七冊のレポートが完成した。

一　国民生活センター『昭和四五年度委託調査報告書　社会指標の体系化に関する基礎的調査研究（経済企画庁国民生活局委託調査）』（昭和四六（一九七一）年三月）。

二　国民生活研究所『昭和四五年度研究資料　社会的指標研究参考資料（一）　米国国家目標調査班報告概要　一九七〇年七月一八日発表』（昭和四五（一九七〇）年）。

三　同『昭和四五年度研究資料　社会的指標研究参考資料（二）　小室直樹氏講述　社会指標について』（昭和四五（一九七〇）年九月）。

四　同『昭和四五年度研究資料　社会的指標研究参考資料（三）　社会指標　参考資料要約（国内資料）』（昭和四五（一九七〇）年九月）。

五　同『昭和四五年度研究資料　社会的指標研究参考資料（四）　伊大知良太郎先生講述　社会指標について』（昭和四五（一九七〇）年九月）。

六　同『昭和四五年度研究資料　社会的指標研究参考資料（五）　山田雄三先生　社会指標について』（昭和四五（一九七〇）年九月）。

七　同『昭和四五年度研究資料　海外生活情報（別冊）社会システム　T・パーソンズ』（昭和四五（一九七〇）年九月）。

その後、国民生活研究所は、組織改編で「国民生活センター」に変わった。国民生活センターへの移行後も、調査研究部で関連研究が続けられたが、小室が関わることはなかった。

小室が、本格的に社会指標と関わるのは、東京都社会指標の研究開発においてである。

宮沢康朗

毎日新聞の経済週刊誌『エコノミスト』。

『エコノミスト』は、当時、社会科学界において一種の登竜門となっていた。その編集部にいた、宮沢康朗《みやざわやすお》こそ小室を見いだした人物である。(36)

昭和四四（一九六九）年一月頃。

毎日新聞が発行する『毎日年鑑』に、その年の社会科学全体を評価する項目がある。通常、学芸部の担当であるが、その年は、どういうわけか、宮沢の所属していた『毎日ライフ』へ回ってきた。

編集長から指名された宮沢は、経済学や政治学の項目は何とか書いたものの、社会学については、まったくの素人。日本社会学会に問い合わせて、会報や資料を取り寄せた。その中で小室の論文が飛び抜けて面白かった。

『毎日ライフ』の後、『エコノミスト』編集部に異動になった宮沢は「小室氏に何か書いてもらおう」と思って、小室の所在を捜したのだった。

ところが、全然わからない。学会に問い合わせてもわからず、途方に暮れていたところ、東大の田無寮にいるらしいことを突き止めた。

宮沢は、とにかく行ってみることにした。

昭和四四（一九六九）年一一月。

宮沢は小室の〝洗礼〟を受ける。

田無寮の小室の部屋を訪ねたときのことである。

「まあ、これが人間の住む所か……」と思いつつ、「こんにちは」と声をかけた。

小室はヌッとパンツ一枚の姿で出てきたのだった。

「どうぞ」

促されて中に入ると、畳は穴だらけ。安酒の瓶がゴロゴロ転がっていた。

パンツ姿でも礼儀だけは正しく、律儀なところがあった。

「金銭的に恵まれた連中より何倍もオレの方ができる。今は、こんな所にいても、いつか世に出るんだ」

小室から、そんな自意識、自負心を感じながら、来訪の用件を伝えたのであった。

少し考えた後、小室は承諾した。

「まずは勉強させてください」

小室は、宮沢にそう伝えた後、寮の中で、何人か集めて討論をやった。それをまとめて持参した。しかし、その論文は大風呂敷すぎて、とても雑誌に載せられるような文章ではなかったのだった。

宮沢は、「大風呂敷」原稿をもとに、小室と討論し直した。そして、手を入れて何とかまとめ上げた。小室の論文を手間ひまかけて手直ししながら、理解した。これは凄く価値のある論文になるぞ、と。普通、『エコノミスト』では新人の場合、原稿用紙で二〇枚が限度。それが、小室の場合には、一〇〇枚ほどになった。

昭和四五（一九七〇）年一月。

『エコノミスト』に小室の論文「『社会科学』革新の方向」が掲載される（一月一三日、二〇日号）。

これは日本の社会科学界、知識人階層に激震を与えた。

読者の中には、『週刊ダイヤモンド』記者・曾我部《そがべ》洋《ひろし》がいた。

橋爪大三郎《はしづめだいさぶろう》もその一人だった。

本論文で、〝小室直樹〟の名前は一気に世に広まったのである。

曾我部洋

昭和四五（一九七〇）年、秋。

曾我部洋(37)は、経済雑誌『週刊ダイヤモンド』のかけだし記者だった。

曾我部は、昭和一九（一九四四）年生まれ。(38)小室より一回り若い。

前年の昭和四四（一九六九）年三月、早稲田大学商学部を卒業。(39)学生時代からジャーナリズムの世界への憧憬が強く、青地晨《あおちしん》に師事。計画的に留年して晴れてダイヤモンド社へ入社したのであった。(40)

奇遇であるが、曾我部は、卒業大学、学部、志望、すべてが小室の父・小室隆吉と同じ。のちに小室の処女作『危機の構造』を編集することになる曾我部は、一般書の世界における小室の〝父〟となった。

当時、曾我部は『週刊ダイヤモンド』において、各界著名人から話を聞く「現代社会との対話」シリーズを担当していた。(41)

編集会議でのこと、曾我部は「次は小室直樹氏を」と提案した。

副編集長は、異議を述べた。

「その小室って一体、何者なんだ。シリーズの性格からして、ちょっと力不足じゃないか?」

これを聞いて、ついカッとなった。

「いや、力不足ということはないですね。立派な学者ですよ。副編集長は、少し勉強不足ですね」

曾我部は、アメリカから最先端の学問成果を持ち帰り、社会学界で頭角を現しつつあった小室直樹に注目していた。特に『エコノミスト』に連載された「『社会科学』革新の方向(42)」を読んで「凄い社会科学者が出てきたものだ」と感銘を受けていたのだった。

最終的には、編集長の判断で小室のシリーズ登場が実現する。

タイトルは「〝超えてる〟社会科学の研究者にきく」。『週刊ダイヤモンド』昭和四五(一九七〇)年一一月一六日号に掲載された。

読者からの反響は強いものだった。編集部は、読者からの数本の電話、一〇通ほどの手紙や葉書を受け取った。中には「小室直樹氏の住所を教えて欲しい」、「是非、小室先生の教えを乞いたい」というものもあった。

もっとも、この取材、そうすんなりとは運ばなかったのである。

天才の部屋

遡ること二か月。

田無寮を訪れたのは、曾我部のほか、カメラマンと助手の婦人記者。

あいにく小室は不在だった。

仕方なく、三人は時間つぶしに寮を囲む演習林をブラブラ歩いていた。

そのとき、Tシャツに短パン、下駄履きで寮の方から歩いてくる男が見えた。独特な歩き方である。

このとき、曾我部はまだ活字を通してしか〝小室直樹〟を知らなかった。

「寮の方ですか?」と、曾我部が声をかけた。

「はい、そうですが」と、散歩者は足を止める。

「あの、小室直樹先生はどちらへ出掛けているかご存知ないですか?」

「小室ですか……。さあ、どこへ出かけてるんだろう。彼は最近、重要テーマの研究に没頭している様子ですからな」

そう言い残して、林の中へ消えていったのだった。

数日後、曾我部らはまた、同じメンバーで田無寮へ向かった。

途中の車内で、カメラマンが尋ねた。

「今日はいらっしゃるでしょうかね。ところで、小室さんって何がご専門なんですか?」

「うん……。その質問が一番、困るね。編集会議の席でも『芸術関係以外みな専門』といったら、副編集長に『曾我部君、真面目に答えろ』と注意された。しかし、彼ほど学問領域が広く、そのバックグラウンドもしっかりしている学者なんて、日本にはそうザラにはいないよ」

「へぇ。〝天才〟なんですね」と、婦人記者がいった。

「まぁ、何とかと天才とは紙一重というけれど、東大でも異色中の異色という評判みたいだよ。本人はノーベル賞級の研究を目指していると公言しているようだ」

三人は、再び後寮二階、一番奥の部屋の前に立った。

小室はいた。座って一心不乱に、執筆中である。

「こんにちは。小室先生ですか」

小室は座ったまま、ちょっと振り返って「どうぞ」とだけいった。

机にしているのは、表面がささくれ立ったミカン箱だった(43)。

部屋の中に案内されたものの座る場所がない。

仕方がないから、所在ないまま立ち続けた。

「その辺のゴミを適当に片付けて、座って待っていてください」

今度は振り返りもせず、原稿用紙に４Ｂの鉛筆を走らせながらいった。

三人は顔を見合わせて苦笑した。

このゴミを片付けるだって？　部屋には独特の悪臭がただよっている。畳の上にころがっているものは、カビの生えた鍋、雑巾かタオルかわからない汚れた布、パカッと口の開いた片方だけの皮靴、穴の開いた帽子、等々。触ると、手に何かが付着しそうである。

部屋の端の畳からは、本当にペンペン草が生えて揺れている。窓から飛んで入ってきた種が、雨漏りで濡れて湿気を含んだ畳に根付いたのだろう。(44)

カメラマンが、曾我部にそっと耳打ちした。

「ホラ、あのときの人ですよ。林の中で会った……」

そういわれると、見覚えがあった。

「そこにポットがあるでしょう。お湯を沸かして、お茶でも飲んでいて下さい。水道は一階です」

「あのぉ……。このポット、コードが切れていて、ちょっと使えませんが……」と婦人記者が答えたのだった。

娯楽室は演習室に

三〇分余りが経った。

原稿を書き終えた小室は、座ったまま両手を拡げ、背筋を伸ばしながら、「アー、アー」と熊のような野太い声を発した。

そしてひょいと振り返ると、初めて訪問客がいることに気づいたかのように挨拶をした。

「どうも、小室です。何時間くらい待ちましたか。一時間くらい？」

その瞬間、曾我部は「この人物は発想がまったく違う人種だ」と感得した。

極めてユニークだ。待たせたことを謝る前に、人が待った時間はどのくらいなのか、さも他人事のように訊いたりする。その発想は普通じゃない。

「数日前、寮の外でお会いしましたね」

曾我部は笑いながらいった。

「そうだったかなぁ、何しろ今は重要テーマに取り組んでいてね。街で知人と会っても気づかなくてねぇ」

そういいながら、小室は三人を階下の娯楽室へ案内した。

碁盤や将棋盤がひっくり返った三〇畳ほどの部屋である。

黒板を背にして座った小室は、いった。

「今日は提出論文が書き上がって時間はたっぷりある。連れのご婦人は速記がやれますか」

「はい」

「そうですか。では、今から一気にお話しましょう。本一冊分になるくらい」

そして、始まった。

圧倒された。

機関銃のように連発される言葉、聞いたこともない人物名、知識、理論……。小室はどんどん語り続ける。経済学、心理学、社会人類学、社会学、法学、政治学、と学問の宇宙が拡がる。

気がつくと寮生数人も曾我部らの周りに座って、一緒になって耳を傾けている。

娯楽室は、いつの間にか〝演習室〟になっていた。

生徒は、曾我部ら三名、アメリカ人の留学生・ビル・カーター、東大博士課程の者二名、小室の特訓を受講すべく東北大学からやって来ていた研究者・原山保。

小室は曾我部を指名して、「マルクスの社会科学的手法の今日的意義を述べよ」などと質問した。

いつの間にか、夜はすっかり深まっていた。まさに〝田無夜話〟であった。

時計をみると開始から五時間が経過している。

帰り、曾我部は謝礼の一万円を手渡した。

「え？　講義料、もらえるの？」

小室は驚いたような表情をした。

「ええ、まぁ……。少なくてまことに申し訳ないのですが。ここのところにサインをいただきたいのですが……」

曾我部は原稿料伝票を差し出した。

「しかし、明日はそっくり部屋代の滞納分で持っていかれるなぁ」

娯楽室に寮生たちの笑い声が響いた。皆、小室の寮費滞納を知っているのだ。

小室は寮の玄関まで三人を見送りながら、訊いた。

「ところで、一万円というと世間では何が買えるの？」(45)

テレビ初出演

『週刊ダイヤモンド』の取材とほぼ同時期のことである。

昭和四五（一九七〇）年一〇月一八日日曜日、午前一〇時から一〇時三〇分。

TBSテレビの番組『人物にっぽん』で小室が特集された。

タイトルは「がんばれ　るんぺん先生」。小室の生活がドキュメンタリーで紹介された。(46)ルンペン学者の清貧さ、刻苦勉励ぶりが茶の間に印象深く伝わった。

しかし、小室はすぐに映像時代の恐ろしさを知らされることになる。

娯楽室で寮生と笑いころげながら、ブラウン管をみつめていた小室に早速、呼び出し電話がかかってきた。

「……あの、いま、テレビで放映中の『るんぺん先生』、いや、失礼致しました。その、本当に小室先生ご自身でいらっしゃいますか？」

相手は中年の女性のようである。ところが、なかなか要領を得ない。

「私が、小室ですが。どんなご用件で電話をかけられてるのですか。……切りますよ、こちらから」

「いや、いや、待って下さい。その番組を拝見させていただいてるうちに、そのおー、小室先生の、そのおー」

チーン……。小室は電話を切った。

小室に同情と憧れを感じた女性の視聴者は、話しているうち錯乱してしまったのだった。

その夜、担当ディレクターから電話があった。放送後、局へ電話が殺到し、電話回線はパンク寸前。視聴率も予想をはるかに超えた、というのだ。

今度は寮生が階下から大声で来客を告げた。居留守を決め込んでいると、寮生は大声で

「女性の方ですよー！」と叫んだ。

「女性」と聞いて、小室は階段を駆け下りた。

寮の玄関先まで運転手つきの外車で乗りつけた、有閑夫人とおぼしき人物は小室の顔をみるなり、運転手に合図して風呂敷包みを持って来させた。

「テレビで拝見いたしました。先生みたいな日本の頭脳がルンペン生活をなさっていらっしゃるのをみてると、もうとてもじっとしてられなくて……」

受け取った風呂敷包みの中身は、新聞紙に包まれた大きなおむすび二〇個。

空腹の寮生を集めてそれにパクつこうとした時、精神病理学を専攻する学生が「毒味してから食べましょうか」と真剣な顔をして聞いたのだった。

ニクソン・ショック

昭和四六（一九七一）年七月一五日。

アメリカ合衆国大統領・リチャード・ニクソン（Richard M. Nixon）は、中華人民共和国への訪問を宣言した。いわゆる「ニクソン・ショック」である。

続く八月一五日。

今度は、金ドル交換停止を行った。

いずれも日本政府は、事前に全く把握していなかった。

なぜ、こんな事態に日本は陥ったのか。

小室は、その原因を報道で知った。

佐藤栄作首相が、日米繊維交渉において結んだニクソンとの約束を守らなかったため、首脳同士の信頼関係が崩壊したことが原因だったのだ[47]。

蒸し暑い夏の夜。

娯楽室で、酒を飲んでいるうちに、アメリカを、ひいては日本を愚弄する佐藤の行為に対して、小室の怒りはどんどん増すばかり。

いても立ってもいられなくなった。

衝動を抑えきれず、小室は田無寮を飛び出したのだった。

しばらくたったころ、田無寮の娯楽室設置の赤電話が、けたたましく鳴り響いた。

ジリリリリーン、ジリリリリーン……。

「はい、田無寮ですが」

小山年勇[48]が受話器を取った。

小山は、娯楽室で二、三人の寮生と世間話をしていたところであった。

全裸の抗議

「もしもし、田無警察署ですが。そちらに小室さんって方、いますかね？」

「いますよ。大変、偉い学者です」

田無寮には、小室派とアンチ小室派がいたが、小山は小室派で、尊敬していた。

「偉いかどうか知らないけどもね……。実は、今ね、ちんこブラブラさせて、フルヌード。さっきフリチンで本署に怒鳴りこんで来たんですよ」

「えっ……」言葉を失った。

まさか、そんなはずはない。さっきまで小室さんは娯楽室にいて、酒を呑みながら「佐藤のやったことは実にけしからん。日本人として非常に恥ずかしい……」と語っていたのだ。

小山は受話器に耳にあてたまま、周りを見回す。

そこに居るはずの小室の姿が見えないのだった。

脇と背中から妙な汗が染み出してくる。

受話器の向こうで、声が続ける。

「それでね、『佐藤首相がどうのこうの』っていってるけどね、我々にはそんなことはわからないからね。どなたか迎えに来てくれませんか」

「……はい、わかりました。これから行きます」

小山はもう一人の寮生とともに、慌てて田無警察署に向かったのだった。

田無警察署は、寮から田無駅方向に歩いて五分ばかりのところにある。

小山らは、受付で用件を告げ、当直の警察官に連れられて奥に進む。

保護室、いわゆるトラ箱の前に来た。

薄暗い檻の中に全裸の男性が立っていた。小室だった。

絶句した。

小山の姿を認めて、甲高い声がコンクリートに響いた。

「小山、オレの姿みて、恥ずかしいと思うか?」

「う、うーん……」

言葉に詰った。

「ホントのことをいってくれ!」

「それならいうけど、小室さん、実にみっともない。恥ずかしいよ」

「そうだろう、小山! でもな、佐藤のやったことはもっと恥ずかしいんだ。だから、オレは身をもって、こうやってブラブラさせて、全裸で抗議に来てるんだ!」

小山の隣にいた若い警察官は困り果てている。

「ね、あそこ。服は檻の中に入ってるでしょ?」

指さした先に、たたまれた衣類が見えた。

「えぇ、ありますね」

「私がね、どんなに、『着ろ』っていっても着ないいんだから。あのね、こっちが裸にさせたわけじゃないいんですよ。最初から、あの人が裸で玄関から駆け込んできたんです」

聞いてみると、小室の服と下駄は、警察署の門前に揃えて置いてあったという。

小山は再び檻の中に向かって、優しく呼びかけた。

「ねぇ、小室さん。そんな格好じゃあ、風邪引くし病気になったら損だよ。おまわりさんも心配してるんだから、帰ろうよ」

「いいや、オレは、絶対に帰らない! 佐藤のやっていることは、こんなことよりも、もっと恥ずかしいってことを、一人でも多くの人にわかってもらいたくって、こうやってるんだから、絶対、帰らない」

小室はますますヒートアップしてきた。

「小室さん、ほんとに帰らないの」

「帰らないよ!」

匙《さじ》を投げた。

小山は、生まれたままの姿の小室を残して、帰るしかなかった。

結局、小室はその晩、帰ってこなかった。

首相が犯した「契約違反」

翌朝。夜は明けていたが、まだ人通りのない時間。

コツ、コツ、コツ……と、門に近い前寮に住んでいた小山の部屋に、下駄の音が響いてきた。

「ああ、小室さん、帰ってきたなぁ」

小山は、窓から顔を出した。

小室の後ろ姿が、後寮の玄関に吸い込まれていく。ちゃんと服を着ていた。

大柄な小室が、小山にはすこし小さくみえた。

小室が「全裸になるよりも恥ずかしい」と評した佐藤栄作首相の行為とは何だったのか。

それは、佐藤が繊維交渉においてニクソンと結んだ〝契約〟を守らなかったことだ。

佐藤は、日本の首相であるにもかかわらず、厚顔無恥にも〝契約〟違反を行ったのである。

佐藤は外交ルールを全くわかっていなかったのだ。

外交には厳然としたルールがある。

それは国際政治を動かす〝契約〟の論理である。

近代国家においては、契約が秩序形成の根本原理になる。もともと唯一絶対神との契約が人間同士の契約になった。縦の契約が横の契約になったわけであるが、それは、主権国家間でも同様である。

佐藤の〝契約〟違反とは、こういうことだ。

昭和四三（一九六八）年の大統領選において、アメリカ南部の繊維産業救済を公約に掲げ当選したニクソン大統領は、就任早々、日本など対米繊維輸出国に対して輸出の自主規制を求めた。

昭和四四（一九六九）年一一月、ワシントンで数日間にわたって佐藤・ニクソンの日米首脳会談が開催された。佐藤の生涯においてもっとも重要な会談だといわれたこの会談の争点は、「核」抜きの沖縄返還、核密約、繊維密約の三つであった。(49)

小室が問題としたのは沖縄返還でもなく、核密約でもなく、繊維密約を巡る交渉過程であった。

ニクソンが佐藤に求めたことは、早期の包括的解決。日本が、昭和四四（一九六九）年内に、アメリカ繊維業界の実際の損失の有無に関係なくすべての毛、合繊について自主的に包括的輸出規制を行うこと。キーワードは「年内」と「包括的」の二点であった。(50)

第一の「年内」については、佐藤はこう述べた。

「一二月末までに話をつけ、その上ではっきりした形で約束する。（中略）申すまでもなく自分は、このことにつき十分責任を取る用意がある」

この佐藤の発言は、英訳され、次のように理解された。

「By the end of December, however, he promise that this matter would be resolved.（中略）He pledged to the President to bear the full responsibility for reaching a solution.」

「promise」は「約束する」、「pledge」は「誓約する」という意味である。ニクソンは、佐藤が、年内に日本が対米繊維輸出を自主規制することを約束したと理解した。

第二の「包括的」については、ニクソンがこう述べた。

「He would appreciate it if the Prime Minister would cooperate as much as possible to work out an agreement as comprehensive as possible, rather than a "selective" agreement, which would pose a serious problem for him here.」

（総理が、できる限り選択的（selective）ではなく包括的（comprehensive）な合意（agreement）に到達するよう協力していただければありがたい。選択的な合意の場合には、私、ニク

ソンに対して深刻な問題（serious problem）が提起されることになるだろう）

佐藤はこう答えた。

「自分はその場限りの男ではない。誠意をつくすというのが自分の信条である。この問題には幾多の困難があり、米側だけでなく、日本側においても業界は強い利害関係をもっている。しかし、本日述べた趣旨で自分が最善をつくすことを信頼してほしい[51]」

この佐藤の発言は、次のように通訳された。

「The Prime Minister, having noted well the President's statement, and having explained that he had not entered into a commitment limited to this time and this place, committed his sincerity and all of his efforts to achieve a solution to this problem. It was his "personal credo" to do what he promised. There would be difficulties in solving this issue, particularly with the textile industry in Japan, which was no easier to handle than the American textile industry; but Prime Minister said that "he could vow" to devote his full efforts to achieve the agreement the President desired. "Please trust me."」

ここでも「年内」と同様「promise」が使われている。しかも、「大統領の希望する合意（the agreement the President desired）に到達するよう十分な努力（full efforts）を捧げることを誓う（vow）」と訳されている。そのうえ、ニクソンには「Please trust me（プリーズ・トラスト・ミー）」とまで佐藤が述べたと理解されたのである。

会談の流れからしても、これはアメリカ側の誤訳とはいいがたい。

結果、ニクソンは、佐藤との間での年内の包括的規制の合意が得られた、と理解した。これは、アメリカ人にとっては通常の解釈であったろう。[52]

しかし、佐藤はそれを守らなかった。日米首脳会談での約束、国家間の契約を実行しない。一年経った。しかし、佐藤は約束を守ろうとしない。契約違反。外交ルールを無視した。だから、ニクソンは佐藤に対してカンカンに怒ったのだ。

昭和四六（一九七一）年三月一二日、業を煮やしたニクソンは、佐藤宛に「失望と懸念を隠すことはできない」という異例の書簡を送った。[53]

そして、ニクソンは日本には事前通告なく、同年七月一五日、中華人民共和国への翌年二月訪問の予告と、八月一五日、金ドル交換停止とを行うことになる。

これは、佐藤の〝契約〟違反に対する報復とみてよかった。

この「裸の抗議」の直後、小室は田無寮から出ることになったのであった。

第一〇章　社会指標の研究

福祉水準をどう測定するか

有楽町都庁舎全景（昭和四九（一九七四）年五月三一日、東京都提

引っ越し

昭和四七（一九七二）年四月、小室は大塚久雄の自宅にほど近い場所に転居した。藤美荘《ふじみ》。練馬区石神井台二丁目、富士街道に面して建つ木造アパートであった。二階の一番奥の部屋に小室は居《きょ》を構えた。これから二〇年弱の間、ここで暮らすことになる。

藤美荘は、田無寮とは少し居心地が違う。夜となく昼となく廊下をドスドスと走り回る寮生はいない。「小室さん、いる?」と部屋をのぞき込む寮生もいない。シーンとしていて、静かである。

音といえば、耳を澄ますと聞こえる、富士街道を走る自動車の音くらいである。

そんな静かな部屋の中にひとりポツンと座っていると、来客の第一号が現れた。大家の鈴木正男であった。

「小室先生、実はひとつ申しあげておりませんでした。藤美荘には電話がございません。こんな時代ですから、電話がないというもアレですが……」(1)

小室は叫ぶように返答した。

「ベリー・グッド！　電話なんかいりません。いや、ないことこそ好条件です」

実は、小室は電話が大嫌いであった。かける方はまだよい。しかし、かかってくる方は大迷惑なのだ。

頭脳の芯の芯まで神経を働かせ、本を読んだり、頭の中で思考実験、学問構築をしているときに、リーン！　リーン！　とけたたましく鳴るベルの音は、絶対に許せなかった。

「大家さん、電話は〝悪魔の発明〟といいましてねぇ、本を読んでいても、トイレにいても、場所を選ばず闖入《ちんにゅう》してくる〝悪魔〟です、ハイ」

朋あり遠方より来る

引っ越して間もなく、田無寮で仲の良かった小山年勇がひょっこり藤美荘に顔を出した。一人暮しを始めた小室が心配でもあり、その生活ぶりに興味もあったのだ。

「小室さん、いる？」

小山が声を掛けて部屋の中に入った。

小室は備え付けの二段ベッドの下段に、ゴロンと横になっている。枕元には、黒猫のぬいぐるみが並んでいる。

「……誰？　……おお、小山じゃないか」

小室は嬉しかった。

「朋《とも》あり遠方より来《きた》る、また楽しからずや」と呟きながら、おもむろに起き上がって、何かもてなすものはないかと探した。

あいにく、タクアンしかない。

洗い物が山積みされている流しから、包丁とまな板を引きずり出して、タクアンをゴリゴリと切った。

「ま、ちょっと一杯、やってってくれ」

小山は躊躇《ちゅうちょ》した。

というのは、友人からこんな噂話を耳にしていたからだ。

「小室さん、流しで小便するんだって。まな板や食器の上から、夜な夜な小便して、ザッと洗っただけで食事しているそうだよ。汚いねぇ」

小山が聞いた。

「小室さん、このまな板、小便かけてるでしょう?」

「うん、毎日かけてんだよ。便所、遠いからね。酔ったら大便もするよ」

笑いながら小室が返す。

「汚いじゃないですか」

「大丈夫。サッと洗ったから」

「洗ったっていっても、いくらなんでも気分悪いよ」

「うーん、それもそうだな」

小室は、そう言いながら再びベッドの布団の中に潜り込んだ。

「ゆうべ遅くまで仕事してたから、オレ、寝るからね。あー、小山が帰ってきた。嬉しいな。黒猫ちゃん、小山が帰ってきて、嬉しいね。僕も幸せ、黒猫ちゃんも幸せ。ムニャムニャムニャ……」

小山は「相変わらず小室さんらしいや」、そう思って、ひとりで笑った。

「仕事でお疲れだったら、そのままお休みになった方がいいですよ」

「小山、帰んないでよ……」

「また来るよ、小室さん」

そう言い残して引き上げた。

その約束を果たせないまま、これが小室と会った最後になった。

大学院を卒業後、小室は何を研究したのか。

ひとつは、大塚久雄から直《じか》に学んだマックス・ヴェーバーの宗教社会学。

もうひとつは、社会指標作成の方法論である。

社会指標作成の方法論的研究

昭和四五（一九七〇）年、小室はすでに、社会指標作成の方法論の研究に着手していた。これは経済企画庁が、国民生活研究所に投げた調査研究であり、国レベルでの研究であった。

他方、東京都でも世界的、国家的な社会指標作成の機運をいち早く察知し、動いていた。潤沢な資金のもと、東京都独自の社会指標の研究開発が始まったのである。

昭和四七（一九七二）年一月二九日、東京大学文学部社会学科の富永健一研究室。[2]

ここで東京都の社会指標に関する会合が行われた。

主催は、東京都企画調整局の計画部。

昭和四七（一九七二）年度が始まる直前のことである。

都知事の美濃部《みのべ》亮吉《りょうきち》は、社会党、共産党の推薦を受け、昭和四六（一九七一）年、都知事に再選された。美濃部は新規事業として社会指標作成に乗り気であり、その意向を受けて企画調整局が動いたのであった。

東京都は、都独自の社会指標作成の研究を富永に依頼した。

その結果は、半年後、『二基準点方式による福祉指標作成のこころみ』（東京都企画調整局、昭和四七（一九七二）年七月）として報告された。

同年一二月初旬。

美濃部都知事が、統計部長を知事室に呼んだ。その打ち合わせで、美濃部は、社会指標作成について、こう提案した。

「対象分野、項目は、できるだけ広くすることとする。ただ、総合化は多分、難しいだろう。同質グループごとに時系列指数としてはどうか？　それから、名称としては『福祉指標』ではなく、『社会指標』とする方がいいんじゃないか」

美濃部のリーダーシップのもと、都庁は動く。

昭和四八（一九七三）年度以降は、東京都総務局統計部担当になった(3)。

同年二月、都庁では社会指標について複数の有識者から話を聞くこととなった。

富永の先行研究を継承しつつ、新たな研究開発の方向性を探り、あわよくばそれを任せられる人材を見つけるためである。

そこに呼ばれたのが、小室であった。

福祉水準をどう測定するか

昭和四八（一九七三）年二月、有楽町の東京都庁舎で、小室は二日間にわたって都庁職員を前に講義した(4)。統計調査課長の古寺雅美《こでらまさみ》がこれを聞いていた。

小室です。GNPにかわる福祉指標は各方面からもとめられ、いまや流行の感があります。しかし、その方法論的基礎については案外、知られていないようです。そこで、社会指標の方法論的基礎をテーマに論じたいと思います。

小室はGNPから社会指標にたどりつくためには、方法論的に、二つの大きな突破《ブレークスルー》がなされなければならないことを述べる。ひとつは「活動水準」から「福祉水準」、「効用水準」への突破である。もうひとつは「経済」から「社会」への突破である(5)。

まず、「活動」と「福祉、効用」との関係があります。

GNPは、定義上は経済的「活動」の水準を示す指標であり、「福祉、効用」とは無関係です。ゆえに、GNPが上昇したにもかかわらず福祉水準が下落することは論理的に充分起こりえます。もちろん、GNPの高低は福祉水準の高低を決める重要な要因のひとつであるものの、「活動」と「福祉、効用」とを区別することは社会指標作成上、たいへん重要です。ですので、経済的「活動水準」を表わすGNPから、「福祉水準」を表わす社会指標にたどりつくには、「活動水準」から「福祉水準」への突破が必要でしょう。

つぎに、「経済」と「社会」との関係があります。

福祉水準は、理論上は、社会的厚生関数（social welfare function）の値によって表現されるべきでありましょう。

経済学における社会的厚生関数は、経済財（economic good）、すなわち、市場において取引される財の数量のみによる関数です。そこに社会財（social good）、すなわち、経済財にとどまらず広くひとびとの社会的効用を満足させる財は、変数として入っておりません。他方、われわれの目指す社会指標は、社会福祉の水準、経済財のみならず一般的な社会財によって与えられる効用の水準を表わすべきでしょう。そうすると、経済財以外の社会財の数量を変数として導入した、より一般化された社会的厚生関数によって表現されることになるでしょう。

ところで、経済学上の用語としての「社会的」とは、「システム全体に関する」、「マクロ的」という意味です。

ですので、われわれの目指すべきものは、社会的社会的厚生関数、つまり、社会財一般についての、マクロ的な、厚生関数ということになります。

これが「経済」から「社会」への突破が必要ということの意味です[6]。

われわれの目的は、以上のふたつの突破をなすことによって、社会的社会的厚生関数としての社会指標を構築することになります。

もう一つの大きな問題

小室は、続けて集計の問題、合成の誤謬（fallacy of composition）の問題を指摘する。

では、社会的社会的厚生関数は、いかに特定されるべきでしょうか。

ここで、経済学者のアローのいう合成の誤謬の問題と直面することになります。そのエッセンスは「各個人に関して成立する命題は、必ずしも社会全体に関して成立するとは限らない」ということです[7]。

アローが証明したように、社会的厚生関数は、一般には存在しません。もし存在するとすれば、それをもとに社会指標を作ることは容易でしょう。しかし、個人の効用関数から社会全体の効用関数を合成することは、アロー的諸条件のもとでは不可能です。アローの議論は、経済財についてなされたものですが、その財が市場において交換されているかどうかは無関係ですので、社会財についても妥当するでしょう。

このように社会的社会的厚生関数が一般には存在しないとすれば、社会学的に有意味な特殊条件を課して社会的厚生関数が存在するようにしなければなりません。このような条件の発見は困難かもしれません。

そこで、小室は個人から社会への合成ではない、別の道の可能性を検討する。

この難問を回避するためには、はじめから社会全体を行動単位にとって指標を構成する方法も考えられます。ところが、この場合にも次のような問題があります。個人について効用関数が考えられるのは個人の経済行動に関しては、顕示選好《リヴィールド・プリファランス》の強公理が満たされると考えてよいからです。しかし、社会全体の行動についてこのような合理的な仮定が満たされるでしょうか。

顕示選好（revealed preference）の理論とは、消費者がある所得のもとで、財をどのように選択するかという理論である。例えば、A、B、Cという財がある場合に、消費者がAよりBを好み、BよりCを好めば、AよりCを好むことが成り立つことを「推移律が存在する」という。これがN個の財について成立することを、顕示選好の強公理という。これによって個人においては効用関数が存在することが証明された。したがって、個人においては、「福祉（効用）」水準を測定できることになる。

そこで、例えば東京都全体の行動というものを考えて、顕示選好の強公理が成立すれば、社会的社会的効用（厚生）関数が存在することになる。
最後に、小室はいった。

このように、理論的に問題が多いのが社会指標です。しかし、関心はあります。完璧なものはできないが、何ものかが作られて、利用されるようになるとよいと思います。

この講義を踏まえて、東京都は小室に東京都社会指標の研究開発を委託することにしたのである。

生活保護世帯の調査

社会指標は、社会福祉のレベルを表わす指標だから「生活保護」は重要な要素のひとつ。ただ、小室は生活保護の実態について何も知らなかった。そこで、まずは実態調査ということになった。

小室は、統計部の役人といっしょに、生活保護家庭を訪問した。

驚いた。なんと床の間には最新のカラーテレビがドンと鎮座していたのだ。(8)

生活保護家庭の生活水準のほうが、東京都を指導する小室のそれよりもずっと高かった。

小室は一年間一〇〇万円で生活していたのだから、当然といえば当然。

出されたお茶を飲みながら、小室は上品な老夫婦から話を聞く。

この老夫婦は、かつて満洲で官吏をやっていたという。引揚げで全財産を失い、健康も害してしまったので、恥ずかしながら生活保護を受けることになった、という。

この年齢の人々にとっては、客には食事を出すのがもてなし。

「お粗末なものですが……」

そうすすめられた食事。小室の目には「お粗末」どころではなかった。たちまち目の色を変えてとびついたのであった。これには老夫婦が驚いた。役人は何もいわないで黙ってみていた。

食事が終わって、小室はいった。

「ごちそうさまでした。こんな美味いものは、もう何年も食べてません」

小室がしわくちゃのハンカチで口を拭いたら、あまりに汚ないので老夫婦は、再び驚いた。帰りに、「どうぞ」と、きれいなハンカチをくれたのだった。(9)

こうして始まった小室の研究は三年間にわたって続けられ、大きな成果を挙げた。

小室の社会指標論

研究成果は、昭和四八（一九七三）年度から三年間、三度にわたって次のとおり報告された。

一 「II 総合化の理論的方法論的基礎研究と予備的実証研究」『東京都社会指標の研究開発』（東京都総務局統計部、昭和四九（一九七四）年三月）。

二 「II（総合化の）理論的方法論的基礎研究と総合指標の作成の試み」『東京都社会指標の研究開発』（東京都総務局統計部、昭和五〇（一九七五）年三月）。

三 「II 総合化の理論的方法論的基礎研究と総合指標の作成―試案」『東京都社会指標の研究開発』（東京都総務局統計部、昭和五一（一九七六）年三月）。

GNPと社会指標との関係でいえば、社会指標作成のためには、方法論的に二つの突破《ブレークスルー》が必要であった。

それは、「活動水準」から「福祉水準」、「効用水準」への突破と、「経済」から「社会」への突破である。

これを、社会指標作成において解決しなければならない問題として捉えなおすと、「社会全体の厚生（効用）関数をどう特定するか」という問題になる。

この問題について、小室が与えた解答は強引であった。

「仮設」によって、ねじ伏せたのである。

つまり、小室は、社会全体をひとつのまとまった行動者と考え、「社会全体の効用」というものが存在するものとして考えることにしたのである。それは、社会を構成する個人から合成されてつくられたものではなく、あくまで社会というひとつの有機体の効用なのである。

当然、こういう反論もあるだろう。

「個人の効用なら考えられるが、社会全体の効用などフィクションにすぎない[10]」

これに対しては、小室はこう反論した。

「社会全体の効用がフィクションだ、というのなら、個々人の『効用』だってフィクションではないか」と。

その際、方法論的には、心理学における「仮設構成体（hypothetical construct）」の議論が参考になる。心理学では、かつて使用されてきた「本能（instinct）」や「動機（motive）」などの諸概念、仮設構成体を捨てて、現在では、外部的《オーバート》（overt）で、測定可能《メジャラブル》（measurable）な仮設構成体、たとえば「動機付け（motivation）」に置き換えた。外部的で測定可能であることを「操作可能性」という。

社会指標の方法論的研究にあたっても、その方法論的態度を参考にすべきである。いかなる仮設構成体を立てようとも、それが外部的で、測定可能な要因に結びつけられていればよい、操作可能性のある仮設構成体であればよいと割り切った。

つまり、合成の誤謬の問題、あるいは、社会全体において顕示選好の強公理が成立するかという難問との対決は将来の課題として残しておき、さしあたっては、仮定によって回避した。

すなわち、ある社会システムに関して、一義的に、社会的社会的厚生関数が確定されうる、と仮定したのである[11]。

先行研究

小室は、社会全体の効用を表わす社会指標として、「社会的社会的厚生関数」という仮設構成体を構成した。しかし、これだけでは中身がない。そこで、その仮設構成体を、外部的で、測定可能なものと結びつける必要がある。

その際、生じる重要問題として、次の二つがある

（一）いかに各福祉分野のレベルを数値化するか、という「評価」（evaluating）の問題。
（二）各福祉分野にそれぞれいかなる重み（ウェイト）を与えて一つの指標にまとめるか、という「比重（寄与率）」（weighting）の問題。

この二つの重要な問題に対して、どのような解答を与えるか。

すでに、東京都では、富永健一らによる『二基準点方式による福祉指標作成のこころみ』が、その一つの解答を与えていた。

まず、（一）「評価」の問題については、国連社会開発研究所における研究、とくにヤン・ドレフノフスキー（Jan Drewnowski）の論文に啓発されて、二基準点方式モデルを作成、使用した。

富永らの考えはこうだ。

各福祉項目はバラバラの単位で測られ、指標化されている。したがって、そのままでは合成、総合化できない。そこで、各指標を共通の単位に換算するため、ある操作を行う。富永らが行ったのは、各福祉項目において、基準点として次の二点を設定することであった。

M点（福祉限界点、welfare minimum point）＝尺度値　〇

F点（福祉達成点、welfare fulfillment point）＝尺度値　一〇〇

これによって、各福祉指標が〇から一〇〇の尺度で共通化され、直線的に並べられることになる。

この尺度値を決定する際には、専門家の意見を聞いた。これをデルファイ法（Delphi method）という。古代ギリシアにデルファイという都市国家があった。そこでは、神がかった巫女から神託がくだされた。つまり「ご託宣《たくせん》」。専門家が、知見に基づいてエイヤッと決めるのである。

例えば、「一人当たりの畳数」という福祉項目については、M点（＝〇）は四畳、F点（＝一〇〇）は八畳ということにされた。

次に、（二）「比重（寄与率）」の問題については、都民に対する調査によって決めた。

こうして、共通化された尺度値に比重（寄与率）を乗じて合計し、社会指標の総合化を図ったのが、富永らの二基準点方式モデルであった。

問題意識

しかし、理論経済学を知悉《ちしつ》していた小室にとっては、富永らの議論は、少し素朴かつ粗

雑に思えたのである。

小室は、解決すべき問題が数多くあることを指摘する。まず、①凸形（凹）性の問題、②代替・補完性の問題、③上級・下級の問題である。これらは、理論経済学における消費者行動の分析の応用である。次に、理論経済学における問題のうち、④情報効果（デモンストレーション効果）の問題、⑤学習効果（ラチェット効果）の問題を挙げる。さらに、社会会計論から、⑥中間生産物と最終的生産物との区別の問題、⑦ストックとフローの問題を挙げる[12]。

小室は、理想的には、これらの問題すべてを解決したうえで社会指標は作成されるべきであろうとするが、問題点を指摘するにとどめ、それは断念するのである。

小室が挑戦したのは、①凸（凹）形性の問題であった。

凸（凹）形性の問題とは、経済学における同じ名前の問題と同様なものである。すなわち、限界効用逓減の問題である。

上に凸とは、デコボコのうちのデコ。直線、真っ直ぐではなく、上にもり上がっていることを示す。

例えば、無医村の問題。医者の数の増減は、その地域住民の福祉水準の高低を決める重要な要因となるが、多ければ多いほどいい、というわけでもない。無医村の場合に、たった一人の医者が登場しただけで効用はグッと上がるが、数が多くなるほど上がるということはない。

このように、福祉水準の高低は、福祉変数の値に比例するのではない。グラフで書くと、直線では表わせず、非線形、お椀をひっくり返したような山型になったりするのである。

小室は、富永らの研究を出発点にして、さらに次のような改善を加えたのである。

(一)「評価」の問題については、基準点を加えて、五(ないし七)基準点方式を採用した。これによって、限界効用の逓減効果が抽出されることを期待した。その「評価」の尺度値を決定するにあたっては、ジュアリー・デルファイ法(Jury Delphi method)を開発して使用した。これによって、専門家と一般都民による決定の統合が目指された。

(二)「比重(寄与率)」の問題については、富永らと同じく都民に対する意識調査によって行なったが、調査法を工夫した。メーリング・デルファイ法、面接調査法によって求められた。

ジュアリー・デルファイ法

小室の開発した、ジュアリー・デルファイ法はどういうものだったのか。

端的には、「専門家による判断、知識」と「素人である一般都民による決定」という矛盾した契機を、適当な制御装置を導入することで、統一的に解決する方法である。

小室は、富永らが使用した専門家の専門的知識のみに基づくデルファイ法は、基準点の設定方法としては適さないと考えていた。なぜなら、専門家は本質的に情報の提供者であって、決断の主体ではないからである。専門家は都民に代って福祉水準に関する評価を与える決断をすることはできない。例えば、〝駅長〟に「通勤時のラッシュ時における電車の混み具合をどれほどにすれば、都民はどれほど満足するか」という質問をした場合、その駅長が一般都民としての妥当な評価を下すことができるとは限らない[13]。

このように、専門家の意見のみによっては、必ずしも適当な基準点を設定することはできない。しかし、このことは、専門家の意見が不要だ、ということではない。逆に、高度に専門化された福祉項目については、専門家の意見が不可欠であるともいえる。問題は、その専門家の意見をいかに都民による決断に結びつけるか、である。

小室は、アメリカにおける陪審員（jury）制度を参考にした。

アメリカの裁判は、根本において、その権威を人民におく。しかし、一般の市民から任意に選ばれる陪審員に、法律に関する専門的知識はない。そこで、市民に法律的知識を与える専門家として裁判官が登場する。

もっとも、裁判官の専門的知識といえども、公平無私とも限らず、偏差（bias）があるかもしれない。そこで、この偏差を制御（control）する装置として、検事と弁護人による討論が導入されるのである。陪審員は、専門的意見、討論を聞き、各種資料を検討した上で、健全な良識と良心にしたがって、決定を下すことになる。ここに「専門家による判断・知識」と「一般市民による決定」との間の原理的統合をみることができる。

小室は、この原理を応用した。まず、(一)各分野における専門家の意見を徴し、これを予備デルファイ(preparatory Delphi)と呼んだ。次に、これに基づいて(二)適当な資料を作成し、専門家の意見を陪審員役の都民に伝えた。その上で、(三)検事役と弁護人役の専門家に討論をさせ、(四)必要に応じて裁判長役が専門的知識を伝えた[14]。こうした過程を経て、陪審員役の都民が基準点を決定したのである。

代表性の問題

では、陪審員役の都民は、いかなる意味において都民を代表しているといえるのか。そこが問題である。

ここで、小室が参考にしたのは、エドマンド・バーク(Edmund Burke)の実質的代表(virtual representation)の理論であった。

バークの時代、英国の選挙区は「腐朽選挙区(rotten borough)」と呼ばれ、形式上は英国議会の代議士は公平に選ばれているとはいえなかった。しかし、実質的には、特定の政治過程の作動の結果、代議士は国民全体の意思を代表するように選ばれるというのが、バークの実質的代表の考え方である。

これを応用して、小室は方法論的な基礎づけを与えた。すなわち、「代表的な都民なら誰しも、このように決定する」であろう決定をなす者は、その選ばれ方にかかわらず、都民の実質的代表なのだ、と。そういえるためには、その特定の社会的過程の作動が要請されるが、マスコミ等の情報媒体を通じての意見の収束傾向が重要と考えた。

小室の東京都社会指標の研究開発においては、陪審員役は都民モニターの中から選ばれたが、マスコミを通じて社会福祉に関する意見は、高度に収束傾向があるとみてよいと小室は考えた。

五　基準点モデル

そうして、小室はジュアリー・デルファイ法により基準点を決めていくのである。

まず、次の二点を決める。

(一)　最低点（W_2点）

（二）満足点（W$_4$点）

しかし、これら二点による決定では「線型性の陥穽」は不可避となり、とくに、大域的（at large）には致命的であると考えた。

そこで、基準点として次の三点追加した。

（三）最低点と満足点との間に「まあまあ点」（W$_3$点）

（四）最低点の左外側に「生活限界点」≡「生活破綻点」≡「どうしようもない点」（W$_1$点）

（五）満足点の右外側に「飽和点」≡「もういらない点」（W$_5$点）

こうして、五基準点モデルが構築されたのである。

三年間の小室の研究では、ジュアリー・デルファイ法による基準点の決定は三回、行われた。いずれの場合も、九つの福祉分野（所得・消費、住居、健康、教育、公共の安全、環境、交通・通信、労働・余暇、社会保障）のそれぞれから、いくつかの福祉項目（代表変数）を選び、それらについて実施された。

例えば、「住宅」分野の「一人当り畳数」の基準値は、ジュアリー・デルファイ法の結

参考図　基準点の意味

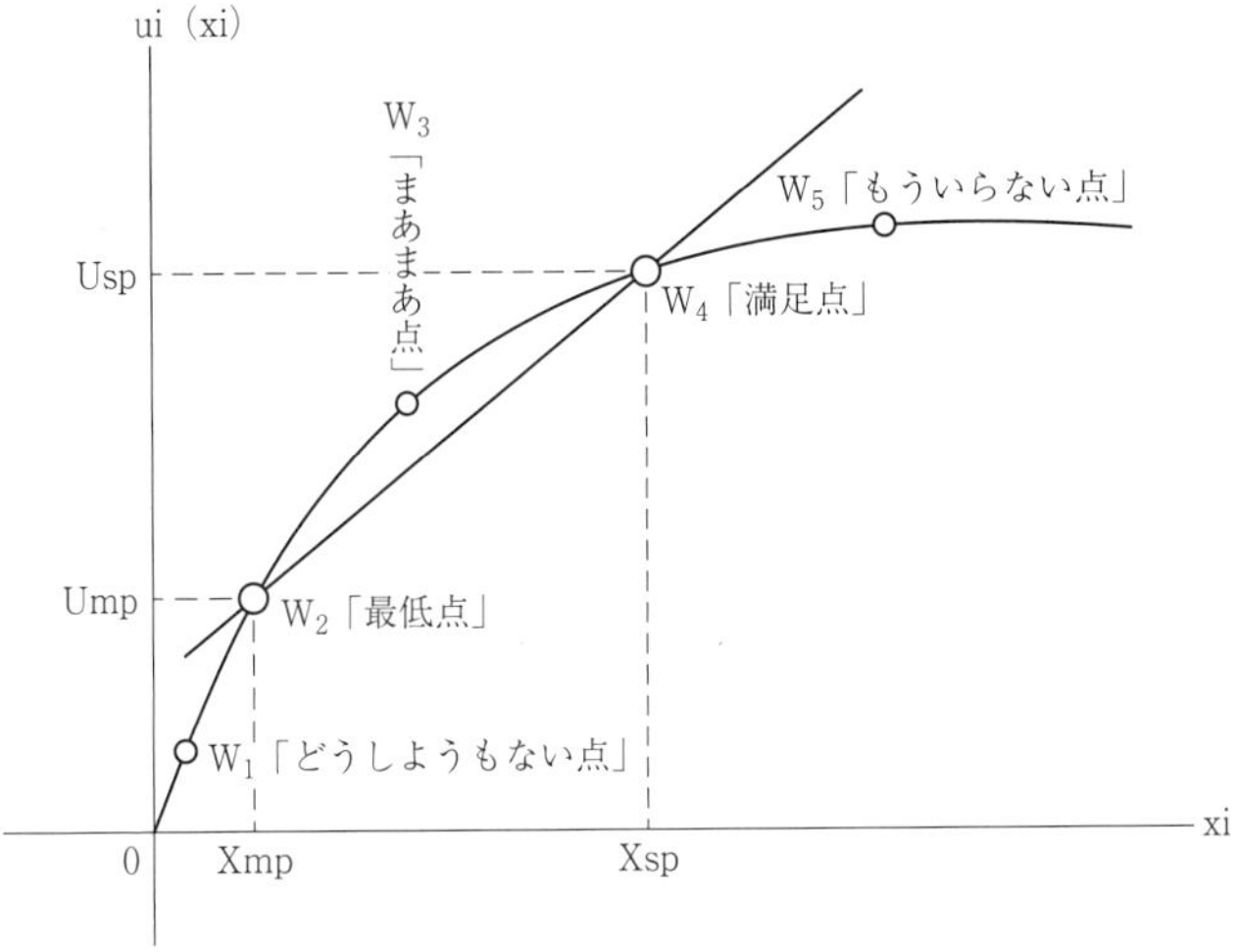

（出典）小室直樹「社会指標論の方法論的基礎」『現代社会学』五巻二号、昭和五三（一九七八）年一〇月、九七頁。

果、次のように設定された⒂。

W1点　一・九〇畳
W2点　三・〇〇畳
W3点　四・九五畳
W4点　七・三〇畳
W5点　一〇・一〇畳

そして、代表変数と当該福祉分野の他の変数との間には、ある福祉分野の代表変数が変化すれば、その効用の高さに比例して、この分野における他のすべての変数の効用も変化する、との「比例変動の仮定」がおかれた。

早急に「アノミー指標」の作成を

こうして小室の東京都社会指標の研究開発は、昭和五〇（一九七五）年度で一応の完成をみる。五ないし七基準点に基づいて共通化された尺度値に、寄与率を乗じて社会指標の総合化を図ったものであった。

小室は社会指標の開発において、残された問題としていくつかの方法論上の問題点を指摘した。

小室にとって本質的な問題として残されていたのは、アノミー（anomie）の問題であった。現代日本においてますます深刻化するアノミー状況をみるにつけ、アノミー指標の作成こそが、喫緊の課題と考えたのである。[16]

第一一章　小室ゼミの誕生と発展

君は頭がいいなぁ、素晴らしい！

東京大学法文二号館（平成三〇（二〇一八）年五月二七日、編集部撮

「伝説」の小室ゼミ

小室ゼミナール。通称「小室ゼミ」。

今では「伝説の」[1]という修飾語がつくほどになった、このゼミは何だったのか。ひとことでいうのは大変に難しい。その時々で、ゼミの構成員、ゼミの内容が変わっていったからだ。しかし、一つ、共通していることがある。それは、小室直樹が、無償で自己の理解した学問（理論経済学、数学、統計学、社会学、丸山政治学、宗教社会学等）を教えたということである。

教祖がもったいぶって信者に教えを垂れる。そんな側面は一切なかった。

小室が教えたのは、どこに行っても通用する正統な学問であった。

特に指導したのは、社会科学の基礎にあるべきと考えた数学、理論経済学であった。

対価は一切、受け取らなかった。

東大内でさえ、当時、社会学専攻の大学院生に数学、理論経済学を教える正規のゼミはなかった。

大学も、学生たちも小室のオーソドックスな教えを求めた。求められて、小室は喜んで引き受けた。

ただ、小室は教えることはできるが、ゼミという組織を作り上げ、維持することは不得手である。というか、できない。

組織化は、その都度、ゼミ生が自主的に行った。

その点で、小室ゼミは、「富永ゼミのサブゼミ」、「小室・橋爪ゼミ」、「小室・白倉ゼミ」、あるいは、「小室・志田ゼミ」などと称されるべきかもしれない。

教える人である小室と、組織する人の両方が存在して小室ゼミは続くことができた。

また、小室ゼミの発展とともに、小室自身の理論的発展も進んだ。優秀な学生たちに教えることで、反対に教えられ、自らの学問を彫琢させていく。そうして、小室の新しい学問的成果は再び学生たちに伝えられたのである。

田無寮での個人指導

田無寮での指導が、「プレ小室ゼミ」として語られることがある。

小室が田無寮に入寮したのは昭和三九（一九六四）年一月。

ほどなくして「田無寮に、サムエルソンに経済学を学んだ凄い実力者がいる」との噂が広まった。噂を聞きつけた学生たちが、田無寮に小室を訪ね、個人的に教えを乞うようになった。その内容は、もちろん理論経済学であった。

原洋之介、原山保らである。

しかし、そこでの指導は、個人的な指導に止まり、ゼミナールのような形には発展しなかった。(2)

組織化の契機《けいき》がなく、あだ花と消えた。

誕生

「小室ゼミ」が誕生したのは、昭和四七（一九七二）年四月。(3)

富永ゼミのサブゼミとしての出発だった。

すでに、富永健一自身は小室から理論経済学と数学を教わっていた。小室の指導を受けながら、富永は再確認した。社会学研究者にとっては経済学と数学が必須の基礎教養である、と。

富永は、ゼミで宣言した。(4)

「これから、経済学と数学の勉強を始める。講師は小室さんにお願いした」

小室ゼミの濫觴《らんしょう》である。

富永ゼミのサブゼミであるから、小室ゼミ生の全員が富永ゼミの参加者でもあった。(5)

だから小室ゼミ独自の名簿などは不要。(6) 主な参加者は、厚東洋輔《こうとうようすけ》（博士課程一年）、高田《たかた》

昭彦《あきひこ》（博士課程一年）、盛山和夫《せいやまかずお》（修士課程二年）、安藤文四郎《あんどうぶんしろう》（修士課程二年）、今田高俊《いまだたかとし》（修士課程一年）であった。

場所は、法文二号館四階の小さな教室[7]。人数は、四、五人程度。月曜日の三限に富永ゼミがある。富永ゼミが終わったあと、同じ部屋で四限、五限と続けて小室ゼミが開かれた。時間は、午後一時から四時頃まで。

内容は、理論経済学と数学。主な教材は、数学では高木貞治『解析概論』を使った。進むのが遅く、第一章の実数の連続性だけ行った。経済学では、ヒックス『価値と資本』が指定されたが[8]、あまり使わなかった。経済学は体系的に行わなかった。そのときどきで、ケインズの乗数効果理論や、二階堂副包の本を使ってのワルラス的な一般均衡分析などが講義された。

とくに、ヒックス、サムエルソンのミクロ経済学の講義は大好評だった[9]。

この頃の小室ゼミ生にとって、小室は〝数学、経済学を教えてくれた人〟である。「構造機能分析なんて、俺たちの方が知っている」。ゼミ生はそう考えていた[10]。

時間があるときは、富永自身も参加した。小室から学んだ経済学を、富永は『人類の知的遺産七九　現代の社会科学者』（講談社）の執筆に活かしている。「三　均衡理論」に記載された数式は、ほぼ小室ゼミでの板書の内容である[11]。富永のこの部分を読むことで、当時の小室ゼミでの経済学講義の雰囲気を味わうことができる[12]。

ゼミの進め方

小室ゼミの魅力は、小室の教え方の素晴らしさにあった。本質をわかりやすい言葉で伝え、理解させる。そして、理解させたら、自分で解かせる。それがペアになっている。必ず自分で解かせるのである。

解かせるとき、よくできた学生を褒めた。褒めちぎった。褒め上手、おだて上手である。小室ゼミの進め方は、京大理学部数学科の数学演習や、アメリカの授業[13]で小室自身が鍛えられたやり方だ。

優秀な学生には、このやり方が一番、合っていると考えた。

最初に小室が短い講義をする。

その際、小室は一切テキストをみない。何もみないで、数式を黒板に書いていく。全て頭に入っている。

短い講義の後は、演習に入る。

演習問題についても、テキストをみることなく、問題を黒板に書く。これも全て頭に入っている[14]。

演習問題を黒板に書いたら、ゼミ生を指名するのだった。

「きみ、これ証明してみて！」(15)

指名されたゼミ生は、黒板の前に立つ。

黒板が複数枚あるときは、それぞれに問題を書いて、複数人が同時に解いた。

小室が出した演習問題は、事前に指定されたテキストからの問題ではなく、小室の頭の中から出てきた問題。だから、小室以外、誰もその解答を事前に知らない。

ゼミ生が「わかりません」といったときには、こう教えた。

「わかりませんではなくて、黒板の前で考えなさい」(16)

ゼミ生が黒板の前で固まったときは、後ろからアドバイスした。

「こうやってみたら……はい、それから？」

違う方向に進みそうになったら

「ちょちょちょちょっと、……そこは、こうですよね」と、誘導した。(17)

正解したら、もの凄く褒めた。

「よくできました」

「君は頭がいいなぁ、素晴らしい！　来週までに、レポートにして、もってきなさい」(18)

それが一コマ。終わると、黒板の文字は綺麗に消された。

小室はこう注意した。

「黒板は、端から端まで綺麗に消してください。前の数式や数字が残っていて、混じって混乱してしまうといけないからね[19]」

富永ゼミからの独立

昭和四九（一九七四）年四月。

小室ゼミ三年目のこの年は、小室ゼミにとって一つ目の画期である。

富永ゼミから小室ゼミが独立した年だからだ。[20]

ここから小室ゼミは、独自の運動法則にのっとって発展を開始する。

独立の原因は、三つ。

一つは、追い出す側の事情、すなわち、東大大学院法学政治学研究科、略称「法研《ほうけん》」の小室に対する扱いがひとつ。

追い出す、とはどういうことか。

昭和四九（一九七四）年三月、小室は法研で学位を取得、法学博士となった。

学位を与えた側としては、一刻も早く小室に東大から出て行ってもらいたかった。少なくとも法研には立ち寄って欲しくなかった。

〝学位を取る〟とは、そういうことである。[21]それを小室はよくわかっていなかったフシがある。

指導教官としては、学位を与えた以上、東大で就職できないなら、どこか別のところで就職してもらわないと困る。学位を与えたということは、指導教官がその実力に太鼓判を押したということ。そうであるのに、採用先がないとなると、与えた指導教官のプライドをいたく傷つけるのである。また、ＯＤ（オーバードクター）が研究室をウロウロしていたら学内秩序が乱れることも問題だ。

しかも、小室の場合は特別である。指導教官の京極純一を〝恫喝〟して、半ば無理矢理に博士号をもぎ取ったのだ。法研で就職できるはずがない。「目障りだ。一刻も早く、東大から出て行ってもらいたい」、それが京極の本心だったろう。

小室が法研から完全に閉め出されたのは当然であった。

法研に居場所をなくした小室の足は、東大大学院社会学研究科に向かわざるを得ないのであった。

と、客観的にはそうなるわけではあるが、小室自身は学位を得て、ますます意気軒昂。やる気満々であった。

小室ゼミが独立したもう一つの原因は、受け入れる側の事情、すなわち、東大大学院社会学研究科側の事情、富永健一の事情であった。

富永は、昭和四九（一九七四）年四月から昭和五〇（一九七五）年三月までの間、在外研究で日本を離れた。行った先はオーストラリア国立大学。その一年間の留守中、小室は富永から「学生の世話をしてくれ」と頼まれたのであった。[22] 富永のいない東大大学院社会学研究科において、小室は自分の考えでゼミ生を指導できることになったのである。

三つ目の原因、それは小室ゼミ内部の事情である。

昭和四九（一九七四）年は、橋爪大三郎が初めて小室ゼミに参加した年。稀代《きたい》のオーガナイザー・橋爪が加わることで、小室ゼミ独立の条件が整った。

ゼミの内容としては、昭和四七（一九七二）年度、昭和四八（一九七三）年度とほぼ変わらない。しかし、変化の足音は、徐々に、そして着実に小室ゼミに響いてきたのだった。

助手・厚東洋輔の体験

昭和四九（一九七四）年のある日、社会学研究科教授の高橋徹が、助手室に厚東洋輔を訪ねた。[23] 突然のことであった。

「厚東、〝小室ゼミ〟というのをやっているみたいだな」

「はい」

「で、人はどのくらい集まってるんだ。どんなやつが来てるんだ」

「ええと、今田さん、橋爪さん、それから、高田さん。女性では中山さん、森本さんあたりですね……」

「ちゃんとやっているのか」

「はい、ちゃんとやっています」

「で、富永はいるのか」

「富永先生はいません」

「そうか……。厚東、部屋の管理はちゃんとしとけよ」

「えっ？　あ、はい」

「はい」と返事したものの、助手になったばかりの厚東は、高橋の意図を図りかねていた。

要するに、高橋が厚東にいいたかったのは、こういうことだったのだろう。

小室ゼミのような、学部の承認を得ていない人たちが教室を使うことは、管理上、問題がある。できれば止めて欲しい、と。

仮に、小室ゼミの最中に、火が出たらどうする？　責任は誰が取る？　そこで、唯一、助手として参加していた厚東が実質的な〝責任者〟に任命され、いざというときの責任を取らされる、その言質《げんち》をとられたのだ。形としては、富永の枠、名前で部屋を借りているようだけれども、実質的な管理は助手の厚東がやれよ、ということだ。

おそらく、教授会の場で「小室に勝手にされているんじゃないか」、「あれは、まずいんじゃないか」という意見が出て、高橋は厚東を使ったのである。

実際、遅くまで小室ゼミをやっていると、掃除のオバサンが来て部屋をノックする。厚東が顔を出して、鍵を預かり、「終わったら返しておきますから。お願いします」と告げる。鍵の管理は、厚東の責任となった。

社会学研究科においても、非正規の小室ゼミは〝目の上のコブ〟。いつかは潰さなきゃいけない。ただ、すぐに潰すのはナンだから、今は、厚東という便利なヤツがいるので、何かあったら厚東に責任をとってもらおう、ということだ。

こうして、社会学研究科からも迫害の足音が響いてきたのである。

第三回SSM全国調査

間接的に、富永ゼミからの独立を後押ししたのが、昭和五〇（一九七五）年の第三回SSM全国調査であった。

SSMは「social stratification and social mobility」（社会階層と社会移動）の略語。全国規模で一〇年ごとに行われる社会調査で、社会学界の一大イベントである。

その主査を誰がやるか。当然、安田三郎《やすださぶろう》がやる、と社会学界の誰もが思っていた。「社会調査」といえば安田、安田といえば「社会調査」。当時社会学界で、統計的なことがわかるのは安田しかいなかったからだ。

ところが、この安田、昭和四六（一九七一）年に『社会移動の研究』（東京大学出版会）という大著を出してから、ＳＳＭに対する関心を急速に失っていったのだ。

さらに、富永と安田とが犬猿の仲だったことが影響した。

あるとき、富永が安田のＳＳＭに不熱心な態度を批判したところ、安田は「じゃあ、富永、お前がやれば」と言い放ったのだった。

富永はその性格上、ケンカを売られると、必ず受けて立つ。

「ああ、やってやる」となった。

ただ、富永も甘かった。たとえ自分が長になっても下働きすることはないだろう、多少は安田も協力してくれるだろうと思っていた。

ところが安田の回答は、「一切協力しない」。

ハタと困った。富永は、社会調査研究、計量的研究をしたことがない。しかし、やらないといけない。

やる以外ないとなったら、ゼロから始めた。ここが、富永の偉いところでもある。

富永は、ゼミで社会移動について基本書を読み、ゼミ生と一緒に勉強を始めたのだった。

厚東洋輔は、学部時代からの富永の直弟子で、東大の助手になった初めての人間であった。

彼が助手になったということは、当然、厚東がＳＳＭをやる。これが既定路線である。

実際、厚東自身「しょうがないな」と覚悟していた。

ところが、である。昭和四九（一九七四）年、厚東に大阪大学の徳永恂《とくながまこと》教授から突然、電話がかかってきたのである。

「厚東君、大阪に来る気、あるかい？」

「あります」

即答してしまった。

逃げたのだ。といっても、ＳＳＭから逃げたのではない。東大から逃げたのだ。

実は、厚東は心に深い傷を負っていた。東大紛争時、本郷の四年生として過ごした厚東らは、特別な経験をした学年。東大生でありながら、自己否定、東大否定を叫んだ。厚東は、その自分が、いま東大助手となり、否定したはずの東大の一翼を担っている。その事実に苛《さいな》まれ続けていたのだった。

少し上の院生は平気だった。研究者として自立した後に東大紛争があったから、ある意味、すでに基礎ができていた。これから何かになろう、というのではない。悪くいえば、研究者であることについて、自責の念がない。

少し下の世代、例えば駒場で学生運動をしていた学生は、本郷のどさくさを知らない。原理主義的なところで生きていけた。

本郷にいた奴らは、本当にダメだった、というのが厚東の実感であった。

小室・橋爪ゼミへ

指導教官・富永の夫婦あげての説得も空しく、厚東は大阪大学に行く意志を曲げなかった。

では、誰がSSMをやるんだ？　と、こうなった。

そのとき、盛山和夫はアメリカ留学中。唯一の候補は、今田高俊だった。

厚東は、今田にいった。

「今田君、SSMをお願いしたい。やってくれるか？」

今田は即座にいった。

「やりますよ」

そのとき、今田は大変な苦難が待ち構えていることをまだ知らなかったのだ……。

翌年の昭和五〇（一九七五）年一〇月には厚東は東大を去り大阪へ。同年一一月に、今田は、厚東に代わり助手となり、SSM全国調査の中心的役割を担うことになった。結果、今田は、小室ゼミに出席する余裕を失った。また、助手という立場上、小室ゼミにだけかかわっていることは適当でなかった[24]。

今田に限らず、富永ゼミ所属の安藤文四郎もそうであった。結果、小室ゼミから富永色が薄れていく(25)。

そして、小室ゼミは橋爪が組織化を行うことになった。「小室・橋爪ゼミ」の誕生である。

この年から、月曜日の経済学、数学ゼミに加えて、大学の長期休暇を利用して集中ゼミも開催されるようになった。

春学期の月曜日の通常ゼミでは、数学（微分積分、線型代数学）しかできなかった。そこで、特訓として、ミクロ経済学（Hicks-Samuelson）及び、マクロ経済学の集中ゼミを一〇日間、連日開催した。

昭和四九（一九七四）年の主たる参加者は、厚東洋輔（助手）、今田高俊（博士課程一年）、橋爪大三郎（博士課程一年）、間々田孝夫《ままだたかお》（修士課程一年）、高田昭彦（博士課程三年）、中山慶子（博士課程一年）、森本幸子《もりもとさちこ》（修士課程二年）、渡辺秀樹《わたなべひでき》（博士課程一年）、和田修一《わだしゅういち》（国立精神衛生研究所研究員）、轡田誠《くつわだまこと》（東京都庁職員）らである。

今田高俊

三年への進学時に、進学振り分け、通称「進振り《しんぶ》」で理科二類から文学部社会学科に文転《ぶんてん》した今田は、数学が得意である。数学のゼミは、教養学部時代の復習のように感じた。

しかし、数学として学んだ式が、経済学でこう使われるのかと初めて理解し、感動した。小室は、とにかく徹底的に教えてくれたのだ。おかげで、今田は経済学の理論的発展が、ほぼわかったように感じた。

ただ、昭和四九（一九七四）年の半ば頃になると、物足りなさを感じるようにもなった。今田はいった。

「小室先生、経済学を勉強するのはいいけど、それを使って、なにか社会学で理論の構築をやれないんですか？」

小室は、その質問に、正面から答えなかった。

「そうですか……。では、僕はやってみます」

こうして、今田は、小室に触発され、小室を超えるべく、ダイアド・モデルの数学的定式化、安定条件の定式化へとオリジナルな研究を開始するのである(26)。

橋爪大三郎

橋爪大三郎は、小室ゼミの最大の貢献者である。

小室ゼミが、この後、約一〇年にわたって存続できたのは橋爪の存在があったからである。橋爪の真面目で几帳面な性格、そして、類《たぐい》まれなる組織力の賜物が、小室ゼミであった。「小室ゼミ」という名前が教育主体からみたものだとすると、運営主体からみた名前は「橋爪ゼミ」である。

橋爪は、第三回SSM調査に専念することになる今田高俊からバトンを受け取り、小室ゼミの運営に関わることになる。

橋爪は、開成高校を経て、昭和四二（一九六七）年四月、東京大学教養学部文科三類に入学する。

東大生は一、二年の教養学部の間、全員、渋谷にほど近い駒場キャンパスで学ぶ。

橋爪は、駒場時代、芥正彦《あくたまさひこ》の主宰する劇団「駒場」、通称「劇駒《げきこま》」に所属した劇団員だった。劇駒は、橋爪が入団した頃から急激に前衛劇団化していった。

劇駒での体験を通じて、橋爪は、演技力、その組織力を磨いていく。演技力は当然としても、劇団は演劇の発表に向かって、計画的に人、物、金を組織しなければならないから組織力もまた要請されるのである。

小室ゼミに出席しはじめた頃、橋爪は紺の長袖のトレーナー、Gパンという風体で、安っぽい指輪をはめていた。なのに、妙に真面目で、姿勢がいい[27]。真面目な性格は生来のものであるが、姿勢の良さは劇駒仕込みである。

また彼は、東大紛争（昭和四三（一九六八）年一月から昭和四四（一九六九）年一月）を教養学部の駒場時代に経験した。

全共闘の一員として激しい活動をした後、学問の道に進む決心をする。昭和四七（一九七二）年三月、東大文学部社会学科卒業。その後、東大大学院社会学研究科修士課程に進学。昭和四九（一九七四）年四月、博士課程に進学。

同級生の今田高俊が橋爪に声を掛けた。

「橋爪君、〝小室ゼミ〟って面白いから出てみたら？　何でも教えてくれるんだよ」

橋爪はそれまで高橋徹ゼミに出ていた。(28) しかし、かつて商社に勤める兄から「この論文を読め。これぞ学問というものだ」と、小室の論文「『社会科学』革新の方向」を勧められて、読んだことを思い出した。そこで、試しに参加してみることにしたのだった。

橋爪が小室ゼミに出ることを聞いて、厚東洋輔はいった。

「小室先生、変わってるから、キミと合うかどうか……。なんか不安だなぁ」

変わっている者同士、果たして合うのかどうか。そういう不安だった。

橋爪が初めて参加した昭和四九（一九七四）年の小室ゼミは、二時間くらいの、まだ短い時代である。

四月から七月のカリキュラムは、線形代数学、解析学、統計学、夏休みの七日間特訓ではミクロ経済学をみっちり教わった。

「なかなか面白い」

そう感じた一年目だった。

しかし、まさかこの後、一〇年間も小室ゼミに関わるとは思ってもみなかった。

間々田孝夫

昭和四九（一九七四）年四月、間々田孝夫は、東大大学院社会学研究科の修士課程に進学した。

学部時代は、社会心理学に興味があり、高橋徹ゼミに出席。しかし、途中から高橋の取り上げるテーマが「新左翼の研究」のような内容になり嫌気が差した。そこで、消費者心理に〝宗旨替え〟した。

院での指導教官は、高橋ではなく、富永健一にお願いしようと考えていたが、あいにく一年間の在外研究で不在。

間々田は富永ゼミに出席する前に、小室ゼミに参加するようになった。

初めて小室をみたとき、背が高いなと思った。昭和一桁世代は、背が低い人が多い。富永健一、吉田民人、安田三郎らは、みな背が低い。その中で、小室の高身長は目立ったのである。

そして、いつも薄着で、暑そうにしていた。上着を着てもいいくらいの時期でも、半袖を着ていた。

半袖姿で、太っている。といっても、不健康な感じではなく、筋骨隆々としている。無精髭があることもなく、さっぱりとした雰囲気だった。

このとき、小室ゼミは、まだ二時間体制であったが、それでも間々田はついていくのが大変であった。

小室から数学、理論経済学を学んだが、他に学んだことがある。

それは、学生に対して権威主義的なところが全くない小室の姿勢である。簡単にいうと、威張らないのである。普通、大学教授となると、権威付けをしないといけないと考えて、わざと秘密っぽいところをつくって自分を隠す部分がある。しかし、小室にはそれがない。完全にフランク。ものすごい知識をもっているが威張らない。

目の前のゼミ生たちに対しては民主主義的に振る舞い、学生から意見があればちゃんと聞いた。

加えて、小室の講義を聞き、学生に理路整然と、わかりやすく伝えられる能力に感嘆した。これだけ知識のある人にしては珍しいな、と感じた。共感するところが多く、自分もマネしようと考えた。その後、文章を書くときは、論理的に、わかりやすく書くことを心がけた。教えるときは、偉ぶらず、わかりやすく、と心がけた。

間々田は、小室がこういうのをよく聞いた。

「これから社会学の中心は、太平洋を越える。アメリカから日本に移る」

社会科学の中心は、六〇年代にヨーロッパからアメリカに移った。七〇年代は、われわれの手で、アメリカから日本に移す時代だ、という気概を感じた。

あるとき、女性の研究者が雑談気味に話したことがあった。

「博士号を取得しても就職先がなさそうなんです」

小室は、冗談っぽく提案した。

「じゃあ、バーを開いてママさんをやったら? 博士号をもったママさんがいると面白いなぁ。〝博士ママ〟だ」

このやり取りを聞きながら、間々田は思っていた。

博士号は、権威の象徴で、下々《しもじも》のことはやらないようなイメージがある。それに、「バーのママ」をくっつける。この人は、普通の社会のヒエラルキーとは違うところで、ものごとをみているんだなぁ、と感じた。

中山慶子

この年から、中山慶子が小室ゼミに参加するようになる。

中山は、小室の博士論文の清書をしたときからの付き合いである。小室に対しては「先生」というよりは「先輩」のように接していた[29]。

中山は「女が一人だと目立つから」と、友人の大学院生・森本幸子と一緒に参加した。また、教育社会学の院生を小室ゼミに誘った。その中のひとりが渡辺秀樹であった。これにより、小室ゼミから「富永」色がさらに薄まった。

渡辺秀樹

渡辺秀樹は、昭和四三（一九六八）年、東大教養学部理科二類に入学した。学生運動の時代である。その時代の空気を感じながら、渡辺の関心は〝社会〟に向かった。進振りの際、文転を希望し、教育学部教育社会学専攻に進んだ。

その後、昭和四九（一九七四）年、東大大学院教育学研究科の修士課程に進学し、小室ゼミの門を叩いた。

教育学研究科でありながら小室ゼミに入るのには、中山慶子の勧めがあった。(30)

ゼミで、小室は黒板の前に立ち、機関銃のようにしゃべり続ける。(31)ときに、指名され、黒板に解答を書いた。

論理的な思考が鍛えられ、論理的な思考の楽しさを学んだ。

小室がくり返し述べたことがある。

「理論モデルは論理的整合性と現実妥当性、そして単純であることとエレガントであることが重要です」

こういっては、モデルを作ることを慫慂《しょうよう》した。

渡辺としては、小室はそのまま、学問の大好きな清貧の人として、システム論研究を続けていくことを望んだ。

東大という制度に守られている富永と対等に議論し、経済学、数学においてはその富永に教え、リードしている。東大解体を叫んだ時代を生きた渡辺は、実際に大学という制度を超越して存在する小室の姿は、憧れの存在でもあった。

午後七時にゼミが終わる。

橋爪は、颯爽としていて真っ直ぐ帰る。

他方、渡辺は疲労困憊《こんぱい》。くたくたに疲れ果てて、「ビールでも飲まないと、やってられないよね」となる。今田、高田らを誘って、夕食を食べつつ飲む。それがいつものパターンだった。

東大の正門で出て、本郷通りをわたり、少し路地にはいった辺りの飲み屋が定番。

小室が一緒に来たことはなかった。

食べて飲んだ後は、雀卓《じゃんたく》を囲んで脳の疲れを取った。

地階実験室へ

昭和五〇（一九七五）年に入ると、文学部社会学科からの無言の圧力もあり、小室ゼミの〝居場所〟が必要となった。

そこで、場所を大学管理の演習室から、法文二号館地階の実験室に移した。ここは、もともと埃を被った段ボールが積まれた倉庫であった。段ボールの中身は、かつてのＳＳＭ全国調査の調査票など。

その倉庫を演習室に改造したのは、橋爪らであった。

橋爪らは、小室ゼミを開催する場所がなくなることを危惧していた。そこで、この地階倉庫を整備して教室にしてしまおうと考えたのであった。

あるとき、助手の厚東に対して、橋爪が許可を求めた。

「厚東さん、地階の部屋、荒れてるようですよ。片付けていいですか？」

橋爪ら団塊の世代は、とにかく働き者が多い。厚東の許可をとったら、あっという間に片付けてしまった。

ただ、地階なので湿気が多い。厚東は、助手の権限で除湿機を買った。

これで、倉庫だった地階室は教室として使えるようになった。ここに小室ゼミが移っ

東京大学法文二号館地階の実験室（平成三〇（二〇一八）年五月七日、筆者撮影）。

た。

地階室の鍵の管理は助手が行っていたので、教授会から文句をいわれるような筋合いはない。だから、地階室は何時まで使ってもいい。掃除のオバサンがドアを叩くこともない。

地階室で名実ともに「小室ゼミ」になった。

時間帯は、月曜日の午後一時から七時。休憩はほとんどなかった[32]。

ゼミ生による研究発表が行われるようになり、レジュメが作られるようになった。

この頃のレジュメに次のようなものがある。

橋爪大三郎「Revealed Preference について」（昭和五〇（一九七五）年一〇月二〇日付）
同　「顕示選好（Revealed Preference）理論」（昭和五〇（一九七五）年一二月一日付）

すべて青焼きである。

昭和五〇（一九七五）年の主たる参加者は、橋爪大三郎（博士課程二年）、友枝敏雄《ともえだとしお》（修士課程一年）、中山慶子（博士課程二年）、白倉幸男《しらくらゆきお》（修士課程一年）、和田修一（国立精神衛生研究所研究員）らであった。

そのほか、この年から東京大学に赴任した吉田民人助教授がときどき顔をだした。

富永健一は、オーストラリアの在外研究から帰ってきたが、SSM調査の方が忙しく、顔を出すことはなかった。

この年度からの特徴は、富永ゼミの院生が少なくなったことである。富永門下生は第三回SSM調査にかり出されて、なかなか小室ゼミに参加できなくなったのだ。例外的だったのは、友枝敏雄であった。

友枝敏雄

この年、友枝は東大大学院社会学研究科修士課程に入学。指導教官は在外研究から帰って来たばかりの富永健一だ。

一年先輩の間々田孝夫とともに富永の研究室に挨拶に行くと、こういわれた。

「キミも小室ゼミに出るように」

キミ「も」というのは、一緒にいった間々田はすでに前年から出ていたからだ。

こうして友枝は小室ゼミに強制参加となった(33)。

友枝が小室ゼミに出席しはじめた五月頃、小室はゼミでいきなりこういった。

「先日から断食を始めました。期間は二週間程度を考えています(34)」

ゼミ生が聞いた。

「何のために断食するんですか？」

小室はいった。

「頭をすっきりさせて、いい論文を書くためです」

これを聞いて、友枝はとにかく驚いた。

いい論文を書くための手段として〝断食〟する研究者に、はじめて出会ったのだ。

「こんな人がいるのだ」と、びっくりした。

ゼミの内容は、数学が中心である。

友枝は、ゼミの進むスピードについていくのがやっと。金、土、日曜日と予習した上で、月曜日のゼミに臨んで、なんとか理解できるような状態だった。

しかも、板書は英語。用語の説明も英語。

あるとき小室が「ランドン・バリュアブルが……」と、独特な発音で話した。

友枝は一瞬、「ランドン」の意味がわからず、しばし考えて「あ、ランダム（random）、確率変数のことかぁ」、と理解した。その間にもゼミはどんどん進行する。

とにかく、進行が速すぎる、というのが感想だった。

第三回ＳＳＭ調査には、小室自身は直接タッチしていない。しかし、まったく関わっていないわけではない。

たとえば、昭和五〇（一九七五）年の富永ゼミのテーマは「階層論」。英語論文を講読し、間々田や友枝が発表して、富永に〝ご進講〟したが、ここに小室も参加していた。ただ、とくに発言することなく、黙って聞いているだけだった。

秋頃になり、実際に質問票を作る段階になると小室は完全にＳＳＭ調査に対する関心を失った。

ただ、昭和五一（一九七六）年二月初旬、千葉県館山市でＳＳＭ調査の職業・産業コーディングの合宿が行われた際には、富永に誘われて参加した。

このとき、友枝は一日遅れで参加した。行ってみたら、友枝の部屋は富永と小室の部屋になっていた。「エーーーッ！　こんなところで寝られない！」と思ったが、みんな遠慮してか、嫌がってか、最後に残った部屋が富永と小室の部屋だったのだ……。

幼い子供をもつ富永は、Ｍ１《えむいち》で最年少の友枝が一体どんな生活をしているのかに関心があるのか、親しげに話しかけてくる。唯一の息抜きは、食堂での夕食だけ。夕食後には、富永と小室の激しい学問談義が始まる。「キミは関心ないのか」といわれるのも困るから、友枝はかしこまって聞いていた。友枝には落ち着かない合宿となった。

二月の寒い夜だったが、小室は「海岸にランニングに行くから」といって出ていった。おそらく酒を体に染みこませていたのだろう(35)。

小室もコーディング作業には一応、参加していたが、一時間ほどすると、直ぐに飽きて雑談を始めるのだった。

小室には、権威主義的な感覚が全くない。例えば、若手にデータ分析をさせて、論文だけ書くといったこと、これは当時の大学院ではよくあった。今だと「アカデミック・ハラスメント」といわれるであろう。小室は決してそういうことをしなかった。だから、院生から小室に関して「雑用させられた」という苦情もない。そのような苦情があれば、小室ゼミは社会学研究室からもっと早く追い出されていたかもしれない。

小室ゼミのテキスト

昭和五一（一九七六）年四月、新学期。小室ゼミは、引き続き、経済学、数学が中心であった。

時間帯は、やはり月曜日の午後一時から七時。休憩はほとんどない(36)。

昭和五一（一九七六）年四月二六日時点での、小室ゼミのテキストは次のとおりである。

経済学　G・アクリー『マクロ経済学の理論』（Ⅰ・Ⅱ・Ⅲ）岩波書店。
　　　　ヒックス『価値と資本』（Ⅰ・Ⅱ）岩波書店。
　　　　サミュエルソン『経済分析の基礎』勁草書房。
　　　　アロー、ハーン『一般均衡分析』岩波書店。

二階堂副包『現代経済学の数学的方法』岩波書店。
同　『経済のための線型数学』培風館。
ダンバーグ、マクドゥーガル『マクロ経済学』好学社。
参考　ケインズ『雇傭・利子および貨幣の一般理論』東洋経済新報社。
同　クライン『ケインズ革命』有斐閣。
同　ハンセン『A Guide to Keynes』McGraw-Hill。

数学

矢野健太郎『微分積分学』裳華房。
同　『代数学と幾何学』裳華房。
高木貞治『解析概論』岩波書店。
佐武一郎『線型代数学』裳華房。
参考　古屋茂『行列と行列式』培風館。
同　竹内啓『線形数学』培風館。
同　入江昭二『位相解析入門』岩波書店。

統計学

ムード、グレイビル『統計学入門』（上・下）好学社。
ウィルクス『数理統計学（増訂新版）』（一・二）東京図書。
参考　ホーエル、ポート、ストーン『確率論入門』東京図書。

ゼミ生によって、次のようなレジュメが作成され、配付された。

橋爪大三郎「数学教室　二次形式（Quadratic Form）の諸性質」（昭和五一（一九七六）年六月一二日付）

同　「ヒックスの安定条件（Hicksian Stability Condition）」（昭和五一（一九七六）年六月二一日付）

夏休みを利用した夏季集中ゼミは、七月二七日から三〇日、九月六日から八日（時間は午後〇時から五時）の日程で行われた。

テーマは、ゲーム理論、顕示選好、公共経済学等についてのレポート、ヒックス、サムエルソンのミクロ経済学の講義、厚生経済学、国際経済学等のレポート、マクロ理論のまとめ、Economic Dynamics などである。

また、統計学（サブゼミ）が開講された。

七月一〇日土曜日から四回から五回の予定で、テーマは数理統計学の初歩入門から基礎完成まで。講師は今田高俊、橋爪大三郎が務めた。

内容的拡大

また、この頃から、内容的拡大がなされた。

これまで、小室ゼミは、経済学、数学を中心として行っていた。

それが、昭和五一（一九七六）年一二月から、政治学、社会学のゼミが始まったのだ。

一限目に丸山政治学講義、二限目は構造機能分析講義であった。

昭和五一（一九七六）年一二月六日月曜日、一限目。

丸山政治学の講義が始まった。

丸山眞男『日本政治思想史研究』がテキスト。小室は、丸山の〝ネタ〟が、マックス・ヴェーバーの『プロテスタンティズムの倫理と資本主義の精神』だと説明。

カルヴァンの予定調和説によれば、社会の外に絶対者をおくため、社会と神とは全く断絶している。これにより社会の相対視が可能となる。丸山の言葉でいえば「作為の契機」がキーワード。契機というのは、いいかえればダイナミックな要素ということだ。

「社会は人間が作ったものであり、人間が自由に作りだすことができる」というのが近代社会の考えである。

この点、日本社会においては、どうか。

丸山はその「作為の契機」を近世儒教の解体過程の中に見出そうとしたのだ。ヴェーバーが指摘した、カトリシズムに対してカルヴィニズムが果した役割。それと同じ役割を、朱子学に対して徂徠学が果たしたというのだ。

しかし、小室は「徂徠学」がその役割を果したとは考えてはいなかった。丸山に対しては異論がある。小室は「崎門の学」こそが、その役割を果したのだと考えていた。

忍び寄る〝迫害〟の影

すでに大阪大学に赴任していた厚東洋輔は、このころ東大大学院社会学研究科の助手から、飲み会の席でこんな話を聞いた。

当時、法文二号館地階で行われていた小室ゼミは、助手の間では〝橋爪ゼミ〟と呼ばれていた。

その助手はいう。

「〝橋爪ゼミ〟は、変な考え方をインプリントするから困ったもんだ。あれを、〝パー〟にしなきゃいけない」

厚東には、教授会の様子が目に浮かぶようだった。

小室ゼミは、目の上のこぶ。特に優秀な人材が入って理論経済学や数学的思考を身につけて、富永や吉田以外の教官と議論がかみ合わなくなってしまう。

逆にいうと、それだけ小室ゼミに魅力があったのである。

橋爪は、〝迫害〟の前兆を感じていた。だから、小室ゼミのために地階の部屋を整備したのだった。あの時期に整理したのはそのためだった。

しかし、地階室にも〝迫害〟の足音が聞こえてきた。

いずれ、解散させられる。東大教授連中から持て余されている、嫌われている。小室に〝力〟があるから、皆、静かにしているが、問題があれば、外へ追い出そうと手ぐすねを引いてまってているのである。

昭和五一（一九七六）年の、主たる参加者は、橋爪大三郎（博士課程三年）、中山慶子（博士課程三年）、今田（旧姓森本）幸子、白倉幸男（修士課程二年）、和田修一（国立精神衛生研究所勤務）、渡辺秀樹（教育学部教育社会学専攻博士課程二年）らであった。

第一次出版企画・出発期

小室ゼミでは、二回の出版企画があった。

ここでは、第一次出版企画の前半について述べる。

橋爪大三郎は、のちにこの企画について総括し、四つの時期に分けて分析している。(37)

Ⅰ　企画出発期　昭和四九（一九七四）年四月から昭和五〇（一九七五）年三月。
Ⅱ　企画再考期　昭和五〇（一九七五）年四月から昭和五一（一九七六）年一月。
Ⅲ　企画停滞期　昭和五一（一九七六）年二月から昭和五三（一九七八）年一二月。
Ⅳ　企画終結期　昭和五四（一九七九）年一月から昭和五四（一九七九）年六月。

始まりは、昭和四九（一九七四）年四月の第一回目の小室ゼミ。

それは橋爪が初めて、小室ゼミに参加した日でもあった。

小室は、ゼミ生を前に宣言した。

「今年から、このゼミは、社会科学の復興を目的とする自主的な〝リサーチ・セミナー（Research Seminar）〟として出発します」

小室は、続ける。

「その一環として、ゼミによる本の出版企画三本を進めることにします。ダイヤモンド社から『経済と社会』研究の入門編、担当編集者は曾我部洋氏。岩波書店からは『一般システム論』、担当編集者は石崎津義男氏。東京大学出版会からは『理論社会学』、担当編集者は佐藤修氏です。ほかにも『社会科学者のための数学』というような本の出版も同時並行で進めたい」

話はどんどん進む。

「では、これから、三冊プラス一冊について、皆さんに担当を割り振ります」

あれよ、あれよ、という間に、担当者までが決まっていった。

初めて参加した橋爪の目には、ゼミのメンバーは熱気と自信に溢れているように映った。だから、すでに小室とゼミの先輩諸氏との間では完璧な合意ができているものと、その後一年ほどの間、思い込んでいたのだった。

Ⅰ　社会体系（Social System）
一　ＳＦＡ（構造機能分析）：渡辺
二　ＧＥＴ（一般均衡理論）とＳＦＡ：安藤
三　ＧＳＴ（一般システム理論）とＳＦＡ：今田
四　制御理論（Control Theory）（サイバネティックス）とＳＦＡ：今田
五　情報理論（Information Theory）とＳＦＡ：高田
六　構造主義（Structuralism）とＳＦＡ：橋爪
七　社会変動（Social Change）とＳＦＡ：間々田
八　コンフリクト（Conflict）とＳＦＡ：和田
九　総括：厚東

Ⅱ　社会学者のための数学的方法（Mathematical Methods for Sociologist）
一　論理的基礎（Logical Foundation）：安藤
二　微積の構造（リーマン積分）：高田
三　線型代数学（Linear Algebra）：今田
四　関数方程式（Functional Equation）：太田
五　複素数：間々田
六　集合論（Set）：厚東
七　位相空間（Topological Space）：橋爪
八　関数空間（Functional Space）：今田
九　測度論（Measure Theory）（ルベーグ積分）：和田

Ⅲ　経済学の社会学（Sociology of Economics）
一　GET（一般均衡理論）の論理（Logic）
（一）消費者行動、企業行動論：間々田
（二）市場均衡論：渡辺
（三）マクロ経済学（Macro-Economics）、成長論、景気循環論：太田
（四）厚生経済学と社会指標：安藤

（五）公共経済学と国家財政：橋爪
二　批判（Criticism）
（一）組織と計画の経済学：今田
（二）高田保馬：森本
（三）パーソンズと他の行動主義者（Parsons & Other actionists）：中山
（四）アメリカ制度学派　ガルブレイス他：高田
（五）ラディカル・エコノミスト（Radical Economists）：今田
三　現代資本主義（Modern Capitalism）
（一）ヴェーバー（Weber）：厚東
（二）資本主義の変貌（ブレジンスキー、ベル他）：今田
（三）発展途上国問題：橋爪
（四）マルクス（Marx）：未定

まず、Ⅲのダイヤモンド社の曾我部の企画から進めることになった[38]。
昭和四九（一九七四）年九月、原稿の締切り日。
ところが、出稿したのは、厚東、橋爪、太田の三名のみ。
この頃、しばしば本郷のレストランで執筆者会議が開催された。

その後、目次の変更があり、二に橋爪が人類学の交換理論について執筆することになった。橋爪は速やかに橋爪ペーパー「交換と社会システム」（第一稿、五〇枚）を提出した。書かせてもらえることをありがたいと思っていた院生も多く、ゼミ生が集まるひとつの契機ともなった。そこには、理と利のふたつがあった。

再考期

昭和五〇（一九七五）年四月。

東大本郷キャンパス内、三四郎池の東屋《あずまや》で、富永健一、小室、小室ゼミ生の執筆者予定者らが真剣な顔で話し合いを行っていた。

従来、小室ゼミの出版企画には、富永も後見のような形でタッチしていた。場合によっては、原稿を寄せてくれる可能性すらあった。

ところがである。在外研究から帰国したばかりの富永が、これまで集まった分の原稿に目を通し、苦言を呈してきたのである。

「若い研究者の第一作が、近経の祖述であるのはマズいですな。得意分野で書くべきだ」

これを受けて、東屋での会合がもたれたのであった。

小室と富永の間で板挟みになって悩んだ者も多かった。ただ、結果としては、執筆予定者のほぼ全員が「現在の企画に賛成である」旨、述べたのであった。富永は、それ以上、反対しなかった。「この企画は黙認する。ただ、その代わりに、一切タッチしない」ということになったのである。

そうはいっても、富永の意見は無視できない。執筆者らは、富永の批判に応えるためにも、自分たちの行動を正当化する必要が生じたのである。

そこで、東屋の件を契機に、企画の趣意や出版目的について、見直しの機運が高まった。小室ゼミの世話人的な立場にあると自認していた厚東洋輔が動いた。まず、厚東を中心に、(一)前半の近経の解説よりも後半の社会学の部分を重視する方針が検討された。さらに、厚東と小室との間で、(二)「責任編集者を誰にするか」という対立が起こった。厚東としては、富永と執筆者らとの軋轢《あつれき》の原因が「本書の責任編集者が誰なのか」が曖昧なままであることにあると考え、企画の組織原理からハッキリさせようとしたのであった。要は、小室が責任編集者になるべきだと考えたのだ。

しかし、当初から、小室の態度は一貫していた。小室自身は、編者・監修者としては名前を出さないこと、執筆については依頼があれば行うこと、テクニカル・チェックは責任をもつこと、これである。これに対して、厚東が手紙でクレームをつけた。「編者・監修者として名前を出さないことと、テクニカル・チェックに責任を持つことは矛盾するのではないか。また、出版の責任は誰が取ることになるのか」との強い内容の手紙だった。これに対して、小室は「説明済み」として回答しなかったのである。

その後、厚東ペーパー「ヴェーバーの現代社会像」（完成稿、七〇枚）、高田ペーパー「新古典派経済学と脱工業化社会」（第一稿、八八枚）が出稿された。

この後、厚東は大阪大学に転出。厚東は小室ゼミの世話人、出版企画の世話人を続けることができなくなったのである。

仮題『経済システムの社会理論』

昭和五一（一九七六）年一月一〇日。

執筆者会議が持たれた。

厚東の前記（二）「責任編集者を小室にすべき」との意見は、執筆者たちには共有されなかった。小室の指導を受ける小室ゼミ生でありつつ、「責任編集者」になることを拒否している小室にそれを強要することはできなかった。

代わりに、執筆者たちは、前記（一）当初の企画の焦点を社会学へ移動させることによって乗り切ろうと図ったのである。富永の意見を一部採用し、近経の祖述部分を極小にすること、そして、経済、社会領域における研究のオリジナリティの度合いを高めることにした。

結果、決まったのは、次のような内容だった。
タイトルとしては『経済システムの社会理論』を仮題として採用すること。
全体を三部構成にし、各部に序説をつけること。
構成案は、次のとおりであった。

未定　　まえがき

〔第一部〕
間々田孝夫　序説Ⅰ
橋爪大三郎　顕示選好
太田一彦　均衡条件
今田幸子　存在定理
間々田孝夫　安定条件
橋爪大三郎　比較静学
小室直樹　一般均衡理論の意義と限界

〔第二部〕
今田高俊　序説Ⅱ

今田高俊　経済システム論の社会学的課題
渡辺秀樹　社会的行為理論と一般均衡理論
橋爪大三郎　交換の均衡体系と社会システム
和田修一　情報資源処理と一般均衡論
小室直樹　制御論と一般均衡論（または、資本主義社会の制御構造）

〔第三部〕
未定　序説Ⅲ
高田昭彦　新古典派経済学と脱工業化社会
厚東洋輔　ヴェーバーの現代社会像

このプランが原案となり、以降、第一次出版企画の骨子となった。
そして、締切りは、昭和五一（一九七六）年一月三〇日と決められたのだった。

出版企画停滞期（前半）

しかし、締切りは守られないまま時は過ぎた。

昭和五一（一九七六）年四月。間々田孝夫より「『経済システムの社会理論』第一部の序　基本構想」（同年四月二六日付）というペーパーが提出された。

そこで、この間々田ペーパーの構想を、小室と橋爪が検討した。

また、和田ペーパー「情報資源処理と一般均衡論」（第一稿、七二枚）が出稿された。

昭和五一（一九七六）年八月。

ダイヤモンド社・曾我部洋からの依頼で、小室は夏休みを潰して『危機の構造』を執筆する。曾我部とカンヅメ状態となった。

その際、小室は、曾我部に対して「小室ゼミの例の本のことをよろしく頼む」といった。

これにより小室は、ダイヤモンド社による小室ゼミ本の出版契約の「確認」がされたと理解していた。

小室ゼミ生による書籍は数多くは売れないだろう。だから、その事前の埋め合わせをするつもりで、『危機の構造』の執筆に応じたのである。

昭和五一（一九七六）年一〇月二七日。

橋爪と間々田は編集の打合せをした。一一月八日までに、各ペーパーのチェックをすることとなった。

昭和五一（一九七六）年一一月二七日。

橋爪と間々田は、第一部の各ペーパーの内容重複のチェックを行った。

また、間々田ペーパー「序説Ⅰ」（第一稿、三五枚）、今田幸子ペーパー「存在問題」（第一稿、二五枚）が出稿された。

編集会議

昭和五一（一九七六）年一二月二九日。
編集会議が開催された。
小室、厚東、今田、橋爪、間々田、白倉の出席する重要な会議となった。
ここで、内容の配列プランの改正が行われた。

Ⅰ　一　序論：間々田（四〇枚）
　　二　一般均衡論の論理構造：橋爪（一〇〇枚）
　　　　顕示選好（橋爪）／均衡条件（太田）／存在問題（今田幸子）／安定条件（間々田）／比較静学（橋爪）
　　三　超比較静学：白倉（新規加入）
Ⅱ　四　経済システムの社会学的課題：今田高俊
　　五　社会的行為理論と一般均衡理論：渡辺

六　交換と社会システム：橋爪
七　情報資源処理と一般均衡論：和田
八　未定：小室
九　新古典派経済学と脱工業化社会：厚東
一〇　脱工業化社会：高田

大きな変更点としては、三部構成から二部構成になったこと、二を橋爪が書きなおすこと、白倉ペーパーの編入がなされたことであった。

懸案事項だった「編者を誰にするか」については「執筆者の連名」で出版社に押してみることになった。

締切りは、昭和五二（一九七七）年一月三一日とされた。

昭和五二（一九七七）年一月、橋爪ペーパー「一般均衡論の論理構造」（完成稿、一〇〇枚）出稿。

しかし、またしても多くの執筆者は締切りを守れなかった。原稿がないと、本が完成することはあり得ない。

こうして、第一次出版企画は停滞したまま、昭和五一（一九七六）年度が終わったのであった。

第一二章　一般評論へ

日本一の頭脳、四四歳、独身、六畳一間暮らし

ＮＩＲＡの応接室にて加藤栄一氏（左）と（昭和五一（一九七六）年一二月頃、石飛仁氏取
斎藤陽一氏撮影、石飛氏提供）。

毎日新聞「日本研究賞」受賞

昭和四九（一九七四）年六月、『毎日新聞』は紙上において懸賞論文企画「日本研究賞一九七五年・日本の選択」を発表する。

小室はこれに応募することにした。一〇〇万円という入賞金目当てである。持論を書き上げた論文のタイトルは「危機の構造——現代日本社会崩壊のモデル」とした。

小室の論文は見事、入賞。応募総数約一〇〇〇件。四次までの審査を経て入賞した三編の論文のうちひとつであった。

小室は主張する。戦前日本人の連帯を支えていた頂点における天皇共同体が敗戦によって崩壊し急性アノミーが発生、他方、底辺において日本人の連帯を支えていた村落共同体が高度成長により徐々に解体して単純アノミーが発生した。この日本人を襲ったアノミーは、企業、官庁、学校という機能集団が共同体的性格を帯びることでいったんは収拾されたかにみえた。しかし、機能集団と共同体とは本来矛盾するものであるがゆえに、この矛盾が新たなアノミーを拡大再生産する。これが構造的アノミーであり、日本の危機の構造なのである、と。

この賞金で小室は一息《ひといき》つけたのであった。

東大解体論

昭和五〇（一九七五）年三月、『エコノミスト』主催で、シンポジウム「東大は解体すべきか」が開催された(1)。求められて小室はパネリストとして参加した。他のパネリストは、生越忠《おごせすなお》（和光大学教授・地質学）、中島正樹《なかじままさき》（三菱総合研究所社長）、西義之《にしよしゆき》（東京大学教授・ドイツ文学）。司会者は、村松喬《むらまつたかし》（教育問題評論家）。無職の小室の肩書きは「学際研究者」であった。

基調報告は、生越の「東大解体論」。これは、宇井純《ういじゅん》（東京大学工学部都市工学科助手・環境学）と生越が主宰して開催した公開自主講座「大学論」において、生越が行った最終講義を元にしたもの。生越は、二三年間、東大理学部で助手を務めた後、和光大学に転出した研究者である。「東大解体論」は東大の中からの東大解体論として話題を呼んでいたのだった。

生越は、文字どおり、東大を制度的に解体せよ、と主張する。司会者の村松も、「全面的に同意する」とまでいう。中島は「東大全部を解体するのは難しいだろうから、研究所と大学院だけにしてしまって、学部制をやめてしまうのがよい」という主張だった。

そんな中、小室は「東大解体論はナンセンス」と断言した。

生越さんの書かれたものをいろいろ読みましたが、まず最初の私の印象をいえば、生越さんの基本は、裏返した東大絶対主義で、ここまで徹底すればアゴまで東大主義につかった考え方である。なんとなれば、いまの教育問題は単に東大だけの問題じゃない。また、東大といえどもほかの大学、高校、各種学校と密接にからみ合って、東大だけを解決したら東大問題は解決するというものじゃない。

ですから東大問題を考えると同時に、ほかの大学、高等学校、各種学校さらに日本全体について考えなければ意味がないであろう。

小室ならではの相互連関分析の発想である。そして、辛辣な主張を続ける。

第二の問題は、生越さんのいうことは大変興味あるけれども、学者とすればあまりにも論理が雑である。生越さんは温厚なジェントルマンですから怒られないと思うのではっきり申し上げますが、こういうような助手が二〇年もいられる大学なら、やっぱり解体しなくちゃならないんだと、正直いって、そういう印象でした。どの点が粗雑であるかというと、方法論的には単純なスケープゴーティズム（scape-goatism）である。世の中の悪いことにはたった一つの原因があって、これですべてそうなると。（中略）諸悪の根源は東大にある――その論理はあまりに単純すぎる。生越さんのいう東大の弊害は、実は戦前、戦争中、二三年の大学解体のときも、実に強調された。にもかかわらずまだ生き残っている。（中略）ということは東大的なものを再生産するメカニズムが日本の社会にビルトインされているのである。（中略）東大というのは結果であって、かかるものを再生産する日本の社会構造にこそ問題がある。ですからそういうものを分析しないで、東大をぶっつぶして動物園にしたとすれば、京大が東大のかわりになるだろう。京大をぶっつぶしたら一橋がそうなるだろう。三つともぶっつぶし、旧帝大みなぶっつぶしたら、早稲田、慶応がそうなるだろう。そうしてみたらかえってとどまるところを知らないだろう。

大学入試制度＝階層構成原理説

これ対して、生越は反論を試みるが、小室は再反論する。徐々に、パネリストは小室の意見に耳を貸しはじめるのである。中島が発言する。

いまのご趣旨は私も賛成ですが、結果的にいろんな社会的な条件が東大を偶像化するようにつくったわけでしょう。その根本はどこにあるかということについての基本的なお考えをお聞かせ願いたい。そこがポイントだと思います。

小室は答える。

まさにポイントです。お答えの前に一つ言いたいことは、これは非常にむずかしい問題で、必要とあればシミュレーションでもやって、充分に科学的に検討する必要がある。だって社会現象との密接な相互連関がありますから一ヵ所ぶっつぶしたら波及過程は無限にいく。だからめぐりめぐって思わざる結果が出てくることは明らかです。したがって思いつきを述べる前に、本格的な科学的な研究をやるべきである。東大ぶっつぶして、教育ママはどう動く、議会はどう動く、受験生はどう動くと、マン・マシン・シミュレーション（人間とコンピューターの組合せによるシミュレーション）でもやってみると、案外思わない副作用があるかもしれないじゃありませんか。

ではお答えは、どういうことかというと、日本の大学は教育機関じゃなしに階層構成原理である。日本は徹底的に無階級社会でしょう。どっかに階層構成原理がなければ社会は動かない。なんとなれば近代社会は、産業社会であろうと、情報社会であろうと、みんな分業社会ですから。ところが戦前には頂点における天皇制と周辺における共同体構造の身分制度があった。ですからある程度階層構成原理は日本にあった。ところが戦後においてほとんど階層構成原理がなくなった。その空隙《くうげき》を大学が埋めたのである。

小室の「大学入試制度＝階層構成原理説」がここで示された。そして、シンポジウムの最後で、小室は日頃のうっぷんを発散させるのであった。

僕の場合も一〇年のあいだに解説を含めないで五〇本論文を書いた。社会科学系統においてはそんなにたくさん論文の数は必要ないんで、一本か二本で十分なんだ。五〇本書いてもごらんのとおりルンペンだ。理由は簡単で、方法論と学問基礎理論と実証をやったから。社会科学の場合には、本人自身の感覚が問題なので、それがなければ、おまえは問題意識が狂っている、政治学なんかやる資格がないという。（中略）方法論や理論は権力をもって弾圧される。実証はわずかに許されるというわけで、新しい学問をやる人はルンペンにしておく。はっきりいうと、いまの日本の大学はナチスや軍国主義者以下である。

「知的生産の技術」研究会

肩書きはなかったが〝小室直樹〟という名前は、知的関心の高い人々から注目されるようになっていた。『思想』や『エコノミスト』の論文がきっかけとなり、アメリカ帰りの凄い学者がいる、と話題になったのである。

「知的生産の技術」研究会（通称「知研《ちけん》」）の主宰者・八木哲郎《やぎてつろう》も、小室に注目したひとりであった。

八木が、知研セミナーに講師として呼んだ弁護士・渡部喬一と雑談していたとき、小室のことが話題になった。渡部は、「小室は会津高校の同級生で、よく知っている。紹介するよ」といった。こうして、知研との関係が始まったのである。(2)

昭和五〇（一九七五）年八月二七日。小室は、知研主催の第五三回セミナーに、講師として呼ばれた。場所は東京駅八重洲口にあった農業土木会館。テーマは「経済学と現実との間」(3)で、内容は、近代経済学のモデルと現実との乖離を指摘するものであった。

このように小室は、徐々にアカデミズム以外の知的関心の高い層から注目され、講演会に呼ばれ、雑誌への寄稿を求められるようになる。

しかし、講演や原稿の依頼は不定期。しかも、額は必ずしも高くない。それで生活を成り立たせるのは難しかった。糊口をしのぐ程度でしかなかったのだ。

『危機の構造』上梓

遡ること四年。昭和四六（一九七一）年、ダイヤモンド社は、労働争議で混乱状態にあった。(4) 労働組合委員長は川鍋宏之《かわなべひろゆき》、(5) 闘争委員長は曾我部洋であった。二年続いた労働争議の末、昭和四八（一九七三）年六月に会長辞任、九月には社長が辞任。新社長に就任したのが坪内嘉雄《つぼうちよしお》であった。

ケンカ両成敗。組合側も、九月の社長辞任と同時に川鍋委員長が退社。闘争委員長・曾我部は、退社しなかったものの、組合活動の一切から身を引いた。そして『週刊ダイヤモンド』の記者から異動し、書籍編集局の編集者となった。以降、曾我部は会社の管理職就任を固辞し続けた。

もっともその後、坪内新社長と曾我部は昵懇《じっこん》の間柄となる。この〝手打ち〟は、曾我部のシナリオだったのかもしれない。(6)

書籍編集局に移った曾我部は、翌昭和四九（一九七四）年、西川潤『飢えの構造』（ダイヤモンド現代選書）を編集し、成功を収める。本書は、曾我部が相当に手を入れて成立した本であった。

昭和五一（一九七六）年の夏。曾我部は小室を港区の虎ノ門にあったダイヤモンド社に呼んだ。

「小室先生、日本研究賞を受賞した『危機の構造』をもとに、現在の日本の危機的状況を分析した本を書いてくださいませんか。ただ、あの論文だけではとても一冊の本にはなりませんので、他の原稿を用意してみました」

曾我部は、小室の前にドサッと論文のコピーを置いた。

「これは誰が書いたものなの?」

「先生ご自身ですよ。この四、五年分の雑誌から拾い集めてみました」

小室が学問に没頭して食えないでいる現状を知った大学教授や編集者はその都度、論文を依頼する格好で、生活を助けていた。その成果がこの論文の束であった。

小室は最初、ダイヤモンド社からの出版に難色を示した。雑誌に発表した論文は糊口をしのぐものであっても世間に問うようなものではない。そう考えていたからだ。

曾我部もひとまずは納得してみせた。

「そうかもしれません。しかし、先生。青砥藤綱《あおとふじつな》の話はご存知でしょう。清廉潔白の代名詞としてよく語られる人物ですよ。今、先生のおっしゃるのを聞いていると、それが正論であるのはよくわかります。だけど、正論は正論、学問の世界ならそれも道理でしょう。だけど、人間は食わんと死んでしまう。そのためには金がいる。そのためには〝働き〟がいる。そのためには……」

「本の出版がいる……か」

小室は肩をすぼめた。

「わかった。書こう。ただ、条件がある。前に話したゼミ生の出版企画。あれを必ずダイヤモンド社で実現させてくれ。よろしく頼む」

「もちろんです」

こうして『危機の構造』の出版企画が開始された。

曾我部は小室が『危機の構造』にかける時間を極力抑え、代わりに曾我部自身が働いた。日本研究賞受賞の「危機の構造」を中心にして、「深まる断絶と疎外」、「七〇年代の日本に迫る危機」、「日本経済の危機と日本経済学の危機」、「社会科学は解体された」、「ツケを回す思想」（いずれも『月刊エコノミスト』）、「岐路にたつジャーナリズムの精神」（『新聞研究』）、「日本的思考様式と社会科学の貧困」（『季刊労働法』）などの論文を系統的に整理し、若干、朱筆してまとめ上げた。

こうして同年一〇月、『危機の構造——日本社会崩壊のモデル』がダイヤモンド社から刊行された。

小室にすれば思いもかけなかった本の出版である。

二人は、完成した本を手に、ダイヤモンド社からほど近い新橋の居酒屋で、二人だけの出版記念パーティーを行った。

「曾我部、どれくらい売れると思う？」

「一万部前後でしょうか。内容が少し難解ですから」

「えッ、あの程度で、まだ難しい内容だって？」

アカデミズムの黙殺

敗戦による深刻なショックと戦後における未曾有の大変革、それに引き続く「最も空想的な人の荒唐無稽な夢」をもはるかに上回る高度経済成長によって、日本は見かけ上は、すっかり異なった国になってしまった。しかも、それはあくまでも表面上の社会組織レヴェルにおけることであって、その奥底の社会構造のレヴェルになると、日本人の思考・行動様式も、集団構成の原理も、戦前と全く変わっていない。これら両者の間の矛盾に、危機の芽は発する。

現代日本は、機能集団が同時に運命共同体としての性格を帯び、かかる共同体的機能集団の魔力が、日本人の行動を際限もなく呪縛することになる。その矛盾のダイナミズムの所産が、右に述べた構造的アノミーにほかならない。そして、この構造的アノミーの展開によって、企業爆破や連合赤軍のテロだけでなく、公害やニクソン・ショック、石油危機やロッキード汚職も必然的なコロラリーとして生み出される。

しかし、構造的アノミーは、この程度の生易しいものではない。それは、人びとが誠心誠意、真剣になって努力すればするほど、努力目標と異なった結果を生ぜしめ、日本全体をもう一度破局に向けてまっしぐらに驀進させる社会的メカニズムを生み出す。

本書の目的は、この構造的アノミーの生成、拡大再生産およびその社会における展開過程の分析である。

このように始まる『危機の構造』は、日本の知識人階層に強い衝撃を与えた。当時、一般には小室の名前は余り知られていなかったが、多数の書評が出た。『エコノミスト』（毎日新聞社、昭和五二（一九七七）年一月一一日号、九三―九四頁。評者は立教大学助教授・斎藤精一郎《さいとうせいいちろう》）、『ＥＳＰ』（経済企画協会、同年二月号、六〇―六一頁。評者は〝Ｎ〟とあり、詳細不明）、『官公労働』（官業労働研究所、同年二月号、四九頁。評者は日本

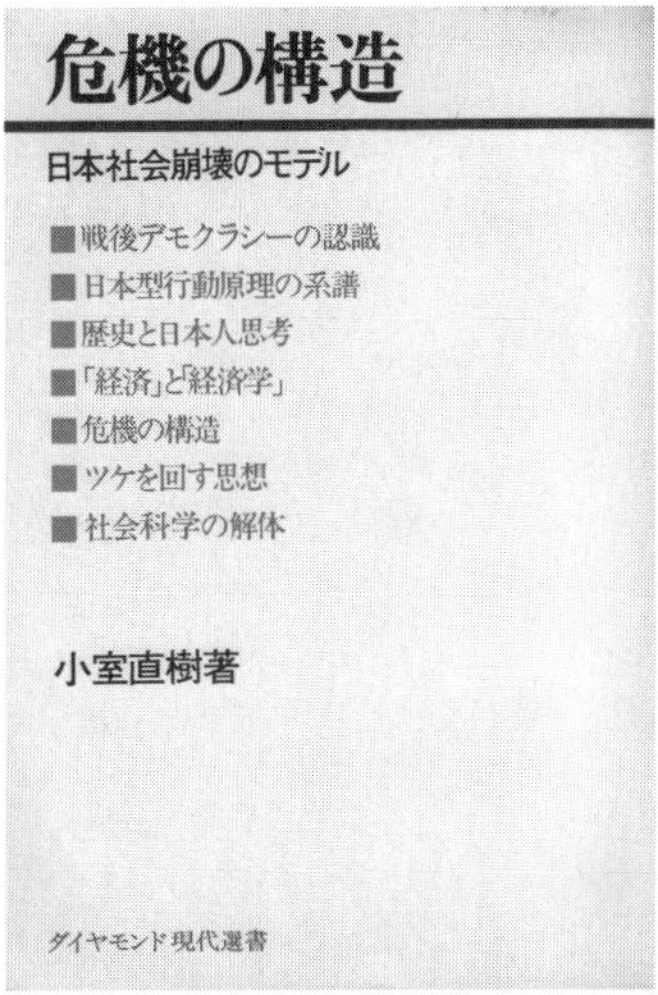

『危機の構造』（ダイヤモンド社、昭和五一（一九七六）年）。

電信電話公社厚生局厚生課・石川光孝《いしかわみつたか》)、『税理』(ぎょうせい、同年六月号、一七三頁。評者は大妻女子大学教授・全国サラリーマン同盟代表委員・青木茂《あおきしげる》)、『ファイナンス』(大蔵財務協会、同年七月号、八三頁。評者は公正取引委員会事務局経済部調整課課長補佐・妹尾喜三郎《せのおきさぶろう》)などである。

どれも小室の主張を高く評価するものであった。

テレビでも取り上げられた。評論家・藤原弘達《ふじわらひろたつ》はある番組の中で『危機の構造』を絶賛した。(7)

他方で、アカデミズムの世界にいる学者たちは黙殺した。

小室が理論社会学の構築に燃えていた時代を知っている学者らは「どうした、小室さん」という思いだったろう。社会学の学者による書評が一本もないことがそれを示している。

このように学問的世界の中心部にいる学者達と、その周辺部にいる知識人階層とでは、対照的な反応を示したのだった。

他方で、小室の主張を受け入れたのは、知識人階層止まりともいえた。それは、官界、評論家、シンクタンク従事者、知的レベルの高い読書人らであり、それ以上に広がっていくことはなかった。発行部数が一万部どまりだったことが、その証左である。

また、それは編集者・曾我部洋の限界を示すものでもあった。曾我部はカッチリしたものを作ることはできるが、大衆受けする、売れる本をつくるセンスはない。曾我部自身も、それを認識していた(8)。

小室の学問が、さらに一般大衆へ広がるにはもう少し待たなければならなかった。

加藤栄一

『危機の構造』を読んで衝撃を受けた一人に、NIRA《ニラ》（総合研究開発機構）の主任研究員・加藤栄一《かとうえいいち》がいた(9)。

NIRAは、総合研究開発機構（National Institute for Research Advancement）の頭文字をとった略称である(10)。

昭和四九（一九七四）年三月に、「総合研究開発機構法」に基づいて設立された研究機関で、その目的は、現代社会の直面する問題について、中立的な立場から総合的な研究開発を推進し、国民の福祉の増進に寄与することとされた。

NIRA自らが研究を実施するほか、適切な研究テーマを企画し、他の研究機関に委託することもあった。

簡単にいうと、国によるシンクタンクの総元締め。それは、NIRAの研究員が各省庁からの出向者らで構成されていたことからもわかる。

加藤も、自治省に入省した後、自治大学校教授を経て、このＮＩＲＡの主任研究員となっていたのである。

ＮＩＲＡでは、昭和五〇（一九七五）年の夏から、大型の総合プロジェクト「二一世紀への課題」に取り組んでいた。その目的は、日本が二一世紀に向けて直面するであろう課題、問題を探り出し、それらの相互連関、優先順位、問題の展開などを分析し、さらに、その対応策についても総合的な検討を行うことによって日本の進路についての理解を深めることにあった(11)。

昭和五一（一九七六）年の一〇月のことである。

加藤栄一氏（『ESP』昭和五四（一九七九）年四月号、五四頁）。

ちょうどＮＩＲＡでは、「二一世紀への課題」の一環として先進国問題の研究に進もうとしていた時期。小室直樹こそ、総合プロジェクト「二一世紀への課題」に最適な人物ではないか、と加藤は考えた。

そこで加藤は、ダイヤモンド社を通じて、「是非、お話を伺いたいので、ＮＩＲＡにおいでください」と小室に連絡したのであった。

小室は大いに喜んだ。

「ついに財団から招聘が来た」と。

ただ、それは小室の誤解であった。

欧米では、学者が世に出るきっかけがいくつかある。本を出すこと、大学教授になること、そして、ファウンデーション（財団）の経営者に見出されること等である。

アメリカでは、ロックフェラー財団、カーネギー財団、フォード財団などが有名である。彼らは莫大な研究費をもっている。学者がその経営者に呼ばれるということは、名誉でもあり、チャンスでもある。

ＮＩＲＡから呼ばれた小室は、勝手に想像していた。財団の豪華な応接室、あるいは、役員の自宅で、講義を求められたり、丁々発止の議論がなされることを……。

たしかに、ＮＩＲＡは西新宿の新宿三井ビルに入っていた。昭和四九（一九七四）年に竣工したばかりの最新の高層ビルである。当然、豪華な応接室もあった。

ところが、加藤が招待したのは、別の場所であった。それは、居酒屋風の定食屋であった。

二一世紀の研究

NIRAの入る新宿三井ビルの隣にあるのが住友〝三角〟ビル。住友ビルの五〇階に「えぞ料理ユック新宿店」があった。一〇〇〇円以下で「焼き魚二点焼き」などが食べられるサラリーマン向けの店である。

板の間《ま》に低いテーブルが置かれ、座蒲団が敷かれている。

ここに小室は呼ばれたのである。

案内された小室は、思わずこういった。

「面白いですなぁ。日本ではこういうところで話すんですなぁ……」

想像していた場所とは違っていたが、小室は、喜んで、食べて飲んで話した。

同席していたのは、加藤のほか、NIRA研究企画部長の坂本正弘《さかもとまさひろ》、同僚の主任研究員二、三名であった。坂本は経済企画庁からの出向組であった。

加藤や、坂本から「これについてはどう思いますか」、「あれについてはどう思いますか」との質問が飛ぶと、小室は、即座に、痛快、的確、目から鱗の素晴らしい回答を返した。

「それはですね、これとこれとをゲーゲンザッツ（Gegensatz）すれば……」

「ゲーゲンザッツ」とは、ドイツ語で「対蹠」、「対照」。「比較対照すれば」ということである。

小室によって、意外なもの同士が比較対照されると、問題がパッと解決される。加藤らは、目の前で展開される小室の分析にすっかり快感を覚えていた。

坂本部長も「これは本物だ。是非ＮＩＲＡの仕事をしてもらおう」と考えるに至った。

ＮＩＲＡが外部に研究委託をする場合、学者個人に直接、研究費用を出すことはしない。すでに存在する民間のシンクタンク、例えば野村総研や三菱総研に研究テーマを与えて委託する。そして、委託されたシンクタンクは、自前の研究員を使って、また、大学などから研究者を雇って研究することになる。与えられる資金としては、ひとつの研究に対して大体一五〇〇万円が相場であった。これは上級の研究員を二人働かせるくらいの研究費である。

ＮＩＲＡが、シンクタンク経由で小室に依頼したことは二つあった。

一つ目は、二一世紀の課題を検討するための枠組、新しいカテゴリーの創造である。

これは、極めてスケールの大きな問題であった。

それまで、ＮＩＲＡでは課題、問題を発見し、それを構成するために、従来型のカテゴリーを設けていた。例えば、政治、経済、外交、軍事等々。それを縦軸にとる。他方、横軸にはアジア、アメリカ、ヨーロッパ、という「地域」をとった。そして、その交わるところに、解決すべき諸問題を発見していた。

ジョン・デューイ（John Dewey）の言葉に、「A problem well put is half-solved.（上手く提示された問題は、もう半分解けている）」というのがある。

加藤らには「問題」の設定自体が非常に大事であるという意識があった。二一世紀においては、この従来型のカテゴリーそのものが〝動く〟のではないかと考えたのだ。われわれは新しいカテゴリーを作らないといけないのではないか。そういう問題意識だった。

そこで、小室の構造機能分析に目をつけた。構造は固いもの、機能は柔らかいもの。しかし、構造機能分析では、その固い構造だって動くのである。

二一世紀においては「政治」「経済」という従来のカテゴリーそのものも変わるだろう。だから、新しいカテゴリーをつくらないといけない。それはどうなるだろう。その新しいカテゴリーはすべての学問に通じた小室でないとつくれないだろう、と考えたのである。

そして、小室に依頼した。しかし、さすがに、これは小室にとっても難題であった。完成しないまま、うやむやなまま終わったのだった。

「先進国問題の帰趨と国際社会への反映」

ＮＩＲＡが小室に依頼した二つ目は、先進国問題分析の方法論的研究である。すでに、昭和五一（一九七六）年八月、ＮＩＲＡは「先進国問題の帰趨と国際社会への反映」という研究テーマを、シンクタンクに委託していた。委託されたのは、社団法人日本経済調査協議会、略して「日経調《にっけいちょう》」。日経調は、昭和三七（一九六二）年三月に発足した、比較的歴史のあるシンクタンクで、ＮＩＲＡが誕生したのも日経調の研究会の報告がきっかけであった。

その名称から生じる印象とは異なり、経済問題だけを研究するのではなく、その前提になる社会的、精神的な側面、教育や宗教も含めて、インターディシプリナリー（学際的）な研究を志向していた組織であった[12]。

小室は、この日経調に所属して、ＮＩＲＡの委託研究を行うことになった。この後、千代田区丸の内三丁目の富士ビルヂングの日経調で、裸足にサンダル履きの小室の姿がたびたび目撃されるようになる[13]。

研究テーマ「先進国問題の帰趨と国際社会への反映」の目的はこうである[14]。

先進工業諸国は、物質的繁栄としての「豊かさ」を実現したが、他方では、種々の社会問題に直面している。犯罪、社会紛争、交通事故、公害、離婚、麻薬、文明病などがその例である。これらは社会的アノミー現象として捉えることができる。このアノミー現象を解決することが、社会の秩序を安定させ、ひいては真の「豊かな社会」の実現につながるだろう。

この研究では、いわゆる先進国問題の問題の所在を確かめ、解決の方向を見出すために、まず先進国におけるアノミー現象を検討して指標化する。そしてアノミー現象が政治的統合、社会的安定とどの様に関連するかを考察するとともに、この先進国問題が今後の国際社会にどのような影響を与えるかを検討しようとするものである。

研究内容としては、先進一一か国（日、米、英、西独、仏、伊、カナダ、スイス、スウェーデン、デンマーク、オランダ）のアノミー度の計測と比較、アノミー現象と政治・経済・社会との関連、先進諸国・国際社会への影響を検討することとされた。

委託金は一〇〇〇万円であった。

早速、小室は日経調の主任研究員・善如喜代志《ぜんにょきよし》、同・河合光春《かわいみつはる》とともに、三名で調査旅行に旅立ったのである。

目的は、先進国問題を捉えられる社会指標（social indicator）開発のための調査、データ収集、先進国問題に直面している各国の行政担当者、行政に影響を与えている研究者らとの議論、各国の意識調査などであった。

小室は、昭和四八（一九七三）年度から昭和五〇（一九七五）年度の三年間にわたって、東京都社会指標の研究開発に携わった経験をもつ。とくに、総合化の理論的、方法論的基礎研究には自信があった。その成果をひっさげての調査旅行であった。

東京都社会指標作成で練り上げた方法論的基礎研究を、先進国問題を把握するための社会指標作成へ応用する自信もあった。

いざ、調査旅行へ

昭和五一（一九七六）年一〇月、羽田空港。

空港に現れた小室が手にしていたのは、なんと風呂敷包み二つ(15)。

関西人の善如は「風呂敷って……。いまどき、農協のオッチャンでも、しはりませんで」と呟いた。

風呂敷包みをもって飛行機に搭乗した小室は、ＪＡＬのスチュワーデスから注目の的となった。

一〇月二四日午前九時。スウェーデンの首都・ストックホルムに到着。

善如らは、スウェーデンに着いて初めて、小室が極端な方向オンチであることに気がついた。歩いて移動するときは、子供のように、ピタッと善如にくっついて歩く。はぐれたらオシマイだと思うのか、必死でオロオロしてついていった。あるとき、善如と似た格好の男に間違ってついていってしまったことがあったが、「善如じゃない！」と気がついたときの小室のうろたえぶりは尋常ではなかった。

ホテルでは、ボーイが小室の風呂敷包みを「荷物」と認識できず、放置する始末。

「小室さん、風呂敷の中はなんなんですか？」ときいたら、広げてみせてくれた。

中から出てきたのは、ネクタイ三〇本と、ワイシャツ三枚だった。

「なんでネクタイ三〇本やねん！」と善如は心のなかでツッコんだのだった。

小室は毎日、ネクタイを変えた。ネクタイの結び方がわからないし覚えられないので、これまた毎日、善如にネクタイの結び方を教えてもらったのだった。

ストックホルム大学

スウェーデンについた日の夜、小室は善如らにいった。

「ストリップをみに行こう！」

初めてのスウェーデンの夜、三人は本場のストリップ鑑賞を楽しんだのだった。

翌日一〇月二五日の予定は、面会が一件だけ。そこで、小室は一人、映画館に向かい『愛のコリーダ（ノーカット版）』を鑑賞したのだった。

一〇月二六日、小室は、ストックホルム大学（University of Stockholm）のスウェーデン社会調査研究所（The Swedish Institute of Social Research）において、ステン・ヨハンソン（Sten Johansson）、ロバート・エリクソン（Robert Erikson）、ハリー・ルートハン（Harry Lütjohan）らを前に、自分の開発した社会指標についての講演を行った。

講演が始まると、それまで借りて来た猫のように大人しかった小室が俄然、大雄弁家に変身した。威風堂々とした小室の態度に、迎える方は圧倒された。

ストックホルム大学の研究者が考えていた社会指標の方法論は、とにかく複雑で難解であった。他方、小室の開発した社会指標は単純で簡単。「こんな新しい方法があるのか」と驚きをもって迎えられた。調査研究に来たのに、小室の社会指標の方が進んでいて、反対に「あなたは、それをどうやって作ったんですか」と質問攻めにあったのだった。

一〇月二七日午前六時三〇分、ストックホルムのホテルを出発。スウェーデンから、飛行機を二回乗り継いで、西ドイツ・ボンに移動。

スウェーデン出国時、飛行場のボディチェックで小室は一五分間、拘束される。

理由は、所持していた土産用の〝のり缶〟が金属探知機に引っかかったからだった。

「What's this, sir?（これは何ですか）」と、聞かれた。

「これは〝のり缶〟である」とでもいえばいいものを、小室は流暢ではない英語でこう答えた。

「This is not a bomb.（爆弾ではない）」

「What !?（何だって!?）」

とき、まさに日本赤軍の時代。日本人がある意味、注目されている頃であった。先入観がそうさせたのか、単に聞き間違えただけなのか、その係員は「この日本人が爆弾を持っている」と思ったようだ。ただちに小室は拘束され、別室に移された。

慌てたのは善如と河合である。必死で説明して「のり缶」であることを理解してもらい、やっと釈放してもらったのであった。

なんとか間に合って、飛行機に乗り込んだ三人であったが、ホッとするのも束の間。

善如が「小室さん、散々でしたね。ここは酒でも飲みましょう」といったのが悪かった。

小室は、スチュワーデスが横を通るたびに「バーボン！」「バーボン！」と注文する。渡されると、グビッ、グビッと一気に飲む。とうとう一〇杯を飲みきった。

流石《さすが》の小室も酔いが回った。服も、シャツも、靴下も、すべて脱ぎ散らかして、飛行機の通路で大の字に寝てしまったのであった。

ジュネーブにて

ボンでは、連邦経済省のモリトル博士（Dr. Molitor）と面会。一〇月二八日午前六時、ホテルを出発し、午前一〇時にはスイス・ジュネーブに到着。国連社会開発研究所のウォルフ・スコット（Wolf Scott）との面会で議論が白熱。翌日の昼食も一緒にとった。

一〇月二九日は午前一〇時から午後五時まで昼食抜きの強行スケジュールとなった。それほど小室の議論は、ジュネーブの学者たちに強い印象を与えたのであった。小室らが受け取った資料は厖大な量になり、持ち帰りに苦労するほどであった。

世界保健機関（WHO）でのこと。

「Do you know 'WHO'?（WHOはご存知か？）」と聞かれた小室は、正直に「I don't know.（知らない）」と答える。結果、担当者は親切心から、「WHOとは何か」の説明を始めた。そのため貴重な時間が約一五分ほど失われてしまった。

後で、善如が小室に注意したところ、こう弁明した。

「本当に知らなかった。数学者でも、足し算ができない人もいるよ」

強行スケジュールにもかかわらず、小室は元気そのものであった。他方、同行した善如や河合は体重が二キロは減ったと感じていた。二人は疲れを知らない小室の姿をみて、

「〝タフ〟とは小室さんのことだ」とささやき合った。

その夜のこと。

三人で、レストランで食事したとき、ビールが出たので、善如は小室に「ビールの飲み方の経済的方法」を伝授した。レストランで飲むと一本三フラン、スーパーで買うと一ダース四・六フランなのだ、と。

小室は早速、実行する。スーパーでビールを三ダースも買ってきたのだった。

部屋の冷蔵庫は、ビールで一杯になる。そうして、小室は飲み始めたのだった。

しばらく後、小室が飲んだビールの空きビンを数えてみると、三〇本。レストランで飲んだ二本を入れると、すでに三二本を空けたことになる。

「この一週間、小室さんの行動を拘束してきた。今日、いったん解放されたことと、調査が上手くいったことによる安心感のなせる技だな……。お疲れ様でした」

そう思って、善如らは小室が飲むに任せていたのである。

ブローニュの森

翌三〇日、当初の予定ではホテルで休息することになっていた。しかし、日本大使館員から「ジュネーブに来て、モンブランを見物しないで帰る理由はありません。素晴らしいですよ。是非ご覧ください」と勧められ、三人で見に行くことにしたのだった。

ところが、小室は前日のビール三二本がたたって泥酔している。

「小室さん、モンブランに行きますか?」と聞いたら、小室は小さい声で「ウン」と答えた。しかし、足がフラフラでまともに立てない。

なんとか二人に担がれて歩きながら、モンブラン観光バスの停留所まで行った。ところが、もう間もなく観光バスが出発するというときになって、小室が呟いたのだった。

「ホテルにバッグを忘れた」

やむなく三人は、ホテルに戻ったのであった。その間に、モンブラン行の観光バスは出発してしまった。

しかし、よく考えてみたら、小室はバックなんてもってきていなかったのである。小室がもっていたのは風呂敷包みなのだからだ。

やれやれと思いながら、善如が「他の方法がないか」とホテルの受付で聞いたところ、ホテルの方でマイクロバスを手配してくれることになった。一万五〇〇〇円分の追加費用がかかったが、三人は無事モンブラン観光をすることができたのであった。

意識が回復してきた小室がいう。

「ビールのアルコール分なんて五%で、いくら飲んでも水みたいなもんなんだが……」

善如が反論する。

「いや、三〇本も飲んだら、ウィスキーに換算してボトル一二本以上になりますよ」

これで、ようやく小室も納得したのだった。

一〇月三〇日、三人はイギリス・ロンドンに向かう。そこで、日経調常務理事の宮脇長《みやわきなが》定《さだ》と合流し、調査が続けられた。

一一月三日。小室は、ロンドンでダニエル・ベル（Daniel Bell）と面会し、議論した。

その後、一一月四、五日は、フランス・パリ。フランスでは、経済協力開発機構（ＯＥＣＤ）を中心に調査を進めた。

小室は、パリに来たらどうしても行ってみたいところがあった。

それは、ブローニュの森。ストリートガールの姿をみてみたかったのだ。

「ブローニュの森に連れて行ってくれ」

善如は仕方なく、タクシーを拾って、ストリートガールが並ぶブローニュの森へ小室を連れて行ったのだった。

ところが、小室は、ストリートガールの顔を見た途端、車に身を隠すように小さくなっている。

善如は思った。「先生は、女が嫌いなんやなくて、怖いんやな」と。

「アノミー指標」で比較分析

その後、オランダ・ハーグを回って、ヨーロッパからアメリカへ。

アメリカでは、プリンストンの後、一一月一〇日にニューヨークに到着。ここで、ハーマン・カーン（Herman Kahn）と面会した。

その後、ワシントン、サンフランシスコ、ロサンゼルスを回って、一一月二三日に日本に戻ったのであった。

約一か月間の長い調査旅行であった。

その後、小室は、研究を進めた。

まず、先進国問題の社会学的構成を明らかにし、比較分析の方法論的基礎を確立し、これによって先進諸国の比較分析と国際社会の総合的研究を行うための準備を目指した。

比較分析の座標軸として、古典資本主義モデルをつくりあげた。それは、パーソンズのＡＧＩＬ図式の小室版でもあった。下位システムとして、経済システム、法システム、政治システム、教育システムを考え、それぞれに古典資本主義モデルでは、機能的自足性が予定されており、それがどういう原理で予定調和的に働くのかを説いた。併せて、その変容についても触れた。

いわば、この時点での学問的成果のすべてを投入し、座標軸としての社会システム論の全体像をデッサンしたのである。

次に、比較分析の試案として、反福祉指標である「アノミー指標」による先進諸国の比較を行った。

本研究の成果は昭和五二（一九七七）年に『先進国問題の帰趨と国際社会への反映』（総合研究開発機構）として刊行された。本研究における「アノミー指標」論は、小室によってなされた東京都の委託による社会指標の研究開発と対をなすものである。

小室は「アノミー現象」として、犯罪、交通事故、失業、労働争議、離婚、自殺、社会紛争、公害、工場災害、学園紛争、文明病、性病、麻薬を挙げた。

研究が終わった後で善如が、いたずらっぽく小室に聞いた。

「先生、あの調査項目の中に、何で〝アル中〟の項目があらへんねん？」

小室は、答えた。

「日本はアルコールに寛大だからね」

「ほんまでっか」

ニヤニヤする善如であった。

石飛仁

昭和五二（一九七七）年になった。光文社の女性週刊誌『女性自身』（二月三日号）に、小室の紹介記事が掲載された。

題して「私は大学教授たちの陰の家庭教師」。七頁にもわたるこの記事の取材をしたのは『女性自身』の記者・石飛仁《いしとびじん》（本名・樋口仁一《ひぐちじんいち》）である。

もともと、ダイヤモンド社の曾我部と石飛とは、ともにＪＪＣ(16)（ジャパン・ジャーナリスト・クラブ）の会員であり、顔見知りであった(17)。

石飛は小室に強い関心をもち、曾我部に頼み込んで小室に接触した。小室は当初、乗り気ではなかった。しかし、石飛が「花岡事件」と呼ばれる中国人強制連行の本を書いていることを知り、読んだ。そうして、石飛が、ただの雑誌記者ではないと理解し取材に応じることにしたのである。

石飛は精力的に取材を続けた。取材を行ったのは次の人々である。

会津関係者では、岩崎トキ、渡部恒三（会津中学・高校同級生）、渡部喬一（会津中学・高校同級生）、江川哲（会津中学・高校同級生）、小林貞治（会津中学・高校恩師）。大阪大学関係では、市村真一。アメリカ留学関係では、堀江瑠璃子、森口親司。東大関係者では、富永健一、川島武宜。小室ゼミ関係では、中山慶子、今田高俊。出版関係者では、曾我部洋（ダイヤモンド社編集者）、宮沢康朗（『毎日ライフ』記者）、菊池《きくち》敬夫《たかお》（『エコノミスト』編集長）。その他、加藤栄一（ＮＩＲＡ）、善如喜代志（日本経済調査協議会主任研究員）、古寺雅美（東京都総務局統計部人口統計課長）ら。

そして、最後の取材対象は小室直樹本人である。

昭和五一（一九七六）年一二月一四日。

料亭での取材となった。曾我部洋ら出版関係者も参加した。

石飛は、これまでに取材したすべての情報が頭に入っており、小室に聞きたいことが山のようにあった。こんな面白い人物はみたことも聞いたこともない。小室に対する好奇心で頭の中は溢れそうになっていた。

小室は飲んで語った。飲むほどに饒舌になる。石飛も酔いながらも、小室の人生を追い、質問を投げかけたのだった――。

一枚のメモ

石飛　先生ね、会津で先生は数学がとにかくできたし、英語もできた。みんなに送られて京大に行くでしょ。

小室　はい。
石飛　京大行って、よしオレはやってみよう、という形で出てきたんだけれども、そうすると「何だ大学っていうのは案外レベルが低いなぁ。大した先生いないなぁ」っていうのが先生の感想ですか？
小室　初めの。
石飛　ガッカリしたっていうか。
小室　うん。
石飛　意気が削がれるわけですか。
小室　そこでもって市村真一先生のところに訪ねて行ったわけ。
石飛　それは何年生のときですか。
小室　二回生のとき。
石飛　いつ頃ですか。春ですか、夏ですか、秋ですか。
小室　秋ですな。
石飛　二回生の秋にヒックスを読んで、序文に市村先生を褒めたものがあったんで……。
小室　市村先生のところに訪ねて行った。
石飛　「市村先生のところに訪ねる」というのは、先生、どういうことですか。
小室　市村先生のウチに行った。

石飛　住所なんかどうやって調べたんですか。
小室　そりゃ簡単。その程度は調べられますよ。いくらオレが方向音痴だってさ。教務課に行って「この人、何年卒業で、今、どこにいますか？」って聞いた。
石飛　ふーん。で、電車で？
小室　そう。ゴットン、ゴットンとね。市電に乗って。
石飛　市電に乗って？
小室　そうそうそう。その頃、今でもあるかどうかわからないけれど。京大があるのは百万遍のところでしょう。
市村先生が住んでいたのは京都駅の近く。
石飛　で、先生のおうちに訪ねていって「ごめんください！」といったわけですか。
小室　ところが、そのとき、オレは劇画だとか講談ばっかり読んでいたんで、こんな大先生のうちに来たならばと、
「頼もぉぉぉーーーーー!!」
といっちゃった（笑）。
石飛　ははは。そんな大きい門か何かがあったんですか。
小室　そんなものないけど、先生のおうちは運送屋だからさ、普通のガラガラする門。どうやって出てくるかと思ったら、

「どなたでございますか?」

と先生のお母さんが出てきた。

「市村先生いらっしゃいますか」

「何かご用ですか」

「これこれしかじかで、はるばる会津から先生の名声をお聞きして訪ねてきた者でございます。先生にお目通りは叶いましょうか」

そういったら、向こうはビックリしてたなぁ（笑）。

石飛　あはは。

小室　教養学部の二年生だ、そんな小僧に対して怒ったってしょうがないと思ったのか、そこは先生のお母さん。貫禄があって「どうぞ、どうぞ」と通されて、先生に会ったわけ。

石飛　はぁ……。で、どういう風にお願いしたんですか、市村先生に。

小室　市村先生のところにいってね、

「市村先生でいらっしゃいますか」

「そうだ」

「先生の名声を聞き伝えて来た者でございます。先生はサムエルソンの下で博士号を取った、天下の大学者だと存じます。どうか弟子入りさせてください」

っていったんだ。

石飛　う～ん……。

小室　そうしたら、先生、「今まで、お前、どんなものを勉強した？」というんだ。

石飛　うん。

小室　「経済学はやったか？　どんな本、読んだ？」っていったから、「本といって読まないものはございません」

石飛　ワッハッハ……。

小室　その頃、自信満々だから（笑）。わずか一九歳かな。教養学部の先生なんかバカか低脳かと思ってた。マル経だろうが、近経だろうが、オレの方がよくできたから。実際そうだった。

石飛　で、先生はどういったんですか。

小室　そうしたらね、先生がね、「スルツキーの方程式を書いてみよ」

そこで、ガバガバッ！　と書いたんだな。

「これを証明しろ」「グラフで書け」と、片っ端からジャンジャン突っ込まれたんだな。
石飛　はぁ……キツかったですか？
小室　うん。非常にキツくって、オレが答えられないものも、たくさんあったんだな。それで、オレはビックリしちゃってさ、劇画と同じように、スパッと三メートル跳びすさって「おそれいりました!!」っていったんだ。
石飛　うん（笑）。
小室　先生がいうには、「お前は素直で宜しい。弟子にしてやる」って。
そのとき、曾我部から石飛に一枚のメモがそっと渡されたのを小室は気づかなかった。
メモには、こう書かれていた。

「小室氏は酔うと、話が創作臭くなるので注意しろ！　読後反古」

以上が小室演出による「市村師範、小室の弟子入りを認めるの巻」である。
その後も、石飛との交流は続いた。
財団法人民生館において石飛がその父親・樋口喜徳《ひぐちよしのり》と開設していた「規範経済研究会」の特別講師として壇上に立ったり、石飛の企画でＵＦＯ研究家・清家新一《せいけしんいち》と対談したりした。

石飛が昭和五七（一九八二）年に、『風の使者・ゼノ神父』（講談社）を刊行した際には、日比谷松本楼、四谷のバー・ホワイトでの出版記念会にも駆けつけた。そのときは、新左翼の活動家で評論家・平岡正明《ひらおかまさあき》と一触即発の状態になって、周りをヒヤヒヤさせた。石飛はかつて演劇に携わりながら左翼運動に関わり、そして挫折を味わっていた。石飛は新しい時代の理論的支柱として、小室の学問に大いに期待していたのである。

こうして「左」の石飛と関係ができたのとほぼ同じ頃、小室の人生を大きく変える「右」の人物との邂逅があった。

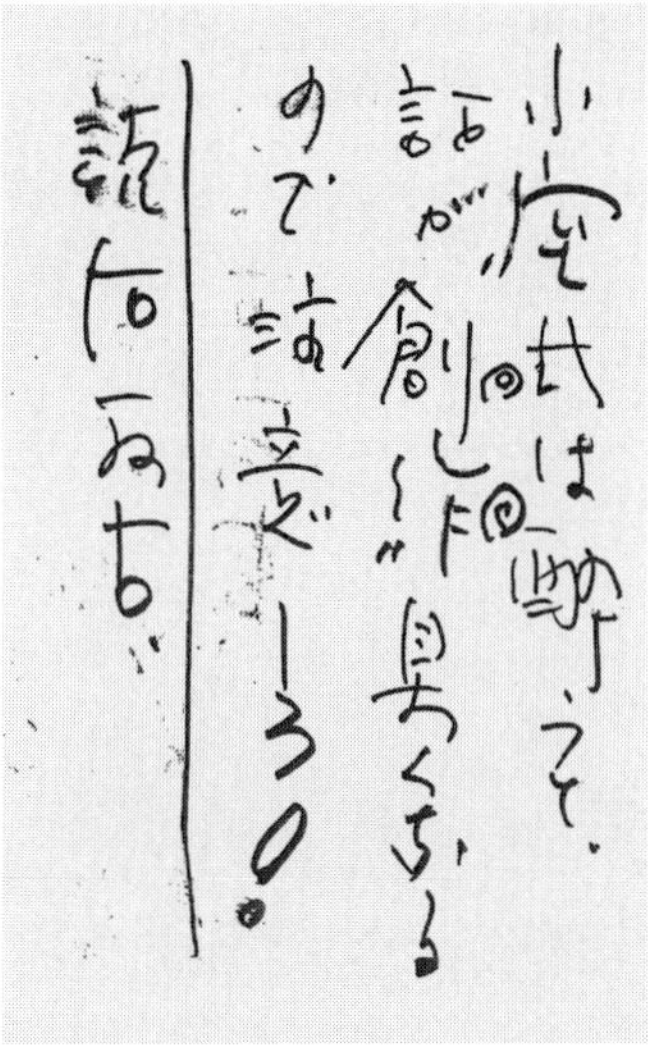

曾我部洋氏から石飛仁氏にそっと渡されたメモ。

石飛仁著『風の使者・ゼノ神父』出版記念の会。左から曾我部洋氏、相倉久人氏、岡村春彦氏、平岡正明氏、石飛氏、山田晃氏、小室、朝倉喬司氏（昭和五七（一九八二）年、石飛氏提供）。

石飛仁著『風の使者・ゼノ神父』出版記念会。左から石飛仁氏、曾我部洋氏、小室、
木田康彦氏（ダイヤモンド社）（昭和五七（一九八二）年、石飛氏提供）。

山本書店店主・山本七平である。

昭和五二（一九七七）年、『週刊朝日』（三月四日号、三月一一日号）に、小室と山本七平、渡部昇一との鼎談が掲載された。タイトルは「受験戦争にみる〝日本病〟」。

この企画で、小室は初めて山本と会った。そして、あっという間にその天才的な分析力、人柄に魅了されたのだった。

小室の学問方法論

昭和五二（一九七七）年六月一八日土曜日、一九日日曜日。

神奈川県横浜市金沢文庫の称名寺そばにある社会教育会館で知研の合宿セミナーが開催された。「知研　第九回　土曜セミナー」である。

ここで、小室は歴史的講義を行った。

小室自身の学問方法論の全体像を語ったものである。NIRAの主任研究員の加藤栄一も参加していた(18)。

講義の概要は「私の学問の方法論」（『わたしの知的生産の技術』（講談社）所収）としてまとめられた(19)。

小室は、これまで学問方法論について様々な媒体で語ってきた。

書籍になったのは本書のほか、二冊ある。一つは「『社会科学』革新の方向――田無夜話」(『学問の思想』筑摩書房)。

本論文は、社会科学の方法論を詳細に論じるものの、対話編であるがゆえに全体像がみえにくい。

もう一つは「科学的分析の基礎」(『法社会学講座三　法社会学の基礎一』岩波書店)。

本論文は、体系的かつ正確に社会科学の方法論を論じる。しかし、専門書であるがゆえに、用語、言い回し等の点で一般読者にとっては、やや難解である。

その他、雑誌では、「社会科学における行動理論の展開(全五回)」、「社会科学の将来」(『学際』通巻七号、昭和四五(一九七〇)年)、「続・社会科学の未来」(『学際』通巻一〇号、昭和四六(一九七一)年)があるが、雑誌論文であるがゆえに、総じて入手困難である。

そのため、一般読者が、小室の学問方法論を理解するのに最適なのは「私の学問の方法論」である。

社会科学とは何か

小室の学問方法論のエッセンスはこうだ。

ルネッサンス以降にできた近代科学は学問の中に入るが、学問には、哲学もあれば、神学も、文学もある。また、人文科学、ヒューマニティスもある。
学問の全体像は、次のとおりである。

学問
- 哲学、神学、文学
- サイエンス（科学）
  - ナチュラル・サイエンス（自然科学）
  - ソシアル・サイエンス（社会科学）
- ヒューマニティス（人文科学）

では、科学とは何か。
科学であるかないかの規準《ものさし》は、研究対象ではなく研究方法にある。
すなわち、科学であることの必要十分条件は、次の三つである。
（一）理論と実証が分化され、統合がされていること。
（二）理論とは完全理論であること。
（三）実証とは完全な実証計画法を伴った実証であること。

図　科学発展の連鎖

（出典）小室直樹「科学的分析の基礎」、川島武宜編集『法社会学講座三　法社会学の基礎一』岩波書店、昭和四七（一九七二）年、一八二頁。

理論があって、実証があって、しかも、その両者が統合されていることだ。

理論と実証との分化と統合があれば、超能力だって、超古代史だって、どんな対象だって科学になるのである。

まず、理論。科学的理論は、単なる仮説、モデルである。

さしあたり、現実はまったく考慮しなくてもよいが、公理論的理論である必要がある。公理論的理論とは何かというと、「公理からすべての定理が導き出されるような理論」である。

ただ、必ずしも公理系そのものである必要はない。社会科学においては、川島武宜の提唱した「theory by postulation」の考え方でもよいと考える。研究者の要請する（postulate）いくつかの仮定、公準から体系が導き出されたものでもよし、とする。

そうして、このような理論を、実証できるように、実験できたり観察できたりするように、外部的《オーバート》（overt）かつ測定可能《メジャラブル》（measurable）な変数を用いて再構成することが必要である。これが、理論の操作化である。

次に、実証。科学的実証とは何か。

それは、現実に照らして検証されるべきことは当然として、（一）検証法が計画化され、（二）特定の理論の検証を目指すものでなければならない。

実証の結果によって、最初に立てられた理論、すなわち、仮説の妥当性が問われることになる。結果、よりよき理論が新たに形成されることになる。このプロセスが実証の解釈である。

このようなプロセスを経て、科学はつねに、よりよき理論を目指して進歩する。この進歩のプロセスは無限に繰り返され得るから、科学の進歩は無限である。

これを「科学発展の連鎖（chain of scientific development）」という。

これが小室の理解する学問方法論であり、小室自身が使った学問方法論であった。

第一三章　小室ゼミの拡大

橋爪大三郎の奮闘

小室ゼミ出版企画『経済システムの社会理論』（仮）に掲載予定だっ
間々田孝夫氏による「序論　一般均衡論と社会学理論」（間々田氏提

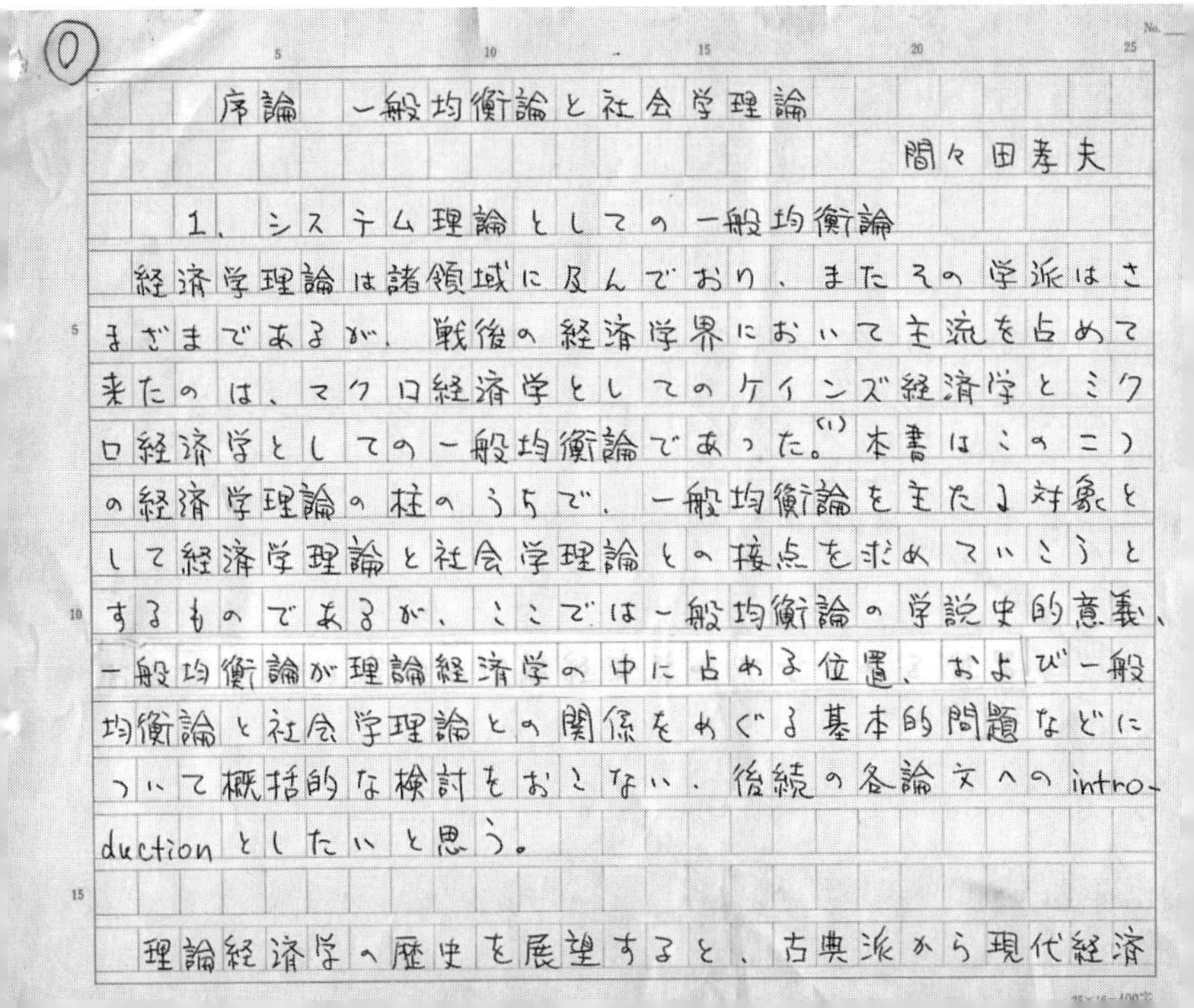
①

序論　一般均衡論と社会学理論

間々田孝夫

1、システム理論としての一般均衡論

経済学理論は諸領域に及んでおり、またその学派はさまざまであるが、戦後の経済学界において主流を占めて来たのは、マクロ経済学としてのケインズ経済学とミクロ経済学としての一般均衡論であった。(1) 本書はこの二つの経済学理論の柱のうちで、一般均衡論を主たる対象として経済学理論と社会学理論との接点を求めていこうとするものであるが、ここでは一般均衡論の学説史的意義、一般均衡論が理論経済学の中に占める位置、および一般均衡論と社会学理論との関係をめぐる基本的問題などについて概括的な検討をおこない、後続の各論文へのintroductionとしたいと思う。

理論経済学の歴史を展望すると、古典派から現代経済

東大非常勤講師に

昭和五二（一九七七）年四月。小室は、富永健一の推薦で東京大学大学院社会学研究科の非常勤講師として採用された。担当科目は「社会学のための統計学」となった[1]。

一年間の期間限定ではあったが、この年の小室ゼミは、大手を振って文学部の教室を使うことができた。

昭和五二（一九七七）年度の小室ゼミがスタートしたのは、四月一八日月曜日、午前一〇時三〇分から。場所は、文学部二一二一教室。

時間割は次のとおりであった。

一限目　一〇時三〇分から一二時二〇分　数学
二限目　一三時〇〇分から一五時〇〇分　統計学
三限目　一五時〇〇分から一七時〇〇分　経済学
四限目　一七時〇〇分から一九時〇〇分　ソフト・サイエンス（丸山政治学等）

昭和五二（一九七七）年の、主たる参加者は、橋爪大三郎、白倉幸男（博士課程一年）、長谷川公一《はせがわこういち》（修士課程一年）、恒松直幸《つねまつなおゆき》（修士課程一年）、渡辺秀樹（博士課程）、水野博介《みずのひろすけ》（博士課程）ら。また、昭和五二（一九七七）年六月に、盛山和夫がアメリカ留学から帰国。小室ゼミにも短期間、復帰している。

白倉幸男

小室が、歴代の小室ゼミ生の中で、その学問的能力を高く評価していたひとり(2)が白倉幸男(3)であった。

俳優の渥美清を少しふっくらさせたような容姿。喋るのが得意ではなく、ボソボソと呟くように話すシャイな性格だった(4)。

しかし、その見た目や話し方からは想像もつかないほど、その数学的能力は抜群に高かった。また、直観的な洞察力もずば抜けて鋭かった。

家庭が貧しく、高校卒業後、いったん公務員になったが、その才能を惜しんだ人物の勧めで東大に入学し、大学院に進む(5)。橋爪とともに小室ゼミの運営を支えたゼミ生のひとりになる。

もっとも、社交性がないため、小室ゼミしか彼の居つく場所がなかったという側面もあったかもしれない。

修士論文執筆中には、母親が病気になり時間がとれず、白倉にとっては不本意な内容となったが、そのコアとなる部分を小室は非常に高く評価した。

数量的に扱えない社会学的変数間の相互連関関係、これを確定するための質的分析法、すなわち質的比較静学の研究である。

これはヒックスの一般均衡モデルを、さらに一般化したものだった。ヒックス的定式化による比較静学が不十分であることを指摘し、それを拡張する超スルツキー方程式の理論を発見した(6)。

小室は感動した。白倉が発見したことは、小室自身がまさにやりたかったことの一つであった。

白倉は、この点で小室すら凌駕していた。

ゼミ生の中から、白倉のような人物が現れたことが誇らしかった。

「これをはやく英語に直しなさい。そうしたら森嶋先生に送るから」

ところが、白倉の方は、気乗りしなかった。

「こういうふうなのは、今はもっと高級な数学が使われるようになっているから、今さらこれ出しても遅いよね……」。そう友人に語っていた。

長谷川公一と恒松直幸

昭和五二（一九七七）年四月、長谷川公一は、東大大学院社会学研究科修士課程に入学したばかりであった。指導教官は吉田民人。同時に小室ゼミに入った恒松直幸とは学部と大学院の同期であった。恒松の指導教官は富永健一である。

長谷川は、恒松とともに、極めて精力的に小室ゼミで発表した。二人の参加で、小室ゼミは活性化した(7)。

二人とも構造機能分析に多大なる関心を持っていた。昭和四九（一九七四）年に刊行された『社会学講座一　理論社会学』（東京大学出版会）の小室の論文「構造-機能分析の論理と方法」はもちろん熟読していた。また、長谷川らは「これからは社会学者でも、経済学、数学の知識をもっておくべきだ」と考え、小室ゼミの門を叩いたのである。当時、小室ゼミでは橋爪が講師として活躍する時代で、〝師範代〟のような存在であった。

長谷川の小室に対する印象は、べらんめえ調の講義。エッセンスを見抜いて、簡潔に説明してわからせてしまう。サムエルソンの経済学のエッセンスはココなんだと的確に指摘する。

小室は、どこが一番のポイントなのかをズバリと教えてくれた。川には、本流と支流がある。凡庸《ぼんよう》な講師は支流に気を取られて、どこが本流なのか浮かび上がらない説明が多い。その点、小室は、ここが本流なんだとインパクトをもって教えることのできる教師であった。名講義だった。

こうして、長谷川は、小室ゼミに主体的に関わるようになる。長谷川は多くのレジュメを作成し、その青焼きがゼミ生に配られた。長谷川のレジュメには次のようなものがある。

「安井琢磨『連関財についての一考察』（著作集第二巻所収）」（昭和五二（一九七七）年九月一七日付）
「再ビ〝連関財〟ヲ論ズ」（昭和五二（一九七七）年九月二六日付）
「ゲーム理論さまざま」（昭和五二（一九七七）年一〇月三日付）
「ゲーム理論さまざま（続）」（昭和五二（一九七七）年一〇月一七日付）
「又又《またまた》ゲームの理論」（昭和五二（一九七七）年一〇月三一日付）
「〈小室ゼミ数学セクション〉微分法『解析概論』第二章」（昭和五三（一九七八）年二月一九日付）
「陰関数の基本定理『解析概論』二九四頁〜三〇二頁」（昭和五三（一九七八）年二月二七日付）

恒松も、同様に精力的に発表し、小室ゼミを牽引したのであった。恒松のレジュメには次のようなものがある。

「確率変数の四則演算」（昭和五二（一九七七）年六月一三日付）
「市村真一『嗜好の変化と価格の変動』要約」（昭和五二（一九七七）年九月一〇日付）
「The Working of the General Equilibrium System（J. R. Hicks Value and Capital Chap. V）」（昭和五二（一九七七）年一〇月二四日付）
「連立一階線型微分方程式（定数係数の場合）の解法」（昭和五二（一九七七）年一一月二八日頃）
「フロベニウスの〝ルーツ〟」（昭和五二（一九七七）年一二月五日付）
「多財市場の安定条件」（昭和五三（一九七八）年一月二三日頃）
「改訂増補版：Leontierf System：安定・存在問題」（昭和五三（一九七八）年一月二三日頃）
「角谷の不動点定理」（昭和五三（一九七八）年二月一二日付）
「高木『概論』Chap. 三〝積分法〟のメモ」（昭和五三（一九七八）年二月二〇日付）

『ソシオロゴス』発刊

この年、東大大学院社会学研究科社会学専攻の院生の有志により『ソシオロゴス』が発刊された。

『ソシオロゴス』は、制度的に大学当局とは独立している。その点で、小室ゼミに似ている。(8)

この『ソシオロゴス』なる雑誌はどのようにして誕生したのだろうか。(9)

かつて東大社会学に福武直《ふくたけただし》という農村社会学の大御所がいた。だれもが左翼である時代、福武もまた左翼であった。『ソシオロゴス』の誕生には福武が大いに関係している。

昭和四四(一九六九)年は東大紛争の年で、一月には東大入試の中止が発表される。三月には、文学部社会学研究室の尾高邦雄《おだかくにお》教授が定年退官する。尾高の退官記念講演が、六本木の国際文化会館で行われることになったのは、文学部で学生たちによるストライキが続行中だったからだ。(10)

それまで、文学部社会学研究室(大学院)の教授は尾高と福武の二人であったが、尾高の退官により福武ひとりとなった。

昭和四五(一九七〇)年になると、助教授であった高橋徹、青井和夫《あおいかずお》が教授に昇進。このころ、福武は「辞めたい」と周囲にもらす。自分以外に教授は二名いるし、東大紛争の〝敗戦〟は左翼の福武にも影を落としていたのだろう。

ところが、辻村明《つじむらあきら》、綿貫譲治《わたぬきじょうじ》、富永健一ら助教授たちが、これを止めた。

「いま、ここで福武先生に辞められたら困ります」と。

一九六〇年代、文学部において福武直と日高六郎《ひだかろくろう》が左翼の両巨頭。日高は昭和四四（一九六九）年、全共闘学生に殉じて早々と辞職した。福武も辞めたかったが、止められて辞められなかったのであった。

昭和五二（一九七七）年三月で定年退官する福武にとっては、昭和五一（一九七六）年度が最後の年。しかし、福武の授業には、ほとんど聴講者が来ない。一限目の講義、福武は教卓に腰掛けて、煙草を吸って学生が集まるのを待つ。

「来週から九時にしましょうや」

ポツリとそういった。

その後「一〇時からにしましょうや」ということになった。

その福武が、定年退官する際に、退職金の一部の五〇万円を学生たちにポンと寄付した。福武は思った。「『修士論文要約』以外、東大大学院社会学研究科の大学院生には論文を発表する紀要、ジャーナルがない。可哀想だ。この五〇万円で学生自身が『紀要』にかわるものをつくればよい」と。

こうして橋爪大三郎ら全共闘世代の生き残りたちが動いて枠組をつくり、誕生したのが『ソシオロゴス』だった。

査読はある。しかし、闇討ちのような査読はよくないと考え、著者と査読者とが一堂に会して議論することにした。反論権があるのだ。

誌面の割付、構成は学生が手弁当でやったが、それでも福武の五〇万円は、あっという間に費消されてしまった。そこで、広告取りが行われた。裏に一面で一万円。印刷費はそれでペイした。また、ファンドをつくり、ソシオロゴス債を発行したりもした。

小室も、『ソシオロゴス』を、現物購入という形で支援した。

「君たちの『ソシオロジクス』、三部ちょうだい」と買い上げた。なぜか「ソシオロゴス」と発音できず、「ソシオロジクス」と呼んでいた。

自主ゼミを単位認定

昭和五三（一九七八）年度、小室は非常勤講師としての資格を失い、再び自主ゼミとして再出発する。

通常ゼミは、月曜日の朝九時から夜九時まで。一二時間ぶっ通しでゼミが行われることになった。

ゼミの場所は、基本的に東京大学法文二号館地階の社会学実験室。

ただ、ある事件が起きた。

昭和五三（一九七八）年一月、全共闘をリスペクトする一部の文学部学生、大学院学生らが、東大創立百周年記念事業に反対。彼らは文学部長室に座り込みを開始し、そこでボヤ騒ぎを起こしたのである。大学当局は、ただちに占拠学生を退去させ、ロックアウト。

結果、文学部の入る法文二号館では、夕方になると電気のブレーカーが落とされるようになったのである。そのため、夕方以降は地階実験室が使えなくなった。

この後、夕方以降の小室ゼミは様々な場所を転々と彷徨《さまよ》った(11)。

ときどき利用したのが、学士会館本郷分館や、経済学部棟地下の院生ゼミ室。ここは経済学部の助手(12)が管理しており、他学部生でも比較的自由に使えたのである。

しかし、未だ大学紛争の空気、雰囲気が残っている時代。

夕方以降は、大学の校舎が使えないとなると「自主的に勉強している人たちを疎外して研究・教育の機会を奪うのか」と騒がれかねない状況であった。

実際、院生の間での研究活動の中心は「自主ゼミ」であった。そこで、自主ゼミを正規のものにする運動が院生らの中で起こるのである。その中心にいたのが橋爪大三郎であった(13)。

この運動に対して、大学側も柔軟な姿勢、学生の自主的な学習をサポートする態度を示した。結果、東大大学院社会学研究科では、たとえ自主ゼミであっても、代表者がいること、出席者のリストがあること、そのリストを教務課へ提出して教授会にかけること等を条件に「社会学個人指導」として通年四単位のゼミ扱いとされたのだった(14)。自主ゼミを必要単位に充当できるようになったのである。小室ゼミもその制度を利用した。

結果、東大の社会学の大学院に入った学生の約半数は、小室ゼミに一、二学期だけ出席し、数学、統計学、経済学を学び、単位を取得したのだった(15)。

もっとも、橋爪、白倉のように継続して熱心に参加する者は多くはなかった。

昭和五三（一九七八）年の、主たる参加者は、橋爪大三郎、白倉幸男（東大大学院博士課程二年（小室ゼミ代表世話人））、志田基与師《しだきよし》（東大大学院修士課程一年）、長谷川公一（東大大学院修士課程二年）、恒松直幸（東大大学院修士課程二年）、大井幸子（慶應義塾大学・学部三年、夏季講座から）、田代秀敏《たしろひでとし》（慶応義塾大学・学部三年、夏季講座から）、河野博丈《こうのひろたけ》（東大・学部生）、篠原守《しのはらまもる》（外務省）、加藤栄一（筑波大学助教授）らであった。

橋爪大三郎の決意

橋爪が小室ゼミに関わるようになって、五年目。小室が橋爪に指示すると、橋爪がそれを具現化する。息の合った連係ぶりが実現していた。

橋爪は、昭和五二（一九七七）年に東大大学院社会学研究科博士課程を単位取得退学。博士課程の三年間が終わった。これは日本育英会の奨学金がなくなることを意味する。その後の一年間は、日本学術振興会特別奨励研究員として研究費を確保できたが、その後は全くの未定。

小室は、そのような橋爪の懐事情を知り、自分のことのように心配した。

「自分であれば、年間一〇〇万円で生活できるが、橋爪君にできるだろうか。おそらく無理だろう……」

そこで、橋爪に聞いた。ちょっとした心づもりはあった。

「橋爪君、アルバイトを紹介しようと思うんだが、月いくら必要か？」

欲のない橋爪は、正直に答えた。

「家庭教師をしているので月五万円もあれば、随分、本が買えますね」

「なんだ、そんなのでいいのか？」

小室は意外に少ない金額に安心して、話はそのまま立ち消えになった。

しばらくして、似たようなことがあった。

もともと、小室は、雑誌の記者、編集者を相手に口述した原稿の出来をいつも不満に思っていた。例えば、小室がシュテファン・ツヴァイクを引用して「星辰とともに永遠」

といったのに、原稿には「精神とともに永遠」と書かれる始末。聞き取る側の教養が足りないため、小室のいいたいことが記者や編集者に正確に伝わらないのだ。

そこで、教養ある橋爪君ならば、と考えた。橋爪君のアルバイトにもなろう。これぞ一石二鳥。

そこで、小室は橋爪を呼んだ。

「橋爪君、僕の論文の口述筆記をやってみないか」

「私にできるでしょうか」

「やってみないとわからないだろう。さっそくどうだ?」

ちょうど小室は『エコノミスト』に載せる共通一次試験についての論文を執筆中だった。そこで「共通一次試験」をテーマに、小室が橋爪の前で話し始めたのだった。

場所は、社会学研究室の地階実験室。小室が口述し、橋爪が筆記する。

話しているうちに、小室は、共通一次がダメな理由として「人間の規範意識を破壊すること」をあげた。小室が精神分析学から着想した持論は「規範意識には〝層〟がある」ということだ。

小室はいう。

「人間の規範意識には〝深層〟がある。共通一次試験は、その〝深層〟の規範意識を破壊する」

それを聞いて、橋爪はいった。

「それは、ノルム以前のノルムなので、〝ウア・ノルム（Ur-norm）〟ですね」

それを聞いて、小室は膝をうった。そうだ、そのとおり！

「〝ウア・ノルム〟。それは小室と橋爪の議論の中で思いついた概念であるが……」

と続けた。

しかし、結局、橋爪のサポート・ライターはうまくいかず、立ち消えになった。

橋爪もあまり乗り気ではなかった。「小室先生の考えと自分の考えには乖離《かいり》、懸隔《けんかく》がある」と知っていた。だから、どうも身が入らない。また、「小室先生には独特の言い回しがあって、それを別人格の自分が複製するのは所詮、無理なのだ」と思った。

橋爪は「こういう仕事はやっぱり編集者でないとできない」と感じたのだった。

他方、橋爪は橋爪なりに、学者として生きて行く決意を固めていた。

日本学術振興会特別奨励研究員として研究費が得られることになったとき、橋爪は自分に義務を課した。それは、定期的に論文を書くこと(16)。

そうしないと、研究費は不労所得となる。それは許せなかった。

学者になると決めてからは、自分で髪を切ることにした。散髪用の鋏を購入するための初期投資をすれば、あとは、散髪代として消えるお金をつかって多くの本を買える。最初は利き手の反対側の髪を切るのに苦労したが、すぐに慣れた。

以降、橋爪のヘアスタイルは変わっていない。

すべてを学問のために集中する橋爪の真っ直ぐな姿勢であった。

長谷川公一の思い

長谷川公一は、講義する小室に、学問的情熱がなによりも最優先している、〝俗世間〟を超越した姿をみた。そこに、研究者、生きた学究のモデルを肌身で感じた。無報酬で、ゼミ生に熱っぽく経済学、数学、法社会学を教えてくれ、学問の神髄を語りかけてくれる。

「小成に安んずるなかれ」

そう自分にも言い聞かせるようになった。

しかし、一年間、小室ゼミに出てみて、気付いた点があった[17]。

長谷川の指導教官は吉田民人。吉田と小室とは志向性が逆を向いていると思われた。

二人とも構造機能分析の彫琢に力を入れていたのだが、根本的なところで違っていた。

吉田は、あらゆる事象を理論的に包括することをめざしていた。「情報-資源処理」という観点から、生命以前のシステムも、生命以後のシステムもすべて説明できるのではないかという基本的な考え方を持っていた。吉田は、こう考える。「理論的に説明できない事象が出てきたときには、新しい理論的枠組を〝積み木〟のように追加すればいいじゃないか、パーツをどんどん足していって説明すればいいじゃないか」と。

　他方、小室は「世界はできる限りシンプルに、理論的に集約できればできるほどいい」という物理学的な考え方である。「余計な〝積み木〟、パーツはなければないほどいい」、「サムエルソン的な強力なモデルで説明できるのが一番いい」という考え方に立つ。オッカムの剃刀の社会科学バージョンである。

　理論とはどうあるべきか、その根本において、吉田と小室の二人は立場を異にしていた。あるとき、長谷川は吉田からこういう話をきいた。

「小室さんから、ぼくの論文を英訳してさしあげましょうと提案されたんだけど、断ったんだ」

　そこに、二人の関係をみるような気がした。

　長谷川は、それまで二年ほど、小室ゼミで学んできた。くり返しも増え、自分としては、学ぶべきことは学んでしまったという思いもあった。

　また、研究仲間の舩橋晴俊《ふなばしはるとし》らと新幹線公害問題の研究を開始し、「もっと具体的な社会紛争や社会問題を分析したい」と思うようになっていた。「経済学における一般均衡理論のようなシンプルなものでは社会問題は説明できない」と思い始めていたのである。

　小室を間近にみて「破滅型の天才だ」と直観した。破滅型の小室は、魅力的である半面、人間的な成熟さには乏しかった。

こうして、長谷川はだんだん小室ゼミから足が遠のいていった。

志田基与師

昭和五三（一九七八）年四月、志田基与師が参加した。志田は、橋爪とともに小室ゼミを牽引していく重要なゼミ生の一人となる。

この年、志田は東大大学院社会学研究科修士課程に進学。指導教官は、長谷川と同様に吉田民人であった。

以降、志田は昭和六〇（一九八五）年四月、金沢大学に就職するまで継続して小室ゼミに参加した。受講生として、そして、講師として。

当初、志田の関心は、数学、経済学にあったので、政治学のゼミはパス。統計学、数学、経済学のゼミに出席した。

門戸開放

昭和五三（一九七八）年の夏から、小室ゼミが大きく変質する。それは東大以外に「公開」されたことである。これが小室ゼミにとって大きな転換点のひとつとなった(18)。

1978-7-1

小室ゼミ夏期講座

皆様お元気でご研究に，お仕事にお励みのことと存じます。この夏も小室ゼミでは，下記の日程でサマー・スクールを開きます。今まで，参加できなかった方も，是非この機会にこぞってご参加下さいますよう，おすすめいたします。

A，経済学のための数学
　講　師　小室直樹 ほか
　日　程　7月11～15日（10 a・m～6 p・m・）
　テキスト　矢野健太郎『代数学と幾何学』，『微分積分学』（裳華房）など。
　内　容　線型代数，微積分の大学初級程度の内容を復習する。

B，ミクロ経済学の理論
　講　師　小室直樹 ほか
　日　程　7月17日（月），18日（火），26日（水），8月4日（金），
　　8月4日（金），5日（土），
　　9月1日（金），2日（土），（10 a・m・～6 p・m・）
　テキスト　ヒックス『価値と資本Ⅰ，Ⅱ』（岩波書店），サミュエルソン『経済分析の基礎』（勁草書房）など。
　内　容　近代経済学のエッセンスである一般均衡論を，わがものと体得することをめざす。

C，統計学
　講　師　小室直樹 ほか
　日　程　7月10日（月），（10.30 a・m・～6 p・m・），20日（木），21日（金），27～29日（木～土），31日（月），8月1日（10a・m～6p・m・）
　テキスト　Mood・Graybill・and Boes "Introduction to the Theory of Statistics "を用いる。
　内　容　数理統計学の基本的トピックの中から，連続確率変数の概念，平均と分散，確率変数の演算，確率変数の変換，などをとりあげ，次に特性関数などをとりあげる。

まず数学の予備知識としては，初等的な微積分を前提とする。重積分については，初日に説明する。
統計学の予備知識としては，代表的な離散型確立変数，事象の独立，条件つき確率，結合密度，周辺密度，確率変数の独立といった概念を前提とする。
（なお，演習用プリントを初日7月10日に配布する。）

D，カタストロフィの理論
　講　師　河野俊丈
　日　程　8月2日（水），3日（木）（1 p・m・～4 p・m・）
　内　容　Morse Theory は多様体上の"非退化なCritical points をもつ，R－valved function（Morse function）"の critical points のヘッシアンという局所的な情報が，多様体の大局的な性質をかなり決定するという点で注目されるが，ここでは，これを，Smaleのアイデアにもとづいて一般化し，R^n－valved function について，critical points の拡張概念である Pareto points を定義し，その variety としての性質および安定性を論ずる。応用上，重要な道具を与えることになることが期待される理論だが，初等解析に線型代数のみを用いて，構成を試みる。また，Thom・Mather による C^∞－function の unfolding・versal deformation，さらには，elementary catastrophy との関連も考える。ここでも，Algeblraic Topology・Algeblraic Geometry のターミノロジーは，できる限りさけてみる。
　文　献　Morse Theory については，Milnor・The Theory of Morse・Princeton・Lecture note．
　　Pareto points については，Pareto・V. Manual of Political Economy・1971. Macmillan・London.

E，行動理論と消費者選択
　講　師　関々田孝夫
　日　程　8月31日（木），（10 a・m・～6 p・m・）
　内　容　講師の長期的研究テーマ「社会理論と経済理論」の一環として，今回の研究発表を行なう。（なお，レジュメを事前に配布する。）

F，数理社会学
　共　催　数理社会学研究会
　日　程　7月24日（月），25日（火）（12:30p.m～5:30p.m）
　a．講　師　今田高俊
　　演　題　学歴社会の数理解析
　b．講　師　高坂健次
　　演　題　社会的地位の数理社会学（仮題－世話人による）
　c．講　師　盛山和夫
　　演　題　シグナリング均衡モデルの新展開

G，ケインズと現代経済学の展望
　講　師　小室直樹 ほか
　日　程　7月19～22日（水～土），26日（水）（10 a・m・～6 p・m・）
　内　容　ケインズ経済学について理解を深めます。

H，予備日　8月7日，26日，29日
　　9月4～6日（火～木）

I，その他　なお参加者からは，連絡実費500円をいただきます。
　よろしく，ご協力下さい。

1978-7-1

<会場・道順>

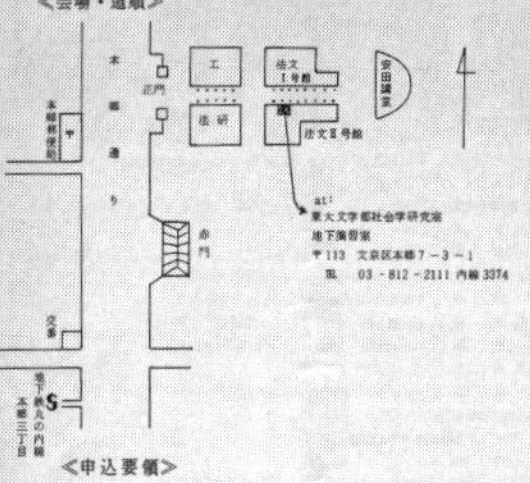

<申込要領>

○葉書等で連絡下さる方は，下記の事項をお忘れなくご記入下さい。

1）氏　名（ふりがな）
2）住　所
3）電　話
4）所属・専門
5）参加するコース名
6）その他の連絡事項など

〒113　東京都文京区本郷7－3－1
東京大学文学部社会学研究室内
小室ゼミナール　℡ 03（812）2111 内3374

世話人　〒113　文京区西片2－15－8　菅原方
白倉幸男　℡ 03（811）6682

小室ゼミ夏期講座のお知らせ。

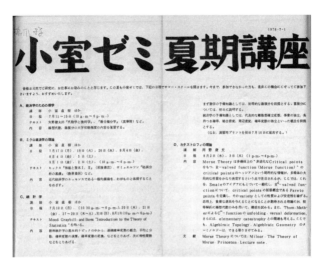

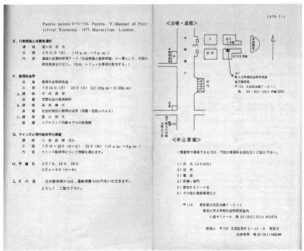

小室とゼミ生らの相談の結果、同年の夏期講座（集中ゼミ）から、東大「以外」の学生、院生に対しても、小室ゼミに勧誘することが決まったのである。

ゼミ生らは、いろいろな大学に小室ゼミのポスターを貼りに出かけた。「東大に〝小室ゼミ〟という、無料のすごいゼミがある。学びたい人は誰でも入れます」と、情宣活動を始めたのである。

もともと小室ゼミでは「学問、社会科学は広く世界に向けて公開されるべきである」という公開の原則があった。知的なインフラは共有すべし、という思想である。それを具現化したのである。

結果、東大以外の学生が、一挙に押し寄せてくることになった。そして、当初は「夏だけオープンの講座をしよう」との予定であったが、そのまま「公開」は継続されることになる。

もっとも、これは大学の正規のゼミにおいてはイレギュラーなことではなかった。[19]社会学系の大学院では、どの大学の先生のゼミに、どの大学の大学院生が行ってもよかったのだ。

「先生のゼミに出ていいですか」

「いいですよ。いらっしゃい」

それだけ。特に、紹介も要らなかった。

これを非正規の自主ゼミ「小室ゼミ」においても採用しただけのことではあった。

ところが、この〝小室ゼミの門戸開放〟は、想定外の波及効果を及ぼすことになる。

小室ゼミと東大社会学研究室との関係が微妙なものになっていくのである。ここに、正規の大学院ゼミと、非正規の小室ゼミとの本質的な相違が現れてくることになった。

例えば、当時、大学院生は青焼き取り放題、というのが社会学研究室との「お約束」であった。だから、それまでは小室ゼミで配る青焼きは、社会学研究室の費用で出ていた。

しかし、「公開」後は、それがだんだんと難しくなってきた。

東大生のゼミ生が、指導教官から「あの人は一体、どこの人？」と聞かれたこともある。[20]

その口調はとげとげしかった。

小室ゼミは、「公開」して外部の人間を入れた段階で、東大社会学研究室から独立しなければならなくなったともいえる。実際この後、数年掛けて、小室ゼミは東大社会学研究室から分離、独立することになった。

大井幸子

東大以外から参加したゼミ生に、慶應義塾大学法学部政治学科の学部生・大井幸子がいた。

昭和五三（一九七八）年の初夏、東大で開催されたシンポジウムに参加した大井は、東大構内で小室ゼミのポスターに目を留め、興味をそそられて参加した(21)。

大変に面白く、勉強になった。

橋爪、恒松、志田ら小室ゼミ生は皆、育ちがいいという印象で、小室を先生として尊敬し、とても大事にしていた。他方、先生の小室は野人的であり、無邪気、天衣無縫。野人・小室の口からは泉のように学問の話、真実の話が溢れ、それを、学生たちは理解し、吸収していく。とてもいい雰囲気だと感じた。

そこで、友人の田代秀敏にも参加を強く勧めたのである。

この後、大井は、昭和五八（一九八三）年頃まで小室ゼミの主要メンバーとなる。

田代秀敏と河野博文

田代秀敏が〝小室直樹〟の名を知ったのは、昭和五一（一九七六）年であった。

自宅で、父と一緒に、ＴＢＳのテレビ番組『時事放談』を観ていたときのことだった。藤原弘達が、小室の『危機の構造』を手に持って、その内容を絶賛したのであった。藤原は、筆者の小室が丸山眞男ゼミの後輩であるといっていた。

翌日。早速、田代は『危機の構造』を書店で購入して、むさぼるように読んだ。凄い人がいるなぁと感動したのであった。

それからしばらくして、田代は実際に小室に会っている。

昭和五二（一九七七）年の秋。当時、大塚久雄が国際基督教大学で講義をしており、田代は大井と共にその聴講にいったのであった。

駅からバスに乗り、国際基督教大学前で降りる。そして、バス停から大学の教室に向かっているときのことである。

田代は、目の前を歩く一人の男性に気がついた。同じバスを降りて、颯爽《さっそう》と歩くその男性は、秋にもかかわらず薄着。『エコノミスト』で見た小室直樹先生の顔に似ている。田代は「もしかしたら……」と思って、声を掛けた。

「小室直樹先生ですか？」

「〝先生〟ではないですが、小室直樹です。そう尋ねるあなたは？」

逆に聞き返された。

「田代といいます。大学で経済学を学んでいる学生です」

「そうですか」

会話はそれで終わったが、偉ぶらないその対応に、田代は爽やかな気持ちになった。

大塚の講義では、小室は最前列に座り、ものすごく熱心にノートを取っている。

しかも、そのノートは大学ノートではなく、時代がかったハードカバーのノートである。

それをみて、大塚が小室に声を掛けた。

「小室さん、そのノートは懐かしい。昔、私が学生の頃はそんなノートばかりでした」

「そうですか。先生、もう一冊、西武デパートで買ってきて、差し上げましょうか」

「いや、それは結構です」

小室は、そのノートに、ボールペンの色を変えながら一心不乱に書き込んでいる。決して、腕組みをして偉そうに聴いていたりはしない。

学生のように徹底して学ぶその姿に、また心打たれた田代だった。

そうして、昭和五三（一九七八）年七月。

慶応義塾大学経済学部の学部生であった田代は、一回分遅れて、小室ゼミの夏期集中講座に参加したのだった。

以降、田代は、橋爪の一番下の弟分のような形で、小室ゼミの運営に深く関わるようになる。

河野博丈は東大大学院社会学科の学生であった。指導教官は富永健一。

極めて頭のよい優秀な学生であった。また、とても優しい性格でもあった。[22] 河野も、この後、小室ゼミの主要なメンバーとなり運営にも大いに貢献していくことになる。[23]

加藤千幸と加藤栄一

昭和五三（一九七八）年からは、外務省の加藤千幸《かとうちさき》がオブザーバーとして参加した。

加藤は、ダイヤモンド社の曾我部の紹介で、小室と知り合った。

加藤は〝加藤龍樹〟のペンネームをもっている。ダイヤモンド社からは、昭和五三（一九七八）年に『国際情報戦』を刊行していた。担当編集者は曾我部。加藤は、曾我部から「小室直樹という凄い学者がいる」と聞いていたのだった。そうして、加藤と小室は出会い、意気投合する。

加藤は外務省同期の友人、色摩力夫《しかまりきお》らを誘って、小室と勉強会を開くようになる。また、外務省研修所の教官をしていた加藤は、小室を〝非公式の教官〟として外務省研修所に呼び、外交官のタマゴを生徒に理論経済学の講義を行ってもらった。そして、加藤の紹介で、外務官僚になりたての篠原守が小室ゼミに参加することになったのである。

篠原が参加したのは、月曜日の一限目、午前九時から一〇時半のコマ。官僚の朝は遅い。その空いた朝の時間を利用することで、篠原は、平日の小室ゼミに参加することができた。

学部生の若いゼミ生からみると、篠原は、大人で、隙がない感じがした(24)。

昭和五三（一九七八）年には、小室に誘われてもう一人の加藤、加藤栄一が参加した。加藤栄一は、自治官僚であるが、昭和五一（一九七六）年四月から二年間、NIRAに出向し、ここで小室と出会った。その後、自治省に戻ることなく、昭和五三（一九七八）年四月から筑波大学助教授に就任していたのである。

加藤栄一はその後、数年間、断続的に小室ゼミに参加した。

クリスチャンの加藤栄一は、小西芳之助《こにしよしのすけ》（導源）牧師の教えを受け、自らの収入の一〇分の一を「寄付用」としてプールし、これに「ヤコブ什一《じゅういち》財団」と名付けていた。加藤栄一は、そこから、年に一、二回、ポンと一〇万円を小室ゼミに寄付したのだった。

昭和五四年　春季講座（集中ゼミ）

昭和五四（一九七九）年、大学の春休み期間を利用した春季講座は、次のAからGコースまで設けられた。

《初級コース》

A　解析入門（三月二六日、四月三、五、九日の一一時から一七時）

内容は、高木貞治『解析概論』第一章を中心に解析学の基本を身につけ、数学的な論理のはこび方の習熟を目指すもの。

B　マクロ経済学の理論（三月二七、二八日、四月四、六、九日の一一時から一七時）

内容は、ケインズ経済学を一般均衡論の立場から統一的に理解し、経済システムのマクロモデルに通暁《つうぎょう》することを目指すもの。

《中級コース》

C　位相空間論入門（二月七、八、一四日の一一時から一七時）

内容は、ケリー『位相空間論』などをテキストに、公理からはじめて、コムパクトなど、位相空間の基本的な諸性質を体得することを目指すもの。

D　現代経済理論のための数学（二月一九、二一、二六日の一一時から一七時）

内容は、二階堂副包『現代経済学の数学的方法』ほかをテキストに、フロベニウスの定理、不動点定理、分離定理の体得を目指すもの。

E　一般均衡論の位相モデル（三月二〇、二三、二二、二三日の一一時から一七時）

内容は、アロー、ハーン『一般均衡分析』をテキストに、現代経済理論のモデル構成と、位相数学による分析手法の理解を目指すもの。

《特別コース》

Ｆ　社会変動論の具象化をめざして（三月二九日、一三時から一七時。報告者・間々田孝夫）

Ｇ　カタストロフィについて（四月一一、一二日の一三時から一六時。報告者・河野《こうの》俊丈《としたけ》）(25)

運営委員会の設置

昭和五四（一九七九）年になって、小室ゼミに必要になったものがある。それは〝組織原理〟であった。

昭和四七（一九七二）年に始まった頃、小室ゼミは富永ゼミのサブ・ゼミであった。メインがあるから、サブ独自の組織原理は不要である。

昭和四九（一九七四）年に小室ゼミとして独立した際、潜在的には組織原理が必要となっていた。ただ、その後、数年間は、所属するゼミ生がほぼ全員、東大生の顔なじみであり、しかもゼミ生の中心には橋爪がいた。だから、必要性が顕在化しなかった。

それが、昭和五三（一九七八）年に、小室ゼミが外部に公開されて以降、どうしても組織として纏めるための〝組織原理〟が必要となったのである。

ルールを作って、応分の負担をして、運営する。その運営のための組織、運営委員会が必要となる。ここにおいても手腕を発揮したのは橋爪大三郎であった。

昭和五四（一九七九）年二月五日。(26)

小室とゼミ生有志が、法文二号館地階の社会学実験室で会合をもった。テーマは、今後の小室ゼミの運営についてである。

結果、小室ゼミの参加者が自主的に組織するための「運営委員会」を発足させることで意見が一致。早速、会合を「第一回運営委員会」に切り替えて、議論がなされたのであった。そこでは、運営委員会の性格や任務、職務分担、カリキュラム編成などが議論の俎上にのった。

大前提として、小室ゼミナールが誰でも平等に参加できる自主ゼミナールであること、そして、運営委員会は、そのゼミの参加者が自主的に運営するためのものであることが確認された。その上で、運営委員会の基本的性格と任務は次のように決まった。

（一）運営委員会は、小室ゼミナールの参加者（誰でも参加できる）のうち、運営にも関わろう（誰でも関われる）とする人々の集まりである。

（二）運営委員会のメムバーは平等である。

（三）運営委員会は、小室ゼミナールの活動を継続・発展させるために必要なことをとりきめ、実行することができる。

（四）運営委員会は、合意によって運営する。
（五）運営委員会は、第一月曜日を定例とし、他に必要に応じて随時、開く。

この組織原理に似たものをどこかでみたことがある。それは全共闘（全学共闘会議）の組織原理であった。

全共闘の組織原理は「民主集中制」の裏返し。アメーバのような組織だ。命令系統がない。自発的に参加した個々人の集合だから、なにをやるかは自分で決める。やめたければ、いつやめてもかまわない(27)。

ただ、小室ゼミが全共闘の組織原理と違っているのは、小室直樹という〝核〟があったことだ。もちろん、全共闘にも議長・山本義隆がいたが、それは象徴的存在だった。しかし、「小室ゼミ」という名前のとおり、小室という〝中心〟がなくなれば、小室ゼミは早晩、消えてしまうであろう。

運営委員会の職務分担は、次のようになった。総務関係では、会計（白倉）、宣伝（笹崎、志田、白倉、田代）、連絡（大井）、管理（長谷川）、運営委員会議長（恒松）、同書記（橋爪）。教務関係では、教材（亘明志）、教室（河野）、カリキュラム編成（恒松）、スケジュール調整（恒松）となった。

具体的には、学期ごとの開講予定の決定や、夏休み特訓コースなどのポスターの作成・

掲示、名簿の作成、ニュースレター「小室ゼミNews」の発行、自主的な研究発表の機会の設定等が、それぞれの担当者の手で責任をもってなされることになった。

春期講座（通常ゼミ）と土曜特別ゼミ

運営委員会の設置とともに、カリキュラムの構成も固まってきた。

一方、小室は体調不良でゼミを休むことが増えてきた。運営委員会では、全部を小室先生にやってもらうのはよくないだろうという結論になった。そこで、昭和五四（一九七九）年度からカリキュラムが変わるのである。

この年度から、小室ゼミは大きく三つの段階に分けられた。初級コース（Elementary course）、上級コース（Advanced course）、研究コース（Research course）の三つである。上級コース、研究コースでは、ゼミ生たちによる発表と議論がなされることになった。

一限目　九時から一〇時三〇分　法社会学（講師・小室直樹）
二限目　一〇時四〇分から一二時三〇分　マックス・ヴェーバー（講師・小室直樹）
三限目　一三時から一六時五〇分　ヒックスの一般均衡論（講師・小室直樹）（以上、Elementary course）

四限目　一七時から二〇時五〇分　（Advanced course）

場所は、本郷の赤門を入って直ぐ右にある経済学部、その一階の演習室が使われた。

以上の通常ゼミに加えて、昭和五四（一九七九）年度から、土曜の特別ゼミが組まれることになる。

これは、従来のサブ・ゼミを昇格させ、独立コースとして運営することになったもの。具体的には、昭和五四（一九七九）年春季講座（集中ゼミ）のＡコースの継続として開講されたものであった。

土曜・小室ゼミ（Elementary course）の講師は、恒松直幸。

四月一六日に開講され、六月九日までの間、毎週土曜日に行われた。時間は、午後一時三〇分から午後五時まで。内容は、矢野健太郎『代数学と幾何学』（裳華房）、同『微分積分学』（裳華房）などをテキストに、線型代数学、微積分、微分方程式の大学初級程度の内容を初歩から予備知識なしにマスターすることを目指すものであった。

山田昌弘

昭和五四（一九七九）年度の四月から、新たに参加したゼミ生の中に山田昌弘《やまだまさひろ》がいた。

山田はまだ東大文学部社会学科の学部三年生で、指導教官は高橋徹。

山田は、この段階ですでに大学院に進むことを決めていた。それを先輩に話すと「それなら小室ゼミに出た方がいいよ。あのハラキリの先生だよ」といわれた。

小室がアメリカ留学中、サムエルソンのゼミに出るため、「参加できないならハラを切る」と談判したとの噂が学生たちの間で流れていたのだ。

アドバイスに従って、山田は小室ゼミの門を叩いた。

山田は、月曜の通常ゼミ二限目のマックス・ヴェーバーの講義に参加した。『プロテスタンティズムの倫理と資本主義の精神』のドイツ語原文、英語訳文、日本語訳文を対照しながら、読み進めるゼミであった。一頁進むと小室が三時間解説するという感じで、ちっとも進まなかったが、勉強になった。

小西克哉

昭和五四（一九七九）年の四月から東京外国語大学大学院修士課程に進学が決まっていた小西克哉《こにしかつや》[28]は、友人の桑山敬己《くわやまたかみ》と雑談をしていた。

桑山が、ふとこんな話をした。

「そういえば、この前、本郷の焼き鳥屋で何人かと食事してたんだよ。そのときに

『マックス・ヴェーバーを読んでる』って話をしてたら、横に座ってたオジサンが『あなた、マックス・ヴェーバーを読まれますか?』って聞いてくるの。で、『はい、外大で勉強してます』っていったら、『今、東大でゼミナールをやっているので、一度、レクチャーを聴きに来られませんか。歓迎します』といって誘われたんだよ。変だよね」

「へぇー、そうだったの。で、なんて人なの」

「たしか、小室なんとかっていってたな」

「おい! それ、小室直樹じゃないか!?」

「そうそう。たしかそんな名前だった」

「で、どこでやってるんだ!?」

「何だ一体……。ええと、たしか月曜日に東大の経済学部だとかなんとかいってたな」

そのとき、小西は、大阪で過ごした中学時代のことを思い出していた。

当時、小西は高校受験の塾に通っていた。そこは藤原泰夫《ふじわらやすお》が自宅に開いた塾。藤原は、京都大学人文科学研究所の助手をしつつ、アルバイトがてら自宅で中学生向けに小さな塾を開いていたのだった。

小西は藤原のことを大変に尊敬していた。その藤原が、あるときこんな話をした。昭和四三(一九六八)年頃のことである。

「東大の田無寮に大天才がおる。東京に行ったときに訪ねたんやけど、半ズボン姿で出てきて、『関西からわざわざおいでですか』と、オレにカエル入りチキンラーメンを食べさせてくれた。アメリカ帰りやけど、全然、気取っとらんのもすごい」

それを聞いて、小西は心を鷲掴みにされた。

「凄い人がおるもんや。僕もいつかそんな人に会ってみたい」と思った。

その後、小西は高校に入学。アメリカに留学し言語学や政治学に興味を持つようになる。日本に戻ると、再び藤原の元を訪ねて今後の勉強のアドバイスを求めたのだった。

藤原は、本棚から『思想』のバックナンバー数冊をおもむろに取り出して、コピーして小西に渡した。

それは、小室の「社会科学における行動理論の展開」。

小西は「田無寮の大天才」の話を覚えていた。そして、尊敬する藤原から渡されたこの論文を読み込んだのだった。

桑山の話を聞いて、小西は、直ちにその小室のゼミナールに出ることを決めた。あの藤原先生にカエルをご馳走したという大天才・小室先生に直接、教えを乞いたい、と思った。

四月に入った月曜日、小西は東大の本郷キャンパスに向かった。

しかし、迷って入り込んだのは、経済学部ではなく、文学部社会学研究室の院生室であった。そこで、偶然に橋爪大三郎に会い、小室ゼミについて詳しく教えてもらったのである。

そして参加。その後、小西は、昭和五八（一九八三）年頃まで、小室ゼミに熱心に参加することになる。

昭和五四年　夏季講座（集中ゼミ）

大学の夏休み期間を利用した夏季講座は、次のAからFコースまで設けられた。

《研究コース》

A　構造機能分析序説（八月九、一〇日の一一時から一七時。講師・小室直樹）

B　社会科学の現代数学モデル（八月一一、一二日の一三時から一六時。講師・河野俊丈）

C　社会構造概念について（七月一〇日の一三時から一七時。講師・間々田孝夫）

《基礎コース》

D　経済システムのマクロ理論（七月一一日から二〇日の一〇時から一八時）

内容は、現代経済学の中心理論の一つであるマクロ経済学を社会システム論の立場から解説し、(一) アメリカの大学院で二年がかりで達成する水準のマクロ経済理論を、一般均衡論の一つとして理解し、あわせて、(二) 一般均衡論が社会現象の相互連関を分析するための一般的枠組であることを把握した上で、(三) 一般均衡論の考え方を社会学、政治学の領域まで一般化するための基礎を体得することを目指すもの。

具体的なトピックとしては、まず無限波及効果の分析方法としての比較静学を理解するために、グラフ、無限級数、陰関数の微分法などによる様々な解法をとりあげ、すすんで、乗数理論を素材として、一般均衡論の中心問題である均衡条件、存在定理、安定条件を解説する。本コースの内容は、本ゼミナールおよび諸官庁での成功を通じ洗練されたもので、その効果に最大の自信をもって開く講義である。

E　統計のための数学（七月一一、一六日から二〇日の一一時から一七時）

矢野健太郎『微分積分学』（裳華房）をテキストに統計学の学習に必要な、初等解析、重積分、変数変換、行列式などについて学習するもの。

F　統計学の基礎（七月一二、一三、一三日から二七日、三〇、三一日、八月一日から三日、六日から八日の一〇時から一八時）

内容は、数理統計学の基本的トピックから、確率変数、確率密度の分布関数、代表的分布の平均と分散、確率変数の演算、変換などをとりあげ、最後に特性関数を解説するもの。

この昭和五四（一九七九）年の夏休みを利用した集中講座が、実質的には小室による経済学の最後の集中講義となった。その後も同様の企画はあったのだが、始まって数回目で、小室が体調を崩して休むことが多くなったからだ。

山田昌弘は、ここで徹底的に経済学の基礎を学ぶことになる。そうして、小室ゼミを通じて、先進科学の手法を既存の科学に応用することを学んだのであった。

また、ここに慶應義塾大学の大学院生だった永田《ながた》えり子《こ》もいた。

家族社会学を研究していた山田は、早稲田大学の正岡寛司《まさおかかんじ》のゼミに出ていた。そこで、出会って意気投合したのが永田だった。

山田は永田に「東大に小室ゼミっていう勉強になるゼミがあるんです。来ませんか」と誘ったのだった。

昭和五四年度　秋学期講座（通常ゼミ）

通常ゼミは、変わらず月曜日の午前九時から午後九時頃まで行われた。(29)

一限目　九時から一〇時三〇分　パーソンズをめぐる諸問題（講師・小室直樹）
二限目　一〇時四五分から一二時三〇分　ヴェーバー宗教社会学（講師・小室直樹）
三限目　一三時から一六時五〇分　統計学の方法（講師・小室直樹）
四限目　一七時から二一時三〇分　上級コース（Advanced course）

土曜の特別ゼミも継続して行われた。

白倉幸男と田代秀敏

この頃、午後九時三〇分にゼミが終わると、本郷界隈の居酒屋に場所を移して議論が続くことがよくあった。居酒屋で皆が解散した後も、白倉幸男と田代秀敏の二人は残って終電まで飲むことが多かった。

年齢の離れた二人は、なぜか馬が合った。

白倉は、人付き合いが上手ではなく、また、年齢が少し上であることもあり、他の大学院生たちと、それほど親しく話すことはなかった。また、呟くようにボソボソと話すので、小室や橋爪らは、白倉のいいたいことを理解できないこともあった。

他方、田代は、二〇歳を少しすぎたくらいであり、橋爪、恒松、志田ら、先輩からは弟分という感じで扱われた。

田代は、すぐに白倉の話の面白さに気がつき、白倉を慕った。白倉もまた、田代を弟のように可愛がった。

そうして、二人で終電まで飲みながら、語り合うのであった。それはまるで「白倉ゼミ」であった。そうして、数か月経つと、田代には、白倉が呟くように話す内容がしっかり理解できるようになったのだった。

あるとき、ゼミの場で白倉がこんな話をした。

「熱帯の島なんかで雨がザーッと降ると、ワーッと植物が伸びて、どんどん絡まっていくんだけど、それがまた規範となるってことを、デュルケームのね、あれ……」

しかし、橋爪も恒松も志田も、白倉がいったい何をいっているのか理解できない様子だった。

そこで、田代が補足した。

「白倉さんは、こういっているんじゃないですか。社会的な規範が形成されていないところでも、熱帯雨林に集中豪雨が降ると植物が一気に成長して新しい生態系が形成されるように、何かの社会的な衝撃によって規範が一気に自生的に形成されるということを、デュルケーム学派のレヴィ＝ブリュル（Lucien Lévy-Bruhl）が『未開社会の思惟』で示唆しているから、あれを参照してみたらどうだろう、って」

これを聞いた橋爪は、目を大きく開けて「白倉氏、そういうことをいっていたの？」と尋ねた。

白倉は、はにかみながら「うん、まあ」と答えたのだった。

「わあー、凄い！」と感嘆の声をあげる橋爪。

恒松や志田も「それは、凄い洞察だ」と異口同音に述べた。

以降、白倉がつぶやく度に、田代がその意味を解説するようになる。その度に、橋爪は熱心にノートに取った。

橋爪はいった。

「僕は、田代氏のお蔭で、白倉氏を発見した」

田代は、心から嬉しかった。

一番下の弟が、次男の呟きを翻訳して、長男に次男の凄さを認識させたことが。

小室ゼミのアイデンティティー

東大社会学研究室において、小室ゼミに所属するとはどういう意味があったのか。

当時、教員らは、富永健一、吉田民人らを中心とする構造機能分析派と、高橋徹を中心とするその批判派の二つのグループに分かれていた。しかし、教員の対立が、院生らに与える影響は少なかった。

院生らが直接、向き合うことになったのは、院生ら自身のグループである。当時、左翼、右翼はあまり関係がなくなっていた。もはや全共闘は余韻を残すのみとなった。

院生たちは、大きく次の三つのグループに分かれていた(30)。

一つ目は、見田宗介《みたむねすけ》を慕うグループ、〝見田派〟である。

見田は、駒場、教養学部の教員だったので、教養学部生のときから影響を与えた。この〝見田派〟には、見田の人格的影響力が強く働いていた。例えば、船橋晴俊がいた。彼は工学部を卒業したあと入り直して社会学研究科に所属していた。

二つ目は、言語研究会、通称〝言語研《げんごけん》〟を中心とするグループ、〝言語研派〟。言語研は、学生が自主的に作った団体なので、平等主義で、自由で闊達な議論がなされていた。これは批判派であり、ポストモダン系。モーリス・メルロー=ポンティ（Maurice Merleau-Ponty）、ミシェル・フーコー（Michel Foucault）などを学んだ。

〝見田派〟と〝言語研派〟は通底しているところがあった。森反章夫《もりたんあきお》、山本泰《やまもとやすし》、内田《うちだ》隆三《りゅうぞう》、亘明志《わたりあけし》、橋爪大三郎らがいた。

そして、三つ目が、〝小室ゼミ派〟。

小室ゼミは、過激なほど正統派、オーソドキシーで、構造機能分析が社会学上の立場。そう考える院生たちが集った。

当時の院生は、この三つのグループのうち、どれかに所属するという雰囲気だった。いや、所属という言葉よりも、カラーとか寄りつき場所といった、比較的、緩やかなまとまりを示す言葉の方が適当かもしれない。

それぞれのグループは、他のグループとの関係で、自らのアイデンティティーを保っていた。

もっとも、例外はある。橋爪は、すべてを股に掛けて、超然とわたり歩いた。指導教官は見田だったから名義上は見田ゼミであり、言語研究会を主宰し、小室ゼミの塾頭的立場にあった。派閥にとらわれない、院生の中心人物であったことの証左である。

昭和五四（一九七九）年の、主たる参加者は、橋爪大三郎、白倉幸男、志田基与師、長谷川公一、恒松直幸、徳安彰《とくやすあきら》（東大大学院社会学研究科）、杉本義行《すぎもとよしゆき》（東大大学院農学研究科）、河野博丈（東大文学部社会学科の学部生）、山田昌弘（東大文学部社会学科の学部生）、大井幸子（慶應義塾大学法学部政治学科の学部生）、田代秀敏（慶応義塾大学経済学部の学部生）、小西克哉（東京外国語大学大学院修士課程）、山口令子《やまぐちれいこ》（上智大学大学院修士課程）らであった。

出版企画停滞期（後半）

前述のとおり、橋爪大三郎は、第一次出版企画を、次の四つの時期に分けて分析している。(31)

Ⅰ　企画出発期　昭和四九（一九七四）年四月から昭和五〇（一九七五）年三月。
Ⅱ　企画再考期　昭和五〇（一九七五）年四月から昭和五一（一九七六）年一月。

Ⅲ　企画停滞期　昭和五一（一九七六）年二月から昭和五三（一九七八）年一二月。
Ⅳ　企画終結期　昭和五四（一九七九）年一月から昭和五四（一九七九）年六月。

すでに、Ⅲの途中まで追ってきたところであった。

昭和五二（一九七七）年度に入った。

四月から、小室は社会学研究室の非常勤講師となる。六月には、オリジナリティ溢れる白倉ペーパー「超比較静学」（第一稿、四六枚）が出稿される。

昭和五三（一九七八）年二月、間々田ペーパー（第二稿）が出稿された。

ところが、この頃、版元として予定されていたダイヤモンド社の曾我部洋より、小室、橋爪らに対し、内々の依頼があった。

「あまりにも時間の経った企画なので、約束は約束だけれども、とにかく出版事情が一変してしまった。出版は引き受けかねる。例の企画の件、考えなおしてくれないか」[32]

よく聞いてみると、ダイヤモンド社では出版できないから、東京大学出版会あたりで引き受けて貰えないか、探って欲しいということのようであった。また、「出版事情が一変」と曾我部がいうのは、ダイヤモンド社の経営状況の悪化のことであった。

これに対して、小室ゼミ生らは、どう対応したか。

決して諦めなかったのである。ダイヤモンド社の社内事情はそうかもしれない。しかし、橋爪らとしては、出版を前提として原稿を預かっている責任もあり、とにかく企画を実らせようと編集に一段と力を尽くしたのであった。

昭和五三（一九七八）年三月、厚東は、小室に相談の上、北大に転出していた盛山和夫に対してペーパー依頼を出した。直ちに回答があり、同年六月、盛山ペーパー「シグナリング均衡存在定理の新展開」（六〇枚）が出稿となった。

同じく六月に、間々田ペーパー、白倉ペーパーの完成稿が出稿された。

昭和五三（一九七八）年九月から一二月の間は、原稿未提出者に対して重ねて督促を行なった。

最終構成案

昭和五三（一九七八）年一二月。

曾我部の内々の依頼があってから一〇か月ほどかけて、橋爪らは、原稿を本として出版できるだけの体裁にまとめた。そして、実力行使に出た。

ゼミ生有志が、ダイヤモンド社を訪問して曾我部と面会、直接原稿を持ち込んだのである。持ち込まれた原稿の最終的な構成は次のとおりであった。

『経済システムの社会理論』（仮題）

序論　一般均衡論と社会学理論（間々田孝夫）

一般均衡論の論理構造

はじめに

顕示選好（橋爪大三郎）

均衡条件（太田一彦）

存在問題（今田幸子）

安定条件（間々田孝夫）

比較静学（橋爪大三郎）

一般均衡論の射程と限界（橋爪大三郎）

比較静学の適用――一つのモデリングによる（白倉幸男）

構造機能分析と一般均衡論（渡辺秀樹）

シグナリング均衡存在定理の新展開（盛山和夫）

交換と社会システム（橋爪大三郎）

ヴェーバーの現代社会像（厚東洋輔）

新古典派経済学と脱工業化社会（高田昭彦）

あとがき

その後、小室本人も曾我部に会って、説得した。

結果、昭和五四（一九七九）年一月、曾我部より「出版に向けて具体的な編集作業にとりかかる」との話が橋爪らに伝えられたのだった。

昭和五四（一九七九）年二月一日。橋爪は曾我部と打合せをする。

曾我部からは、こういわれた。

「本を出版するにあたっては、ダイヤモンド社の『企画会議』を通らなければならない。小室ゼミの場合は企画書が出ていないので問題だけれども、とにかく作業をはじめて既成事実化し、乗り切ってしまうのがいいと思う。このことは口外しないでください」

橋爪は「曾我部さんがおっしゃることだから、十二分の成算があるのだろう」と解釈した。

体裁等については、こう打診された。

（一）体裁：A5版、ハードカバー、横組。

（二）部数：一五〇〇部程度（これより少なくはできない）。

（三）販売：大学生協中心。その他、著者割引で三〇〇冊以上の売上を見込んだ。

（四）注と文献：各章ごとにつける。

（五）索引：つけない。

（六）タイトル：『経済システムの社会理論』（仮）
（七）著者、編者：未定（連名でも可能）
（八）あとがき：ゲラの段階で二枚から三枚（誰かが）書く。
（九）定価：三〇〇〇円くらい
（一〇）印税：沢山は出せない。五パーセントくらい。

いよいよ、小室ゼミ生による出版企画が現実味を帯びてきた。橋爪は「小室ゼミ　次回以降の本の企画について」（昭和五四（一九七九）年二月五日付）を配付する。

そこには次のように書かれていた。

　今回ようやく出版に向かって動きだしました企画のほかにも、同時にあと二つの企画がありました（岩波書店、東大出版会）が、現在はいわば「死に体」になっております。最初の企画が実を結ばないうちは、軽々にとりかかれないという事情もありましたが、そろそろ考えなおしてよい時期かもわかりません。小室ゼミナールのようなチャンスを直接・間接のきっかけにしてあつまった研究者らが、相互研鑽の成果を書物の形で世に問うのは、決して悪いことではないでしょう。しかし、第一回目のとりくみ方は、はなはだまずく、不手際や失敗ばかり重ねてしまいました。この苦い教訓をどう生かすかも、ひとつの課題です。また、時の経過とともに、小室先生の教えをうける人々も次々と入れ替わり、幾世代かにまたがる人々がどうやってひとつの企画に集中できるか（それとも企画を分けるか）、という問題も生じています。

出版企画、倒れる

ところが、である。

昭和五四（一九七九）年三月二〇日、曾我部から呼び出されてダイヤモンド社を訪れた橋爪は、その深刻そうな顔をみて、嫌な予感がした。

曾我部はいう。

「当初の心づもりとは大きく外れて、出版の件は編集部内での話し合いの結果、極めて難しい局面になってしまいました」

企画会議で、小室ゼミ生による出版企画を提出したが、パスしなかったという。

曾我部の話の要点はこういうことだった(33)。

「この原稿では、採算が取れない。このままの内容では商品としてどうしようもない。出版するとすれば……」といって、曾我部は代替案をいくつか提示した。

（一）富永健一に編集者として加わってもらい、内容に大幅な改訂を加え、原稿量七〇〇枚前後の「経済社会学の決定版」といえる本とする。この場合、〝富永&小室編〟がセールスポイントとなる。

（二）原稿の第Ⅰ部をふくらませ、新書版程度の分量として一冊の本とする。その場合には〝数学を使わない、わかりやすい誰でも読める一般均衡論の入門書〟というのがセールスポイントとなる。

ダイヤモンド社の企画として出版するには、（一）か（二）のいずれかになる。

さらに、「曾我部の個人的提案」として、次のような案が提示された。

（三）『ソシオロゴス』のような体裁のムック本として自主出版する。

橋爪は困惑した。すでに執筆者らには出版を前提にしたペーパーを配付している。曾我部の提案はその内容とは大きく異なるものだった。橋爪の一存で決められるものでもない。そこで、いったん持ち帰って、小室や他の執筆者らの意見を聴くことにしたのだった。

橋爪は、まず小室に葉書をだした。曾我部から聞いた内容を簡単にまとめ、「どのように事態に対処すればよろしいのか、いちど小室先生とみっちり打合せ申す必要があると思いますが、その前に一度拙宅にお電話いただけますでしょうか」と書いた。

数日後、小室が藤美荘のポストを開けると、橋爪からの葉書が届いていた。

読み進むにつれて、小室の全身に怒りが広がっていく。

「ムムム……曾我部!!　オレが『危機の構造』を書いたのは、貴様が小室ゼミの本を出してくれると約束したからだ。なのに、なのに……」

橋爪ら執筆者が不憫でならなかった。弟子たちが頑張って書いた原稿が無駄になると考えると、いてもたってもいられなかった。こうなった以上、決闘しかない、そう思った。

ゼミ生への愛情

昭和五四（一九七九）年三月三〇日、橋爪は小室と打合せの機会をもった。

そこで、橋爪は小室から次のような話を聞かされたのであった。

小室ゼミで出版企画がもちあがったのは昭和四九（一九七四）年の春。これは、ダイヤモンド社の曾我部から小室に対して「小室さんの本を出したい」という相談があったことがひとつのきっかけとなっていた。話し合いの結果、小室とダイヤモンド社との間で、四冊の出版企画がまとまった。そのうちの一つが小室ゼミの出版企画であった。

その後、小室ゼミ側では、富永の苦言や企画の再調整などもあり、延び延びとなった。

他方、その間にダイヤモンド社の経営状態が不振となり、学術書関係から全面撤退の方針が決まる。曾我部もベストセラーものの編集担当に異動した。

昭和五一（一九七六）年の夏のことであるが、曾我部より小室に対して「現在の日本の危機的状況を分析した本を一冊書いて欲しい」との申し入れがあった。これは、当初の四冊の企画とは無関係の番外で、割り込みの形であった。

当時、小室は、岩波書店と東京大学出版会から刊行する予定の論文を執筆中で多忙であった。しかし、小室は、曾我部の申し入れを引き受けることにしたのだ。

その際、「例のゼミの企画をよろしく頼む」と曾我部に念を押すように話した。これにより、契約の再確認もなされたはずだった。

特に、ゼミの出版企画は、ゼミからの持ち込み原稿ではなく、ダイヤモンド社からの依頼原稿である。だから、いったん契約が成立した以上、その後の事情はどうであれ、ダイヤモンド社が出版を断るなど、法律的にも、道義的にもあり得ない、許すべからざることである。また、採算がとれないとしても、そのための代償措置はあらかじめ小室が『危機の構造』で済ませてあるのだから、理由にならないんだ、と。

この小室の話は、橋爪にとっても初耳であった。

「決闘だ！」

昭和五四（一九七九）年三月三一日。

橋爪の自宅の電話がけたたましく鳴った。橋爪が出ると、小室の真剣な声が響いた。

「橋爪くん、曾我部と決闘することにした。ついては橋爪くんに〝立会人〟になってもらいたい」

橋爪は、再び困惑した。翌四月一日、小室に対して速達郵便で手紙を出した。

三一日、お電話にての立会人云々のお話、びっくりいたしました。先生のお気持ちは充分わかるつもりですけれども、何といっても異例のことですので、困惑しております。もちろん、いよいよ最後の最後となれば、おひき受けしないわけには参らないでしょうが、私としては、双方を存じあげていることもあり、どちらに怪我があっても困りますので、何とか回避の方策はないだろうかと心配しております。私の考えとしましては、（一）曾我部氏にも、十分、釈明及び抗弁のチャンスを与え、さらに、論争する（その際、決して暴力に訴えないこと）、というのがまず必要で、決闘云々の件は、それからで遅くないと思います。さらに、（二）いよいよという段になっても、その方式についてあらかじめ充分な調整が必要で、小室先生、曾我部さん双方の合意、納得の上で私が指名された場合には、お断りはしないつもりです。

ただ、私としては、畢生の大作を推敲しておられる最中の先生が、たかが一編集者ごときを相手に本気で勝負をいどまれるのは、無謀に思われてなりません。若し理我にあらば、天誅はおのずから下ると思うのですが。御自重なされるよう、切にお願い申す次第です。


橋爪としては、小室の態度をみて「俺は怒っているんだゾというところをゼミ生たちに見せているのかな」と、そんな気もした。[34] しかし、適当にあしらうわけにもいかない。

「決闘といえば、ピストルですが日本では難しいでしょう」

「ゲンコツでいく」

「場所はどこにしましょう」

そうこうしているうちに、だんだん小室の怒りは収まってきた。

他方、曾我部は、とにかく小室から逃げ回った。

そうしてしばらくすると、また元のとおりの関係に戻った二人がいたのだった。

解散

昭和五四（一九七九）年四月、橋爪によって配付された書面には、長文の報告（曾我部とのやりとり、小室とのやりとりを記載）と執筆者に対する善後策のアンケートが記載されていた。

善後策のアンケートでは、曾我部の提案した（一）から（三）に、二案を加えた次の五つの案からの選択を、各執筆者に促すものであった。

（一）富永・小室編に組み替える（ダイヤモンド社で）
（二）近経解説の新書版とする（ダイヤモンド社で）
（三）自主出版
（四）他の版元から出版
（五）解散

アンケート結果は、解散が過半数を占めていた。そこで、橋爪は、昭和五四（一九七九）年五月一〇日、各執筆者に宛てて、残務処理のペーパーを発送し、同年六月一〇日付で解散を提起したのであった。
しかし、橋爪は、こう書いている。

今回の企画は、実現のほんの間際までゆきながら、あと一歩のところでとどかず、無念なことでありました。しかし、この企画の源となった小室ゼミナールの志にはいささかの変わるところもありません。第一次の企画は、どうやら不首尾に終わろうとしていますが、この失敗を最大限に活かす次の行動を、いまや開始すべきときです。すくなくとも私は、(一)ユニークな企画、(二)粒よりの執筆者、(三)綿密な準備と調整、(四)機動的なチームワーク、(五)編集(権)者のリーダーシップ、(六)理解ある版元、(七)寛容と忍耐、(八)タイミングが揃えば、失敗するわけがないという自信をうることができました。そのため、まず、(二)番目の企画の段階から、小室先生を中心に、現在ゼミナールに参加している中堅の有志諸氏とともに、ゆっくりじっくり、練りなおし、構想を組み立てていきます。六月一〇日は、その再出発の日となるはずです。

こうして、第一次出版企画は、幕を下ろしたのであった。

第一四章　瀕死の小室

すべては良い論文を書くために

橋爪大三郎氏による小室ゼミ救対活動中間報告書　（橋爪氏提供

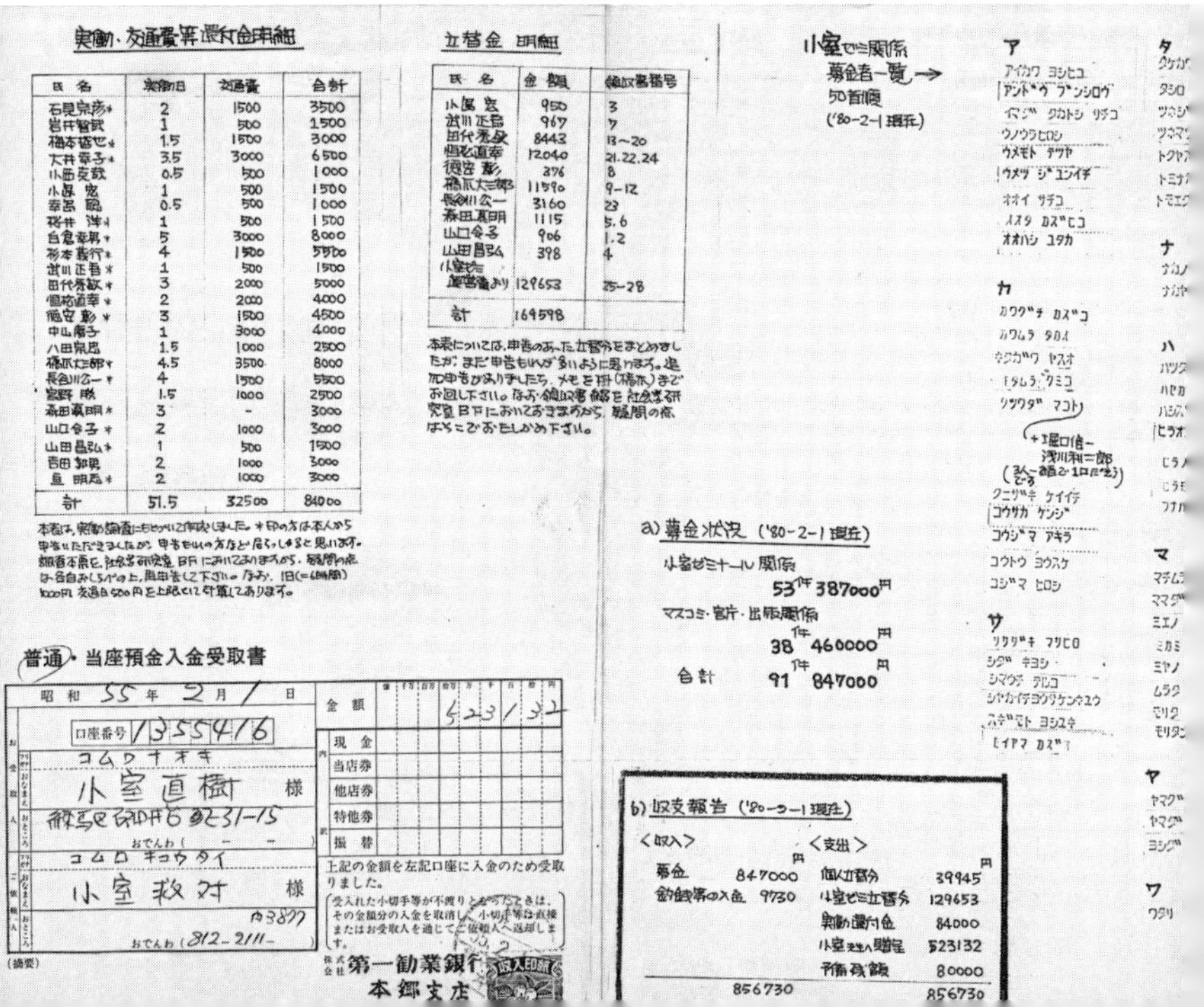

実働・交通費算定金明細

氏名	実働日	交通費	合計
石見尚彦＊	2	1500	3500
岩井智武	1	500	1500
橋本克也＊	1.5	1500	3000
大井幸子＊	3.5	3000	6500
小西克哉	0.5	500	1000
小原 宏	1	500	1500
幸田 聡	0.5	500	1000
桜井 洋＊	1	500	1500
白倉幸男＊	5	3000	8000
杉本義行＊	4	1500	5500
武川正吾＊	1	500	1500
田代秀敏＊	3	2000	5000
恒松直幸＊	2	2000	4000
徳安 彰＊	3	1500	4500
中山慶子	1	3000	4000
八田宗昌	1.5	1000	2500
橋爪大三郎＊	4.5	3500	8000
長谷川公一＊	4	1500	5500
宮野 勝	1.5	1000	2500
森田真明＊	3	-	3000
山口令子＊	2	1000	3000
山田昌弘＊	1	500	1500
吉田知晃	2	1000	3000
亘 明志＊	2	1000	3000
計	51.5	32500	84000

本表は、実働調査にもとづいて作成しました。＊印の方は本人から申告いただきましたが、申告もれの方など居らっしゃると思います。調査本票を、社会学研究室 日F においてありますから、疑問の点は各自おしらべの上、再申告して下さい。なお、1日（＝6時間）1000円 交通費500円を上限として計算してあります。

立替金 明細

氏名	金額	領収書番号
小原 宏	950	3
武川正吾	967	7
田代秀敏	8443	13～20
恒松直幸	12040	21.22.24
徳安 彰	376	8
橋爪大三郎	11590	9－12
長谷川公一	3160	23
森田真明	1115	5.6
山口令子	906	1.2
山田昌弘	398	4
小室ゼミ運営費より	129653	25－28
計	169598	

本表については、申告のあった立替分をまとめましたが、まだ申告もれが多いように思います。追加申告がありましたら、メモを小生（橋爪）までお回し下さい。なお、領収書綴を社会学研究室 日F においておきますから、疑問の点はそこでおたしかめ下さい。

普通・当座預金入金受取書

昭和55年2月1日

口座番号 1355416

コムロナオキ

小室直樹 様

練馬区中村南3－31－15

おでんわ（ － － ）

コムロキュウタイ

小室救対 様

内3877

おでんわ（812－2111－ ）

（摘要）

金額 523132

内訳	
現金	
当店券	
他店券	
特他券	
振替	

上記の金額を左記口座に入金のため受取りました。

（受入れた小切手等が不渡りとなったときは、その金額分の入金を取消し、小切手等は直接またはお受取人を通じてご依頼人へ返却します。）

株式会社 第一勧業銀行 本郷支店

収入印紙

a) 募金状況（'80－2－1現在）

小室ゼミナール関係
53件 387000円

マスコミ・官庁・出版関係
38件 460000円

合計 91件 847000円

b) 収支報告（'80－3－1現在）

＜収入＞	円	＜支出＞	円
募金	847000	個人立替分	39945
釣銭等の入金	9730	小室ゼミ立替分	129653
		実働謝礼金	84000
		小室先生へ贈呈	523132
		予備残額	80000
	856730		856730

小室ゼミ関係
募金者一覧→
50音順
（'80－2－1現在）

ア
アイカワ ヨシヒコ
アンドウ ブンシロウ
イマジ タカトシ サチコ
ウノウラヒロシ
ウメモト テツヤ
ウメヅ ジュンイチ
オオイ サチコ
オオタ カズヒコ
オオハシ ユタカ

カ
カワグチ カズコ
カワムラ タカシ
キタガワ ヤスオ
キタムラ クミコ
クツワダ マコト
＋堀口佶一
浅川和二郎
（3人一緒に1口だそう）
クニザキ ケイイチ
コウサカ ケンジ
コウジマ アキラ
コウトウ ヨウスケ
コジマ ヒロシ

サ
サクザキ マサヒロ
シダ キヨシ
シマウチ テルコ
シャカイデヨウリケンキュウ
スギモト ヨシユキ
セイヤマ カズオ

タ
ナ
ハ
マ
ヤ
ワ

志田基与師の発表

小室自身、構造機能分析について機能要件（functional requisite）が複数存在する場合の「合成の誤謬」の問題等、解決しなければならない問題が存在することは認識していた[1]。すでに昭和四一（一九六六）年の論文「構造機能分析と均衡分析」の中に言及がある（七九頁）。

しかし、それを重大な問題と考えて深追いすることなく、また、解決することもできていなかった[2]。

昭和五三（一九七八）年のことである。橋爪大三郎が八三頁にも及ぶ論文「構造=機能理論の射程と限界」を著わし、小室に提出した[3]。これが小室ゼミ生による構造機能分析批判の嚆矢《こうし》となった。

その後、橋爪論文を踏まえて、昭和五四（一九七九）年、恒松直幸が修士論文「貨幣」を書いた。

続けて、昭和五四（一九七九）年六月、小室ゼミにおいて志田基与師が、自身の修士論文「構造-機能理論の説明形式」の構想を発表した[4]。

その内容を要約すると、こうだ[5]。

まず、構造機能分析は、相互連関分析である。社会の各構成要素は、互いに依存し合っている。だから、一部が変動すると、その変動は他のすべてに波及していく。その波及効果を分析するのである。

次に、構造機能分析は制御分析である。ある社会システムを、ある目標に向かって制御される存在としてみる。目標に向かって社会が制御されていると考えるとき、その目標を「機能要件（functional requisite）」という。もっと簡単にいうと、それは「社会の目的」である。

構造機能分析では、複数の機能要件を考える。つまり目標が複数あることになる。

ここで志田は、次のような疑問を投げかける。

その複数の目標は、それぞれ異なる要求を社会に対して行うだろう。では、構造機能分析は、その複数の目標をみたすよう、いかに整合的に社会を制御すると説明するのか、という疑問である。

複数の機能要件すなわち目標をみたすよう、社会システムを制御することは、極めて限定的な範囲に止まるのではないか。そうだとすれば、構造機能分析が社会科学の一般的分析枠組であるとはいえないのではないか、というのである。

複数の機能要件が、アローの定理と同型の、合成の誤謬に陥ることを示した点で、画期的であった(6)。

小室は、この志田の報告を聞いた。そして、全身から力が抜け落ちて、座っていた椅子から滑り落ちたのであった。

さらに、志田は昭和五四（一九七九）年一〇月にも、小室ゼミの上級コースにおいて「構造機能分析をめぐる諸問題（仮題）」を発表して構造機能分析批判を行った。

「オレは死ぬのか……」

小室ゼミは月曜日と決まっていた。

昭和五四（一九七九）年一一月二六日の月曜日、そして、一二月三日の月曜日。

小室は、続けてゼミに現れなかった。

ゼミ生の間では、「小室先生は東京大学出版会から一冊の本を出す予定で執筆中。八割がた書けているが、残りの章が書けなくて断食をしているようだ」との噂が流れていた。(7)

小室が、書き進めていたのは『構造機能分析』というタイトルの本であった。(8)

この本を書き上げるためには、小室自身把握し、小室ゼミ生らからも明確に指摘された構造機能分析の理論的難点を突破する必要がある。そのためには、断食による〝霊感《インスピレーション》〟がどうしても必要だった。(9)

一一月二四日から、断食を開始。しかし、すでに小室は四七歳。日頃の不摂生もたたり、断食に耐えるだけの体力は、すでになかったのである……。[10]

昭和五四（一九七九）年一二月四日。

断食開始から一〇日が経っていた。

小室は藤美荘の二段ベッド下段の万年床で横になっている。

顔色は死人のように白く、血の気がない。

身体は周期的に震えている。シャックリをしているのだ。

小室の目に映る世界からは色が消えてなくなり、白黒になっていた。[11]

「オレは死ぬのか……」

そのとき、小室の部屋のドアを田代秀敏が開けた。

「田代です。小室先生、いらっしゃいますか？」

返事がない。

田代がゴミの山の上を越えて部屋の奥に進むと、小室が蒼白《そうはく》の顔でベッドに横たわっている。

「先生？　大丈夫ですか？　……先生！　先生ェーーッ!!」

反応がない。

田代は直ちに藤美荘に隣接する大家の鈴木宅に駆け込み、救急車を呼んだ。

間もなく到着した救急車は、小室を乗せて櫻井病院（練馬区石神井台七丁目）に走ったのだった。

畢生の大作を救出せよ！

田代は、病院から橋爪に電話し、橋爪はゼミ生をかき集めた。

「小室先生は死ぬかもしれない……」

小室ゼミ生たちは不安で押しつぶされそうになっていた。

病院には、橋爪から連絡を受けた小室ゼミ生、曾我部洋ら出版社関係者、大学関係者らが続々と駆けつけ、待合室は人であふれかえっていた。

しばらくして、そっと病院を後にした二人の姿があった。小室ゼミ三年目、博士課程一年・長谷川公一と、小室ゼミ二年目の慶応義塾大学学生・田代秀敏である。

二人は、ある〝使命〟を帯びていた。それは「小室先生の〝遺稿〟になるかもしれない原稿を救出すること」であった。

小室が倒れる前、小室はことあるごとに、こう話していた。

「自分は、一冊の本を、ほぼ書き上げた。畢生《ひっせい》の大作となる本だ」

もし、そのような原稿があるのなら、それを救出しなければならない。ゴミ屋敷から〝サルベージ〟しなければならない。

最悪の場合には小室先生は、このまま亡くなられるかもしれない。回復しても、藤美荘から追い払われるかもしれない。そのどさくさの中で、小室先生が「ほぼ書き上げた」というオリジナルな原稿が失われてしまうことだけは、絶対に避けなければならない。

橋爪、白倉、志田、長谷川、田代ら、共通の思いだった。

藤美荘についた長谷川と田代は、手分けして部屋の中を探した。探しに探した。

しかし、みつからない。どう探しても、草稿らしきものも、下書きもない。

長谷川と田代の出した結論は「小室先生のいうような原稿はないのではないか」ということであった。

原稿探索の副産物としていろいろな発見があった。

小室の本棚を見ていると、ミシガン大学のラベルが貼ってある図書が何冊か並んでいた。英語で書かれたヒトラーの伝記であった。しかも、ヒトラーの伝記は三、四冊あった。ミシガン大学から無断で持ち帰ったものだろう。

長谷川は、感じた。

「小室先生にはヒトラーのように、人を動かしたい、という野望があったのか。ゼミの場ではおっしゃらないが、日本の敗戦は許しがたいことであり、敗戦した日本は、かりそめの姿だ。それを自分が〝本来の姿〟に戻したい。そう思っていらっしゃるのか」

他にも、長谷川らは小室の内心をのぞきみるようなものにぶつかった。

それは、一冊の大学ノートであった。原稿の下書きかとめくってみると、クリーム色の大学ノートの頁に、小室の決意や思考が、ブルーブラックのペンで書き綴られていた。

最初の頁には、こんなことが書かれていた。

「アカデミックな業績を上げたあとで、社会的な影響力のある人物として論壇に迎えられる」

学問的な仕事を成し遂げる、というステップを経て、時代の寵児として日本の論壇に迎えられるという夢である。

他の頁には小室の思索の跡が残されていた。また、その中に、かつて小室が求婚したが果たせなかった相手への連綿とした想いも書き連ねられていた頁があった。

「彼女は、いま、かりそめに結婚しているが、本来は自分と結婚したかったのである。いずれ、自分と結ばれるのである」

長谷川は、それを読み「小室先生って可愛い人なんだなぁ……」と思った。

長谷川と田代は、原稿を救出する点では成果がないまま、病院に戻った。

入院初日の夜は、二人が小室に付き添うことになった。

「シャックリが止まりました」

そのとき、瀕死の小室は〝ノーパン〟だった。大便でパンツを汚してしまったからだ。パンツを脱がせて、お尻を拭いてあげたが、着の身着のままで入院したので、替えのパンツがない。当時はコンビニもまだ少ないから、パンツもすぐには買えない。パンツが必要。しかし、付添い人も必要。そこで、長谷川は自分が付き添うことにし、田代にパンツ購入を頼んだのだった。

病室で、小室と二人きりになった。

暗く、静かな病室で、小室先生がひとり横たわっている……。

シャックリのせいか、ときどき咽の辺りがピクッ、ピクッと動く。

身体に布団を掛け、薄い浴衣のような入院服を着てはいるが、パンツは穿いていない。

「こんな姿を看護婦さんにみせたくない」

ヒヤヒヤした。

「田代くん、早く帰ってきてよ……」

一度、看護師が現れた。心臓がドキドキしたが、幸いなことに、彼女が布団をめくることはなく、小室の下半身が露わになることはなかった。

天才の小室先生に、いまは穿かせるパンツもない。先生はこのまま死んでしまうのか。

昼間、藤美荘で垣間みた小室先生のノートには野望が書かれてある。しかし、先生が「ほとんど書き上げた」と豪語していた論文はなさそうである。間もなく、田代がパンツを買って戻ってきて事なきを得たが、長谷川は、切なくてたまらなかった。

その後、ゼミ生は交替で小室に付添った。

付添人のローテーションは、こうだった。

四日（火）宿泊：長谷川公一、田代秀敏。

五日（水）午前：中山慶子、午後：白倉幸男・大井幸子、宿泊：恒松直幸、徳安彰。

六日（木）午前：中山・森田《もりた》眞明《まさあき》、午後：山口令子・橋爪大三郎、宿泊：杉本義行。

七日（金）午前：武川正吾《たけがわしょうご》、午後：宮野《みやの》勝《まさる》・山田昌弘、宿泊：吉田《よしだ》敦男《あつお》。

この年の四月からゼミに参加していた杉本義行は、下宿が吉祥寺で病院から近い。だから、付添い、掃除にかり出されることが多かった。

入院三日目の一二月六日、杉本は泊まり込みで病室の小室に付き添った。

七日の早朝五時頃、小室のシャックリがいったん止まる。その後、病室に聞こえるのは、小室のおだやかな寝息だけ。杉本は、付添いのゼミ生が記載していた『日誌』に「早朝五時、小室先生のシャックリが止まりました。ホッとしました」と書いた。

容態が落ち着いて意識もハッキリした頃から、見舞客が小室と話し込む姿が増えた。富永健一は「いい年なんだから、こんな無理なことしちゃ、ダメだよ」と小室を諭《さと》した。小室は、神妙な顔をして、大人しく聞いてた(12)。

山本七平も何度か見舞いに現れた。一度は出版社の編集者を連れてきて、懇々と小室を諭すように話し込んでいたのだった。

ゼミ生への病状報告

当時の『小室ゼミNews No.11（号外）』（昭和五四（一九七九）年一二月一〇日付）では、次のように報告されている。

〔小室先生、衰弱のため入院なさる〕
すでに御存知の方も多いかと存じますが、小室直樹先生は、今月四日早朝、ご自宅近くの救急　櫻井医院へ、緊急入院なさいました。現在ひきつづき入院加療中です。
小室先生は、先月の二四日ごろより、例の通り断食を試みておられたのですが、まもなくシャックリが出はじめてとまらなくなり、睡眠も十分にとれないようになりました。

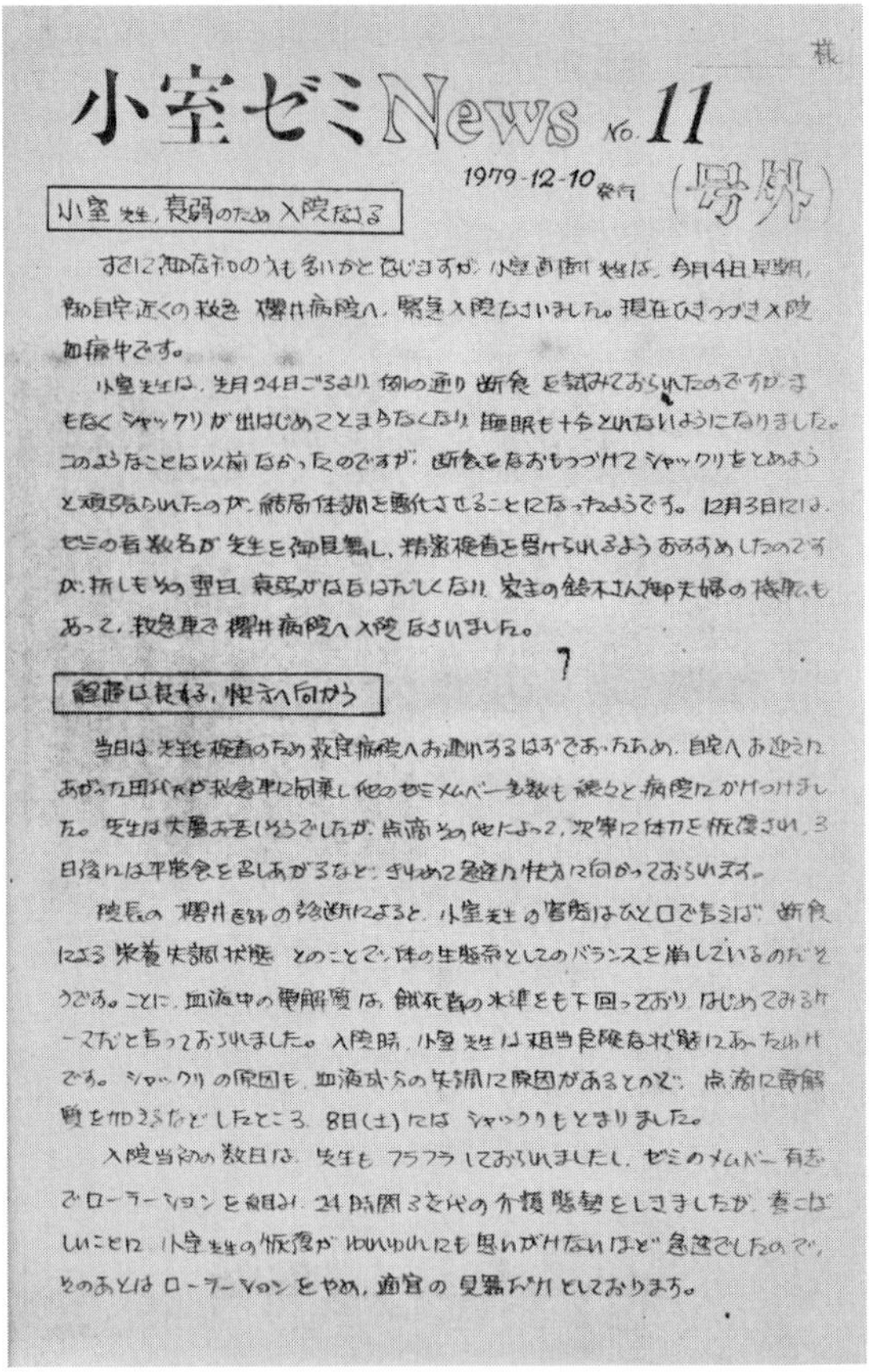

小室ゼミNews No.11

1979-12-10 発行　（号外）

小室先生、衰弱のため入院なさる

すでに御存知の方も多いかと存じますが、小室直樹先生は、今月4日早朝、御自宅近くの救急 櫻井病院へ、緊急入院なさいました。現在ひきつづき入院加療中です。

小室先生は、先月24日ごろより、例の通り断食を試みておられたのですが、まもなくシャックリが出はじめてとまらなくなり、睡眠も十分とれないようになりました。このようなことは以前なかったのですが、断食をなおもつづけてシャックリをとめようと頑張られたのが、結局体調を悪化させることになったようです。12月3日には、ゼミの者数名が先生を御見舞し、精密検査を受けられるようおすすめしたのですが、折しもその翌日、衰弱がはなはだしくなり、家主の鈴木さん御夫婦の機転もあって、救急車で櫻井病院へ入院なさいました。

7

経過は良好、快方へ向かう

当日は、先生を検査のため救急病院へお連れするはずであったため、自宅へお迎えにあがった田代氏が救急車に同乗し、他のゼミメンバー多数も続々と病院にかけつけました。先生は大層お苦しそうでしたが、点滴その他によって、次第に体力を恢復され、3日後には平常食を召しあがるなど、きわめて急速な快方に向かっておられます。

院長の櫻井医師の診断によると、小室先生の容態はひと口で言えば、断食による栄養失調状態とのことで、体の生態系としてのバランスを崩しているのだそうである。ことに、血液中の電解質は、餓死者の水準をも下回っており、はじめてみるケースだと言っておられました。入院時、小室先生は相当危険な状態にあったわけです。シャックリの原因も、血液成分の失調に原因があるとかで、点滴に電解質を加えるなどしたところ、8日(土)には シャックリもとまりました。

入院当初の数日は、先生もフラフラしておられましたし、ゼミのメンバー有志でローテーションを組み、24時間3交代の介護態勢をしきましたが、喜ばしいことに、小室先生の恢復がわれわれにも思いがけないほど急速でしたので、そのあとはローテーションをやめ、適宜の見舞だけとしております。

小室の病状を報告する『小室ゼミ News No.11』（昭和五四（一九七九）年一二月一〇日付、橋爪大三郎氏提供）。

このようなことは以前なかったのですが、断食をなおもつづけてシャックリをとめようと頑張られたのが、結局体調を悪化させることになったようです。一二月三日には、ゼミの者数名が先生を御見舞し、精密検査を受けられるようおすすめしたのですが、折しもその翌日、衰弱がはなはだしくなり、家主の鈴木さん御夫婦の機転もあって、救急車で櫻井病院へ入院なさいました。

〔経過は良好、快方へ向かう〕

当日は、先生を検査のため荻窪病院へお連れするはずであったため、自宅へお迎えにあがった田代氏が救急車に同乗し、他のゼミメムバー多数も続々と病院にかけつけました。先生は大層お苦しそうでしたが、点滴その他によって、次第に体力を快復され、三日後には平常食を召しあがるなど、きわめて急速に快方に向かっておられます。

院長の櫻井医師の診断によると、小室先生の容態はひと口で言えば、断食による栄養失調状態とのこと、体の生態系としてのバランスを崩しているのだそうです。ことに、血液中の電解質は、餓死者の水準をも下回っており、はじめてみるケースだと言っておられました。入院時、小室先生は相当危険な状態にあったわけです。シャックリの原因も、血液成分の失調に原因があるとかで、点滴に電解質を加えるなどしたところ、八日（土）にはシャックリもとまりました。

入院当初の数日は、先生もフラフラしておられましたし、ゼミのメムバー有志でローテーションを組み、二四時間三交代の介護態勢をしきましたが、喜ばしいことに小室先生の快復がわれわれにも思いがけないほど急速でしたので、そのあとはローテーションをやめ、適宜の見舞だけとしております。

これが小室の、当時の様子だった。

つまり、小室が倒れたとき、その血中のイオン濃度は死んだ人間よりも低かったのである。

小室ゼミの塾頭・橋爪大三郎もさすがに驚いた。

戦国時代の籠城記録では、いよいよ食べるものがなくなるとシャックリが出はじめて死ぬ。橋爪は、どこかで読んだことがあったが、まさに、それと同じ。小室は餓死寸前だったのである。

社会学研究室の教授、助教授たちも皆、心配した。主任教授の高橋徹も、小室のことを心配した。(13) 小室自身は〝ルンペン学者〟と自称しているが、社会学研究室の者は、小室が潜在的に自分たちの周辺メンバーであることを認識していたのだろう。(14)

まもなく、関係者は小室に入院費を支払うだけの金がないことに気がつく。

最初に動いたのは、ダイヤモンド社の曾我部洋であった。曾我部は、ただちにカンパをお願いする手紙を執筆し、諸方に配付した。

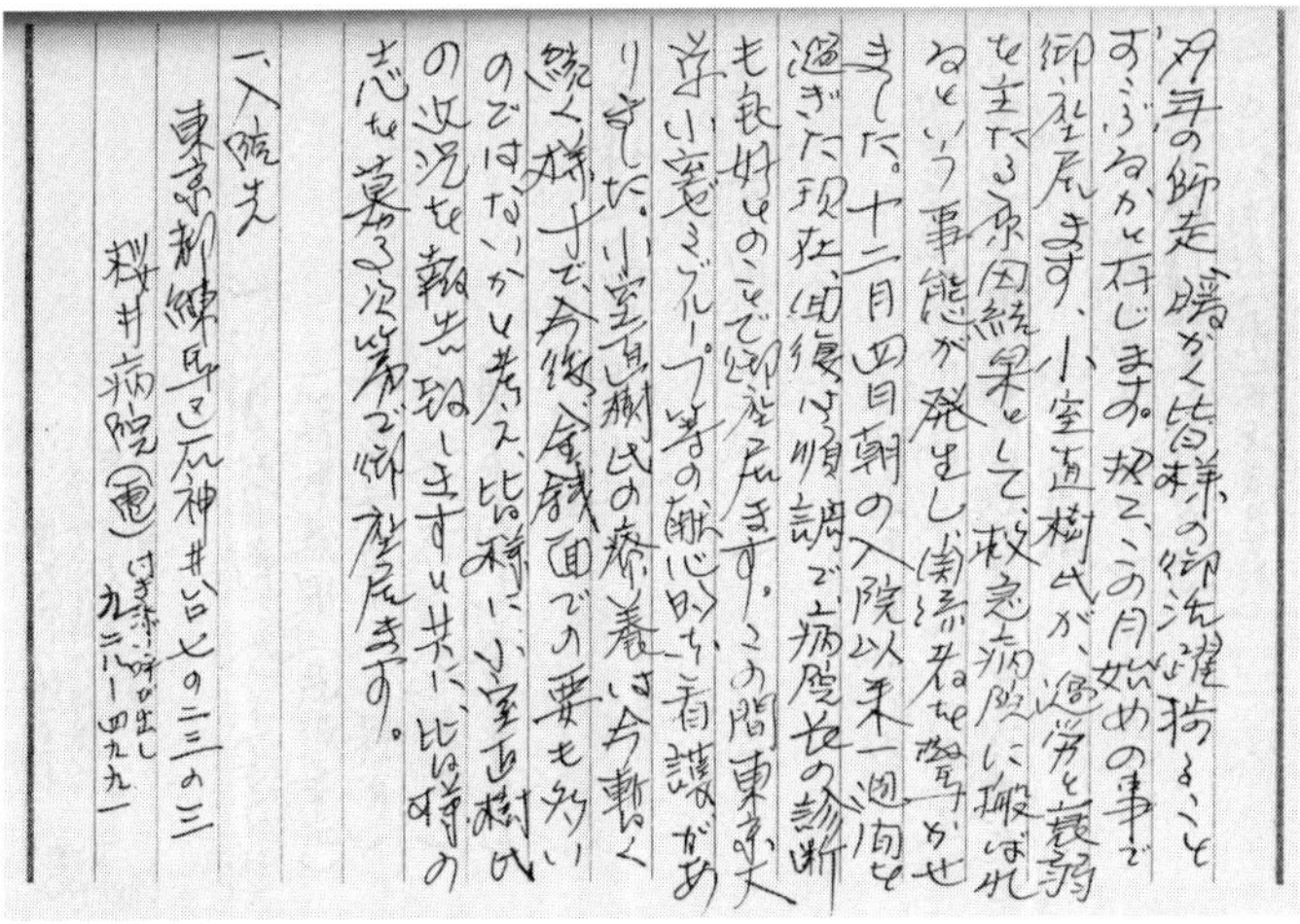
今年の師走は暖かく皆様の御活躍なさることと
すぶるかと存じます。扨て、この月始めの事で
御座居ます、小室直樹氏が、過労と衰弱
を主たる原因結果として、救急病院に搬ばれ
るという事態が発生し、関係者を驚かせ
ました。十二月四日朝の入院以来一週間を
過ぎた現在、回復は順調で、病院長の診断
も良好とのことで御座居ます。この間東京大
学小室ゼミグループ等の献身的な看護があ
りました。小室直樹氏の療養は今暫らく
続く様子で、今後、金銭面での要も多い
のではないかと考え、皆様に小室直樹氏
の状況を報告致しますと共に、皆様の
志を募る次第で御座居ます。

一、入院先
東京都練馬区石神井台七の二三の三
桜井病院 (電) 九二八ー四九九一 付き添い呼び出し

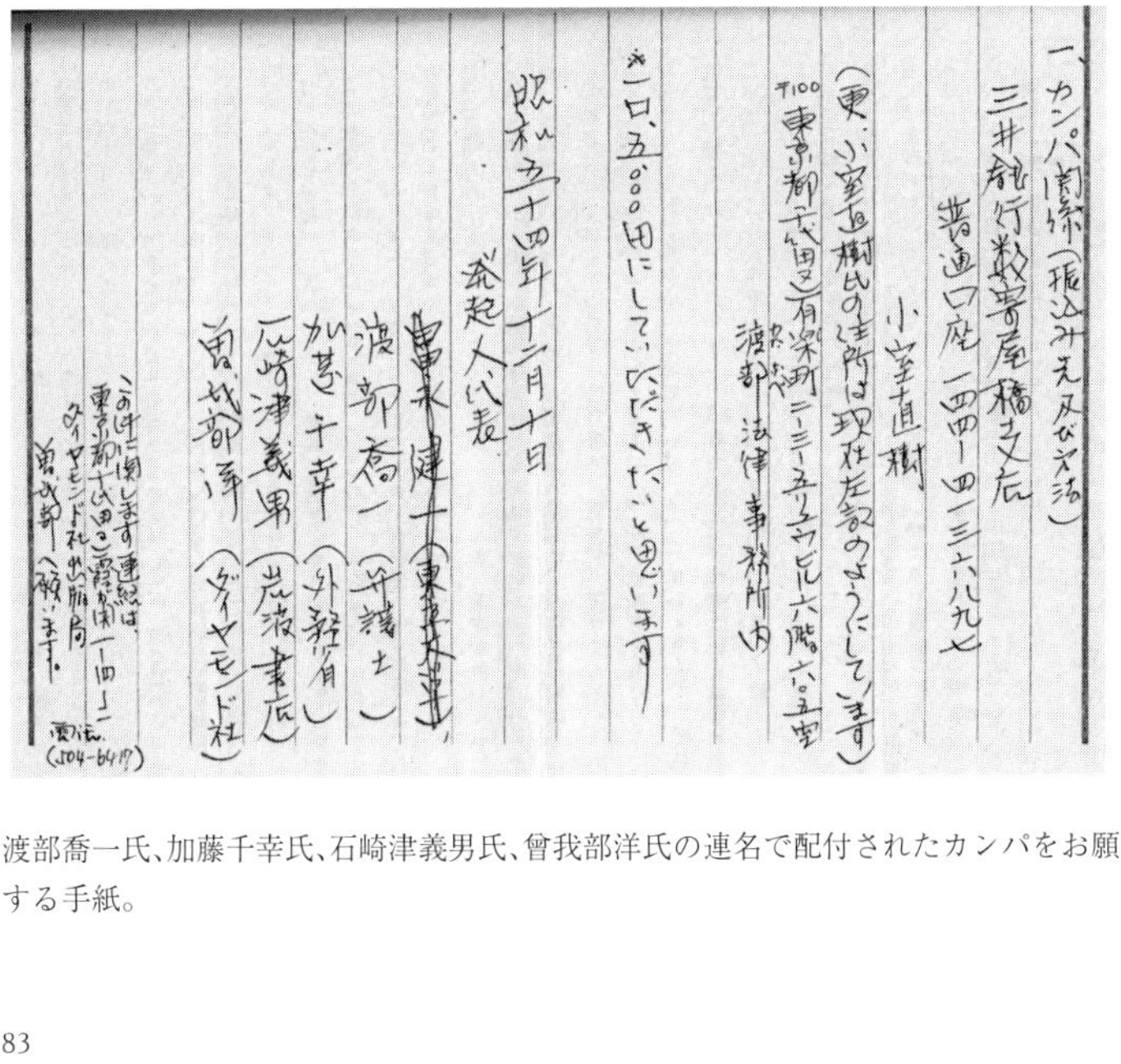
一、カンパ関係（振込み先及び方法）
三井銀行数寄屋橋支店
普通口座 一四四ー四一三六八九七
小室直樹
（更、小室直樹氏の住所は現在左記のようにしています
〒100 東京都千代田区有楽町二ー三ー五リユウビル六階六〇五室
渡部《わたべ》法律事務所内）
※一口、五〇〇〇円にしていただきたいと思います
昭和五十四年十二月十日
発起人代表
~~富永健一（東京大学）~~
渡部喬一（弁護士）
加藤千幸（外務省）
石崎津義男（岩波書店）
曽我部洋（ダイヤモンド社）
この件に関します連絡は、東京都千代田区霞が関一ー四ー一 ダイヤモンド社出版局 曽我部へ願います。
電話（504-6417）

渡部喬一氏、加藤千幸氏、石崎津義男氏、曾我部洋氏の連名で配付されたカンパをお願いする手紙。

書いたのは、曾我部であったが、同意をとって、渡部喬一（弁護士）、加藤千幸（外務省）、石崎津義男（岩波書店）、曾我部洋（ダイヤモンド社）の連名とした。

焦る小室

小室の退院は、一二月一七日、月曜日と決まった。

橋爪ら、小室ゼミのメンバー内では「これを機に小室先生の、あまりにも不衛生な部屋を掃除してさしあげよう」ということで、意見が一致。

ゼミ生有志による藤美荘の掃除が、一二月一五日から二〇日までの六日間、決行された。

橋爪は、もちろん、事前に小室の許可を取っていた。

「小室先生、お部屋を掃除させていただきます」

それを聞いて、小室は申し訳ない気持ちになった。と同時に、焦った。小室には、ゼミ生が藤美荘の自分の部屋に入る前に、どうしても〝処分〟しておかねばならないものがあったのだ……。

ゼミ生らは、小室の部屋に大量のゴミがあることを知っていた。きっと処分すべきか、処分すべきでないか迷うときがあるだろう。

では、何を基準に、処分する、処分しないを決めるのか。

ゼミ生らは、小室から学んだ統計学の知識を活かすことにした。

統計学に「統計的過誤」の議論がある。統計的過誤には二種あって、第一種過誤は、ある仮説が真であるのに棄却してしまう場合の失敗。第二種過誤は、真でない仮説を採用してしまった場合の失敗。これを応用した。小室先生の部屋の掃除の場合、第一種過誤は、捨てるべきでないものを捨ててしまう失敗。第二種過誤は、捨てていいものを捨てなかった失敗。

あるゼミ生が橋爪に聞いた。

「第一種と第二種、どちらを最小化しましょう？」

しばし考えて、橋爪は決断した。

「第二種過誤を最小にしましょう」

簡単にいうと、「基本、全部捨ててしまいましょう」ということになったのだ。

これで、方針も決まった。

一二月一五日、朝。

用意されたのは、ゴミ袋、ほうき、ちりとり、懐中電灯、たわし、雑巾、スコップ、バルサン等々。「掃除」でなく「消毒」とも呼ばれたが、そちらの方が実態に合っていたかもしれない。

指示どおり、ゼミ生は運動靴を履き、手に軍手、口にマスクを装着した。準備は整った。

藤美荘の一階の玄関を開けると、不快な臭いが充満している。生きていく気力が萎えるような、すえた臭いだ。それに耐えながら、ゼミ生らはぞろぞろと階段をのぼり、二階に上がる。

そして、一番奥の小室の部屋のドアを開けた。

ところが、どうしたことか、中から人の気配がする。

「小室先生！　どうしたんですか⁉」

最初に入ったゼミ生の驚いた声が廊下に響いた。

部屋にいたのは、病院で横になっているはずの小室であった⑮。

「うん、いや、ちょっと……」

小室が決まり悪げな顔をしている。部屋の中では、小室ともう一人、ゼミ生の知らない若い男性が、何か作業しているのである。二人の手元をみると、部屋に散乱していたポルノ雑誌を集めて、ヒモで縛ってまとめ上げているようだった。

さすがの小室も、これらをゼミ生らにみられるのは恥ずかしかった。知人の協力を仰いで、掃除が開始される前にポルノ雑誌を自分で〝処分〟しようと抜け出してきたのだった。

すべては良い論文を書くために

小室は、ゼミ生に促されて、病院に戻った。

仕切り直して、いよいよゼミ生らによる掃除が開始された。

そこには、想像を絶する世界が広がっていた。

普通であれば「主のいないガランとした……」となりそうなものだが、部屋にはゴミが山のように堆積している。その高さ、およそ五〇センチメートル[16]。部屋全体がゴミである。玄関ドアを開けると、その〝地層〟が見える。廊下に流れ落ちて来ないのは、固く踏み固められているからだ。

堆積物の表面は、ゆるやかに波打っていて、フカフカする、その上を歩いて、ゼミ生らは中に入った。

上層部には、バナナの皮、レトルト食品の袋、新聞、雑誌。

下層部には、形が変化して原形を留めなくなった、黒い何物かが存在している。まるで土のようだ。強烈な臭いが鼻を突くが、冬なのでまだマシだったのかもしれない。

何が出てくるのかわからないなか、ゼミ生は〝堆積物〟を片付け始める。

ゼミ生は口々に「おお……」とか「なんだよ、これ……」とかいいながら、ゴミ袋に詰めていく。ゴキブリ程度は当然で、ネズミの死骸が出てきたりする[17]。

地層のように重なった雑誌、新聞紙などを処分していくと、下から段々と昔のものがでてくる。一番下の層には六年前の新聞があった。これで六年前から掃除していなかったことがわかった[18]。

ゴミを詰めながら、橋爪は気がついた。いわゆる密教食と呼ばれるような有機食品のカスや袋が多い。

「先生は密教食を食べて身体的、精神的超能力を生みだそうとしたのだろうか……」

そう思いながら袋に詰めた。

橋爪は知っていた。小室が断食するのも、よい論文を書くための霊感《インスピレーション》を得るための手段であったことを。

小室はなぜ断食してまで、霊感、超能力を得たいか。それは、すべて良い論文を書きたいという一心からだ。逆にいうと、普通にしていたら良い論文は書けないと思っていたのだろう。橋爪も、その点は同意する。

小室先生は極めて高い能力がおありだが、それでも普通にしていたら突破できないような極めて高い目標をもっておられる。もし霊感を得ることができるなら、これまで問題と認識されなかったことも問題化できる。そのための密教食と断食だったのだろう、と。

他方でまた、「こどもっぽいな」とも思った。まるで、ヒーローに憧れている小学生みたいではないか。しかし、先生は、今もって真剣に実行している。

多数のゼミ生を動員しての清掃の結果、小室の部屋は綺麗になった。いや、綺麗になりすぎた。いかにも他人が触って綺麗にした感がアリアリなのだ。そこで、田代秀敏は、少しだけ元のように乱雑に戻しておいたのだった。[19]また、小室が〝処分〟しそこねたポルノ雑誌も、何冊か発掘された。ブロンドの女性の無修正物まであった。田代は、いったんはヒモでくくってゴミ捨て場に棄てたのであるが、よく考えると、勝手に処分してはマズいかも……。慌てて拾いに戻って、再び部屋に戻しておいたのだった。

こうして片づけてみると、元の部屋の姿が見えてきた。

小西克哉は、机が三つあるのに気がついた。そういえば、小室先生が以前「気分を変えるため机を変えて書くんだ」というのを聞いたことがあった。そんなことを思い出しながら、机の引き出しを開けると、黒いホッチキスの玉のようなものたくさん転がっている。なんだろうと思ってよく見ると、ゴキブリの卵だった。

学　恩

小室ゼミ生は病院での世話係に、かり出された。その中に山田昌弘もいた。

世話係の実質は〝見張り役[20]〟。山田が橋爪からいわれたのは「小室先生が、とにかく外に出ないように見張ること。外に出て酒を飲まないようにすること」であった。

橋爪の話では、すでに小室は裸足で外出して、酒を飲みに行った前科があるらしい。

山田が世話係を務めたのは昼間であったが、さいわい、その間、小室は大人しく病室に留まったのであった。

ゼミ生の間では、「小室先生の血液は、ヘモグロビンではなくって、アルコールが循環している」というのがもっぱらの噂であった。

もちろん橋爪自身も、泊まりでの小室の世話係を引き受けた。

夜になると、病室の電気が消える。そうすると、橋爪は、病室からスーッと消えるのである。多少、元気の戻った小室は、橋爪が一体、何をしているのかと不思議に思い、橋爪のあとを追った。後日、そのときの様子を小室は、田代に話している。

「橋爪くんは凄い。病室が消灯になったら、電灯のついたトイレで勉強している。トイレで読んだり書いたりしている。しかも、三〇分ごとに僕のところにみにくるんだよ」

橋爪にとって、小室の救対活動にかける時間的負担は相当な重荷であったはずである。できれば、時間を無駄にせず自分の勉強を進めたい。しかし、それでも橋爪は小室に尽くしたのだった。

「まだまだ小室先生から学ぶべきことがある。それに、今こそ奉仕により学恩を返すべきときである」と考えていた。

入院中の世話、自宅の掃除にとどまらず、橋爪らゼミ生はカンパを募って、資金的にも小室を助けた。

カンパを募るにあたって、お金が混じらないように専用の銀行口座も開設することにした。カンパする者の便宜を考えて、第一勧業銀行（本郷支店）、三和銀行（本郷支店）、富士銀行（本郷支店）の三つの銀行に「小室直樹」名義の口座を開設した。一二月一四日のことである。

口座開設にあたり、銀行員から「最初にいくら入金しますか」と聞かれ、橋爪はこう答えた。「後で、かなりの額が入金されるから、一〇円で開きたい」と。もし最初に一〇〇〇円を出して開設した場合、最初に出したお金が一体どこから出たのかと後から問題になるかもしれない。だから、一〇円で作りたいと思ったのだ。ちょっと渋った銀行も、橋爪の説得に折れた。金銭に対する、橋爪の極めて繊細で、生真面目な心配り。小室には決してない配慮の細かさであった。

そういえば、かつて市村真一がアメリカに発つ小室に送った餞の言葉は「細心」だった。それを体現した橋爪の行動であった。

御礼と報告

昭和五五（一九八〇）年二月、曾我部の報告書が関係者に配付された。

また、小室ゼミ生による救対活動の中間報告がなされた。

収入面では、募金の総額八四万七〇〇〇円、釣り銭等の入金九七三〇円。合計八五万六七三〇円となった。

支出面では、ゼミ生の個人立替え分三万九九四五円。小室ゼミの立替分一二万九六五三円。実働（掃除、付添等）還付金八万四〇〇〇円。小室への贈与（入院費等）分五二万三一三二円。予備残額八万円。合計八五万六七三〇円となった。

募金総額八四万七〇〇〇円の内訳としては、小室ゼミナール関係として合計五三件、金額の合計は三八万七〇〇〇円であった。マスコミ・官庁・出版関係の合計三八件、金額の合計は四六万円であった。

最終的には、橋爪が小室ゼミナール有志一同の名義で「小室直樹先生救対活動　最終報告」（昭和五五（一九八〇）年五月一九日付）がなされた。

中間報告の時点で銀行に残しておいたのが八万円。三行の利息合計が一七一四円。中間報告後の入金が二万三〇〇〇円。合計一〇万四七一四円であった。

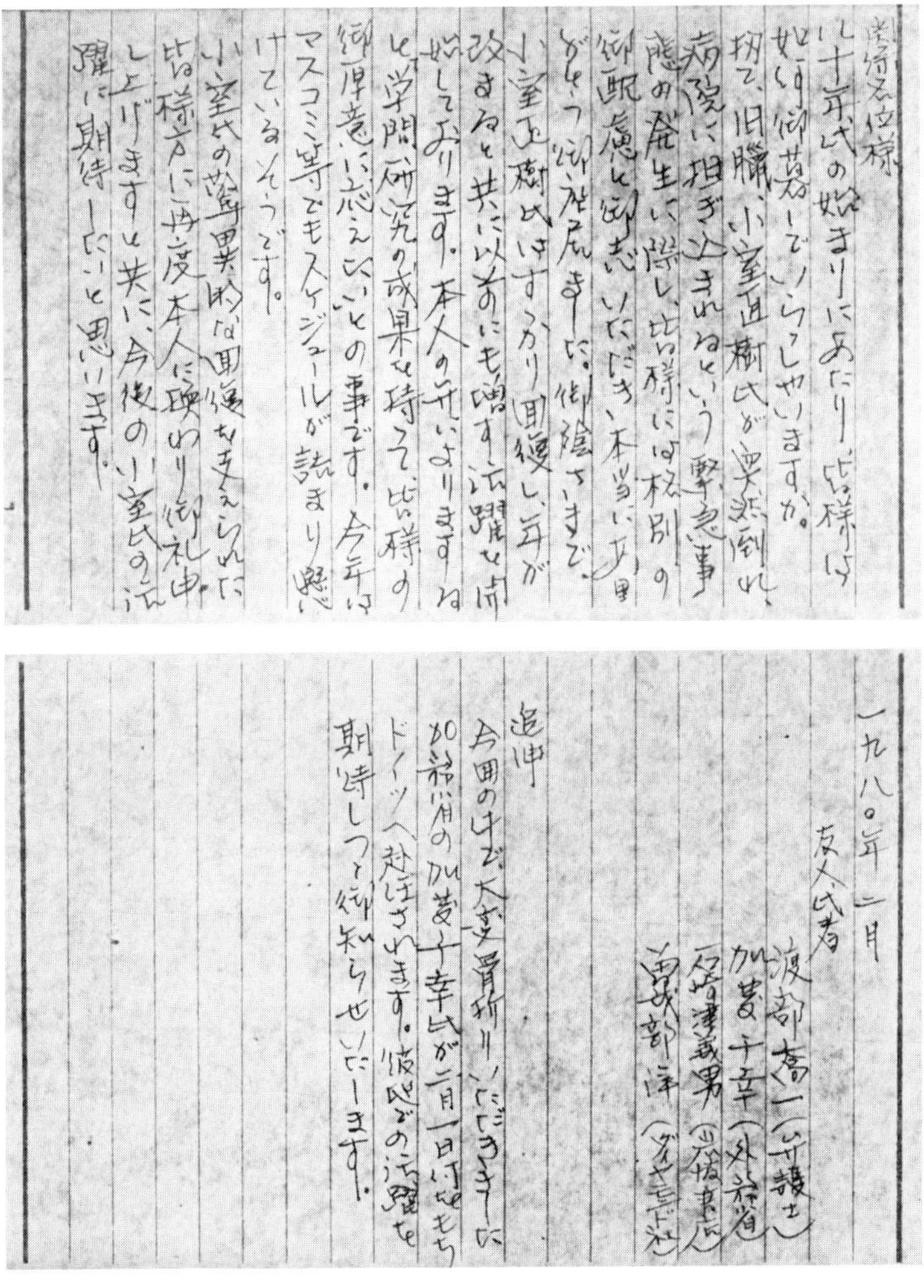
関係各位様
八十年代の始まりにあたり、皆様には
如何お過ごしでいらっしゃいますか。
扨て、旧臘、小室直樹氏が突然倒れ、
病院に担ぎ込まれるという緊急事
態の発生に際し、皆様には格別の
御配慮と御志をいただき、本当に有り
がとう御座居ました。御陰さまで
小室直樹氏はすっかり回復し、年が
改まると共に以前にも増す活躍を開
始しております。本人の弁によりますれ
ば学問研究の成果を持って、皆様の
御厚意に応えたいとの事です。今年は
マスコミ等でもスケジュールが詰まり続
けているそうです。
小室氏の驚異的な回復を支えられた
皆様方に再度本人に成り代わり御礼申
し上げますと共に、今後の小室氏の活
躍に期待したいと思います。

一九八〇年二月
友人代表
渡部喬一（弁護士）
加茂千幸（外務省）
石替津義男（[illegible]）
曽我部洋（ダイヤモンド社）

追伸
今回のけが大変骨折りいただきました
外務省の加茂千幸氏が二月一日付けをもち
ドイツへ赴任されます。彼地での活躍を
期待しつつ御知らせいたします。

小室の回復と御礼を伝える報告書。曾我部洋氏が作成した。

そこから、ゼミ生らの立替分一万七七四〇円を控除した残額、八万六九七四円を小室の口座に振り込んで残高〇円とした。

このように、橋爪は一円単位で計算して、結果をすべて明らかにした。

その記録は、いまも保存されている。

第一五章　出生の謎

父はマルクス、母はフロイト

鶴ヶ城から臨む会津若松市内（平成三〇（二〇一八）年四月三〇日、編集部撮影

誕生

昭和五五（一九八〇）年九月、小室は、『週刊現代』記者・橋本克彦《はしもとかつひこ》の取材を受けていた。(1)

その一か月前、小室は『ソビエト帝国の崩壊』（光文社）を刊行。同書は飛ぶように売れ、増刷に次ぐ増刷。初版三万部がたちまち捌《は》け、九月には二五万部を突破していた。(2)小室は、一躍、時の人となっていた。

〝小室直樹〟とは一体どんな人物なのか。

それを日本中が知りたがっていた。

インタビューが始まり、橋本が問う。

「最初に形式的なところから。何年のお生まれですか」

「昭和七年九月九日。現在四八歳。中年生まれです」

「ご出身は」

「世田谷区奥沢町ですが、私が五歳のときに同盟通信の記者をしていた父・小室隆吉《りゅうきち》が死んで、母・チヨの里の会津で育ちました」

「会津なんですか」

「ええ、会津です。母方は会津の士族だけど、その頃はもう士族も山賊も関係ありませんな。でも、会津藩は特殊でしてね、〝薩長をみたら敵と思え〟というのが今もまだあるんです。松平容保は孝明天皇の信任厚く、京都守護職として天皇に尽くし可愛がられた。会津の藩祖は保科正之ですが、山崎闇斎の学問をいれて、伝統からいったら会津は勤王の本家本元なんです。しかし、会津というのは極めて中世的に、〝尊皇〟とは『天皇を敬《うやま》うこと』、〝勤皇〟とは『天皇に尽くすこと』と信じて疑わなかった。ところが、最後は〝朝敵〟にされてしまうんです。これを冷静に、社会科学的に分析しますと、薩長にとって〝勤皇〟とは『天皇を利用すること』、『天皇シンボルを操作《マニピュレート》すること』だった。これこそ極めて近代的な考え方でしょう。結局、会津には社会科学的分析がなかったから、それに気がつかなかったんですな」(3)

小室の自己認識は、こうだ。

昭和七（一九三二）年九月九日、世田谷区奥沢町生まれ。五歳のときに同盟通信の記者をしていた父・小室隆吉が死んだ。そこで、母・小室チヨの実家の会津で育った。チヨの実家は士族、すなわち会津藩士だった。

この小室の自己認識は正しいか。

これから、小室の出生の秘密を調べていこう。

母・チヨと爲田家

小室がこの世に誕生した時、〝小室直樹〟という名前の人物は存在しなかった。

存在したのは〝爲田直樹〟。

古い戸籍には、母の欄に「爲田チヨ」とあるが、父の欄には記載がない。

直樹は、私生児、法律用語では私生子《しせいし》として、生まれたのであった。

戸籍上、直樹の誕生日として記載されているのは昭和七（一九三二）年九月九日。(4)

しかし、筆者は、実際に直樹が生まれた日は昭和七（一九三二）年五月以前だと考える。

ひょっとすると昭和六（一九三一）年だったかもしれない。

なぜそう考えるのか、その理由を説明しよう。

実は、直樹には妹がいた。(5)名前を爲田恭子《きょうこ》という。

恭子の誕生日は、昭和八（一九三三）年三月一六日。

繰り返すと、戸籍上、直樹の誕生日は昭和七（一九三二）年九月九日である。

そうすると、直樹誕生の半年後に妹が生まれたことになる。

これは生物学的にあり得ない。とすれば、戸籍に記載された直樹の誕生日か、恭子の誕生日のどちらか、あるいは、両方が間違いということになる。

では、どちらが間違いか。筆者は直樹の方だと考える。その根拠は、母・爲田チヨの戸籍が新たに作られた時期にある。

直樹の誕生日前日の、昭和七（一九三二）年九月八日。

この日、爲田チヨの父である爲田文助、すなわち直樹の祖父は、長女・爲田チヨの分家《ぶんけ》届出をしているのである。

分家とは、新しい戸籍をつくること。昭和七（一九三二）年九月七日までは、爲田チヨは、父・爲田文助の戸籍に入っていた。本籍地は、福島県河沼郡柳津村柳津字門前町。

しかし、昭和七（一九三二）年九月八日に、チヨは、文助の戸籍から追い出されるように分家させられ、新しい戸籍に収まったのである。

新しくつくられた戸籍における爲田チヨの本籍地は、東京府豊多摩郡千駄ヶ谷町大字千駄ヶ谷。これは、現在の渋谷区神宮前二丁目辺り、千駄ヶ谷トンネルの少し南にあたる場所である。

爲田チヨは九月八日の一日だけ、たった一人の戸籍の戸主となった。

そして、チヨが分家した、その翌日の九月九日に直樹が出生し、戸籍にはチヨと直樹の二名が記載された。

タイミングがよすぎると思われないだろうか。

だから、爲田チヨの分家に至る因果関係は、戸籍上の時系列「爲田チヨ分家　↓　爲田直樹出生」とは逆に、「爲田直樹出生　→　爲田チヨ分家」だったと思われる。

その背景事情についての記録や伝承は全く残されていない。

筆者の仮説は、こうである。

〝何らかの事情〟で、爲田チヨは父・爲田文助に、直樹が生まれた事実を伝えていなかった。

昭和七（一九三二）年八月終わりから九月初め頃、チヨは文助に直樹が誕生していた事実を伝えた。当時、チヨは二三歳。

爲田文助は、その事実を知って激怒。「自分の戸籍に私生児を入れるわけにはいかん」とばかりに、娘・チヨを分家させて、責任を取らせた。

あるいは、爲田チヨ自らが勘当《かんどう》を望み、自ら父に頼んで分家という形式を取ってもらった。

こうして、戸籍上、母一人、子一人の生活が始まったのであろう。

以上の筆者の仮説が正しいとすれば、直樹は、昭和七（一九三二）年九月九日以前に生まれている。もし、昭和七（一九三二）年四月一日より前であれば、ひとつ上の学年に所属すべきだったことになる。直樹が何度か同級生から大人びていると認識された原因は、ここにあると思う。

なお、直樹の妹・爲田恭子は、昭和九（一九三四）年一〇月、短い一生を終えている。

直樹の母・爲田チヨとは、どんな人物だったのか。

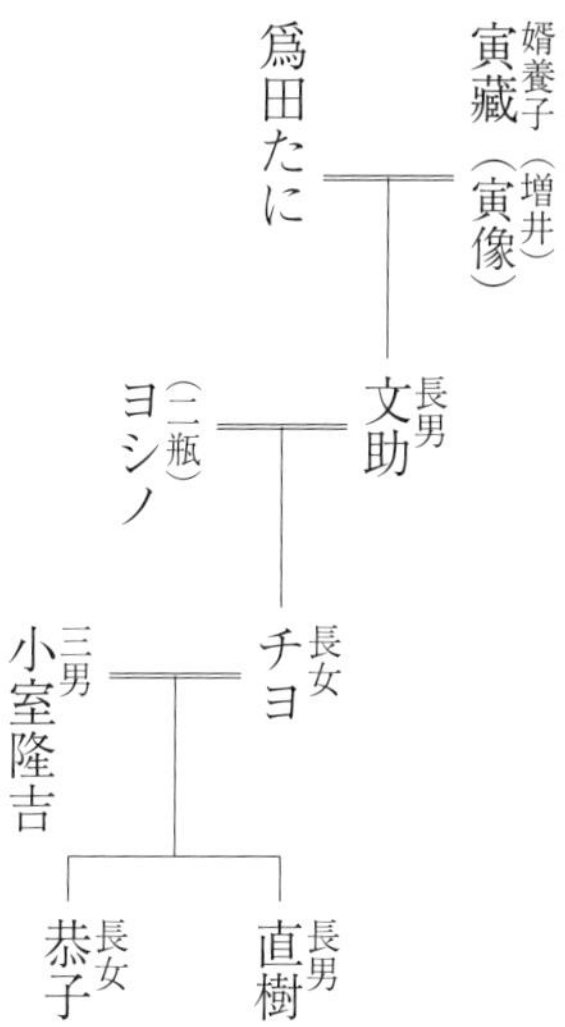

まずは、チヨの育った爲田家についてみてみよう。

チヨは、明治四二（一九〇九）年七月一七日、福島県河沼郡柳津村柳津字門前町において、父・爲田文助、母・ヨシノの長女として生まれた。

父・文助は畳屋を営む腕利きの畳職人であった。爲田家では、猪苗代湖の湖畔にある天皇家の別荘・天鏡閣《てんきょうかく》にも畳を入れたと伝えられている。近所の年配の人たちは、爲田家を「たたみや」と呼んでいた。[6]

その頃の畳職人の自宅には作業場のような場所はなかった。仕事は、必要な道具を持って注文主の家へおもむき、そこで行なう。そして仕事が終わると、食事と晩酌を振る舞われて帰るのが通例であった。[7]

そして、爲田家の古い戸籍には「平民」と記載されている。(8)「士族」とは記載されていない。

冒頭のインタビューで小室は、橋本に対して「母方は会津の士族」と述べる。士族が没落して畳屋を営むこともありえるが、戸籍上の記載はそれを裏付けない。

会津藩士・寅像

では、小室の母方の祖先は会津の士族、会津藩士ではなかったのか。

いや、そうともいえないのである。

実は、爲田家には小室の発言を裏付ける伝承がある。現在も爲田家では「戊辰戦争で逃げ落ちた会津藩士の一人が爲田家に婿養子に入った」と伝えられているのである。(9)

元会津藩士とされているのが、文助の父、すなわち、チヨの祖父、したがって、直樹の曾祖父にあたる爲田寅藏《とらぞう》である。

実際、爲田家の仏壇には、「会津藩士」と書かれた爲田寅藏の位牌がある。

俗名　寅像

会津藩士　文助ノ父

為田寅像氏、たに氏の位牌（平成二九（二〇一七）年八月一三日、金子芳男氏撮影）。

ここで不思議なのは、位牌に「寅像」と書かれている点である。戸籍上の記載は「寅藏」である。これは間違いない。しかし、位牌にはなぜか「寅像」と記載されているのである。

残念なことであるが、この爲田寅藏（寅像）の会津藩士時代の名前は爲田家に伝わっていない。

もし、この爲田家の伝承が事実だとすれば、小室が「母方は会津の士族」と述べたことは、あながち間違いではない。

位牌や戸籍によると、爲田寅藏（寅像）が死んだのは、昭和二（一九二七）年二月、または三月である。

このとき、爲田チヨは一七歳。したがって、爲田チヨが柳津で成長した時代、爲田寅藏（寅像）はまだ生きていた。

チヨは、爲田寅藏（寅像）こと元会津藩士某から、会津士魂を受け継いだ可能性が高い。

爲田チヨは、看護師となった。

しかも、東北帝国大学聴講生として医学を学んだという(10)。

小室が語ったところによると、その医学とは精神医学、フロイトの精神分析学だったようだ。当時、東北帝国大学医学部で精神分析学を講義していたのは、丸井清泰《まるいきよやす》。丸井は、日本の精神分析学の黎明期に活躍した一人である。

チヨは丸井からフロイト学説を学んだ可能性がある。

その後、チヨは東京に出る。そこでも、フロイトの研究会に参加するほど熱心に精神分析学を勉強した。[11] その知識を利用して患者からの相談にも応じていたようである。

チヨは、フロイト主義者であった。

父・隆吉と小室家

小室の誕生において、もうひとつ、大きな謎がある。

直樹の父、生物学的な意味での父は、いったい誰なのかという点である。

小室隆吉か、他の誰かなのか。戸籍上の記載からは、隆吉ではない可能性は十分ある。

筆者は、それでも直樹の父親は、小室隆吉であると考えている。

ここに小室隆吉が大学を卒業したときの写真がある。このとき、隆吉は二四歳。

この写真と本書のカバーの小室直樹（二六歳頃）の写真とを見比べて欲しい。

目鼻立ちは少し違う。しかし、顔の輪郭と耳を見て頂きたい。筆者には、よく似ているように思えるのである。

そうすると、たちまち次の疑問が湧いてくる。

なぜ、小室隆吉は爲田チヨと籍を入れなかったのか、という疑問である。

その答えを探るために、まずは小室隆吉の実家について調べていこう。

隆吉は、明治三四（一九〇一）年四月一日、千葉県山武郡二川村小池（現在の千葉県山武郡芝山町小池）に生まれた。成田空港から南へ五キロほどのところである。

父・小室幾太郎《いくたろう》、母・さく。

家業は呉服太物商であった。[12] 幾太郎はその家業を、さくの実家の櫻井家から受け継いだ。

小室商店の扱う和服は品質確実なうえ低廉であった。

結果、顧客の信用は厚く、小室家は商運隆々と栄えたという。[13]

自然、幾太郎には名望も集まった。

小室隆吉氏（『早稲田大学商学部　卒業記念　大正一四年三月』）。

直樹の祖父・小室幾太郎氏（小室榮一郎氏提供）。

直樹の祖母・小室さく氏。三八歳（明治三三（一九〇〇）年五月二〇日、小室榮一郎氏提供）。

現在の小室商店（平成二六（二〇一四）年一二月七日、筆者撮影）。

明治三九（一九〇六）年には区長に、明治四三（一九一〇）年には村会議員に当選する。

実は、さくの実家の櫻井家は、国会議員も輩出している。櫻《さくら》井《い》静《しずか》である。彼は、国会開設運動の先駆者と呼ばれた自由民権運動の政治家であった。この静は、さくの姉・櫻井千可子《ちかこ》の婿養子であった。

隆吉は、三男坊であったが、隆吉が生まれる前に長男、次男はすでに亡くなっていた。そのため、隆吉が、呉服太物商を継ぐことになっていた。

ところが、幾太郎は、明治四二（一九〇九）年、自分の出た長峯家から、長峯忍《しのぶ》を婿養子として小室家に迎える。以降、小室家の商売は、幾太郎に代わって忍が行なうことになる。(14)

このとき、隆吉はまだ八歳であったから、幾太郎としては〝中継ぎ〟的に忍を迎え入れたのかもしれない。

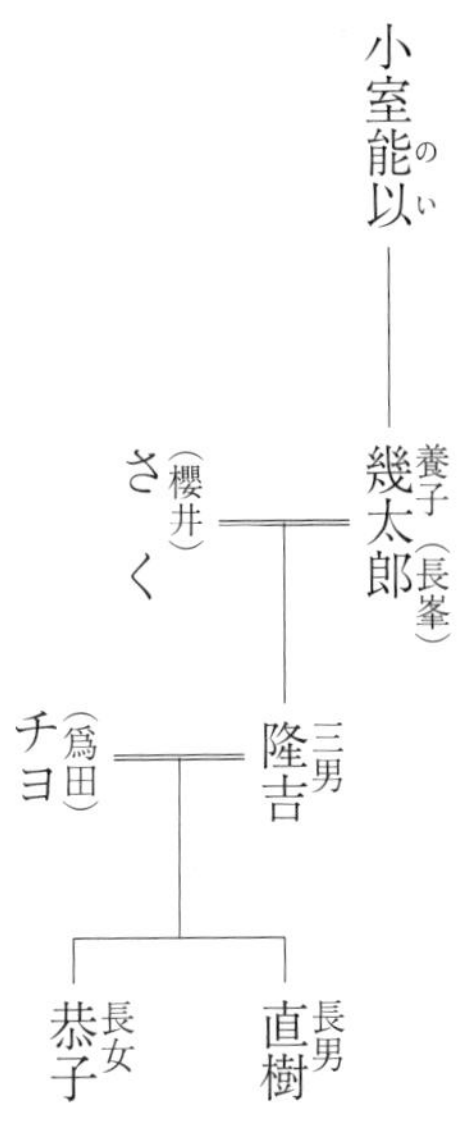

ここまでは、現在の小室家でも把握している事実である。

早大から大日本通信社へ

ところが、その後の小室隆吉については、小室家においても経歴、職歴などについて一切、情報が残されていない。

また、小室直樹自身も詳しく語ったことはない。

以下は、筆者の調査の結果、判明した事実である。

隆吉は、大正八（一九一九）年三月、旧制の県立千葉中学校を卒業した（第三三回卒業

広告研究会にて。右から三人目が小室隆吉氏（『早稲田大学商学部　卒業記念　大正一四年三月』）。

生[15]。このとき一七歳。

この年の六月、父・幾太郎が亡くなる。五七歳だった。隆吉は、小室家の家督を相続した。しかし、家業の呉服太物商は、相変わらず養子の忍が行なっていた。

隆吉は、その後、早稲田大学商学部に入学し、大正一四（一九二五）年三月、卒業する。[16]このとき隆吉二四歳。在学中は、広告研究会で活動しており、実家の呉服太物商よりもジャーナリズムの世界に関心が向いていたようである。

その後、隆吉は、大日本通信社に入社する。[17]

大日本通信社とは、多田満長《ただみつなが》が大正六（一九一七）年に創立した政治経済方面の日刊通信社である。[18]

社主の多田は、明治一八（一八八五）年、千葉県君津郡神納村に生まれた。明治四四（一九一一）年に早稲田大学政治経済学部を卒業した後、内外通信主筆となり、大正六（一九一七）年に関和知《せきわち》、江木翼《えぎたすく》らの後援のもと、大日本通信社を設立する。

大日本通信社は順調に発行部数を拡大。昭和三（一九二八）年には、通信供給契約社が一二三社にも及び、これに個人契約を加えると、日々の通信部数は五〇〇部にのぼった。また、事業内容としても、通信業のほか、手広く印刷業、広告代理店業も行なうようになる。特に、印刷業では、陸軍や参謀本部の受注を受けるに至り、経営は順風満帆であった。[19]

社主の多田は、昭和五（一九三〇）年、衆議院議員の第二回普通選挙において千葉県から出馬。全国第一位の票数を集めた。その後、日本の敗戦まで当選し続けた。

隆吉が、多田の大日本通信社へ入社した経緯はわからない。ただ、社主の多田が隆吉と同郷、同窓であることが関係しているものと思われる。

隆吉は、昭和八（一九三三）年、同社の編集長に就任する。[20] 当時三三歳であった。

そして、昭和一一（一九三六）年四月一〇日、小室隆吉が爲田直樹を認知《にんち》した。認知とは、結婚していない夫婦の間の子について、父親が「その子は自分の子である」と法律的に認めることだ。

隆吉の認知により、法律的には、直樹は私生子から非嫡出子《ひちゃくしゅつし》となった。

『大日本通信』（第三五四七号、昭和四（一九二九）年五月一四日、團體號第六号）。

続く四月二〇日、小室隆吉、爲田チヨが婚姻届を提出。晴れて〝爲田直樹〟は〝小室直樹〟となる。このとき、隆吉三五歳、チヨ二六歳。直樹は戸籍上の誕生日からすると三歳であった。

法律的には、婚姻準正《こんいんじゅんせい》によって嫡出子《ちゃくしゅっし》となった。

こうして、直樹は、母・チヨとともに、父・小室隆吉の戸籍に入ったのである。

ところが、である。

昭和一二（一九三七）年八月二五日、父・隆吉がこの世を去るのである。三六歳という若さであった。

直樹は戸籍上、当時四歳一一か月。五歳になる直前だった。直樹が小室家の家督を相続したのが、昭和一二（一九三七）年八月三〇日。

以上が、名簿、戸籍などの各種記録からわかる、小室隆吉の一生である。

マルクスは親の敵

しかし、これでは小室隆吉が爲田チヨと入籍しなかった理由が全くわからない。

筆者は、そのヒントが小室の次の言葉にあると考える。これは小室が京都大学時代に弁論部の友人・真砂泰輔に語っていた言葉である。

「親父はマルクス主義を研究しすぎて、病気で死んだ。マルクスは親の敵《かたき》なんだ(21)」。

関連する事実をもとに、ひとつの仮説を立てよう。

隆吉が、早稲田大学商学部に在学していた当時、商学部の助教授に佐野《さの》学《まなぶ》がいた。後に日本共産党を結党する一人となった佐野は、当時、早稲田大学の学生たちに強い影響を与えていた。

しかも、〝マルクス・ボーイ〟は、時代の最先端をいくカッコいい存在。

隆吉も、時代の空気、そして佐野の講義に触れ、赤く染まったのではないか。

そして、爲田チヨと出会い、愛し合い子供をもうける。

しかし、隆吉はマルクス主義者。もし籍を入れると、隆吉に官憲の手が及んだとき、家族に累が及ぶかもしれない。「前科者の家族」という汚名は着せられない。

だから、あえて籍を入れなかったのではなかろうか。

では、なぜ、隆吉は昭和一一(一九三六)年四月に籍を入れたのか。

それに対するヒントも、佐野学にあると筆者は考える。

中国・上海で検挙された佐野が、獄中から鍋山貞親《なべやまさだちか》とともに「共同被告同志に告ぐる書」を出して共産主義者から転向したのは、昭和八(一九三三)年六月のことである。

その後、隆吉自身も転向したのではないか。転向すれば、もはや官憲の逮捕を怖れる必要はない。籍を入れることに何の問題もなくなったといえる。

そうして、隆吉は直樹を認知、そして、チヨと婚姻届を提出したのではないか。

しかし、マルクス主義研究で疲弊した隆吉の身体を病魔が襲い、彼は三六歳の若さで死ぬことになる。

チヨは、恨んだことだろう。マルクスのせいで夫が死んだ。夫を奪ったのはマルクスだ。マルクス憎し。マルクスは夫を奪った敵。チヨは、何度も直樹にそれを伝えた。

また、母・チヨはフロイト主義者であった。

直樹を育てるにあたって、その深層心理に植え付けた。

「お前は天才です。必ず立派になります」と。

「父はマルクス、母はフロイト」

直樹は、マルクスとフロイトから生まれた子であった。

注

第一章

（1）小室の柳津国民学校時代の同級生・石田富男氏からの私信では小室が転入したのは四年生の「多分一学期だと思うが定かではない」とある。小室が柳津村に来たのが「三月」という点については、筆者の推測による。

（2）「体験トーク編　SEXって何ですか？　小室直樹」『平凡パンチ増刊　SEX　Q&A　『性』の完全マニュアル』昭和五九（一九八四）年四月、一四五頁。

（3）「BOOK　私の好奇心　小室直樹さん　資本主義国になれないニッポン　前編」朝日デジタル、平成一七（二〇〇五）年二月一一日公開。

（4）小室が森口親司氏に対して、そう語った。森口親司氏からのご教示による。

（5）小室家では、戦後、小室チヨ氏が差し入れた借用書が多数出てきたが全部焼いてしまったという。小室和子氏からのご教示による。

（6）爲田家の建物は母屋も離れも、昭和三一（一九五六）年の砂子沢（志願沢）の出水で流された（柳津町教育委員会編集『柳津町誌　下』福島県河沼郡柳津町、昭和五二（一九七七）年、八三頁）。その際、爲田家にあった写真や手紙、書類等も流され、位牌等、僅かなものを残して失われてしまった。

(7) 爲田文助氏の五男。八番目の子であった。
(8) 爲田文助氏の八男。一一番目の子であった。
(9) 当時の小室の逸話は、小室と同級生だった石田富男氏からのご教示による。また、「昭和一六(一九四一)年四月一日国民学校令施行により校名を柳津村国民学校と改称したが、翌一七年町制施行により柳津町国民学校となった」(柳津町教育委員会編集『柳津町誌 上』福島県河沼郡柳津町、昭和五二(一九七七)年、四六四頁)。すなわち、小室が入学したと思われる昭和一七(一九四二)年四月時点では、柳津「村」国民学校であったが、町制施行により同年五月二〇日以降は、柳津「町」国民学校となった。
(10) 文部省『初等科理科一 教師用』昭和一七(一九四二)年、一六一―一六二頁。
(11) 糸電話での実験授業だったかどうかは不明である。この逸話を覚えておられた石田富男氏は、具体的な内容まではご記憶ではなかった。そこで、筆者において、国民学校の理科の教科書を参照しながら具体的な場面として設定した。
(12) 六年生の一学期までは新井田甚助氏だった。
(13) 満田守雄氏からのご教示による。
(14) 「専門書からコミックまですべて読破する天才」『SAGE』昭和五七(一九八二)年九月号、一七頁。
(15) 昭和五〇年代、小室は柳津町に来訪。三十数年振りに石田富男氏と再会した際、小室は「ノーベル賞を取るとはいわなかったが、電送人間のことはいったナ」と述懐していたという。石田富男氏からのご教示による。
(16) 原洋之介氏からのご教示による。原洋之介氏が、田無寮での雑談のなかで小室から直接聞いた話。

ただ、曾祖父の遺品というのは、筆者の推測である。
(17) 金子芳男氏からのご教示による。金子芳男氏が父親の爲田八郎氏から小室の話としてよく聞かされたという。

第二章

(1) 橋爪大三郎編著『小室直樹の世界――社会科学の復興をめざして』ミネルヴァ書房、平成二五（二〇一三）年、二一二頁。
(2) 当時の漢字は「恒蔵」であった。昭和三四（一九五九）年四月、福島県議会議員に立候補する際、支持者に簡単に名前をかいてもらうために「恒三」と改名した（渡部恒三「我が道　恒三」『スポーツニッポン』平成二三（二〇一一）年一一月一一日、一八面）。
(3) 川原慎氏は、「昭和二三（一九四八）年度会津中学職員名簿」によると、日大高等師範部卒、昭和一六（一九四一）年着任、担当は國・漢、四六歳（会津高等学校百年史編纂委員会編『会津高等学校百年史』創立百周年記念事業実行委員会、平成三（一九九一）年、七四七頁）。
(4) 正しくは「こばやしさだじ」と読むが、皆「こばやしていじ」と呼んでいた。小林正典氏からのご教示による。小林貞治氏は、「昭和二三（一九四八）年度会津中学職員名簿」によると、臨時教員養成所卒、昭和五（一九三〇）年着任、担当は英語、四〇歳（前掲、会津高等学校百年史編纂委員会編『会津高等学校百年史』七四七頁）。
(5) 渡部恒三「忘れ得ぬ六年間の青春」、前掲、会津高等学校百年史編纂委員会編『会津高等学校百年史』九三二頁。
(6) 前掲、会津高等学校百年史編纂委員会編『会津高等学校百年史』六九六頁。

（7）満田守雄氏からのご教示による。
（8）江川哲「大改革の渦中で」『会高同窓会報　創立九十周年記念特集号』昭和五五（一九八〇）年九月、四〇―四一頁。
（9）前掲、江川哲「大改革の渦中で」四〇―四一頁。
（10）前掲、江川哲「大改革の渦中で」四〇―四一頁。
（11）満田守雄氏からのご教示による。なお、野辺氏は中途退学したため、卒業生名簿に名前は載っていない。
（12）鈴木淳一氏からのご教示による。
（13）満田守雄氏からのご教示による。
（14）「親友激論対談　渡部恒三　小室直樹」『宝石』昭和五八（一九八三）年二月号、一一八頁。
（15）「自己主張なんて考えなくていい　こんなに目立つ生き方がある」『BIG Tomorrow』昭和五九（一九八四）年四月号、三二頁。
（16）羽賀重弥「随想　会津人・三題」『会津会々報』一二〇号、平成二六（二〇一四）年六月、一〇〇頁。
（17）渡部恒三「私の政治家としての原点」『会津史談』八九号、平成二七（二〇一五）年五月、一四八―一四九頁。
（18）満田守雄『昭和のみちのく会津をのぼりきて一里塚』私家版、平成一七（二〇〇五）年、一九頁。
（19）石川哲郎氏、羽賀重弥氏からのご教示による。
（20）満田守雄氏からのご教示による。
（21）満田守雄氏からのご教示による。

(22) 「過激放談　小室直樹ｖｓ谷沢永二」『週刊プレイボーイ』昭和五八（一九八三）年一一月一日号、四九頁。
(23) 満田守雄氏からのご教示による。
(24) 小室直樹『日本の「一九八四年」——G・オーウェルの予言した世界がいま日本に出現した』PHP研究所、昭和五八（一九八三）年、三八頁。
(25) 栗本慎一郎・小室直樹・長谷川和彦『罵論・ザ・犯罪——日本「犯罪」共同体を語る』アス出版、昭和六一（一九八六）年、一六八—一七〇頁
(26) 長谷川公一氏からのご教示による。
(27) 前掲、会津高等学校百年史編纂委員会編『会津高等学校百年史』八五四頁。
(28) 岩佐源一郎氏からのご教示による。
(29) 石川哲郎氏からのご教示による。
(30) 坂井伍郎氏からのご教示による。
(31) 満田守雄氏からのご教示による。
(32) 満田守雄氏からのご教示による。
(33) ここは、筆者の解釈である。
(34) 石川哲郎氏からのご教示による。
(35) 高瀬喜左衛門「思い出の恩師」『教育福島』一五三号、平成三（一九九一）年二・三月、六頁。「思い出の恩師」の著者紹介によると、翌年には合名会社白木屋漆器店代表社員となっている。なお、高瀬治男氏の名前は、「昭和二三（一九四八）年度会津中学職員名簿」には、ない（前掲、会津高等学校百年史編纂委員会編『会津高等学校百年史』七四七頁）。

(36) 大正一二（一九二三）年一月二二日、若松市（現会津若松市）生まれ。昭和二一（一九四六）年から昭和二二（一九四七）年にかけて会津中学校教諭、昭和二四（一九四九）年から昭和二六（一九五一）年にかけて県立会津高校講師を務めた（三枝利光ほか『二〇世紀ふくしま傑物伝』財界二一、平成一三（二〇〇一）年、三〇三頁）。のちに、「喜左衛門」を襲名。会津若松市長を三期務め（昭和四三（一九六八）年三月から昭和五五（一九八〇）年三月）、県立会津短期大学長に就任した（昭和六三（一九八八）年）。著書に『随筆集　雪の中の納豆』（私家版、昭和五六（一九八一）年）がある。平成一六（二〇〇四）年没。

(37) 前掲、渡部恒三「忘れ得ぬ六年間の青春」九三二頁。

(38) 高瀬喜左衛門「狂瀾時代前夜の束の間の平和」、前掲、『会高同窓会報　創立九十周年記念特集号』二二六頁。

(39) 前掲、高瀬喜左衛門「思い出の恩師」六頁。

(40) 渡部喬一「あとがきにかえて」、前掲、高瀬喜左衛門『随筆集　雪の中の納豆』二七五—二七六頁。

(41) ここは筆者の推測である。

(42) 飯田耕司氏からのご教示による。飯田耕司氏が、小室所有の『解析概論』をみたときに、見返しに「会津中学二年　小室直樹」と署名されていたことに気が付いたという。

(43) 前掲、渡部恒三「私の政治家としての原点」一四八頁。

(44) 石川哲郎氏からのご教示による。

(45) 前掲、会津高等学校百年史編纂委員会編『会津高等学校百年史』八五四頁。

(46) 満田守雄氏からのご教示による。

(47) 前掲、会津高等学校百年史編纂委員会編『会津高等学校百年史』八五四頁。
(48) 小林貞治「第三章　昭和になって」『会高通史』会津高等学校復興期成会、昭和四〇（一九六五）年、一三一頁。
(49) 小林貞治「恒三代議士と小室学者　七」『毎夕新聞』昭和五六（一九八一）年七月一五日付、一面。
(50) 江川哲氏が石飛仁氏に話された内容による。
(51) 渡部恒三氏からのご教示による。
(52) 満田守雄氏からのご教示による。
(53) この年、六月二〇日と八月二五日に校内弁論大会が開催された（前掲、会津高等学校百年史編纂委員会編『会津高等学校百年史』一四七五頁）。他方、『会津高校学而新聞縮刷版　一九四六〜一九八三』巻末の年表によると、八月二五日のみが記載されているので、ここでは八月とした。
(54) 羽賀重弥氏からのご教示による。
(55) 前掲、「自己主張なんて考えなくていい　こんなに目立つ生き方がある」三三一頁。

第三章

(1) 前掲、会津高等学校百年史編纂委員会編『会津高等学校百年史』七四五頁。
(2) 小林貞治氏が石飛仁氏に話された内容による。
(3) 江川哲氏が石飛仁氏に話された内容による。
(4) 木村貢氏からのご教示による。
(5) 江川哲氏が石飛仁氏に話された内容による。

(6) カール・フリードリヒ・ガウス（Carolus Fridericus Gauss）、一七七七—一八五五年。
(7) オーギュスタン＝ルイ・コーシー（Augustin Louis Cauchy）、一七八九—一八五七年。
(8) エヴァリスト・ガロア（Evariste Galois）、一八一一—三二年。
(9) 江川哲氏が石飛仁氏に話された内容による。
(10) 江川哲氏が石飛仁氏に話された内容による。
(11) 前掲、羽賀重弥「随想　会津人・三題」一〇〇頁。
(12) 鈴木淳一氏からのご教示による。
(13) 満田守雄氏からのご教示による。
(14) 小林貞治「恒三代議士と小室学者　八」『毎夕新聞』昭和五六（一九八一）年七月一六日付、一面。
(15) 小林貞治「恒三代議士と小室学者　二」『毎夕新聞』昭和五六（一九八一）年七月二日付、一面。
(16) 渡部恒三氏からのご教示による。
(17) 小林貞治「恒三代議士と小室学者　三」『毎夕新聞』昭和五六（一九八一）年七月三日付、一面。
(18) 前掲、小林貞治「恒三代議士と小室学者　七」。
(19) 中條正明氏は、「昭和二三（一九四八）年度会津中学職員名簿」によると、第三高等学校卒、昭和二二（一九四七）年着任、担当は英語、二六歳（前掲、会津高等学校百年史編纂委員会編『会津高等学校百年史』七四七頁）。
(20) 会津中学昭和一六（一九四一）年卒（福島県立会津高等学校『創立七十周年記念誌』、昭和三五（一九六〇）年、一四八頁）。
(21) 前掲、会津高等学校百年史編纂委員会編『会津高等学校百年史』七四七頁。

(22) 鈴木淳一氏からのご教示による。
(23) 満田守雄氏からのご教示による。
(24) 前掲、「自己主張なんて考えなくていい　こんなに目立つ生き方がある」三三頁。
(25) 尾崎行雄氏は、安政五（一八五八）年一一月二〇日生まれ。したがって、この時点で、尾崎行雄氏は九〇歳だったことになる。
(26) 小林貞治氏が石飛仁氏に話された内容による。
(27) 『會津タイムズ』五五号、昭和二三（一九四八）年九月二九日付、一面。
(28) 『會津魁新聞』一八七号、昭和二三（一九四八）年九月二九日付、一面。
(29) 満田守雄氏からのご教示による。
(30) 会津中学校昭和一七（一九四二）年卒（前掲、福島県立会津高等学校『創立七十周年記念誌』、一一五頁）。中学第四八回卒（前掲、『会高同窓会報　創立九十周年記念特集号』二八頁）。
(31) 坂井伍郎氏からのご教示による。
(32) 前掲、小林貞治「恒三代議士と小室学者　二」。
(33) 前掲、小林貞治「恒三代議士と小室学者　二」。
(34) 岩崎トキ氏が石飛仁氏に話された内容による。
(35) 岩崎トキ氏が石飛仁氏に話された内容による。
(36) 前掲、小林貞治「恒三代議士と小室学者　七」。
(37) 前掲、羽賀重弥「随想　会津人・三題」一〇〇頁。
(38) 岩崎トキ氏が石飛仁氏に話された内容による。
(39) 前掲、羽賀重弥「随想　会津人・三題」一〇〇頁。

(40)「私は大学教授たちの陰の家庭教師」『女性自身』昭和五二（一九七七）年二月三日号、一二三頁。
(41) 羽賀重弥氏からのご教示による。
(42) 前掲、「自己主張なんか考えなくていい　こんなに目立つ生き方がある」一三二頁。
(43) 小谷恵造氏からのご教示による。
(44) 坂井伍郎氏からのご教示による。
(45) 小林貞治氏が石飛仁氏に話された内容による。
(46) 前掲、小林貞治「恒三代議士と小室学者　八」。
(47) 前掲、小林貞治「恒三代議士と小室学者　三」。
(48) 豊田行二『人間政治家　渡部恒三』徳間書店、昭和五九（一九八四）年、一四七頁。
(49)「データバンクにっぽん人　一一三　小室直樹」『週刊現代』昭和五五（一九八〇）年一〇月二日号、六四頁。
(50) 岩崎トキ氏が石飛仁氏に話された内容による。
(51) 江川哲氏が石飛仁氏に話された内容による。
(52) 小林貞治氏が石飛仁氏に話された内容による。
(53) 島地勝彦氏からのご教示による。
(54) 小林貞治「恒三代議士と小室学者　六」『毎夕新聞』昭和五六（一九八一）年七月一四日付、一面。
(55) 渡部恒三「友人小室直樹君のこと　上下」『毎夕新聞』昭和五六（一九八一）年六月二五日付、同年同月二六日付、ともに一面。のちに、渡部恒三『水芭蕉日記』（永田書房、昭和五六（一九八一）年）に所収（二〇八―二一三頁）。

第四章

（1）小室が岩崎トキ氏に宛てた葉書より（消印は昭和二六（一九五一）年五月二日）。
（2）鈴木淳一氏からのご教示による。
（3）京都府宇治市宇治里尻十二　野原米雄方。
（4）平川敬二『屋根裏の青春』一頁（平川氏のウェブサイト「平平平&大丘忍」より）。
（5）小室と同じクラスには北川善太郎氏（後の民法学者）がいた。これは松村良之氏が、北川善太郎氏から直接聞いた話である。松村良之氏からのご教示による。
（6）真砂泰輔氏からのご教示による。
（7）大島渚「京都大学時代の回想」『大島渚著作集一　わが怒り、わが悲しみ』現代思潮新社、平成二〇（二〇〇八）年、六〇頁。なお、大島渚氏は、昭和二五（一九五〇）年に京都大学法学部に入学。小室より一つ上の学年である。
（8）塩見武二「Sun Rising の国に‼」、汐見三郎先生追想録刊行会『追想　汐見三郎先生』昭和六〇（一九八五）年、二七九―二八二頁。
（9）真砂泰輔「真砂ゼミ」『関西学院大学学生会　法学部学生自治会（法学会）新入生歓迎　一九九六春風』法学部新歓実行委員会、四八頁。
（10）宮下美智子「三十年前のこと」、京都大学文学部編『以文会友――京都大学文学部今昔』京都大学学術出版会、平成一七（二〇〇五）年、二〇六頁。
（11）小室が岩崎トキ氏に宛てた葉書より（消印は昭和二六（一九五一）年四月二六日）。
（12）小室が岩崎トキ氏に宛てた葉書より（消印は昭和二六（一九五一）年五月二日）。
（13）読売新聞大阪社会部『われわれは一体なにをしておるのか　続々々』講談社、昭和五四（一九七

九）年、一四三頁

(14) 小林貞治「学者・小室のこと」、前掲、会津高等学校百年史編纂委員会編『会津高等学校百年史』九三三頁。

(15) 内田剛弘氏、渡邉正之氏からのご教示による。

(16) 昭和一八（一九四三）年一〇月に発足した大日本育英会は、昭和二八（一九五三）年八月、「日本育英会」と改称した。

(17) 「行くカネ来るカネ　小室直樹」『週刊文春』昭和六〇（一九八五）年九月二六日号、七〇―七一頁。

(18) 実は、旧制第三高等学校時代にも弁論部はあった。三高弁論部は、昭和二四（一九四九）年頃まで続いていたようである。その後いったん途絶えた。内田剛弘氏、真砂泰輔氏、そして小室らは、それを知らず、新制京都大学の第三回入学者で弁論部を作ったことになる。

(19) 真砂泰輔氏からのご教示による。

(20) 鈴木淳一氏からのご教示による

(21) 真砂泰輔氏からのご教示による。

(22) 中岡哲郎「京大天皇事件」『朝日ジャーナル』昭和四五（一九七〇）年二月二二日号、三六頁。

(23) 真砂泰輔氏からのご教示による。

(24) 早川達「小室君のこと」『学園新聞』京都大学新聞社、昭和二七（一九五二）年五月二六日付、四面。

(25) 真砂泰輔氏、内田剛弘氏からのご教示による。

(26) 渡邉正之氏からのご教示による。

（27）真砂泰輔氏からのご教示による。
（28）大原俊雄「弁論部々史」、第一高等学校辯論部編『一高東大辯論部史料』一高東大辯論部史編纂委員会、昭和三四（一九五九）年。
（29）京都大学同学会・全日本学生新聞連盟共編『わだつみに誓う――京大天皇事件の記録』学園評論社、昭和二六（一九五一）年、三二頁。https://www.youtube.com/watch?v = viFJdDzZ9TA
（30）前掲、京都大学同学会・全日本学生新聞連盟共編『わだつみに誓う』三六頁。
（31）前掲、京都大学同学会・全日本学生新聞連盟共編『わだつみに誓う』三三頁。
（32）京大天皇事件の際、当時一回生で宇治分校に通う小室が、本校で天皇の巡幸を迎えたとの記録はないし、小室自身の証言もない。また、当時、同じく京大法学部一回生だった渡邉正之氏は「宇治分校では授業もあったので参加していないと思う」との意見を持っている（渡邉正之氏からのご教示による）。しかし、筆者は、小室は本校正面で天皇を迎えたのではないかと考えている。駒場祭での東大・京大弁論大会参加を欠席して京都に留まったのは天皇を迎えるためではないか。また、「天皇は神である」と考える小室が、天皇の行幸に際して宇治分校で授業を受けていることは考えにくいからである。
（33）前掲、京都大学同学会・全日本学生新聞連盟共編『わだつみに誓う』四三頁。
（34）前掲、京都大学同学会・全日本学生新聞連盟共編『わだつみに誓う』四六頁。
（35）内田剛弘氏からのご教示による。
（36）「アメリカ経済研究四〇年――金田重喜教授にきく」『研究年報『経済学』』（東北大学）五七巻四号、平成七（一九九五）年一二月、一七三頁。のちに、高橋哲郎氏と木坂順一郎氏は龍谷大学教授、江口圭一氏は愛知大学教授、松浦玲氏は桃山学院大学教授に就任。

(37) 前掲、早川達「小室君のこと」四面。
(38) 内田剛弘氏からのご教示による。
(39) 平川敬二氏からのご教示による。
(40) 京大吉田近衛寮文集編集発行委員会編『銀杏並木よ永遠に――京大吉田近衛寮の青春像』京大吉田近衛寮文集編集発行委員会、平成九(一九九七)年、五頁、三二頁。
(41) 前掲、『銀杏並木よ永遠に』六〇頁。
(42) 前掲、『銀杏並木よ永遠に』六〇頁。
(43) 前掲、『銀杏並木よ永遠に』九頁。
(44) 内田剛弘氏の日記の記録から、規約第一三条第一項により小室が除名されたことはわかっているが、その規約自体は残されていない。そのため、規約の内容は筆者の推測に基づく。推測は、当時の状況と、典型的な規約の文言から行なった。

第五章

(1) 『京都新聞』昭和二七(一九五二)年五月一七日付、夕刊、三面。
(2) 内田剛弘氏からのご教示による。
(3) 伊藤皓文氏の性格、体格等については、防衛研究所で直属の部下であった吉崎知典氏からのご教示による。防衛研究所時代、伊藤皓文氏は、おおらかで、鈍感力が取り柄。豪快で、恰幅がよく、いつもニコニコしている。弁舌は立たないが、説得力のある文章を書いたという。
(4) 前掲、「データバンクにっぽん人 一一三 小室直樹」六六頁。
(5) 前掲、大島渚「京都大学時代の回想」七四―七五頁。

(6) 田原総一朗氏からのご教示による。田原総一朗・佐高信『激論！安倍政権崩壊』河出書房新社、平成二九（二〇一七）年、一八四頁。

(7) 平川敬二氏のウェブサイト「平平平&大丘忍」の「雑録」の中の記事「小室直樹氏逝去」（平成二二（二〇一〇）年九月二二日付）。

(8) 前掲、『銀杏並木よ永遠に』五頁。

(9) 京大平和懇談会による服部峻治郎総長宛の『公開質問状』昭和二七（一九五二）年五月二二日付。

(10) 保田與重郎「祖国正論」『祖国』昭和二七（一九五二）年七月号、一九―二〇頁。旧漢字、歴史的仮名遣いは、筆者が適宜、現代漢字、かな遣いに改めた。のちに、『保田與重郎全集　二八』（講談社、昭和六三（一九八八）年）に所収（一四九―一五〇頁）。

(11) 『学園新聞』（京都大学新聞社）、昭和二七（一九五二）年六月二三日付、一面。芦田均『芦田均日記　第四巻』岩波書店、昭和六一（一九八六）年、一六五―一六六頁。

(12) 小室はこの件について、会津高校の恩師・小林貞治氏に次のように語っていた。「京都（？）（ママ）で芦田首相の演説が終ると小室は例の高音の掠れた声で質問した。『三つ質問したい。第一、首相は憲法の戦争放棄の条も自衛権を否定するものではないなどと細かい法理論を説くが、そのような法の条項の解釈などは法務省事務官あたりがやればよいことで、首相はもっと大所高所から日本の舵を取るべきだと思うがどうか。第二、首相は昭和電工事件で金を受取ったとか受取らなかったとか言われているが、そんな端た金を問題にされるようでは、各国の強者首相たちと渡り合うのに貫禄が足りないのではないか。第三、（筆者失念）（ママ）。』それで、芦田さんは何と答えたかと訊いたら、今日は闘論のために来たのでないから答えないと言って帰ってしまった。あれでは駄目ですよと言う。小室の質問に答えないと答えた首相は流石だと言ったら面白くない顔をして黙っていた」（前掲、小林貞治「恒三代議士と小室学者　六」）。

(13) 森口親司氏からのご教示による。このとき、森口氏は、友人から「あれが有名な『小室』だよ」といわれたという。

(14) 森口親司氏からのご教示による。

(15) 小室直樹「数学科から政治学まで　中根千枝他」『文藝春秋』昭和五五（一九八〇）年三月号、一三九―一四一頁。

(16) Q.E.D. とは、数学の証明の最後に記す「証明終わり」の意味で、ラテン語の「Quod Erat Demonstrandum（かくのごとく示された）」の略語。

(17) 森口親司氏からのご教示による。

(18) この経緯は、羽賀重弥氏の推測に基づく。羽賀重弥氏からのご教示による。

(19) 羽賀重弥氏からのご教示による。

(20) 羽賀重弥氏は、親孝行の数学者の名前については失念していた。ここでは、筆者の判断で、親孝行な数学者であったとされているパスカルとした。

(21) 羽賀重弥氏からのご教示による。

(22) 前掲、羽賀重弥「随想　会津人・三題」一〇一頁。

(23) 渡邉正之氏からのご教示による。藤井正道氏は、京大入学後も、平泉澄氏の薫陶を受け続けた。入学直後の昭和二六（一九五一）年五月二〇日、大阪府東大阪市の瓢箪山、白山《しろやま》桂三氏宅において楠公祭が開催された。広大な邸宅に、八三名が集まった。これは、平泉澄氏が主宰する楠正成公を祀る会である。藤井正道氏は、この楠公祭に参加し、のちに、小室の友人となる渡邉正之氏（当時、京都大学法学部一回生）と面識を得ている。

（24）渡邉正之氏からのご教示による。
（25）平泉隆房「『桃李』・『日本』総目録の出版に寄せて」『「桃李」・「日本」総目録』日本学協会、平成二三（二〇一一）年。
（26）『桃李』（昭和二六（一九五一）年創刊号）の奥付。
（27）渡邉正之氏からのご教示による。また、渡邉正之「平泉先生の想い出」『日本』（平成二二（二〇一〇）年一〇月号）を参照（二九頁）。
（28）平泉澄氏の長男。
（29）千早委員会編『存道——千早鍛錬会の足跡』日本学協会、平成一五（二〇〇三）年、三一〇頁。
（30）全文は、前掲、『存道』四五―五五頁。千早鍛錬会の始まる直前の昭和二九（一九五四）年七月三一日から八月二日午前にかけて、平泉澄氏は「同学」（平泉学派）を前に「正學大綱」を講義した。これは「平泉博士の学界に対する〝戦後復活宣言〟である」（田中卓氏による「正學大綱」解説より）。「正學大綱」は『藝林』に掲載されている（平成二〇（二〇〇八）年四月号、二―三四頁、平成二〇（二〇〇八）年一〇月号、二―四二頁）。
（31）渡部恒三「第一回学生国会の思い出」、全関東学生雄弁連盟『戦後学生弁論の歩み——全関東学生雄弁連盟二〇年史』昭和四一（一九六六）年、六三頁。
（32）前掲、小室直樹「数学科から政治学まで　中根千枝他」一三九頁。

第六章

（1）森口親司氏からのご教示による。
（2）後に、社会経済研究施設（昭和三八（一九六三）年）と改称。さらに、社会経済研究所（昭和四一（一九六六）年）と改組される。

（3）高田保馬氏は、昭和三二（一九五七）年七月まで、大阪大学教授として在籍した。

（4）大阪大学経済学部編『大阪大学経済学部十年の歩み』大阪大学経済学部、昭和三四（一九五九）年、六五―六六頁。

（5）森嶋通夫『終わりよければすべてよし――ある人生の記録』朝日新聞社、平成一三（二〇〇一）年、九九―一〇〇頁。

（6）小室直樹『経済学をめぐる巨匠たち――経済思想ゼミナール』ダイヤモンド社、平成一六（二〇〇四）年、二五三―二五四頁。

（7）前掲、森嶋通夫『終わりよければすべてよし』一〇七―一〇九頁。

（8）前掲、大阪大学経済学部編『大阪大学経済学部十年の歩み』六三―六四頁。

（9）前掲、大阪大学経済学部編『大阪大学経済学部十年の歩み』九三頁。

（10）前掲、森嶋通夫『終わりよければすべてよし』一〇〇頁。

（11）前掲、大阪大学経済学部編『大阪大学経済学部十年の歩み』二一一頁。

（12）小室直樹「デモンストレーション効果と市場の均衡および安定」『大阪大学経済学』七巻四号、昭和三三（一九五八）年一月、一〇四頁。小室直樹「デモンストレーション効果と市場の安定性」に関する補論」『大阪大学経済学』八巻一号、昭和三三（一九五八）年四月、七八頁。

（13）前掲、小室直樹『経済学をめぐる巨匠たち』二五四―二五五頁。「新開陽一氏とともに選ばれて特別クラスを構成し、特訓を受けることになった」という点は、田口昌輝氏からのご教示による。

（14）森嶋通夫『智にはたらけば角が立つ――ある人生の記録』朝日新聞社、平成一一（一九九九）年、二二二三頁。

(15) 浅見安正（絅斎）著、下中芳岳訳『靖献遺言　現代語訳』（内外出版協会、明治四四（一九一一）年）の元訳（二五七―二五九頁）に筆者が手を加えたもの。

(16) 市村真一「平泉澄先生の想い出（上・下）」『日本』平成二二（二〇一〇）年二月、一四―二二頁、三月、二〇―二七頁。

(17) その時の様子は、渡邉正之「平泉澄先生の想い出」（『日本』平成二二（二〇一〇）年一〇月号）に詳しい（三一―三二頁）。

(18) そのときの講義録は平泉澄『先哲を仰ぐ』（錦正社、平成一〇（一九九八）年）に掲載されている（五三〇―五四一頁）。本書に収められた平泉澄氏の講義録の多くは、青々塾生らが講義を筆記したものである。青々塾では平泉澄氏の講義が塾生達によって講義録として文章化されることが多く、これは「打聞《うちぎき》」と呼ばれている。後に小室は『奇蹟の今上天皇』（ＰＨＰ研究所、昭和六〇（一九八五）年）において「松陰、（『中朝事実』の山鹿）素行イデオロギーを簡単に要約して、『士規七則』を作った」と述べる（一八六頁）。

(19) 昭和三〇（一九五五）年三月に京都大学法学部を卒業後、同年四月から京都の関西相互銀行（当時住友系）で働きながら司法試験の勉強をしていたが、昭和三一（一九五六）年一月に退職。家庭教師のアルバイトをしながら、司法試験の勉強に専念する。司法試験合格後は、実務修習中の昭和三三（一九五八）年一一月まで茨木塾で生活。

(20) 鳥取県出身。当時、大阪府立学芸大生。平泉澄氏のご子息・平泉洸氏の義弟（夫人の弟）。大学卒業後は、学校の先生をながく務めた。渡邉正之氏からのご教示による。

(21) この四名は、平成二七（二〇一五）年二月二〇日に、渡邉正之氏、梅山富弘氏、飯田耕司氏の三名に集まって頂いた際のインタビューによって特定した。前掲、渡邉正之「平泉澄先生の想い出」

の内容とは異なるが、三名の記憶に基づいている点で、こちらの方が正確である。

(22) 当時、大阪大学学生。白山桂三氏の教え子。ぜんそく持ちで、塾生達は、睡眠中に苦しく咳き込む花本治氏の姿をみている。花王に就職した。渡邉正之氏からのご教示による。

(23) 和歌山大学経済学部卒業後、陸上自衛隊に幹部候補生として入隊。第一二師団長となり平成二(一九九〇)年退官(陸将)。現在、中山成彬衆議院議員秘書。

(24) 梅山富弘氏からのご教示による。

(25) 当時、大阪外国語大学の学生。平泉門下(同学)佐中壯氏の長男。

(26) 当時、大阪府立大学工学部船舶工学科。日立造船勤務後、昭和三九(一九六四)年に海上自衛隊の制服組技術幹部として入隊。昭和五四(一九七九)年、防衛大学校オペレーションズ・リサーチ(OR)講座(軍事OR)の教官(助教授)として配属。その後、教授となり、制服の停年(一佐)後も文官教官として同じ勤務を続け、平成一五(二〇〇三)年春、教授の停年(六五歳)で防大を退官。

(27) 飯田耕司の後に入塾して小室と親交のあった塾生は次のとおり。上月工《こうづきたくみ》氏(関西大・経、昭和三三(一九五八)年四月から昭和三八(一九六三)年三月)、半田嘉弘氏(京大・法、昭和三三(一九五八)年六月から昭和三八(一九六三)年三月)、平井聖司氏(阪大・経、昭和三三(一九五八)年六月から昭和三八(一九六三)年三月)、吉田元宏氏(大阪工大・機、昭和三三(一九五八)年四月から昭和三八(一九六三)年三月)、竹歳彬(阪大・工、昭和三四(一九五九)年四月から昭和三五(一九六〇)年三月)、佐中明雄氏(関西学院大・経、昭和三四(一九五八)年四月から昭和三九(一九六四)年三月。佐中壯氏の次男、佐中仁氏の弟)。

(28) 現在は神社になっている。

(29) 前掲、千早委員会編『存道』三一二―三一三頁。
(30) 梅山富弘氏からのご教示による。
(31) 市村真一氏からのご教示による。
(32) 伊藤皓文氏は、『桃李』昭和三〇（一九五五）年一二月号に「トインビー」と題する小論を投稿するほどであった（二七―二九頁）。
(33) 前掲、渡邉正之「平泉先生の想い出」三二頁。
(34) 「超天然記念人物・小室直樹先生の生活と意見」『平凡パンチ』昭和五八（一九八三）年二月二一日号、二六頁。
(35) 伊藤皓文氏は、防衛研修所教官時代に『論争』（昭和三七（一九六二）年四月号）に「日本の防衛はどうするか――防衛に関する五つの解答」という論文を発表する（四四―五一頁）。伊藤皓文氏は「自衛隊は何に対して防衛しようとしているのか？　もし日本が共産主義の統治になったら、やはり君達は国土を防衛しようとするのか？」との問いに対して、「国家でもなく天皇でもなく、国民である」と答える。そして「国民の自衛隊においては、歴史的にやがて消えてゆくであろう天皇制はまったく無縁のものである」と述べた。また、「共産主義政党といえども、合法的手段によって、すなわち現憲法の原理である自由民主主義、議会主義の原則によって国民の総意を代表して政府を結成するならば、自衛隊は、政治的中立の原則と合法かつ正当な命令への服務規律にしたがって、この政府の下に防衛に参加するであろう」と述べた。これに対して、左と右、双方から反応があった。左派からの反応としては、都留重人氏が『朝日新聞』（「論壇時評」昭和三七（一九六二）年四月二三日付、朝刊、五面）において、好意的な論評を寄せた（後に、『都留重人著作集一〇　学問と社会と論壇』（講談社、昭和五一（一九七六）年、三四七頁）に所収）。他方、右派からの反応は激しかった。論客・福田素顕氏は、『防共新聞』(昭和三七(一九六二)年七月一日付)に「自衛隊が革命教育されつつある」との表題で、防衛研修所教官が「革命参加を是認したもの」で、「政府は、ボヤボヤしたり、派閥闘争をして居ると、自衛隊は赤軍化して、アアと云って居る間に革命が来る」と警鐘を鳴らした(福田素顕『福田素顕憂国論集』(福田素顕憂国論集刊行会、昭和四〇(一九六五)年、四五一―四五二頁)に所収)。また、大日本愛国団体連合時局対策協議会は、昭和三七(一九六二)年八月、防衛庁当局の執るべき態度として次のような事項を要望する声明を出した。すなわち「(一)伊藤皓文教官を即時罷免すべし。(二)伊藤教官の直属上官たる防衛研修所長の責任の所在を明確にすべし。(三)伊藤教官の背後関係および周辺を徹底的に追求すると共に、防衛庁全般に亘っての思想調査を実施し、反国家分子は断固処分すべし。(四)防衛庁として、この問題に対する所信を明らかにし、あわせて国防問題、自衛隊の基本的あり方等を明示して、全隊員の志気の昂揚を許り、しかして自衛隊に対する国民の信頼を確保すべし」と(後に、木村篤太郎監修『日本憂国三代史』(公安資料調査会、昭和三八(一九六三)年、一七二―一七七頁)に所収)。これを受けて、佐伯喜一氏(防衛研修所長)は、『論争』(昭和三七(一九六二)年一一月号)に「日本の防衛をどうするか――伊藤論文の批判に応えて(目次での副題)」を寄稿(一六八―一七八頁)。佐伯喜一氏は「以上は筆者の個人的見解である」(一七八頁)と断りながら、実質的には防衛庁主流の意見を発表することで幕引きを図った。すなわち「自衛隊は一種の軍隊である。それは戦後の新しい環境の下に成長した新しい自衛力ではあるが、旧軍隊の遺産と伝統の優れた一部を引継ぐことによって今日の姿に成長しえた」とし(一七七頁)、天皇制については「自衛隊員の敬愛の対象となるべきものであることは当然である」とした(一七八頁)。また、自衛隊は「憲法の規定する民主主義的手続によって合法的に成立した合法的政権の支配下に立つことは当然である。

その場合、政権の獲得のみならず維持をも合法的に遂行する政権のみが、合法的政権といえる。民衆をぎまんし合法的外観を装って政権を獲得しても、非合法手段によらなければその政権を維持しえないものは、合法的政権とは言えない。自衛隊はその様な政権の指揮に服する理由をもたない」とした（一七八頁）。そして、伊藤皓文氏は、その後、数年間、防衛研修所教官の職を解かれ、防衛庁長官官房総務課に飛ばされたのであった。最終的には、六〇歳の定年まで勤め上げ、平成五（一九九三）年三月退官。その後、北陸大学教授などに就任した。平成一六（二〇〇四）年秋の叙勲で瑞宝小綬賞を受ける。平成二六（二〇一四）年頃、逝去。

(36) 「市村真一教授略歴」『東南アジア研究』二五巻三号、昭和六二（一九八七）年一二月、五一七―五一八頁。帰国は昭和三五（一九六〇）年三月。

(37) 飯田耕司氏からのご教示による。

(38) 「皇太子殿下御成婚・本誌第百号　記念懸賞応募論文入選発表」『日本』昭和三四（一九五九）年七月号、四八―四九頁。引用にあたって、旧漢字、歴史的仮名遣いは、筆者が適宜、現代漢字、かな遣いに改めた。

(39) 引用にあたって、旧漢字、歴史的仮名遣いは、筆者が適宜、現代漢字、かな遣いに改めた。

(40) 小林貞治「恒三代議士と小室学者　四」『毎夕新聞』昭和五六（一九八一）年七月四日付、一面。

(41) 前掲、橋爪大三郎編著『小室直樹の世界』二一六頁。

(42) 鈴木淳一氏からのご教示による。

(43) 前掲、小林貞治「恒三代議士と小室学者　四」。

第七章

（1）第五三次航。

（2）後に衆議院議員、広島市長となる秋葉忠利氏も、このときのＡＦＳ留学生の一員だった（秋葉忠利『アメリカ人とのつきあい方』岩波書店、平成元（一九八九）年、二一五頁）。

（3）日米教育委員会（フルブライト・ジャパン）、同窓会担当シニア・スペシャリスト伊藤智章氏のご教示によると、フルブライト制度（当時）の Category としては、次の四つがあった。①GS（graduate student）、②RS、③VL、④TDP。また、Benefit としては、次の三つがあった。①G/BN（フル・エクスペンス、または、オール・エクスペンス）、②D/BN（トラベル・オンリー、又は、トラベル・グラント）、③GS/BN（パーシャル・グラント）。昭和三四（一九五九）年は、合計二三〇名ほどがフルブライターとして日本からアメリカに留学している。（一）G/BN レクチャラー、リサーチャー（全額支給）一〇人、（二）G/BN GS（全額支給）三〇人、（三）F/IIE（パーシャル）九人、（四）F/SM teachers 二〇人、（五）D/BN RS VL 七五人、（六）D/BN GS 八五人。同年の graduate student には、安倍基雄（元衆議院議員）、藤島昭（元最高裁判事）、原ひろ子（お茶の水女子大学名誉教授）、橋本徹（元日本政策投資銀行社長、元富士銀行会長）、神谷不二（元慶應大学名誉教授）、河合隼雄（元文化庁長官）、三木谷良一（元神戸大学名誉教授、三木谷浩史氏（株）楽天社長の父）、根岸重治（元最高裁判事）、奥平康弘（元東京大学名誉教授）、竹山実（竹山実建築綜合研究所所長）、目良浩一（ハーバード大学留学）らがいた。research schalor には、有馬朗人（元文部大臣、元東京大学総長、元理化学研究所理事長）、丹下健三（元東京大学名誉教授）がいた。なお、日米教育委員会が把握している小室の情報は以下だけであった。Year: 1959/Category:Graduate Student/Benefit:Travel Only/Departure:1959-08-27/Return:1962-09-08/

Affiliation:U. of Michigan, M.I.T.

（4）セルデン・入江・恭子氏（Kyoko Iriye Selden）。東京都出身。東京大学卒業後、イエール大学で博士号取得。昭和六二（一九八七）年から二〇年余、コーネル大学アジア学部で教鞭を執り、アメリカと日本の文化交流に尽力。平成二五（二〇一三）年一月、急逝。

（5）後に写真家となる吉田ルイ子氏は、小柄で、エネルギッシュな女性だった。朝日放送でのアナウンサーとしての仕事を辞め、クリーブランドに行った。

（6）松平容頌著、土田直鎮現代語訳・校閲、荒牧三恵口語編集『現代語訳　新装版　日新館童子訓』三信図書、平成二〇（二〇〇八）年、五頁。

（7）http://www.icc.coop/prospective/houses/nak/nak3.html　住所は、807 S State St, Ann Arbor, MI.

（8）「世紀末を楽しく生きる男たち　小室直樹」『PALM』昭和五八（一九八三）年六月号、一四頁。

（9）李亨純氏は、後に慶應義塾大学大学院で経済学博士号を取得。李亨純氏が慶應義塾大学大学院で博士号を取得するうえで世話になったのは森敬氏（森ビルグループの社長・森稔氏は実弟）。森口親司氏からのご教示による。その後、李亨純氏は高麗大学経済学部の教授となった。

（10）アクリー教授は、後にケネディ政権時代の大統領諮問委員、経済諮問委員会の委員長を務めた経済学者。彼の書いた教科書『Macroeconomic Theory』（昭和三六（一九六一）年）は定評があり、日本でも都留重人監訳による三分冊が岩波書店から出版された。実はこの三分冊は、後に小室ゼミでのテキストに採用された。

（11）前掲、「体験トーク編　ＳＥＸって何ですか？　小室直樹」一四五頁、一四六頁。

（12）叔母から渡されたというのは筆者の推測である。

(13) 堀江瑠璃子「訳者あとがき」、フレッド・M・スチュワート『オータム・ストーリー』集英社、昭和五八（一九八三）年、二六六—二六九頁。
(14) 堀江瑠璃子氏からのご教示による。
(15) 前掲、堀江瑠璃子「訳者あとがき」二六六—二六九頁。
(16) 堀江瑠璃子氏の推測による。
(17) 堀江瑠璃子「暮しの中のことば」『High School English』昭和三八（一九六三）年六月号、七頁。
(18) 石崎津義男氏からのご教示による。
(19) 市村真一氏からのご教示による。
(20) 市村真一氏は、当時の小室の心情をこう推測した。市村真一氏からのご教示による。
(21) 住所は、1004 Vaughn St., Ann Arbor, MI.
(22) 伊藤史朗『二十世紀の旅』私家版、平成一四（二〇〇二）年、四一—六八頁。
(23) 後に、小室は森口親司氏に出版された本を何冊か送っている。「あのときの出世払いのつもりだったのかもしれないね」と森口親司氏は語った。森口親司氏からのご教示による。
(24) 「〝超えてる〟社会科学の研究者にきく　小室直樹」『週刊ダイヤモンド』昭和四五（一九七〇）年一一月一六日号、八二—八三頁。
(25) レンスキー教授については、小室は「W・レンスキー教授」と記載する場合もある（「社会科学における行動理論の展開——社会行動論の位置づけと再構成のための試み（下ノ三・完）」『思想』昭和四四（一九六九）年三号、一四四頁）。しかし、当時のミシガン大学の社会学部に「W・レンスキー教授」は在籍しておらず、在籍していたのは「G・レンスキー教授」である。
(26) 小室直樹「構造機能分析と均衡分析——パーソンズ枠組の発展的再構成へむかって」『社会学評

論』六四号、昭和四一（一九六六）年三月、八五頁。小室は、「キャッツ教授」と記載するが、ミシガン大学のウェブサイトの在籍教授の名前からすると「キッシュ教授」の誤記と思われる。あるいは、猫好きの小室であるから、わざとキャッツとしたのかもしれない。キッシュ教授がミシガン大学に在籍したのは、昭和二二（一九四七）年から平成元（一九八九）年。レンスキー教授がミシガン大学に在籍したのは、昭和二五（一九五〇）年から昭和三八（一九六三）年。http://um2017.org/faculty-history/faculty/leslie-kish　http://um2017.org/faculty-history/faculty/gerhard-e-lenski

（27）石田雄氏からのご教示による。

（28）永井陽之助氏は、こののち、リースマンに会いに行き、ボストン在住中の、昭和三八（一九六三）年にキューバ危機を迎える。冷戦を背景とした、フルシチョフとケネディとの危機的な対決を目の前で見て、フロイディアンからリアリストに変身する。『平和の代償』（中央公論社、昭和四二（一九六七）年）が主著。それを読んだ三島由紀夫氏が感心して、永井陽之助氏に接近するのは、また後の話である。森口親司氏からのご教示による。

（29）ミシガン大学には、投票行動の計量分析など、計量政治学を研究しているグループがいた。京大法学部を卒業して助手を務めていた三宅一郎氏も、そこに出入りしていた日本人のひとりだった。

（30）市村真一氏、森口親司氏からのご教示による。また、のちに、市村真一氏は、原洋之介氏に対して個人的に「小室君は秀才だが、人のいうことを聞かなくて……」と述べていたという。原洋之介氏からのご教示による。

（31）小室直樹『危機の構造——日本社会崩壊のモデル』（ダイヤモンド社、昭和五一（一九七六）年）の奥付、著者紹介欄。

第八章

（1）「第十一回城戸浩太郎賞を受けた　小室直樹」『毎日新聞』（昭和四五（一九七〇）年七月二四日付、朝刊）に「三十八年いろんな事情で東大大学院に移り、修士課程からやり直し」との記載がある（二面）。なお、昭和三八（一九六三）年に東大大学院の組織の改編があった。それまで東京大学の社会科学系大学院は部局横断的な〝東京大学大学院社会科学研究科〟であったが、同年四月に改編され、法学部関係の大学院として〝東京大学大学院法学政治学研究科〟が発足した。小室はその第一期生となる。

（2）「日本の選択　毎日・日本研究賞　喜びの入賞者『危機の構造』小室直樹（政治学者）」『毎日新聞』一九七五年二月七日付、朝刊、一三面。

（3）政治学を選んだのには、もう一つの実際的な理由もあった。それは、入学試験対策である。政治学は社会学と比較すると試験対策がはるかに容易だったのだ。選択した受験科目は、国際政治、外交史、日本政治史。これらは基本的にテキストが決まっており、それを読みさえすればよかった。他方、社会学では定番テキストがない。これでは勉強のしようがないと思った。これは、小室が石飛仁氏に語った「政治学を選んだ理由のひとつ」である。

（4）この点について、小室は昭和五一（一九七六）年一二月頃、石飛仁氏の取材に対して、次のように答えている。「阪大なんて、あんな〝小さな大学〟に行ったのが悪かった。阪大は大学の規模以上に小さい。〝小さな大学〟に行くと、指導教官と学生との個人関係がきつすぎて、嫌らしい思いをする。〝大きな学校〟に行けば、自分も大学院生の〝ワン・オブ・メニィ〟として、自分の好きなことができるにちがいない。そこで、そんな〝いい学校〟はないかと調べた。一番、規模が大きいのは日本大学だったが授業料が高すぎてダメ。授業料が安い学校で、しかも、〝大きな学校〟は、と調べたら東大であった」。
(5) 中谷和夫氏からのご教示による。
(6) 中谷和夫氏からのご教示による。
(7) 前掲、「日本の選択　毎日・日本研究賞　喜びの入賞者『危機の構造』小室直樹（政治学者）」。小室が修士号を取得したという明確な記録は残されていないため、小室が政治学で修士号を取得したというのは筆者の推測に基づく。なお、東大大学院法学政治学研究科図書館には、修士論文の写しが保存されているが、すべてではなく、小室の修士論文もない。計算上、小室が取得したと思われるのは昭和四〇（一九六五）年三月。書庫の図書カードで確認したところ、その年の修士論文のうち、「一三番」「二九番」「三〇番」が欠番となっており、図書館での保存がない。その三つのうちのどれかが小室の修士論文である可能性が高い。
(8)『東京大学法学部　研究・教育年報　三』東京大学法学部、昭和五〇（一九七五）年、一一三一頁。
(9) 京極純一『政治意識の分析』（東京大学出版会、昭和四三（一九六八）年）所収。
(10) 石崎津義男氏からのご教示による。
(11) 前掲、小室直樹「構造機能分析と均衡分析」八五頁。この点については、異論もある。訪日したパーソンズが富永健一氏、大塚久雄氏、小室と面会したときの様子を見た中山慶子氏によると、小室とパーソンズの二人は初対面のような態度であったという。中山慶子氏からのご教示による。
(12) 前掲、小室直樹「構造機能分析と均衡分析」八五頁。
(13) 富永健一氏が石飛仁氏に話された内容による。また、筆者が前掲、小室直樹「構造機能分析と均衡分析」の記載から逆算した（八五頁）。
(14) 富永健一『社会学　わが生涯』ミネルヴァ書房、平成二三（二〇一一）年、三五一―三五三頁。

(15) ちなみに、昭和四五（一九七〇）年はダニエル・ベル氏、昭和四六（一九七一）年は社会指標論であった。厚東洋輔氏からのご教示による。

(16) 厚東洋輔氏からのご教示による。ただし、これは、厚東洋輔氏の推測であり、同氏が直接体験したことではない。

(17) 前掲、小室直樹「構造機能分析と均衡分析」八五頁。

(18) 今田高俊氏からのご教示による。

(19) 前掲、「〝超えてる〟社会科学の研究者にきく」八二―八三頁。

(20) 原洋之介氏からのご教示による。

(21) 中根千枝氏からのご教示による。

(22) 正確には「廣瀬和子」。結婚後、「川口和子」。昭和一六（一九四一）年、生まれ。昭和三九（一九六四）年、東京大学教養学部教養学科卒業。昭和四四（一九六九）年、東京大学大学院法学政治学研究科公法課程博士課程修了。東京大学大型計算機センター助手を経て、昭和五〇（一九七五）年、上智大学外国語学部助教授・同国際関係研究所所員。昭和六〇（一九八五）年、上智大学教授。法学博士。主著『紛争と法――システム分析による国際法社会学の試み』勁草書房、昭和四五（一九七〇）年。昭和四六（一九七一）年、城戸浩太郎賞受賞（社会学）、安達峰一郎記念賞受賞（国際法）。『国際法社会学の理論――複雑システムとしての国際関係』東京大学出版会、平成一〇（一九九八）年。

(23) 小林直樹氏は当時、東京大学法学部教授。専門は憲法学。

(24) 前掲、「日本の選択　毎日・日本研究賞　喜びの入賞者『危機の構造』小室直樹（政治学者）」。

(25) 広瀬和子（川口和子）氏からのご教示による。

(26) 前掲、「〝超えてる〟社会科学の研究者にきく」八二―八三頁。
(27) 前掲、「日本の選択　毎日・日本研究賞　喜びの入賞者『危機の構造』小室直樹（政治学者）」。
(28) 塩原勉氏からのご教示による。塩原勉氏は小室について私信で、こう評価している。「小生は小室さんと直接に会話をしたことがありません。社会学に対する関心が異なり、研究のスタイルも違います。しかし、同世代、同時代人として、小生は小室さんを評価しています。①「小室ゼミ」によって後進・後継の世代を育成したこと、②社会学を窮屈なアカデミズムから解放し、文明論の射程まで広げたこと。橋爪大三郎さんは小室さんの関心を、キチンと行儀よく実現している人です」。
(29) 後に、小室と吉田民人氏が楽しそうにこのときの出来事を回想しているのを田代秀敏氏が聞いている。田代秀敏氏からのご教示による。
(30) 『毎日年鑑　一九七一年版』毎日新聞社、昭和四六（一九七一）年、五〇一頁。なお、城戸浩太郎賞の第一〇回は吉田民人氏、第一二回は広瀬和子氏が受賞している。
(31) 「六つの大学を卒業、五つの学問に亘る〝ワイド学者〟出現」『週刊ポスト』昭和四五（一九七〇）年六月五日号、三八―三九頁。
(32) 広瀬和子氏からのご教示による。
(33) 小室直樹「[書評]広瀬和子著『紛争と法』精読を要する〝古典〟」『日本読書新聞』昭和四五（一九七〇）年一二月七日付、六面。
(34) 前掲、『毎日年鑑　一九七一年版』五〇一頁。
(35) 『毎日年鑑　一九七〇年版』毎日新聞社、昭和四五（一九七〇）年、五三二―五三三頁。
(36) 前掲、「六つの大学を卒業、五つの学問に亘る〝ワイド学者〟出現」三八―三九頁。
(37) 前掲、「六つの大学を卒業、五つの学問に亘る〝ワイド学者〟出現」三八―三九頁。

(38) これは、筆者の推測である。根拠は、前掲、『政治意識の分析』の刊行時期が昭和四三(一九六八)年九月であること。そして、そこで京極純一氏がS・デ・クレジア(セバスティアン・デ・グラツィア)氏によるアノミー論を紹介していること。そして、小室が毎日新聞の日本研究賞に懸賞論文「危機の構造」を応募したのが、それから少し遅れた昭和四九(一九七四)年(募集開始が昭和四九(一九七四)年六月で、入賞論文の発表が昭和五〇(一九七五)年二月)であること。また、その内容がデ・クレジア氏による「acute anomie」の概念の紹介となっていることからである。

(39) 本書は、すでに佐藤智雄・池田昭他共訳で『疎外と連帯——宗教的政治的信念体系』(勁草書房、昭和四一(一九六六)年)として刊行されていた。なお、『疎外と連帯』では「acute anomie」は〝尖鋭アノミー〟との訳語があてられている。

(40) 川島武宜『ある法学者の軌跡』有斐閣、昭和五三(一九七八)年、二九四—二九九頁。

(41) 石崎津義男氏からのご教示による。

(42) 石崎津義男氏からのご教示による。

(43) 石崎津義男氏からのご教示による。

(44) 松村良之「川島先生と『法社会学講座』の編集」、『川島武宜先生を偲ぶ』編集委員会編『川島先生を偲ぶ』クレイム研究会、平成六(一九九四)年、二二六—二二九頁。

(45) 松村良之氏からのご教示による。

(46) 石崎津義男氏からのご教示による。

(47) 丸山久美子『林知己夫の生涯——データサイエンスの開拓者がめざしたもの』新曜社、平成二七(二〇一五)年、一一三頁。

(48) 前掲、丸山久美子『林知己夫の生涯』一一四頁。

(49) 前掲、丸山久美子『林知己夫の生涯』一一七頁。
(50) 前掲、丸山久美子『林知己夫の生涯』一二三頁。
(51) 丸山久美子氏からのご教示による。
(52) 丸山久美子氏からのご教示による。
(53) 前掲、丸山久美子『林知己夫の生涯』一二四頁。
(54) レジュメは青焼きで配付された。Naoki Komuro「Stractural Functional Analysis as a Theoretical Method for Sociology of Law」(mimeographed), 1975.
(55) 中山慶子氏からご教示による。
(56) 森口親司氏が小室本人から聞いた話。森口親司氏からのご教示による。
(57) 石田雄氏からのご教示による。

第九章

(1) 東京大学広報委員会『学内広報』昭和六三（一九八八）年三月二二日付、七八三号、三面。
(2) 現在、田無寮は撤去され、その姿を見ることはできない。ただ、「前寮」の近くにあった銀杏の木の下に、石碑が立っている。そこには、こう彫り込まれている。「われらが若き日の館　東大田無寮ここにありき　昭和六十三年六月　元田無寮生有志」（本章章扉の写真参照）。田無寮での日常や出来事については、小山年勇氏からのご教示による。
(3) 小山年勇氏からのご教示による。
(4) 前掲、「データバンクにっぽん人　一一三　小室直樹」六六頁。
(5) 原洋之介氏からのご教示による。

（6）前掲、「私は大学教授たちの陰の家庭教師」一二六頁。
（7）前掲、「日本の選択　毎日・日本研究賞　喜びの入賞者『危機の構造』小室直樹（政治学者）」。
（8）原洋之介氏からのご教示による。
（9）渡辺秀樹氏からのご教示による。
（10）原洋之介氏からのご教示による。
（11）中山慶子氏からのご教示による。
（12）小山年勇氏からのご教示による。
（13）小山年勇氏からのご教示による。
（14）原洋之介氏からのご教示による。
（15）小室が石飛仁氏に語った内容より。
（16）松下周二氏は、後に東京外国語大学のアジア・アフリカ言語文化研究所に就職する。彼は、外国語をマスターするためには、その言語を話す女性と結婚するのが一番いいという信念のもと、少数民族の言葉を覚えるために、その少数民族の女性と結婚した。また、エスニックグループの言語を録音して、解読した。小山年勇氏からのご教示による。
（17）原洋之介氏からのご教示による。
（18）高山秀男「寮のサロン」、東京大学田無寮記念誌編集委員会編『東京大学田無寮記念誌』昭和六三（一九八八）年、四一―四二頁。
（19）原洋之介氏からのご教示による。
（20）小西克哉氏、藤原晋介氏からのご教示による。
（21）原洋之介氏からのご教示による。

(22) 原洋之介氏からのご教示による。
(23) 中山慶子氏からのご教示による。
(24) 志田基与師氏からのご教示による。
(25) 藻谷佳也「田無寮的生活断片――昭和四〇年代前半」、東京大学田無寮記念誌編集委員会編『東京大学田無寮記念誌』昭和六三（一九八八）年、三七―三八頁。
(26) 小山年勇氏からのご教示による。
(27) 原洋之介氏からのご教示による。
(28) 現在の西東京市。
(29) 中山慶子氏からご教示による。
(30) 現在は光が丘公園になっている。
(31) 小川三四郎（曾我部洋）「ルンペン学者走る――小室直樹　五」『東京中日スポーツ』昭和五六（一九八一）年三月八日付、一一面。
(32) 現在の国民生活センターの前身である。日本の高度成長期において消費者の生命・安全を脅かす事件（昭和三〇（一九五五）年の森永ヒ素ミルク中毒事件、昭和三五（一九六〇）年のニセ牛缶事件等）が多発したのを受け、国民生活の向上を推進するため発足した組織が社団法人国民生活研究所（改称前は「国民生活研究協会」）であった。当初、国民生活研究所は企業を会員としていたが、その後、企業の利益、行政から独立した公正・中立な調査研究機関として、昭和三七（一九六二）年に特殊法人国民生活研究所が発足した。
(33) 浅野義光氏は、経済企画庁調査局長を最後に退官後、国民生活研究所に就職した元官僚である。
(34) 当時の国民生活研究所での事業内容については、井上敏夫氏からのご教示による。

(35) 経済企画庁国民生活局は、平成一三（二〇〇一）年一月、中央省庁改編の際、内閣府国民生活局に移行。その後、平成二一（二〇〇九）年九月の消費者庁の発足に伴って廃止された。

(36) 石飛仁氏による宮沢康朗氏に対する取材記録より。

(37) 曾我部洋氏は昭和一九（一九四四）年生まれ。福岡県北九州市小倉出身。早稲田大学商学部卒業。大学では経済史学者・入交好脩《いりまじりよしなが》ゼミに所属。小川三四郎の筆名で、『最後の仕事師・坪内寿夫——その鍛え方生かし方』（昭和五九（一九八四）年、東都書房）を執筆。

(38) 前掲、小川三四郎（曾我部洋）『最後の仕事師・坪内寿夫』の裏表紙見返し。

(39) 稲門名簿刊行会『会社別　早稲田大学校友名簿　一九七六』昭和五一（一九七六）年、六九五頁。

(40) 『入交先生還暦記念誌』編集委員会『入交先生還暦記念誌』早稲田大学経済史学会、昭和四四（一九六九）年、二二二頁。

(41) 小川三四郎（曾我部洋）「ルンペン学者走る——小室直樹　二」『東京中日スポーツ』昭和五六（一九八一）年三月五日付、一二面。

(42) 後に、加藤周一・久野収編集・解説『戦後思想大系一〇　学問の思想』（筑摩書房、昭和四六（一九七一）年）に「『社会科学』革新の方向——田無夜話」と副題を付けて所収。

(43) 原洋之介氏からのご教示による。

(44) 中山慶子氏からのご教示による。

(45) 前掲、「〝超えてる〟社会科学の研究者にきく」八三頁。小川三四郎（曾我部洋）「ルンペン学者走る——小室直樹　三」『東京中日スポーツ』昭和五六（一九八一）年三月六日付、一四面。

(46) 「波　既存学問へ風変りな挑戦」『朝日新聞』昭和四五（一九七〇）年一〇月二〇日付、朝刊、一三面。

（47）小室直樹・中川八洋「独善的外交小国ニッポンの危機」『人と日本』昭和五六（一九八一）年一二月号、二〇—二一頁。

（48）当時、東京大学医学部学生。田無寮での在寮期間は、昭和四二（一九六七）年四月から昭和四八（一九七三）年三月。現在、医療法人社団こやま会・こやまクリニック（東京都国分寺市）理事長・院長。

（49）服部龍二『佐藤栄作——最長不倒政権への道』朝日新聞出版、平成二九（二〇一七）年、六八—三一四頁。

（50）この日米首脳会談における佐藤・ニクソン間の約束、契約の問題については、日米の公文書を解読した檜誠司「『善処します』発言の誤訳問題の一考察——日米の機密解除公文書をめぐって」（『通訳翻訳研究への招待』日本通訳翻訳協会、平成二八（二〇一六）年、一六号）が大変参考になる（一—一四頁）。

（51）佐藤がニクソンに対して「善処します」と発言したという説、また、その発言が「I will do my best.」と訳されたというのは事実と異なる。

（52）前掲、檜誠司「『善処します』発言の誤訳問題の一考察」五—六頁。

（53）外務省が平成二六（二〇一四）年七月二四日に公開した外交文書による。

第一〇章

（1）小川三四郎（曾我部洋）「ルンペン学者走る——小室直樹　一六」『東京中日スポーツ』昭和五六（一九八一）年三月一九日付、一〇面。

（2）古寺雅美氏からのご教示による。

（3）現調整課。
（4）小室直樹「福祉指標作成上の問題点」『週刊とちょう』昭和四七（一九七二）年二月一七日付、一面。
（5）小室直樹「社会指標論の方法論的基礎」『現代社会学』五巻二号、昭和五三（一九七八）年、八三頁。
（6）前掲、小室直樹「社会指標論の方法論的基礎」八三頁。
（7）合成の誤謬の問題については、小室直樹『超常識の方法──頭のゴミが取れる数学的発想の使い方』（祥伝社、昭和五六（一九八一）年）に詳しい（二〇七─二一六頁）。
（8）橋爪大三郎氏からのご教示による。
（9）小室直樹『ソビエト帝国の最期──〝予定調和説〟の恐るべき真実』光文社、昭和五九（一九八四）年、三一─三二頁。
（10）富永健一、小室直樹、村上泰亮、林知己夫、吉田民人「シンポジウム　福祉水準をどう測定するか　上」『エコノミスト』昭和五二（一九七七）年一月一一日号、四四頁。
（11）前掲、小室直樹「社会指標論の方法論的基礎」八五頁。
（12）前掲、富永健一、小室直樹、村上泰亮、林知己夫、吉田民人「福祉水準をどう測定するか　上」、四五─四七頁。
（13）前掲、小室直樹「社会指標論の方法論的基礎」九一─九三頁。
（14）前掲、小室直樹「社会指標論の方法論的基礎」九四頁。
（15）山口弘光・金子勇「社会指標論の基礎視角」『現代社会学』五巻二号、昭和五三（一九七八）年一〇月、六八頁。

（16）小室直樹「総合化の理論的方法論的基礎研究と総合指標の作成―試案」『東京都社会指標の研究開発』東京都総務局統計部、昭和五一（一九七六）年、四五〇頁。

第一一章

（1）平成二一（二〇〇九）年一〇月九日、東京工業大学で橋爪大三郎氏による「伝説の小室ゼミ――社会科学の復興をめざして」（東京工業大学・朝日カルチャーセンター提携講座）が開催された。

（2）この点について、『ソシオロゴス』創刊号（昭和五二（一九七七）年）には次のような記述がある。「小室ゼミの前身は、小室直樹氏が政治学研究科在学中の田無寮において主催していた。"Tanashi School of Economics" であった。この自主ゼミは理論経済学を中心として、その理解のために必要な数学的知識をも身につけようとするものであって、当時の受講者に法社会学者で『紛争と法』の著者である広瀬和子氏、経済社会学者の原山保氏、教育社会学者の中山慶子氏らがいた。当時はメンバーに女性が多く、またの名を "Tanashi Women's School of Economics" といわれたという」（八九頁）。しかし、筆者が広瀬和子氏に直接確認したところ、そのようなゼミはなかったとのことである。

（3）橋爪大三郎「まえがき」、前掲、橋爪大三郎編著『小室直樹の世界』iii―iv頁。

（4）前掲、橋爪大三郎編著『小室直樹の世界』一〇〇頁。

（5）中山慶子氏からのご教示による。

（6）盛山和夫氏からのご教示による。

（7）現在の東洋史研究室となっている場所。盛山和夫氏からのご教示による。

（8）盛山和夫氏からのご教示による。

(9) 厚東洋輔氏からのご教示による。
(10) 厚東洋輔氏からのご教示による。
(11) 今田高俊氏からのご教示による。
(12) 昭和五九(一九八四)年に刊行された同書は、後に講談社学術文庫『現代の社会科学者――現代社会学における実証主義と理念主義』(講談社、平成五(一九九三)年)として再刊された。しかし、この講談社学術文庫版では、数式が三分の一ほど削除されている。その理由について、富永は次のように述べる。「今回、本書を学術文庫に入れていただくにあたって、私は本書の第Ⅲ章の真ん中あたりに出てくる数学式の展開を、はじめ全部削ってしまおうと考えた。その理由は、それらがワルラスとヒックスとサイバネティックス理論家のものの単なるひきうつしで、私のオリジナリティはそこにはまったくないこと、そしてそれらの数学がなまじむつかしいために、本書が多くの読者に嫌われる結果になっていること、の二点にあった。ところが、これをバッサリ削ろうと思って読みかえして見ると、削った場合にそのあとに生じる空白を文章で埋めることが、なかなかむずかしいことに気づいた。それで、数学部分を三分の一ほど削ったものの、全部をバッサリやってしまうことは控え、そのかわりに文章による数学式の補助的説明を書き加えるにとどめた」(六頁)。
(13) 志田基与師氏からのご教示による。
(14) 間々田孝夫氏からのご教示による。
(15) 志田基与師氏からのご教示による。
(16) 志田基与師氏からのご教示による。
(17) 今田高俊氏からのご教示による。
(18) 田代秀敏氏からのご教示による。

(19) 志田基与師氏からのご教示による。
(20) 厚東洋輔氏からのご教示による。
(21) 厚東洋輔氏からのご教示による。
(22) 今田高俊氏からのご教示による。
(23) 厚東洋輔氏からのご教示による。
(24) 今田高俊氏からのご教示による。
(25) 厚東洋輔氏からのご教示による。
(26) 今田高俊「社会的交換と市場構造」『現代社会学』二巻二号、昭和五〇（一九七五）年一一月、一一一―一四六頁。今田高俊「ダイアド関係の安定条件」『第四八回日本社会学会大会報告要旨』昭和五〇（一九七五）年一一月二日・三日、会場・成蹊大学。今田高俊「ダイアド関係の安定条件」『社会学評論』二七巻四号、昭和五二（一九七七）年三月、二三一―四一頁。
(27) 中山慶子氏、橋爪大三郎氏からのご教示による。
(28) 橋爪大三郎氏は、修士課程では高橋徹ゼミに、博士課程では見田宗介ゼミに所属していた。
(29) 田代秀敏氏からのご教示による。
(30) 昭和五〇（一九七五）年、中山慶子氏と渡辺秀樹氏の二人は結婚する。
(31) 渡辺秀樹『モデル構成から家族社会学へ』慶應義塾大学出版会、平成一六（二〇一四）年、一八―二一頁、三〇頁。
(32) 前掲、渡辺秀樹『モデル構成から家族社会学へ』一八頁。
(33) 友枝敏雄氏からのご教示による。
(34) 友枝敏雄氏からのご教示による。

(35)「おそらく酒を体に染みこませていたのだろう」というのは筆者の推測である。
(36) 前掲、渡辺秀樹『モデル構成から家族社会学へ』一八頁。
(37) 橋爪大三郎「小室ゼミ　第一次出版企画の Rise & Fall」昭和五四（一九七九）年五月二八日付（小室ゼミ内部資料）。
(38) 厚東洋輔氏からのご教示による。

第一二章

(1) その内容は、『エコノミスト』に三回に分けて連載された（昭和五〇（一九七五）年四月二九日号（四八―五六頁）、同年五月六日号（五六―六二頁）、同年同月一三日号（四六―五五頁））。
(2) 知研と小室との関わりについての記述は、八木哲郎氏からのご教示による。
(3) 小室直樹「経済学と現実との間」『事務用品』昭和五〇（一九七五）年九月号、五〇―五五頁。
(4) 坪井賢一氏からのご教示による。
(5) 長兄は日刊ゲンダイ元社長、次兄は立教大学教授（マルクス経済学）。坪井賢一氏からのご教示による。
(6) 曾我部洋氏が亡くなったときの葬儀委員長は坪内嘉雄社長であった。坪井賢一氏からのご教示による。
(7) 田代秀敏氏からのご教示による。
(8) 坪井賢一氏からのご教示による。
(9) ＮＩＲＡと小室との関わりについての記述は、加藤栄一氏からのご教示による。
(10)『NIRA Report』四号、昭和五三（一九七八）年一月、i頁。平成三〇（二〇一八）年八月五日

現在では、英文名称は、Nippon Institute for Research Advancementと変わっている（ウェブサイトの記載）。

（11）『NIRA Report』一号、昭和五二（一九七七）年七月、四頁。

（12）「シンクタンク探訪　日本経済調査協議会　よりスケールの大きい調査機関を目ざして」『ＥＳＰ』昭和五〇（一九七五）年一〇月号、三〇—三三頁。

（13）都築智氏からのご教示による。当時、都築智氏は早稲田大学の学生で、大学の先輩の紹介でアルバイトをしていた。

（14）「研究実施計画書」昭和五一（一九七六）年八月一二日付。

（15）以下の事実は、善如喜代志氏が日経調宛に送った葉書、手紙の写しの内容から抜粋した。葉書、手紙の写しは、石飛仁氏が保存していたもの。

（16）ＪＪＣは、評論家・青地晨氏が主宰する団体。曾我部洋氏は、青地晨氏に師事していた。坪井賢一氏からのご教示による。

（17）小川三四郎（曾我部洋）「ルンペン学者走る　二一」『東京中日スポーツ』昭和五六（一九八一）年三月二五日付、一二面。

（18）加藤栄一氏からのご教示による。

（19）本書は一六万部ほど売れ、講談社から印税の八パーセントは著者に、二パーセントは知研に渡った。小室には約一〇〇〇万円入った。八木哲郎氏からのご教示による。

第一三章

（1）富永健一氏が石飛仁氏に対して話された内容による。

(2) 小室が小室夫人に対してそう話したという。小室夫人からのご教示による。
(3) のちに北海道大学助教授、大阪大学大学院教授を務めたが、脳梗塞で倒れ、研究者としての道は中途で断たれた。
(4) 田代秀敏氏からのご教示による。
(5) 渡辺秀樹氏からのご教示による。
(6) 白倉幸男「社会行動と意思決定」『ソシオロゴス』(創刊号)はそのエッセンスを所収したもの。http://www.l.u-tokyo.ac.jp/~slogos/archive/01/shirakura1977.pdf
(7) 間々田孝夫氏からのご教示による。
(8) 志田基与師氏からのご教示による。
(9) 志田基与師氏からのご教示による。
(10) 一〇〇周年記念誌刊行委員会編『社会学研究室の一〇〇年』東京大学文学部社会学研究室、平成一六(二〇〇四)年、一〇五頁、一〇六頁。
(11) 志田基与師氏からのご教示による。
(12) 当時の助手の一人は、金澤史男氏だった。
(13) 盛山和夫氏からのご教示による。
(14) 『小室ゼミNews No.25』昭和五六(一九八一)年四月二七日付。
(15) 志田基与師氏からのご教示による。
(16) 田代秀敏氏からのご教示による。
(17) 長谷川公一氏からのご教示による。
(18) 志田基与師氏からのご教示による。

(19) 志田基与師氏からのご教示による。
(20) 志田基与師氏からのご教示による。
(21) 田代秀敏氏からのご教示による。
(22) 大井幸子氏からのご教示による。
(23) 河野博丈氏は、昭和五八（一九八三）年、不慮の死を遂げる。
(24) 田代秀敏氏からのご教示による。
(25) 河野俊丈氏は、当時、東大大学院理学系研究科修士課程（数学）在学中。小室ゼミ生の河野博丈氏の兄である。
(26) 橋爪大三郎「小室ゼミナール　運営委員会（昭和五四（一九七九）年二月五日）記録　No.1」。
(27) 橋爪大三郎『冒険としての社会科学』洋泉社、平成二〇（二〇〇八）年、一五〇頁、一五一頁。本書は、『冒険としての社会科学』（毎日新聞社、平成元（一九八九）年）の再刊である。
(28) 小西克哉氏は、東京外国語大学大学院地域研究科修士課程修了後、通訳家の道に進む。現在、ジャーナリストとして、テレビ、ラジオで活躍中である。
(29) 『小室ゼミNews No.10』昭和五四（一九七九）年一一月一二日付。
(30) 志田基与師氏からのご教示による。
(31) 前掲、橋爪大三郎「小室ゼミ　第一次出版企画のRise & Fall」。
(32) 橋爪大三郎「小室ゼミ・本の企画について（報告）」昭和五四（一九七九）年二月五日付。
(33) 橋爪大三郎氏による報告書（昭和五四（一九七九）年四月五日付）。
(34) 橋爪大三郎氏からのご教示による。

第一四章

（1）橋爪大三郎「第一章　小室直樹博士の学問と業績」、前掲、橋爪大三郎編著『小室直樹の世界』一六―一七頁。

（2）前掲、橋爪大三郎「第一章　小室直樹博士の学問と業績」一六―一七頁。

（3）同論文のＰＤＦは、ウェブサイト「オフィス橋爪」(https://www.officehashizume.net/)からダウンロードにより入手可能。「頒布会」から「一九七七年」へと進み、リストの「1977-14」が同論文である。

（4）志田基与師氏からのご教示による。修士論文は昭和五五（一九八〇）年に提出された。

（5）前掲、橋爪大三郎編著『小室直樹の世界』一〇八―一〇九頁。

（6）橋爪大三郎氏からのご教示による。

（7）友枝敏雄氏からのご教示による。

（8）前掲、「日本の選択　毎日・日本研究賞　喜びの入賞者『危機の構造』小室直樹（政治学者）」。

（9）ここは筆者の推測である。

（10）当時、体力の衰えにより断食に耐えられる体力がなくなっていたのだろうというのは、友枝敏雄氏の推測に基づく。友枝敏雄氏からのご教示による。

（11）ウェブサイト「日本記者クラブ」内の「取材ノート」「私の取材余話」「なぜ今も昔も経済記事はおもしろくないのか――はずれ者記者の道程と仮決算（菊池哲郎）、平成二三（二〇一一）年三月」より。

（12）杉本義行氏からのご教示による。

（13）当時、修士論文執筆のために小室ゼミを休んでいた志田基与師氏が、高橋徹氏から直接聞いた。

志田基与師氏からのご教示による。
(14) 志田基与師氏からのご教示による。
(15) 杉本義行氏からのご教示による。
(16) 橋爪大三郎氏からのご教示による。
(17) 渡辺秀樹氏からのご教示による。
(18) 杉本義行氏からのご教示による。
(19) 長谷川公一氏からのご教示による。
(20) 山田昌弘氏からのご教示による。

第一五章

(1) 前掲、「データバンクにっぽん人　一一三　小室直樹」六四頁。
(2) 『サンケイ新聞』昭和五五（一九八〇）年九月三〇日付、三面（「カッパ・ブックス」の広告欄）。
(3) 昭和五四（一九七九）年一一月に行なわれた写真家・岡村昭彦氏との対談内容を踏まえて、筆者が再構成した。
(4) 爲田家の戸籍は、爲田家のご子孫の金子芳男氏からお借りした。戸籍類は、小室の祖父にあたる爲田文助氏の相続関係を確定する際、収集されたものだった。
(5) 筆者の目にする限りで、小室自身の文章や発言録において、あるいは小室について触れた文章において、「小室直樹に妹がいた」という話は一度も出てこない。
(6) 金子芳男氏からのご教示による。金子芳男氏は、爲田文助氏の五男・爲田八郎氏の三男である。なお、文化財建造物保存技術協会編『重要文化財天鏡閣本館・別館・表門保存修理工事報告書』

(福島県、昭和五八(一九八三)年)では、爲田文助氏の名前を確認することはできなかった。
(7) 小室の柳津国民学校時代の同級生・石田富男氏からのご教示による。
(8) いわゆる「壬申戸籍」であり、現在では取得不可能である。
(9) 金子芳男氏からのご教示による。
(10) 「小室直樹さん　社会科学の統合一筋に　迫力たっぷりオウム批判」、毎日新聞東京本社地方部特報班『東北の一〇〇人』無明舎出版、平成八(一九九六)年、一〇一頁。
(11) 森口親司氏からのご教示による。
(12) 小室榮一郎氏からのご教示による。
(13) 多田屋書店編輯部編纂『房総　町村と人物』多田屋書店、大正七(一九一八)年、九〇一頁。
(14) その後、小室忍氏は菊地乃婦氏と結婚。修氏、昌氏、厚氏の三人の子を得た。その後、小室家は厚氏が嗣ぎ、現在の小室家の当主は厚氏と小室和子氏の二男・小室榮一郎氏である。
(15) 千葉県立千葉中学校々友会『校友会雑誌』五五号、大正八(一九一九)年七月、一一四頁。
(16) 卒業記念アルバム『早稲田大学商学部　卒業記念　大正一四年三月』。小室隆吉氏が早稲田大学卒業という発見ができたのは、真砂泰輔氏からのご教示による。
(17) 小室は、父親が「同盟通信記者」だったと述べることがあったが、実際には同盟通信社ではない。
(18) 大日本通信社については、新聞研究所編『日本新聞社史集成　上』(新聞研究所、昭和一三(一九三八)年)に詳しい(一九〇—一九一頁)。同書は、国会図書館デジタルコレクションでインターネット公開されているほか、井川充雄編『戦前　新聞社・ジャーナリスト事典　二』(平成二八(二〇一六)年、金沢文圃閣)にも所収されている(二二四—二二五頁)。
(19) 相良郁生「最近の通信社の傾向と大小通信社総まくり」『新聞と社会』四巻一号、昭和八(一九三三）年、四二頁。

(20) 新聞研究所編『日本新聞年鑑　昭和八年版（第一一版）』（新聞研究社、昭和七（一九三二）年）の編集長の欄に「八田泰輔」とあり（四頁）、新聞研究所編『日本新聞年鑑　昭和九年版（第一二版）』（新聞研究社、昭和八（一九三三）年）の編集長の欄に「小室隆吉」とある（四頁）。

(21) 内田剛弘氏が、真砂泰輔氏から聞いた話。内田剛弘氏からのご教示による。

取材協力者

石飛仁氏（平成二五（二〇一三）年七月二三日、平成三〇（二〇一八）年六月一一日、同年同月二五日、事務所等にて面談）、小室榮一郎氏・小室和子氏（平成二六（二〇一四）年一二月七日、小室氏ご自宅にて面談）、橋爪大三郎氏（同年一二月一七日、橋爪氏オフィスにて面談）、小澤康臣氏（同年一二月一八日、店舗にて面談）、鈴木眞知子氏（同年一二月一八日、平成二八（二〇一六）年一月一四日、鈴木氏ご自宅等にて面談）、関口隆氏・関口芳江氏（平成二六（二〇一四）年一二月一八日、店舗にて面談）、大橋幸雄氏（同年一二月一八日、店舗にて面談）、森谷都志子氏（同年一二月一八日、平成二八（二〇一六）年五月二三日、同年八月三一日、スナックどんにて面談）、森口親司氏（平成二七（二〇一五）年一月三、四日、森口氏ご自宅にて面談）、小山年勇氏（同年一月二〇日、小山氏経営の病院にて面談）、市村真一氏・市村悠紀子氏（同年二月三日、学士会館にて面談）、原洋之介氏（同年二月一二日、政策研究大学院大学にて面談）、唐牛宏氏（同年二月一七日、喫茶店で面談）、渡邉正之氏（同年二月二〇日、学士会館にて面談）、梅山富弘氏（同年二月二〇日、平成三〇（二〇一八）年二月二一日、学士会館等にて面談）、飯田耕司氏（平成二七（二〇一五）年二月二〇日、学士会館にて面談、その他手紙、メール多数回）、渡部恒三氏（同年三月二一日、渡部氏ご自宅にて面談）、田村昭夫氏（同年三月二一日、

田村氏ご自宅にて面談）、岩佐源一郎氏（同年三月三〇日、同年同月三一日、同年四月一二日、電話）、石田富男氏（同年四月八日、電話、同年四月一三日、同年五月五日、手紙）、石崎津義男氏（同年四月二日、ファミレスにて面談）、金子芳男氏（同年四月一三日、電話、平成二九（二〇一七）年八月一七日、手紙）、鈴木淳一氏（平成二七（二〇一五）年四月一八日、電話、同年同月二〇日、手紙、同年五月六日、手紙）、小林正典氏（同年四月一九日、喫茶店にて面談）、佐々木毅氏（同年四月二〇日、手紙）、羽賀重弥氏（同年五月六日、同年同月一三日、同年同月一九日、同年同月二一日、同年六月一日、同年同月一八日、手紙）、満田守雄氏（同年五月七日、レストランにて面談）、伊藤智章氏（同年五月一二日、日米教育委員会オフィスにて面談）、八木哲郎氏（同年五月一六日、八木氏ご自宅にて面談）、小松忠夫氏（同年五月一五日、電話、同年六月二三日、手紙）、堀江瑠璃子氏（同年五月二一日、同年同月二五日、同年同月二六日、ご自宅等で面談）、中根千枝氏（同年六月一九日、手紙）、真砂泰輔氏（同年六月二二日、電話、同年七月二九日、手紙、平成二九（二〇一七）年六月五日、電話）、広瀬（川口）和子氏（平成二七（二〇一五）年六月二七日、電話、同年七月二一日、レストランにて面談）、遠藤茂通氏（同年六月二五日、手紙）、小沢遼子氏（同年六月二九日、電話）、色摩力夫氏（平成二八（二〇一六）年一月一九日、色摩氏ご自宅にて面談）、京谷六二氏（同年一月二六日、同年三月二四日、平成三〇（二〇一八）年一月二四日、喫茶店等で面談）、内田剛弘氏（平成二八（二〇一六）年二月五日、同氏事務所にて面談、同年七月一二日、手紙）、田代秀敏氏（同年二月二五日、同年三月三日、喫茶店等にて面談）、石田雄氏（同年二月二八日、電話）、松村良之氏（同年二月二九日、ホテルラウンジにて面談）、加藤寛一氏（同年三月七日他多数、メール）、古寺雅美氏（同年三月二一日、喫茶店にて面談）、古谷俊勝氏（同年三月二四日、平成三〇（二〇一八）年一月二四日、喫茶店等にて面談）、加山満氏（平成二八（二〇一六）年五月二三日、スナックどんにて面談）、中谷和夫氏（同年六月四日、メール）、

渡辺秀樹氏（同年六月一〇日、喫茶店にて面談）、中山慶子氏（同年六月二〇日、喫茶店にて面談）、坂井伍郎氏（同年六月二〇日、電話）、石川哲郎氏（同年七月六日、電話）、塩原勉氏（同年七月一一日、手紙）、松藤竹二郎氏（同年七月一二日、電話）、富永健一氏（同年七月一六日、葉書）、今田高俊氏（同年七月二三日、喫茶店にて面談）、盛山和夫氏（同年七月二六日、学士会館にて面談）、丸山久美子氏（同年七月二八日、喫茶店にて面談）、木村貢氏（同年七月三一日、電話）、志田基与師氏（同年八月八日、平成三〇（二〇一八）年四月二六日、大学のオフィスにて面談）、瀧原愛治氏（平成二八（二〇一六）年八月三一日、スナックどんにて面談）、加藤栄一氏（平成二九（二〇一七）年四月一三日、加藤氏ご自宅にて面談）、鈴木滋三氏（同年五月二日、手紙）、相山威氏（同年五月七日、手紙）、小林實氏（同年五月二〇日、喫茶店にて面談）、井上敏夫氏（同年六月一一日、手紙）、橋本克彦氏（同年六月一五日、喫茶店にて面談）、山本れい子氏（同年六月二六日、ホテルラウンジにて面談）、今泉憲志氏（平成三〇（二〇一八）年一月二四日、同年二月七日、料理店等にて面談）、山﨑豪敏氏（同年一月二四日、料理店にて面談）、坪井賢一氏（同年二月七日、会議室等にて面談）、田口昌輝氏（同年二月七日、会議室等にて面談）、野口信一氏（同年二月一四日、同年同月一六日、同年三月五日、メール）、増井久人氏（同年二月二一日、手紙）、瀬尾健氏（同年二月二七日、ファミレスにて面談）、増井和彦氏（同年二月二八日、同年三月二日、電話）、齋藤豊氏（同年三月五日、ホテルラウンジにて面談）、間々田孝夫氏（同年三月八日、喫茶店にて面談）、厚東洋輔氏（同年三月九日、電話）、島地勝彦氏（同年三月九日、オフィスにて面談）、佐藤眞氏（同年三月九日、オフィスにて面談）、和田秀樹氏（同年三月一二日、電話）、都築智氏（同年三月一二日、ホテルラウンジにて面談）、友枝敏雄氏（同年三月一五日、大学会議室にて面談）、中田考氏（同年三月二〇日、飲食店にて面談）、関口慶太氏（同年三月三〇日、同氏事務所にて面談）、長谷川公一氏（同年四月八日、学士会館にて面談）、大井幸子氏（同年四月九日、オフィスにて面談）、山田昌弘氏（同年四月一一日、大学研究室にて面談）、田中秀隆氏（同年四月一二日、会議室にて面談）、前川守氏（同年四月一八日、執務室にて面談）、田原総一朗氏（同年四月二六日、ホテルラウンジにて面談）、吉崎知典氏（同年四月二七日、執務室にて面談）、江畑博之氏（同年五月一日、メール）、小西克哉氏（同年五月三日、喫茶店にて面談）、杉本義行氏（同年五月三日、喫茶店にて面談）、宮台真司氏（同年五月七日、喫茶店にて面談）、副島隆彦氏（同年五月一七日、ホテルラウンジにて面談）、小谷恵造氏（同年五月一八日、手紙）、藤原晋介氏（同年七月一一日、メール）。

あとがき　小室直樹試論――なぜ小室直樹はソ連崩壊を預言できたか

「小室さんに〝学者〟としての成果、何かあるでしょうか。彼は何か新しい発見をしたんでしょうかね」

取材の際に、よく筆者が聞かれた問いのひとつである。

この問いの裏には「結局、小室直樹はオリジナルな研究、発見をしていないのではないか。ヴェーバーやサムエルソンをわかりやすく解説しただけではないか」という意見があるように思う。

これに対して、どう答えるか。

「でも、『ソビエト帝国の崩壊』を書いてソ連崩壊を予言できたのは、彼ひとりだよね」

祥伝社、そしてクレスト社で小室と接し、小室に入れ込んだ編集者の一人、都築《つづき》智《さとし》はそういった。これもひとつの答えである。

たしかに、昭和五五（一九八〇）年八月、小室は『ソビエト帝国の崩壊』でソ連崩壊を予言した。そして、その約一〇年後の平成三（一九九一）年一二月、ソ連は実際に崩壊したのである。

しかし、実は小室が初めてソ連の崩壊に言及したのは、もっと早かった。

それは、昭和三一（一九五六）年四月。「スターリン批判からソ連の崩壊へ」という表題で『桃李』に寄稿した論文においてであった。このとき、小室は大阪大学の大学院生。ソ連崩壊の、およそ三五年前のことであった。

そうすると、小室の予言にかかわらず、ソ連は三五年間、崩壊しなかった、ともいえる。これ、いつかはきっと起きるであろう地震が「来るぞ」、「来るぞ」といって、三五年後にようやく地震が起こったような場合と、どう違うというのだろうか。

この点について橋爪大三郎はいう。


まず、申しあげるべきなのは、学問というのは、あくまでも個人的な作業であるということです。自分の個人的な動機に基づいて、こういうことが知りたいとか、こういうテーマについて考えたいとか、そんな情熱に支えられて勉強していくものなのです。

ですから、同時代にはいろいろな学者がいて、めいめいの個人的な動機に基づいて、それぞれの立場で、それぞれの能力に応じて専門分野での学問的努力を続けている。これを一口で言えば、どんぐりの背くらべです。誰が正しいとか、誰の議論が有力だとかいうことは、専門の仲間うちでもなかなかわからない。

しかしそれが、突然にわかる瞬間がある。
どういうふうにわかるかというと、ある学者がその持てるあらゆる力量を傾けて、未知の領分や将来起こりうる出来事について推測し、予言する。社会科学で言えば、いまの時代はこうだから、これから先はこうなるはずだ、というような予言を行なう。しかもその予言が、学問的な根拠でもってきちんと裏付けられている。そして、その予言が見事に的中した、という場合なのです。

こういう場合には、ほかの学者たちがどんなに努力しても及ばないほどの業績を、ある学者個人が達成した、その主張が正しかったのだということを確認できるのです。そしてこの人の業績が、その時代の正統な学問になるのです。予言が正しかったということは、同時に、その学者の思考法・発想法が、その時代を生きる人々の規準となるべきものであるという証明にもなるのです。

ここで、旧約聖書の「預言者」という存在に注意してみましょう。

旧約聖書をひもとくと、「イザヤ書」という、イザヤという名の預言者を通して語られた神の言葉の書があります。ここには、イスラエル王国滅亡の預言やエルサレム再建の預言があるわけです。それらが後に現実のものとなったので、イザヤの預言は正統であったことになり、「イザヤ書」というものが出来上がった。このような論理でもって、旧約聖書の体系が出来上がっていった。大きな思想を抱え込んだ壮大な知恵の枠組みが積み上げられていったということになります。

学問も、これと同じことのはずです。

一九七〇年代、今から二〇年前ですが、その頃の日本にも社会科学らしきものがいろいろあったし、大学でもさまざまな学問が講義されていたわけです。けれども、それらを最も幅広く、かつ本質的に学び、身につけ、その上でそれらを自分の思考の回路の中で有機的に融合させたうえで、現代世界を読み解いてゆき、一つの予測の形にまで高める、そういう社会科学者としての基本的なスタンスを最も忠実に守って思想的予言を行なった人を多く知らない。ただ我々日本人は、小室さんという人を知っている、と思うのです。

決して学術論文ではないカッパ・ビジネスという体裁で出版され、しかも『ソビエト帝国の崩壊』というドッキリさせるような題がついているこの本を読んだ人々の中でさえ、恐らくここに予言されていることが今世紀中に起こると考えた人は非常に少なかったろうと思われます。それは小室さん一流の、一種の大げさな言い方に過ぎなくて、読物としてはおもしろいけれども、それだけのことであると思いながら読んだ人が大部分だったのではないか。

しかし、事実は大方の人々の予想を裏切って、まさしく小室さんが描いた通りに進行していきました。しかも、単にソビエトが行き詰まってしまったということではなくて、それが崩壊に至る必然性――たとえば、民族問題、共産党権力の正統性問題、ロシア正教とイスラム教の問題、地下経済（アンダーグラウンド・マーケット）のような経済の二重構造の問題など――を、然るべきバランスでもって残らず摘出しました。このことは、日本の社会科学にとって、記念すべき重要な業績だと思います。このことをまず、はっきりと申しあげたい（橋爪大三郎・副島隆彦『現代の預言者　小室直樹の学問と思想』（弓立社、平成四（一九九二）年、一〇―一一頁）。

ある社会科学者の業績をはかる方法は、こうである。

まず、ある学者が、学問的根拠をもとに、今後起こるであろう社会の動きを理論的に分析し予測する。次に、現実の社会がその理論的分析、予測のとおりの過程をたどって動いた場合に、その予測は学問的に意味のある予測、予言となる。小室の場合にはまさにそういう予測、予言であったというのである。

筆者も、そのとおりであると考える。

小室がなぜ社会の変化を予測、予言できたのか。それは、数学をベースに、経済学、心理学、人類学、法社会学、政治学、宗教社会学などを有機的に統合させた社会科学大系を作り上げ、使いこなしたからである。

残念ながら、その「小室学」とも称すべき社会科学大系は、まとまった形では発表されていない。

だから、それを知りたければ小室の全著作から断片を拾い集める必要がある。全著作を読むことで「群盲象《ぐんもうぞう》を評す」状態から多少とも脱却できる可能性がある。

橋爪は、こう述べる。

最後にごくわずかだけつけ加えますと、小室さんの本を一冊だけ読んで、彼の全貌を推し量ることはできません。やはり全て読む必要があるということです。そうしてはじめて、そこを貫く一筋の太いモチーフが見えてくる。それは何か。それは、人間の発想と行動をとらえている根底的な要因は何かということに対する、あくなき追究です。その要因のあり方は国ごと、文化ごとに違います。ある国では明示的に宗教であり、ある国では儒教であり、道徳である。そして日本の場合には日本教という、それ自身記述することが非常に難しい何ものかであるわけです。

そしてわれわれにとって、いま一番重要なことは、われわれ自身の発想と行動をとらえている、この記述しがたい何ものかについて、もっともっと厳しい分析的な視線を向けていくことではないでしょうか。それが、かくもパワフルな世界国家になり上がった日本が、その知的努力をまず真っ先に向けなければならない課題であり、最低限の義務であると考えます。この課題を与えてくれた、もはや小室学と言っていいと思いますが、この小室学の成果をわれわれはこれからどう料理して、継承していくのか。それがわれわれと読者の課題であると思います（前掲、橋爪大三郎・副島隆彦『現代の預言者　小室直樹の学問と思想』二二七頁）。

筆者は、この橋爪の言葉を文字どおり受け取って実践してきたつもりであった。しかし、実際のところ、それではまだ足りなかった。取材の過程で発見された小室の文章、発言、録音音声を聞き、人々の記憶の中にある、語られたことのなかった小室の言動を知るたびに、新しい「気づき」があったのである。

「小室直樹と直接、接することでしか受け継がれないものがある。言語、非言語を通じて、小室と関わった人々にだけ受け継がれたものがある」

そう確信した。取材を通じて、筆者は、間接的にそれを受け取ることができたと思う。小室の本質に迫るような部分は、できる限り本書で触れ、その成果を活かしたつもりだ。

さて、ここで橋爪が「記述しがたい何ものか」と書いて、明確に示していない側面がある。それは山本七平のいう「日本教」に相当する何かであり、小室の場合、過剰さ、異常さ、奇矯さ、熱情、デモーニッシュなもの、ひょっとすると霊的な何かではないだろうか。

取材の中で、筆者は宮台真司からこんな逸話を聞いた。これは、小室の本質に触れるものだと思う。

僕が、『援交から革命へ』（ワニブックス）、後に『援交から天皇へ』（朝日新聞社）と改題される本を出すきっかけは、小室先生との会話でした。

実は、小室先生の本の中で最も好きなのが『三島由紀夫が復活する』（毎日コミュニケーションズ）と『奇蹟の今上天皇』（ＰＨＰ研究所）なんです。

そこで、小室先生に「僕が一番好きなのは、『三島由紀夫が復活する』と『奇蹟の今上天皇』の二冊です」と申しあげた。

その頃、まだ、僕はギリシア哲学的な思考、感受性を全開にさせてはいなかったけれども、それが重要であるということを感じ始めていました。ギリシア哲学的な思考とは、簡単にいうと、損得勘定を超えた、内から湧き上がる力、内発性。損得よりも、ヴァーチュー（virtue）。日本語では「徳」。

そこで、小室先生に申しあげた。

「社会をどうやって維持できるかといったら、その損得勘定を超えた内側から現われるなにものかをどうやって受け継ぐかにかかっているのではないか。それが、ニーチェの「意志」、ヴェーバーの「エートス」であり、パーソンズの社会システム理論における価値セットの受け渡しとしての『社会化』の概念の意味だと思います」

それを聞いて小室先生はこういわれたんです。

「全くそのとおりです。私のことを『ウルトラ近代主義者である』とか『ウルトラ科学者である』とかいう人間がいるが、全くわかっていない。人間が過剰に合理的であろうとするのは、過剰に論理的であろうとするのは、過剰に近代的であろうとするのは、合理的でも、論理的でも、近代的でもない、不条理な感情があるからに決まっている。それを人は『情熱』と呼んでいるはずだ。自分がフルブライトでアメリカに行った理由も、もう一度、アメリカと戦争をしたときには、アメリカに圧勝したいがためである。そのためには、アメリカよりもアメリカを知らねばならない。岡倉天心《おかくらてんしん》がそういっていたでしょう」

小室は断食によりトランス状態になり、ひらめき、霊感を得た。普通ではみえない何かをみたのだ。もし、そういう超常的な体験をした経験がなければ、毎年、小室が断食を繰り返すことはなかったろう。また、インスタントにアルコールに溺れながら、過剰さを爆発させ、その境地に遊んだのであろう。

かつて皇国日本が滅びるのを目の当たりにした軍国少年・小室直樹は、己が手による皇国日本の復活を誓い、そのままに生きた。

見た目は乞食同然であっても、その内面は誇り高き英雄《ヒーロー》であった。小室は忠実なる天皇教徒、天皇を中心とした日本につかえる烈士、義士であった。

そうしてなにものにも媚びず、自らの思想に殉じて生きた。

小室直樹の秘密。

それは、近代、科学、合理性の徹底した理解。

そして、それと両立する、近代以前の、もしかすると近代超克の可能性をも秘める、情熱、過剰さ、異常さの肯定と発現であったと思う。

平成三〇（二〇一八）年八月

村上篤直

柳津町で見かけたネコちゃん
（平成三〇（二〇一八）年）

A critical biography of Naoki Komuro volume 1
Extreme genius loves academics and alcohol and cats
by Atsunao Murakami
September 2018 MINERVA SHOBO LTD, Kyoto

人名索引

あ 行

か　行

さ　行

た　行

な　行

は　行

ま　行

や　行

ら　行

わ　行

事項索引

欧文

あ行

か　行

さ　行

た　行

な　行

は　行

ま　行

や　行

ら 行

わ 行

猫名索引

上巻

下巻

ミイちゃん（森谷都志子氏提供）

小室直樹著作目録

＊は，橋爪大三郎編著『小室直樹の世界』（ミネルヴァ書房，平成25（2013）年）収録の「小室直樹博士著作目録」には未掲載のもの。

1953年（昭和28年）

日本再軍備の性格，桃李，桃李会，４月；3(4)，pp.26-29.

1956年（昭和31年）

スターリン批判からソ連の崩壊へ，桃李，桃李会，４月；6(4)，pp.43-47.

世界の動乱と日本の進路，桃李，日本学協会，12月；6(12)，pp.25-33.

1958年（昭和33年）

The Equilibrium and Stability of the Market with Demonstration Effect，OSAKA ECONOMIC PAPERS，Department of Economics，Osaka University，Sep.；7(1)，pp.31-44.

デモンストレーション効果と市場の均衡および安定，大阪大學經濟學，大阪大学経済学部，7(4)，pp.83-104.

「デモンストレーション効果と市場の安定性」に關する補論，大阪大學經濟學，大阪大学経済学部，8(1)，pp.78-82.

1959年（昭和34年）

＊日本の行くべき道，日本，日本学協会，７月；9(7)；100，pp.10-28.

1966年（昭和41年）

社会動学の一般理論構築の試み(上)，思想，岩波書店，10月；508，pp.1-20.

社会動学の一般理論構築の試み(下)，思想，岩波書店，12月；510，pp.98-111.

構造機能分析と均衡分析――パースンズ枠組の発展的再構成へむかって，社会学評論，日本社会学会/有斐閣，16(4)；64，pp.77-103，pp.142-140.

1967年（昭和42年）

構造機能分析の原理，社会学評論，日本社会学会／有斐閣，18(3)；71，pp.22-

38, pp.105-104.
社会変動の原理, 日本社会学会大会テーマ部会報告要旨, 日本社会学会, 第40回, pp.11-17.
比較政治学の社会学的基礎, 国際関係分科会第1小分科会——昭和41年度中間報告 (2), アジア経済研究所, 42-15, pp.1-57.

1968年 (昭和43年)

社会行動論の基礎, 日本社会心理学会編『社会不安の社会心理学』(年報社会心理学第9号), 勁草書房, pp.215-227.
社会科学における行動理論の展開——社会行動論の位置づけと再構成のための試み (上), 思想, 岩波書店, 2月;524, pp.1-21.
社会科学における行動理論の展開——社会行動論の位置づけと再構成のための試み (中), 思想, 岩波書店, 6月;528, pp.125-146.
社会科学における行動理論の展開——社会行動論の位置づけと再構成のための試み (下ノ一), 思想, 岩波書店, 11月;533, pp.118-135.
肯定的立場——機能主義は社会変動を処理しうるか, 日本社会学会大会テーマ部会報告要旨, 日本社会学会, 第41回, pp.1-15.
Social Change and Voting Behavior in Postwar Japan, The Developing Economies, The Institute of Asian Economic Affairs, Dec.; 6(4), pp.510-543.
[書評] D・E・アプター著『近代化の政治学』「構造機能分析による比較政治学」, 日本読書新聞, 日本読書新聞社, 8/12;1470, p.6.

1969年 (昭和44年)

社会行動論の方法論的諸問題, 日本社会心理学会編『現代の人間関係の社会心理学』(年報社会心理学第10号), 勁草書房, p.321.
社会科学における行動理論の展開——社会行動論の位置づけと再構成のための試み (下ノ二), 思想, 岩波書店, 1月;535, pp.129-148.
社会科学における行動理論の展開——社会行動論の位置づけと再構成のための試み (下ノ三), 思想, 岩波書店, 3月;537, pp.133-144.
機能分析の理論と方法——吉田理論からの前進, 社会学評論, 日本社会学会/有斐閣, 20(1);77, pp.6-22, p.134.
都市化と投票行動・計量政治学による考察, 朝日ジャーナル, 朝日新聞社, 7/27;11(30), pp.94-101.

社会体系の一般理論にむかって，日本社会学会大会報告要旨，日本社会学会，第42回，pp.18-41.
［書評］坂井秀夫著『現代の開幕』「政治過程のイメージ分析」，日本読書新聞，日本読書新聞社，10/20；1517，p.6.

1970年（昭和45年）

＊『小室直樹氏講述　社会指標について』，国民生活研究所.
社会工学とは何か，『社会学を学ぶ』（有斐閣選書），有斐閣，pp.35-36.
遅れた政治学——計量政治学の課題，『社会科学を学ぶ』（有斐閣選書），有斐閣，pp.34-35.
社会科学の将来，学際，「学際」編集委員会，2(2)；7，pp.39-50.
現代社会分析における方法の共通性（富永健一と対談），経済評論，日本評論社，5月；19(5)，pp.93-117.
深まる断絶と疎外，月刊エコノミスト，毎日新聞社，7月；1(3)，pp.15-23.
「社会科学」革新の方向（上），エコノミスト，毎日新聞社，1/13；48(2)，pp.74-81.
「社会科学」革新の方向（下），エコノミスト，毎日新聞社，1/20；48(3)，pp.70-76.
浮動する社会党支持層，朝日ジャーナル，朝日新聞社，1/18；12(3)，pp.97-102.
＊“超えてる”社会科学の研究者にきく 小室直樹，週刊ダイヤモンド，ダイヤモンド社，11/16；58(49)，pp.82-83.
六つの大学を卒業、五つの学問に亘る“ワイド学者”出現，週刊ポスト，小学館，6/5；2(22)，pp.38-39.
＊第11回城戸浩太郎賞を受けた 小室直樹，毎日新聞，毎日新聞社，7/24朝刊，p.2.
［書評］秋元律郎、内山秀夫著『現代社会と政治体系』「一閃の烽火として」，日本読書新聞，日本読書新聞社，7/27；1556，p.6.
［書評］広瀬和子著『紛争と法』「精読を要する“古典”」，日本読書新聞，日本読書新聞社，12/7；1574，p.6.

1971年（昭和46年）

＊『社会指標の体系化に関する基礎的調査研究（経済企画庁国民生活局委託調査）』，

国民生活センター.
「社会科学」革新の方向——田無夜話,『学問の思想』(戦後日本思想大系10),筑摩書房,pp.134-168.
戦後諸選挙における社会的経済的要因の計量政治学的分析,日本政治学会編『現代日本における政治態度の形成と構造』(年報政治学1970),岩波書店,p.243.
日本的思考様式と社会科学の貧困,季刊労働法,総合労働研究所,21(2);80,pp.177-197,p.176.
[書評]広瀬和子著『紛争と法』,学際,「学際」編集委員会,3(1);9,pp.121-124.
続・社会科学の未来,学際,「学際」編集委員会,3(2);10,pp.107-123.
*シビルミニマムと高度経済成長,行政管理,東京都,22(3);246,pp.8-14.
七〇年代の日本に迫る危機,月刊エコノミスト,毎日新聞社,2(1),pp.60-67.
*[書評]経済システム設計の理論 青木昌彦著『組織と計画の経済理論』,エコノミスト,毎日新聞社,11/9;49(47),pp.95-96.
計量政治学の視点,朝日ジャーナル,朝日新聞社,4/23;13(16),pp.130-131.
[書評]R・アロン、H・モーゲンソー他著『国際関係の理論と現実』「行動科学的方法の批判」,日本読書新聞,日本読書新聞社,3/15;1587,p.5.
*[書評]構造機能分析の展開 F・ズナニエッキー著『社会学の方法』,日本読書新聞,日本読書新聞社,9/13;1612,p.6.

1972年(昭和47年)

現代経済学理論,川島武宜編『法社会学の形成』(法社会学講座1),岩波書店,pp.282-292.
スキナー、ホマンズ,川島武宜編『法社会学の形成』(法社会学講座1),岩波書店,pp.346-352.
科学的分析の基礎,川島武宜編『法社会学の基礎1』(法社会学講座3),岩波書店,pp.181-246.
規範社会学,川島武宜編『法社会学の基礎2』(法社会学講座4),岩波書店,pp.203-322.
裁判過程の社会行動論,川島武宜編『紛争解決と法1』(法社会学講座5),岩波書店,pp.57-74.
諸変種における力関係の機能,川島武宜編『紛争解決と法2』(法社会学講座6),岩波書店,pp.38-56.

高田社会学の現代的意義，日本社会学会大会報告要旨，日本社会学会，第45回，pp.20-27.

法の社会学的基礎（川島武宜と共著），日本社会学会大会報告要旨，日本社会学会，第45回，pp.42-43.

＊法的制御の理論，『第４回 行動計量学シンポジウム 発表論文抄録集』，行動計量学シンポジウム事務局，pp.48-49.

＊数理社会学の方法論的基礎，『第４回 行動計量学シンポジウム 発表論文抄録集』，行動計量学シンポジウム事務局，pp.70-71.

＊社会指標の体系化に関する理論的基礎，『第４回 行動計量学シンポジウム 発表論文抄録集』，行動計量学シンポジウム事務局，pp.96-97.

＊福祉指標作製における方法論的基本問題，行政管理，東京都，23(3)；258，pp.10-14.

＊［書評］計量的歴史観のビジョン 竹内啓著『社会科学における数と量』，エコノミスト，毎日新聞社，３/７；50(10)，pp.100-101.

＊［書評］行動主義革命の成果を問う Ｄ・イーストン編『現代政治理論の構想』，エコノミスト，毎日新聞社，５/16；50(21)，pp.91-92.

［書評］安田三郎著『社会移動の研究』「整備された方法論で実証」，朝日ジャーナル，朝日新聞社，２/18；14(7)，pp.63-64.

総選挙計量分析・革新自治体の得票構造――社会党は勝ったのかどうか，朝日ジャーナル，朝日新聞社，12/29；14（54），pp.100-105.

［書評］Ｓ・ハンチントン著『変革期社会の政治秩序上・下』「『政治組織化』の分析」，日本読書新聞，日本読書新聞社，７/17；1658，p.6.

＊福祉指標作成上の問題点，週刊とちょう，東京都広報室普及部，２/17；319，p.1.

1973年（昭和48年）

裁判の政治的機能，川島武宜編『社会と法２』（法社会学講座８），岩波書店，pp.113-139.

社会システムとしての経済システム，学際，「学際」編集委員会，５(1)；17，pp.64-80.

政治過程のサイバネティックスモデル，数理科学，ダイヤモンド社，５月；11(5)，pp.97-105.

構造機能分析とカタストロフィーの理論，日本社会学会大会報告要旨，日本社会

学会，第46回，pp.49-50.
［書評］S・M・リプセット著『革命と反革命』「比較分析の有効性」，日本読書新聞，日本読書新聞社，2/19；1691，p.6.
構造機能分析による川島・碧海モデル，日本法社会学会レジュメ，日本法社会学会，10/15，pp.2-4.
＊法の機能の概念について，『第1回 行動計量学大会 発表論文抄録集』，行動計量学大会実行委員会事務局，pp.66-67.
＊［書評］社会行為論で「日本」を分析 作田啓一著『価値の社会学』，エコノミスト，毎日新聞社，2/20；51(7)，pp.95-96.
＊［書評］理論体系化に傾ける努力 安田三郎編『数理社会学』，エコノミスト，毎日新聞社，3/20；51(11)，pp.94-95.

1974年（昭和49年）

『衆議院選挙区の特性分析』（東京大学博士論文），東京大学法学部.
衆議院選挙区の特性分析，『博士学位論文 内容の要旨および審査の結果の要旨 課程修了によるもの（課程博士）』，東京大学，昭和48年度，pp.380-385.
構造-機能分析の論理と方法，青井和夫編『理論社会学』（社会学講座1），東京大学出版会，pp.15-80.
総合化の理論的方法論的基礎研究と予備的実証的研究，『東京都社会指標の研究開発』，東京都総務局統計部，pp.127-349.
学会報告日本法社会学会一九七三年秋季大会，日本法社会学会編『法社会学の方法』（法社会学第27号），有斐閣，pp.170-172.
社会学における統計的モデルをめぐる諸問題，現代社会学，講談社，1(2)；2，pp.24-55.
日本経済の危機と日本経済学の危機，月刊エコノミスト，毎日新聞社，1月；5(1)，pp.21-33.
社会科学は解体された，月刊エコノミスト，毎日新聞社，9月；5(9)，pp.36-48.
政治経済学の復権，経済セミナー，日本評論社，230，pp.35-47.
岐路にたつジャーナリズムの精神，新聞研究，日本新聞協会，272，pp.17-26.
On the Concept of "Marginal Function" Especially in Reference to the Sociology of Law, Behaviormetrika, Behaviormetric Society of Japan, 1, pp.65-75.
現代社会科学の比較方法論的検討，科学基礎論研究，科学基礎論学会，11(4)；

43, pp.33-37.

1975年（昭和50年）

理論的方法論的基礎研究と総合指標作成の試み,『東京都社会指標の研究開発（２）』, 東京都総務局統計部, pp.251-426.

意思決定,『社会学セミナー１社会学原論』, 有斐閣, pp.180-200.

法社会学におけるモデル構築法, 日本法社会学会編『現代社会と法』（法社会学第28号）, 有斐閣, pp.102-109.

＊法社会学理論と構造機能分析, 日本社会学会大会報告要旨, 日本社会学会, 第48回, p.84.

インターディシプリナリーをめぐる深化と連携のための55人の提言, 学際,「学際」編集委員会, 6 (4) ; 24, pp.131-132.

論文コンテスト「日本の選択」, 1975年「日本の選択」（スペース臨時増刊）, 毎日新聞社広告局, p.2, p.5.

ツケを回す思想――そのあまりにも日本的な構造の奥底を考える, 月刊エコノミスト, 毎日新聞社, 6月 ; 6 (6), pp.20-27.

＊経済学と現実との間, 事務用品, 文研社, 9月 ; 8 (9), pp.50-55.

シンポジウム東大は解体すべきか（上）, エコノミスト, 毎日新聞社, 4/29 ; 53 (18), pp.44-56.

シンポジウム東大は解体すべきか（中）, エコノミスト, 毎日新聞社, 5/6 ; 53 (20), pp.56-62.

シンポジウム東大は解体すべきか（下）, エコノミスト, 毎日新聞社, 5/13 ; 53 (21), pp.46-55.

東京パニックのシミュレーション（中野尊正と対談）, エコノミスト臨時増刊, 毎日新聞社, 7/7 ; 53(29), pp.8-21.

「博士号を持つ夜警サン」が書いた懸賞論文, 週刊文春, 文藝春秋, 3/5 ; 17 (10), pp.154-156.

エリートビジネスマンはナチス、赤軍派と同じ“病”に侵されている！, サンデー毎日, 毎日新聞社, 3/2 ; 54(9), pp.132-134.

日本の選択毎日・日本研究賞喜びの入賞者「危機の構造」小室直樹（政治学者）, 毎日新聞, 毎日新聞社, 2/7朝刊, p.13.

日本の選択入賞論文の要約（下）危機の構造, 毎日新聞, 毎日新聞社, 2/16朝刊, p.12.

Structural-Functional Analysis as a Theoretical Method for the Sociology of Law, mimeographed.

1976年（昭和51年）

『危機の構造――日本社会崩壊のモデル』，ダイヤモンド社．

総合化の理論的方法論的基礎研究と総合指標の作成――試案，『東京都社会指標の研究開発』，東京都総務局統計部，pp.239-463.

社会行動論と法社会学，『現代法社会学講義』，青林書院新社，pp.64-74.

一経済学者からみた構造＝機能主義社会学（村上泰亮他との討議），現代社会学，講談社，３(1)；５，pp.3-29.

行政における受益と負担の構造，自治研修，第一法規出版，６月；190，pp.1-11.

新しい社会システム分析法――構造機能分析とは何か，自治研修，第一法規出版，９月；193，pp.45-53.

1977年（昭和52年）

方法論：先進国問題の視座，『先進国問題の帰趨と国際社会への反映』，総合研究開発機構，社団法人日本経済調査協議会，pp.153-265.

方法論：先進国問題の視座，『先進国問題の帰趨と国際社会への反映』（「21世紀への課題」シリーズ），総合研究開発機構，Ｖ，pp.153-265.

コメント（「技術文明後の社会の諸問題」ウィリス・ハーマンに対して），季報NIRA，総合研究開発機構，４(1)，pp.33-34.

現代の世界政治経済システム，ESP，経済企画協会，７月；142，pp.12-21.

シンポジウム福祉水準をどう測定するか（上），エコノミスト，毎日新聞社，１/11；55(2)，pp.42-56.

シンポジウム福祉水準をどう測定するか（下），エコノミスト，毎日新聞社，１/18；55(3)，pp.38-49.

現代経済学を超える道，エコノミスト，毎日新聞社，５/３・10；55(19)，pp.10-24.

日本の大学・学界からはみ出した異才・小室直樹博士44歳・独身・六畳一間の“社会行動学”，週刊朝日，朝日新聞社，２/18；82(7)，pp.28-29.

受験戦争に見る“日本病”（上）（山本七平、渡部昇一と鼎談），週刊朝日，朝日新聞社，３/４；82(9)，pp.146-151.

受験戦争に見る“日本病”（下）（山本七平、渡部昇一と鼎談），週刊朝日，朝日新

聞社，3/11；82(10)，pp.150-154.
盲目的適応が要求される“平易な難問”という珍現象，週刊朝日，朝日新聞社，5/20；82(21)，pp.142-147.
私は大学教授たちの陰の家庭教師，女性自身，光文社，2/3；20(5)，pp.120-126.

1978年（昭和53年）
私の学問の方法論，「知的生産の技術」研究会編『わたしの知的生産の技術』，講談社，pp.110-141.
民主主義講座，読売新聞大阪社会部著『われわれは一体なにをしておるのか』，講談社，pp.237-281.
シンポジウム「世界経済の変貌と日本」討論記録，『変貌する国際環境と日本』，財団法人世界経済情報サービス，pp.36-52.
インターディシプリナリー研究発展のために，季報 NIRA，総合研究開発機構，5(2)，pp.55-67.
社会指標論の方法論的基礎，現代社会学，講談社，5(2)；10，pp.81-110.
天才を屠殺し、人間を部品化する出題傾向，週刊朝日，朝日新聞社，6/2；83(24)，pp.136-140.
われわれは一体なにをしておるのか――34年目の民主主義，56〜61，64，65，240〜246回，読売新聞（大阪），読売新聞社，2/26（56回急がば回れ），2/27（57回池のはたの講義），2/28（58回外面と内面），3/1（59回さかさま），3/2（60回シーソーゲーム），3/3（61回他人のフンドシ），3/6（64回危機的な状況），3/7（65回日暮れて），9/26（240回再び池のはたの講義），9/27（241回第一のポイント），9/28（242回第二のポイント），9/29（243回大学入試を分析すれば），9/30（244回戦前の方が…），10/1（245回プラスとマイナス），10/2（246回ヤクザ以下），全て朝刊 p.23.

1979年（昭和54年）
＊『講演：統計学における方法　小室直樹氏』，社会調査研究所.
「エコノミック・アニマル教育」論，読売新聞大阪社会部著『続々々われわれは一体なにをしておるのか』，講談社，pp.131-160.
日本の選挙は入れ札である（山本七平と対談），中央公論，中央公論社，12月；94(12)，pp.116-129.

共通一次試験は必ず失敗する（上），エコノミスト，毎日新聞社，1/30；57(4)，pp.48-54.
共通一次試験は必ず失敗する（中），エコノミスト，毎日新聞社，2/6；57(5)，pp.77-83.
共通一次試験は必ず失敗する（下），エコノミスト，毎日新聞社，2/13；57(6)，pp.54-61.
大福抗争は政治の近代化に貢献した，エコノミスト，毎日新聞社，11/27；57(49)，pp.46-52.
契約観念ない日本，朝日新聞，朝日新聞社，4/11朝刊，p.12.
目のあたりに見た権力闘争，毎日新聞，毎日新聞社，11/8朝刊，p.2.

1980年（昭和55年）
『ソビエト帝国の崩壊――瀕死のクマが世界であがく』（カッパ・ビジネス），光文社.
『アメリカの逆襲――宿命の対決に日本は勝てるか』（カッパ・ビジネス），光文社.
日本創造学会編『どう生き方を変えるか――創造的人生と社会をひらくために』（川喜田二郎、高橋実、北川栄、日下公人、加藤龍樹、加藤栄一と共著），講談社.
古典山脈への登攀，『私の本の読み方・探し方』，ダイヤモンド社，pp.233-242.
活字型人間とテレビ型人間が活字文化とテレビ文化について論じ合うと（竹村健一と対談），『竹村健一自選集Ⅰ』，徳間書店，pp.1-32.
私の空想学校――数学科から政治学まで中根千枝他，文藝春秋，文藝春秋，3月；58(3)，pp.139-141.
大学入試不正の“効用”を説く，中央公論，中央公論社，5月；95(6)，pp.122-134.
止めを刺された戦後デモクラシー，中央公論，中央公論社，8月；95(10)，pp.134-145.
資本主義を胎内に育むソ連社会，中央公論，中央公論社，11月；95(14)，pp.85-100.
［書評］長谷川慶太郎著『先見力の技術』，Voice，PHP 研究所，11月；35，pp.236-237.
“ソ連帝国の崩壊”を喜んでいいのか，Voice，PHP 研究所，12月；36，pp.72-89.
ソ連の侵攻は「強い日本」への恐怖からだ（内村剛介と対談），現代，講談社，12

月；14(12)，pp.84-104.
ソ連よりアメリカがもっと恐い（山本七平と対談），宝石，光文社，12月；8(12)，pp.56-65.
＊私は社会科学の統合を目ざすルンペン学者，PLAYBOY 日本版，集英社，12月；6(12)，p.27.
不正入試にみる日本社会の病理，エコノミスト，毎日新聞社，5/6；58(18)，pp.54-58.
データバンクにっぽん人第113回小室直樹，週刊現代，講談社，10/2；23(11)，pp.62-66.
＊日本は超先進国か，知研ニュース，「知的生産の技術」研究会，30，pp.4-5.
＊経済王国の崩壊（全23回），日刊ゲンダイ，日刊現代，11/5（1回 ビジネスマンと帝国軍人，p.7），11/6（2回 企業アニマルと神州不滅論，p.6），11/7（3回 ビジネスエリートの行動原理，p.9），11/8（4回 決定なき社会が破滅を招く，p.7），11/11（5回 日本企業の持つ「汚職構造」，p.7），11/12（6回 エリートが罪を犯す日本の伝統，p.7），11/13（7回 アメリカ企業と日本の会社の違い，p.7），11/14（8回 活力を失う日本の会社，p.7），11/15（9回 民主主義の不毛と日本企業の体質，p.7），11/18「路傍の石」の時代と変わらぬ人間関係，p.7），11/19（11回 極楽のはずの窓際族がなぜ地獄になるか，p.7），11/20（12回 高成長経済の正体と共産主義の理想，p.6），11/21（13回 悪平等がまかり通る日本の会社，p.7），11/22（14回 お寺の面倒まで見る企業の深情け，p.7），11/26（15回 エゴが内部対立を生む日本の労組，p.7），11/27（16回 雇用契約なき日本のサラリーマン，p.7），11/28（17回 なぜ日本に社用族がはびこるのか，p.7），11/29（18回 資本主義の条件欠く日本の企業社会，p.7），12/2（19回 階級なき社会の奇妙なランクづけ，p.7），12/3（20回 教育が悪いから日本経済は繁栄する，p.7），12/4（21回 健全さが裏目に出ている米国企業，p.6），12/5（22回 日本人はいかに国際政治オンチか，p.7），12/6（23回 自由貿易の危機を日本は乗り越えられるのか，p.7）.

1981年（昭和56年）

『新戦争論――“平和主義者”が戦争を起こす』（カッパ・ビジネス），光文社.
『日本教の社会学』（山本七平と共著），講談社.
『小室直樹の日本大封鎖――世界の孤児日本は生き残れるか』，KK・ロングセラーズ.
『超常識の方法――頭のゴミが取れる数学発想の使い方』（ノン・ブック），祥伝社.

『アメリカの標的――日本はレーガンに狙われている』，講談社.
『日本人の可能性』（並木信義、山本七平と共著），プレジデント社.
「知的生産の技術」研究会編『激論・ニッポンの教育』（小田実、高根正昭、木田宏、八木敏行、黒羽亮一、原田三朗、永井道雄（序）と共著），講談社.
＊作られる愛国心―ハワイ，読売新聞大阪社会部『日本人に生まれてよかったか上』，講談社，pp.184-208.
日本における政治と価値，世界平和教授アカデミー編『80年代の価値と日本』，教育出版センター，pp.38-44.
＊経済と価値論の客観性，第9回科学の統一に関する国際会議日本委員会編『人類平和と価値の探求』，ライフ出版.
ソ連は瀕死の熊だという説には過大評価も過小評価も危険だ（竹村健一、寺谷弘壬と鼎談），『竹村健一の世相を斬る』，サンケイ出版，pp.47-68.
小室直樹氏とイラン人質問題・誘導尋問のテクニック，竹村健一著『論争に勝つ発想法』（ワニの本），KK ベストセラーズ，pp.164-174.
私の新戦争論，文藝春秋，文藝春秋，10月；59（11），pp.92-120.
創価学会スキャンダルと日本の宗教的特性，中央公論，中央公論社，2月；96（2），pp.151-169.
日本教としての法華経（山本七平、インモース・トマスと鼎談），中央公論，中央公論社，2月；96(2)，pp.170-182.
鈴木首相にみる外交音痴の構造，中央公論，中央公論社，8月；96(8)，pp.106-117.
Japanese Buddhism and the Sōka Gakkai――Religious Ethos and Perceptions of Democracy, Japan Echo, Japan Echo, 8(2)，pp.109-121.
『新戦争論』著者自身が語る広告，ソシオロゴス，ソシオロゴス編集委員会，5，pp.174-175.
組織とチェック機構、質疑応答，月刊監査役，日本監査役協会，149，pp.63-74，pp.81-93
日本の崩壊，正論，産業経済新聞社，9月；95，pp.58-69.
「スターリン」なき中国の現実，プレジデント，プレジデント社，10月；19(11)，pp.244-253.
新「戦争と平和」論の研究（長谷川慶太郎と対談），人と日本，行政通信社，8月；14(8)，pp.16-30.
イスラム回帰と近代化の隘路（U・D・カーン・ユスフザイと対談），人と日本，行

政通信社，９月；14(9)，pp.16-28.
独善的外交小国ニッポンの危機（中川八洋と対談），人と日本，行政通信社，12月；14(12)，pp.16-28.
ソ連の脅威は本物か，速報先見経済，セイワコミュニケーション，３月第２月曜；1704，pp.10-14.
近く日本大封鎖が必ずくる！（石原慎太郎と対談），週刊現代，講談社，１/１；23(1)，pp.44-47.
小室直樹の「新・アメリカの逆襲」第１回，週刊現代，講談社，３/５；23(10)，pp.32-36.
小室直樹の「新・アメリカの逆襲」第２回，週刊現代，講談社，３/12；23(11)，pp.54-58.
小室直樹の「新・アメリカの逆襲」第３回，週刊現代，講談社，３/19；23(13)，pp.52-56.
小室直樹の「新・アメリカの逆襲」第４回，週刊現代，講談社，３/26；23(14)，pp.56-60.
小室直樹の「新・アメリカの逆襲」第５回，週刊現代，講談社，４/２；23(15)，pp.170-174.
小室直樹の「新・アメリカの逆襲」第６回，週刊現代，講談社，４/９；23(16)，pp.54-58.
小室直樹の「新・アメリカの逆襲」緊急版，週刊現代，講談社，４/16；23(18)，pp.202-205.
小室直樹の「新・アメリカの逆襲」第７回，週刊現代，講談社，４/23；23(19)，pp.53-56.
小室直樹の「新・アメリカの逆襲」第８回，週刊現代，講談社，４/30；23(20)，pp.58-62.
小室直樹の「新・アメリカの逆襲」第９回，週刊現代，講談社，５/７；23(21)，pp.84-88.
小室直樹の「新・アメリカの逆襲」最終回，週刊現代，講談社，５/14；23(22)，pp.88-92.
日本の潜在敵国はアメリカだ（太田薫と対談），週刊宝石，光文社，10/17；１(1)，pp.42-46.
＊共通一次は失敗，毎日新聞，毎日新聞社，９/10朝刊，p.15.
なぜ証人保護の原則を論じぬか——刺したハチを死なせてはならない，毎日新聞，

毎日新聞社，12/ 2 夕刊，p.5.
食えれば学問三昧，読売新聞，読売新聞社，7 /23夕刊，p.1.
進路をきく（1）～（6），サンケイ新聞，産業経済新聞社，7 /24朝刊 p.4（1 国連に幻想持ち続ける日本），7 /27朝刊 p.4（2 信頼性工学に欠けるソ連），7 /28朝刊 p.9（3 魅力失ったマルクス主義），7 /29朝刊 p.4（4 日本に欠けるシェルター論議），7 /30朝刊 p.4（5 労働賃金にも政府がクレーム），7 /31朝刊 p.4（6 善悪の規範もたぬ日本人）.
小室直樹の水曜直言（1 ～20回），サンケイ，産業経済新聞社，8 / 5（1 無規範人種），8 /12（2 戦争と平和），8 /19（3 鎖国ニッポン），8 /26（4 世界一），9 / 2（5 日本人的情緒），9 / 9（6 永山判決），9 /16（7 出藍の誉れ），9 /30（8 ケンカのすすめ），10/ 7（9 赤ん坊にビフテキ），10/14（10方向オンチ），10/21（11原則とはなんだ），10/28（12核の本当のこわさ），11/ 4（13米ソ戦はありえない），11/11（14シーレーン），11/18（15榎本三恵子さんの証言），11/25（16再び「証言」問題について），12/ 2（17小佐野判決），12/ 9（18被告・児玉誉士夫），12/16（19田中角栄論），12/23（20男女平等の日本），全て夕刊 p.1.

1982年（昭和57年）

『日本「衆合」主義の魔力――危機はここまで拡がっている』，ダイヤモンド社.
『資本主義中国の挑戦――孔子と近代経済学の大ゲンカ』（カッパ・ビジネス），光文社.
『あなたも息子に殺される――教育荒廃の真因を初めて究明』（サン・ビジネス），太陽企画出版.
『脱ニッポン型思考のすすめ』（藤原肇と共著），ダイヤモンド社.
『危機の構造〈増補〉――日本社会崩壊のモデル』，ダイヤモンド社.
小室直樹，佐藤正弥編『データ・バンクにっぽん人』，現代書林，pp.40-43.
異説田中角栄，中央公論，中央公論社，2 月；97(2)，pp.192-219.
そのとき怒鳴り出した田中角栄（山本七平と対談），諸君！，文藝春秋，4 月；14(4)，pp.24-40.
逸話の人小室直樹，諸君！，文藝春秋，6 月；14(6)，pp.186-188.
誇り高き隠者の存在，潮，潮出版社，11月；283，pp.107-112.
大石内蔵助は公金横領罪だ！（山本七平と対談），Voice，PHP 研究所，7 月；55，pp.128-139.
自信が「惧れ」を忘れさせた信長と項羽，プレジデント，プレジデント社，1

月；20(1)，pp.50-59.
論語は「因果法則」である，プレジデント，プレジデント社，3月；20(3)，pp.76-83.
「常識」を覆した勝者たち，プレジデント，プレジデント社，5月；20(5)，pp.62-67.
「小さな強者」の条件，プレジデント，プレジデント社，9月；20(9)，pp.42-49.
不朽の名著を支える人間鑑賞の眼，プレジデント，プレジデント社，12月；20(12)，pp.184-192.
現代中国にみる“近代化”の苦悩，経営者会報，日本実業出版社，11月；24(11)，pp.120-121.
日本の社会は状況社会（谷沢永一と対談），VANGUARD，TKC全国政経研究会，12月；3(12)，pp.38-47.
日米関係とソ連の“脅威”（前田寿夫と対談），第三文明，第三文明社，1月；249，pp.20-37.
専門書からコミックまですべて読破する天才，SAGE，情報出版，9月；3(9)，pp.16-17.
＊［グラビア］親友敬友 渡部恒三 小室直樹，月刊自由民主，自由民主党，3月；348，p.12.
＊奇妙キテレツ“島国”日本，あらはん，日本少林寺拳法連盟，12月；2(9)，pp.20-27.
私の好きなジョーク，週刊文春，文藝春秋，6/3；24(22)，p.44.
救急車が「毎度ありがとう」（イーデス・ハンソンと対談），週刊文春，文藝春秋，8/26；24(33)，pp.54-57.
われら第3次世界大戦を待望す（糸川英夫と対談），週刊現代，講談社，1/23；24(4)，pp.34-40.
「あなたも息子に殺される」小室直樹のショッキング・レポート，サンデー毎日，毎日新聞社，7/4；61(29)，pp.166-169.
勉強ずき酒ずきの“書生”，サンデー毎日，毎日新聞社，9/5；61(39)，pp.106-107.
1982年を睨む（田中角栄と対談），週刊ポスト，小学館，1/15；14(3)，pp.30-36.
問題の書『あなたも息子に殺される』が警告する日本社会の「無連帯（アノミー）」現象，週刊ポスト，小学館，7/2；14(27)，pp.199-201.
小室直樹の水曜直言（21～68回），サンケイ，産業経済新聞社，1/6（21日本人の

政治家観)，1/13 (22数学的考え方)，1/20 (23共通一次の失敗)，1/27 (24大学とは何か)，2/3 (25大学は初等教育)，2/10 (26医師の制度)，2/17 (27革命の本場意識)，2/24 (28企業と人材)，3/3 (29日本とアメリカ)，3/10 (30自主規制)，3/17 (31日本的裁判)，3/24 (32腐敗国鉄)，3/31 (33反核運動)，4/7 (34戦争と平和)，4/14 (35人民公社解体)，4/21 (36論語ブーム)，4/28 (37経済援助)，5/12 (38どうする参議院)，5/19 (39外交白痴)，5/26 (40安全という名の商品)，6/2 (41フォークランド紛争)，6/9 (42続・フォークランド紛争)，6/16 (43日本人の法律意識)，6/23 (44連合赤軍事件)，6/30 (45侵略者の解釈)，7/7 (46おとり捜査)，7/14 (47無規範犯罪)，7/21 (48サッチャーに学ぶこと)，7/28 (49レバノン侵攻)，8/4 (50平均寿命)，8/11 (51医師の教育)，8/18 (52中東のくにぐに)，8/25 (53結婚観)，9/1 (54真綿で首)，9/8 (55続・真綿で首)，9/22 (56両刃のツルギ)，9/29 (57国鉄百貨店)，10/6 (58ニュアンス)，10/13 (59国連と日本)，10/20 (60結婚について)，10/27 (61鈴木首相の辞任)，11/10 (62三越事件と株主)，11/17 (63中ソ接近の裏側)，11/24 (64行革と政治の責任)，12/1 (65ソ連書記長のイス)，12/8 (66貿易摩擦)，12/15 (67ラッキー内閣)，12/22 (68技術革新と日本)，全て夕刊 p.1.

1983年 (昭和58年)

『田中角栄の呪い——“角栄”を殺すと、日本が死ぬ (“角栄”は無罪である)』(カッパ・ビジネス)，光文社.

『田中角栄の大反撃——盲点をついた指揮権発動の秘策』(カッパ・ビジネス)，光文社.

『日本の「1984年」』(21世紀図書館)，PHP 研究所.

『政治が悪いから世の中おもしろい』(ワニの本)，KK ベストセラーズ.

小室直樹「私の書斎は病院である」とうそぶく独身の天才学者，「知的生産の技術」研究会編『私の書斎活用術』(オレンジバックス)，講談社，pp.209-218.

小室直樹教授の「角栄論」，諸君！，文藝春秋，4月；15(4)，pp.158-171.

社会科学の復興をめざして，ソシオロゴス，ソシオロゴス編集委員会，7，pp.164-165.

『政治が悪いから世の中おもしろい』(著者自身の広告)，ソシオロゴス，ソシオロゴス編集委員会，7，p.237.

[書評] 渡部喬一著『民法の読み方』，ソシオロゴス，ソシオロゴス編集委員会，7，pp.238-239.

「イヤ、そうじゃないオヤジは潔白なんだ！」「民主主義の必要悪だ角栄はむしろこき使え」(渡部恒三と対談)，宝石，光文社，2月；11(2)，pp.118-128.
「弱虫ロシア人」が突然起こす恐ろしい発作，宝石，光文社，11月；11 (11)，pp.142-156.
激動大乱の'83年を予測する，現代，講談社，1月；17(1)，pp.414-424.
超古代史研究の方法，歴史読本臨時増刊，新人物往来社，9月；28(14)，pp.316-323.
角栄君、キミは“日本人の罪”を一身に背負わされた，2001，祥伝社，11月；1 (1)，pp.55-57.
小室直樹の「現代を斬る」日本デモクラシーはインチキである。何をバカなことをと思われる方もいるだろう。だが、そう言う前に私の話を聞いてくれ……。，ビッグサクセス，プレジデント社，8月；1 (1)，pp.16-17.
小室直樹の「現代を斬る」教育の荒廃を防ぐには、「戸塚宏」を文部大臣にすることだ。，ビッグサクセス，プレジデント社，9月；1 (2)，pp.14-15.
小室直樹の「現代を斬る」戸塚の起訴は不当だ。誤診した医者が起訴されたことがあったか？，ビッグサクセス，プレジデント社，10月；1 (3)，pp.14-15.
戸塚宏を文部大臣にせよ!!，JACTA，ジャクタ出版，3，pp.60-73.
狂気を演じた隠遁天才学者，噂の真相，噂の真相，4月；5 (4)，pp.38-39.
［グラビア］狂気を演じた隠遁“天才”学者小室センセイの“秘事”，噂の真相，噂の真相，5月；5 (5)，p.10.
「角栄は即時引退しろ」「いや指揮権発動で無罪放免だ」(徳田虎雄と対談)，PENTHOUSE，講談社，10月；1 (6)，pp.46-52.
過激な天才のパンツはフェンディ，写楽，小学館，4月；4 (4)，pp.34-38.
世紀末を楽しく生きる男たち，PALM，ロマン，6月；1 (3)，pp.11-15.
ほら、知性が顔にでました、インタビュー。(イッセー尾形と対談)，鳩よ！，マガジンハウス，12月；1 (1)，pp.100-101.
角栄は超能力者だ、殺してはならぬ!!，ビッグマン，世界文化社，6月；3 (6)，pp.58-59.
日本にはもともと「結婚」という制度はない，DoLiVe，青人社／学習研究社，8月；2 (8)，pp.12-13.
異端の天才政治学者・小室直樹センセイが、独身50年の性事哲学を開陳する!?，MAZAR，群雄社，7月；1 (1)，pp.97-99.
鬼才小室直樹が斬る！来たるべきコンピュータ社会，MSX magazine，アスキー，

12月：1(2), pp.74-75.
小室直樹のデート・ゼミナール第1回「中曽根は指揮権発動しろッ」の巻, イコール, 東京313センター／平凡社, 6月；1(2), pp.94-95.
小室直樹のデート・ゼミナール第2回比例代表制導入と外交戦略の関係を解く！, イコール, 東京313センター／平凡社, 8月；1(3), pp.108-109.
小室直樹のデート・ゼミナール第3回「戸塚宏を文部大臣にせよッ」の巻, イコール, 東京313センター／平凡社, 10月；1(4), pp.98-99.
*六歳までに親の権威を確立しなさい, あらはん, 日本少林寺拳法連盟, 1月；2 (10), pp.30-37.
これでよいのか日本人の世界観 (1), 速報先見経済, セイワコミュニケーション, 12月第2週；1807, pp.11-14.
これでよいのか日本人の世界観 (2), 速報先見経済, セイワコミュニケーション, 12月第3週；1808, pp.16-19.
*秦野法相の異常発言にモロ手をあげた有名知識人の論理, 週刊文春, 文藝春秋, 11/17；25(45), pp.28-32.
田中角栄は戦後民主主義の鬼子か嫡出子か新カクエオロジーを考える (藤原弘達と対談), 週刊現代, 講談社, 1/22；25(3), pp.54-63.
イスラエルの挑戦で21世紀の日本はハルマゲドンだ！ (糸川英夫、山本七平と鼎談), 週刊現代, 講談社, 7/30；25(31), pp.24-30.
*日本を代表する30人「そのとき私は何を考えたか」, 週刊現代, 講談社, 10/29；25(42), pp.36-42.
田中問題で非難ゴーゴーの小室直樹氏が大弁明!!, 週刊宝石, 光文社, 2/18；3(6), p.48.
新美女必殺対談第11回 (浅見美那と対談), 週刊宝石, 光文社, 5/13・20；3(18), pp.190-194.
快気炎クロスオーバー対談ニッポンを斬る！ (畑中葉子と対談), 週刊ポスト, 小学館, 2/11；15(6), pp.54-56.
この政治事件は「売国裁判」で処理されてはいかんゾ！, 週刊ポスト, 小学館, 10/28；15 (42), pp.34-36.
奇才小室直樹の怒号・罵声そして警鐘!!, Weekly プレイボーイ, 集英社, 2/22；18(8), pp.52-55.
警鐘の野人学者・小室直樹博士のマンスリー・ハード・コア社会時評目にあまる校内暴力の解決策は――教師も生徒をブッとばすことだ!!, Weekly プレイ

ボーイ，集英社，6/14；18(24)，pp.162-165.
警鐘の野人学者・小室直樹博士のマンスリー・ハード・コア社会時評国民は角栄に“指揮権を発動せよ”といっている!!，Weeklyプレイボーイ，集英社，7/19；18(29)，pp.156-159.
警鐘の野人学者・小室直樹博士のマンスリー・ハード・コア社会時評教育は殺し合いだ!!（戸塚宏と対談），Weeklyプレイボーイ，集英社，9/13；18(37)，pp.44-48.
当然、私たち角栄の味方です。（谷沢永一と対談），Weeklyプレイボーイ，集英社，11/1；18(44)，pp.46-51.
検事は殺せ！田中角栄は偉い！と吠えて――テレビ生番組から中途退場させられた小室直樹サンのその後の猛語録，平凡パンチ，マガジンハウス，2/14；20(6)，pp.58-59.
超天然記念人物・小室直樹先生の生活と意見，平凡パンチ，マガジンハウス，2/21；20(7)，pp.26-29.
「マスコミは白痴ぞ」学園祭一番人気・小室博士かく語りき，平凡パンチ，マガジンハウス，10/10；20(38)，p.9.
劇薬・田中角栄をどう考える（竹村健一と対談），スコラ，スコラ，3/10；2(6)，pp.50-54.
電話に見る非近代性，Number，文藝春秋，9/5；4(18)，pp.44-45.
小室直樹センセイ“戸塚ヨットスクール讃歌”の激烈，週刊大衆，双葉社，9/12；26(49)，pp.34-35.
「TVに言論の自由はないのか」――「錯乱発言」でオロされた異色学者の“怪気炎”，FOCUS，新潮社，2/11；3(6)，pp.46-47.
なんとも型破りな天才学者，週刊大衆，双葉社，3/28；26(17)，pp.182-183.
［グラビア］各界有名人が“独薦”する最新ペット紳士録小室直樹さん，毎日グラフ，毎日新聞社，10/2；36(39)，p.16.
小室直樹の水曜直言（69～76回），サンケイ，産業経済新聞社，1/15（69新幹線の売り込み），1/12（70国債の発行），1/19（71政治家の死），1/26（72原子炉衛星の事故），2/2（73教育の鎖国），2/9（74政治家の演説），2/16（75武器技術の供与），2/23（76公定歩合），全て夕刊 p.1.
＊検事を殺せ!!で有名な小室直樹，あかつきに語る，PAPER KENTAUROS，ケンタウロス出版局，3/13；2(3)；5，pp.1-2.

1984年（昭和59年）

『偏差値が日本を滅ぼす――親と教師は何をすればいいか』（カッパ・ビジネス），光文社.

『親子関係は親分と子分だ――息子（娘）に脅える親に告ぐ』（ワニの本），KKベストセラーズ.

『ソビエト帝国の最期――“予定調和説”の恐るべき真実』（カッパ・ビジネス），光文社.

解説，山本七平著『勤勉の哲学――日本人を動かす原理』（PHP文庫），PHP研究所，pp.272-356.

司馬遷が見抜いた人間社会の法則，『史記男はいかに生くべきか』，プレジデント社，pp.23-44.

自信が「惧れ」を忘れさせた信長と項羽，『織田信長の研究――歴史に学ぶリーダーの条件』（イルカの本），プレジデント社，pp.177-202.

日本教としての法華経（山本七平、トマス・インモースと鼎談），山本七平著『人間としてみたブッダとキリスト』，原書房，pp.225-250.

二十一世紀の日本はハルマゲドンだ（糸川英夫、山本七平と鼎談），山本七平著『山本七平全対話8 明日を読む』，学習研究社，pp.338-349.

戸塚ヨットスクールの存在価値（植島幹六と対談），植島幹六編著『カンロク先生侃々諤々』，サンエス出版，p.13，pp.227-245.

『親子関係は親分と子分だ』著者自身の広告，ソシオロゴス，ソシオロゴス編集委員会，8，p.157.

社会科学の復興をめざして，ソシオロゴス，ソシオロゴス編集委員会，8，pp.158-159.

日本の教育は今や非常時，諸君！，文藝春秋，4月；16(4)，pp.37-38.

「世論」と裁判，諸君！，文藝春秋，9月；16(9)，pp.61-64.

核は神か悪魔か（小田実と対談），現代，講談社，2月；18(2)，pp.100-109.

「反核」にまともな論理はない，知識，彩文社，1月；33，pp.136-149.

日本の選挙風土に「汚職」は無関係だ，宝石，光文社，1月；12(1)，pp.80-91.

ソビエト帝国はこれで終わりだ，宝石，光文社，4月；12(4)，pp.60-72.

暗殺から一年、アキノ追悼大デモ行進の後に来た「強制送還」，宝石，光文社，11月；12（11），pp.86-93.

実体験と追体験，PHP，PHP研究所，7月；434，pp.38-40.

現代の怪物・マスコミにどう対応するか（谷沢永一と対談），致知，竹井出版，7

月；108，pp.6-13.

義務教育を全廃して、全部「私塾」にせよ！（立川談志と対談），big A，ビッグ・エー，7月；2(7)，pp.76-83.

日本の奇人・変人こそ、世界の常識人だ（若宮清と対談），big A，ビッグ・エー，9月；2(9)，pp.26-31.

ソ連帝国崩壊の前兆（曽野明と対談），big A，ビッグ・エー，11月；2(11)，pp.98-104.

今年の日本をダメにした七悪人，big A，ビッグ・エー，12月；2(12)，pp.98-104.

あなたこそ教育界の救世主だ（戸塚宏と往復書簡），2001，祥伝社，1月；2(1)，pp.176-179.

日本は合衆国52番目の州？とんでもない！日本人にはアメリカがわからない！，2001，祥伝社，8月；2(8)，pp.131-133.

自己主張なんて考えなくていいこんなに目立つ生き方がある，BIG tomorrow，青春出版社，4月；4 (10)，pp.30-33.

舌なめずりの抱擁，ベッピン，英知出版，6月；デビュー，pp.113-116.

角栄がいなくなるのは500兆円の損失。長島はスーパー・ディズニーランドの園長にしろ（本宮ひろ志と対談），PENTHOUSE，講談社，2月；2(2)，pp.36-39.

幻の「脅威論」を暴く！，速報先見経済，セイワコミュニケーション，10月第2週；1837，pp.6-10.

世界ブレインウォーズが偏差値大国日本を打ち砕く！（広中平祐と対談），週刊現代，講談社，1/1；26(1)，pp.22-27.

稀代の二流悪中曽根康弘を過激に楽しもうじゃないか（栗本慎一郎と対談），週刊現代，講談社，2/11；26(6)，pp.194-198.

無礼者！それがゲストに対する言葉か（横山やすしと対談），週刊宝石，光文社，8/3；4(30)，pp.176-180.

小室直樹氏が近著で警告「魔女狩りが日本を駄目にする」，週刊ポスト，小学館，1/1；16(1)，pp.52-53.

あの小室直樹センセイが吉原・女子大生トルコ嬢と24時間肉弾戦，週刊ポスト，小学館，1/6・13；16(2)，pp.204-207.

激論！痛烈ニッポン診断「角栄・三浦・ピーターパン…」日本人の「大声症候群」に警告する（中上健次と対談），週刊ポスト，小学館，9/7；16(35)，pp.

210-213.
“田中角栄こそデモクラシーだ、死守せよ!!”，Weekly プレイボーイ，集英社，1/8；19(2)，pp.44-47.
「PB 政治学博士」のハード・コア放談小室直樹が独断する“ポスト中曽根”はこいつだ！，Weekly プレイボーイ，集英社，1/31；19(5)，pp.42-45.
大人になれないガキは死ね!!（ダン・カイリーと対談），Weekly プレイボーイ，集英社，6/5；19(23)，pp.160-163.
本誌自慢の小室直樹博士のヤング大学第1時限目一夫一婦制撲滅理論武装を伝授！，Weekly プレイボーイ，集英社，8/7；19(32)，pp.214-217.
本誌自慢の小室直樹博士のヤング大学第2時限目デモクラシーはもともと愚民政治だった！，Weekly プレイボーイ，集英社，8/28；19(34)，pp.202-205.
本誌自慢の小室直樹博士のヤング大学第3時限目ソ連は資本主義になる、今から手を組むべし！，Weekly プレイボーイ，集英社，9/11；19(36)，pp.214-217.
本誌自慢の小室直樹博士のヤング大学第4時限目中曽根《臨教審》を叩きつぶせ!!，Weekly プレイボーイ，集英社，10/2；19(39)，pp.188-192.
本誌自慢の小室直樹博士のヤング大学第5時限目資本主義を識りたきゃ『ゴルゴ13』を読め!!，Weekly プレイボーイ，集英社，10/23；19(42)，pp.202-205.
本誌自慢の小室直樹博士のヤング大学第6時限目中曽根再選で設備投資時代到来、手に職をつけよ！，Weekly プレイボーイ，集英社，11/6；19(44)，pp.180-183.
本誌自慢の小室直樹博士のヤング大学第7時限目“性の乱れ”は父も母も不在なわが国の運命だ！，Weekly プレイボーイ，集英社，11/20；19(46)，pp.191-195.
本誌自慢の小室直樹博士のヤング大学第8時限目捕鯨禁止を迫るアメリカを叩きつぶせ!!，Weekly プレイボーイ，集英社，12/18・25；19(50)，pp.184-187.
「管理社会」を打破するために、受験社会をぶっつぶし、校内暴力を助長せよ。，スコラ，スコラ，1/26；3(3)，pp.68-70.
体験トーク編小室直樹，『SEXQ&A「性」の完全マニュアル』（平凡パンチ増刊），マガジンハウス，pp.144-147.

1985年（昭和60年）

『三島由紀夫が復活する』，毎日フォーラム／毎日コミュニケーションズ.
『奇蹟の今上天皇』，PHP 研究所.

『世界戦略を語る』(倉前盛通と共著), 世界戦略研究所/展転社.
『韓国の悲劇——誰も書かなかった真実』(カッパ・ビジネス), 光文社.
『山本七平全対話4 日本教の社会学』(山本七平と共著), 学習研究社.
私は見た……「近くて遠い国・韓国」繁栄の上げ底部分, 宝石, 光文社, 2月; 13(2), pp.116-130.
「角栄軍団分裂」に日本政治の深層を読む, 宝石, 光文社, 4月; 13(4), pp.95-109.
ゴルバチョフ「若返り」政権で“ソビエト帝国の崩壊”は早まる, 宝石, 光文社, 5月; 13(5), pp.110-121.
奇蹟の今上天皇, Voice, PHP研究所, 1月; 85, pp.120-151.
日本は大東亜戦争に勝った, Voice, PHP研究所, 4月特別増刊; 天皇と日本人, pp.34-49.
ロッキード事件はアメリカの陰謀だ, 2001, 祥伝社, 2月; 3(2), p.129.
ネズミ人間を作るだけの教育では日本の発展はない, 致知, 竹井出版, 1月; 114, pp.34-35.
大局をつかむ力こそ田中角栄の真骨頂だった(渡部昇一と対談), 致知, 竹井出版, 9月; 122, pp.12-18.
中曽根は吉田茂を超えられるか, 知識, 彩文社, 7月; 43, pp.89-97.
とても彼らは首相の器じゃない, 知識, 彩文社, 10月; 46, pp.42-56.
[グラビア] フォト人物伝小室直樹, 知識, 彩文社, 11月; 47, pp.15-19.
無学無手勝流レーガン政治の強み(加瀬英明と対談), big A, ビッグ・エー, 1月; 3(1), pp.54-59.
今こそ日本は“戦争学”を持つべきだ(倉前盛通と対談), big A, ビッグ・エー, 3月; 3(3), pp.54-61.
アメリカの復讐が始まった(水野隆徳と対談), big A, ビッグ・エー, 6月: 3(6), pp.10-17.
名宰相・中曽根康弘に直言する!, big A, ビッグ・エー, 8月; 3(8), pp.48-49.
M・モンローを強姦せよ!(倉前盛通と対談), 世界戦略, 世界戦略研究所/展転社, 4, pp.4-15.
M・モンローを強姦せよ!(中)(倉前盛通と対談), 世界戦略, 世界戦略研究所/展転社, 5, pp.4-15.
行くカネ来るカネ, 週刊文春, 文藝春秋, 9/26; 27(37), pp.70-73.

本誌自慢の小室直樹博士のヤング大学第9時限目絶えぬ宗教戦争を疑問に思うわれわれ日本人こそ不思議民族だ!!，Weekly プレイボーイ，集英社，1/15；20(3)，pp.210-213.
本誌自慢の小室直樹博士のヤング大学第10時限目中曽根に告ぐ！貿易摩擦解消は俺にまかせろ!!，Weekly プレイボーイ，集英社，6/25；20(26)，pp.171-175.
本誌自慢の小室直樹博士のヤング大学第11時限目こっえェ暴力団は“なぜ”不滅なのか!?，Weekly プレイボーイ，集英社，7/16；20(29)，pp.181-185.

1986年（昭和61年）

『罵論・ザ・犯罪——日本「犯罪」共同体を語る』（栗本慎一郎、長谷川和彦と共著），アス出版.
『韓国の呪い——広がるばかりの日本との差』（カッパ・ビジネス），光文社.
『天皇恐るべし——誰も考えなかった日本の不思議』（ネスコブックス），ネスコ／文藝春秋.
わたしの学問の方法論，「知的生産の技術」研究会編『わたしの知的生産の技術 PART 1』（講談社文庫），講談社，pp.55-87.
解説，加藤千幸著『国際情報の読み方』（講談社文庫），講談社，pp.218-222.
義務教育が日本を滅ぼす（立川談志と対談），立川談志著『家元談志のオトコ対決十一番』，ABC 出版，pp.39-60.
無礼者！それがゲストに対する言葉か（横山やすしと対談），横山やすし著『横山やすし』，吉本音楽出版／データハウス，pp.29-38.
徳岡孝夫の著者と60分——小室直樹著『韓国の悲劇』（徳岡孝夫と対談），文藝春秋，文藝春秋，2月；64(2)，pp.362-365.
天皇——洪思翊中将の忠誠をめぐって，諸君！，文藝春秋，5月；18(5)，pp.126-139.
天皇——2.26事件をめぐって，諸君！，文藝春秋，6月；18(6)，pp.160-173.
韓国の栄光と苦悩，知識，彩文社，3月；51，pp.71-81.
自由化中国の悲劇，知識，彩文社，10月；58，pp.68-84.
「韓国の悲劇」と日本の陥穽，宝石，光文社，3月；14(3)，pp.66-79.
崩壊国家・ソビエトが日本にすり寄る理由，宝石，光文社，4月；14(4)，pp.84-96.
宰相・中曽根康弘に失政を糺す，宝石，光文社，7月；14(7)，pp.70-86.
アメリカ、韓国、そしてヨーロッパからも袋叩き……日本はなぜ憎まれるのか!?

（山本七平、B・A・シロニーと鼎談），宝石，光文社，11月；14(11)，pp.146-158.
「躍進韓国」の光と影，先見経済，清話会，11月；31(11)，pp.6-11.
＊中曽根は三選できるか，筑波ジャーナル，筑波ジャーナル，2/5；18，p.1.
＊激動の東アジア情勢，筑波ジャーナル，筑波ジャーナル，11/5；27，pp.6-7.
＊今，日ソ関係を考える（加藤栄一と対談），筑波ジャーナル，筑波ジャーナル，11/5；27，pp.8-9.

1987年（昭和62年）

『大国・日本の崩壊――アメリカの陰謀とアホな日本人』（カッパ・ビジネス），光文社.
『大国・日本の復活――アメリカの崩解にどう対処するか』（カッパ・ビジネス），光文社.
日本の社会は状況社会（谷沢永一と対談），谷沢永一著『好きこそ物の上手なれ』，新都心文化センター，pp.149-169.
現代マスコミの病巣を摘出する（谷沢永一と対談），谷沢永一著『乱世に生きる指導者の知恵』，大和出版，pp.139-156.
はじめに，早坂茂三著『オヤジとわたし。』，集英社，pp.2-3.
日本経済帝国恐るべし！，知識，彩文社，2月；62，pp.60-75.
続・日本経済帝国恐るべし！，知識，彩文社，3月；63，pp.132-139.
官僚分割民営論，知識，彩文社，6月；66，pp.72-85.
田中角栄 vs.竹下登のカリスマ性を斬る，宝石，光文社，4月；15(4)，pp.70-89.
田中角栄待望論，宝石，光文社，5月；15(5)，pp.112-126.
大国日本の逆襲，宝石，光文社，11月；15(11)，pp.70-87.
オレたちはなぜ結婚しないか，婦人公論，中央公論社，4月；72(4)，pp.224-229.
竹下新総裁へ小室直樹が仰天直言「日本中を“東京”にしてしまえ」，週刊ポスト，小学館，11/13；19(44)，pp.207-209.
男と女の“ああすごい！”の1発がいい子供を作るの（黒木香と対談），週刊ポスト，小学館，12/18・25；19(49)，pp.240-243.
「常識」を覆した勝者たち，『プレジデント経営大学院ビジネス能力開発講座 No.6［組織力］教科書』，プレジデント社，pp.64-79.
＊古今東西の権力者論（小田晋と対談），筑波ジャーナル，筑波ジャーナル，2/5；30，pp.4-5.

1988年（昭和63年）

『大国・日本の逆襲――アメリカの悪あがきにトドメを刺せ』（カッパ・ビジネス），光文社.

『韓国の崩壊――太平洋経済戦争のゆくえ』（カッパ・ビジネス），光文社.

『ソビエト帝国の崩壊――瀕死のクマが世界であがく』（光文社文庫），光文社.

大国・日本、アメリカの傲慢を許すな!!，宝石，光文社，２月；16(2)，pp.70-88.

いま、天才「信玄」に学ぶ，宝石，光文社，５月；16(5)，pp.70-86.

日本が恐るるは韓国にあらず台湾なり！，宝石，光文社，９月；16(9)，pp.121-132.

奇蹟の天皇，宝石，光文社，11月；16(11)，pp.70-81.

大国日本、いま何をなすべきか，先見経済，清話会，９月；33(9)，pp.6-10.

1989年（昭和64年，平成元年）

『消費税の呪い――日本のデモクラシーが危ない』（カッパ・ビジネス），光文社.

『中国共産党帝国の崩壊――呪われた五千年の末路』（カッパ・ビジネス），光文社.

『アメリカの逆襲――宿命の対決に日本は勝てるか』（光文社文庫），光文社.

『昭和天皇の悲劇――日本人は何を失ったか』（カッパ・ビジネス），光文社.

『論語』は「因果法則」である，『孔子――日本人にとって『論語』とは何か』，プレジデント社，pp.139-183.

新・帝国主義のすすめ，宝石，光文社，４月；17(4)，pp.70-82.

新・帝国主義のすすめ〈完結編〉，宝石，光文社，５月；17(5)，pp.172-183.

さらば！田中角栄（早坂茂三と対談），宝石，光文社，12月；17(12)，pp.70-81.

社会党が支持されたのではなくて自民党がひどすぎた，平成義塾，経済界，11月；1(3)，p.215.

ボク、オレにとっての、日本で一番長い奇蹟の時代・昭和（立川談志と対談），いんなあとりっぷ，いんなあとりっぷ社，１月；18(1)，pp.46-53.

あんたは憲法を踏みにじる暴君だ！，週刊ポスト，小学館，8/25；21(32)，pp.54-56.

僕が土井たか子の講師だったら単位をあげない（デーブ・スペクターと対談），週刊文春，文藝春秋，7/20；31(29)，pp.162-166.

米国の“日本叩き”の最大の防波堤中ソ和解を日本は徹底支援せよ!!，SPA！，扶桑社，5/31；38(23)，pp.18-19.

1990年（平成２年）

『悪魔の消費税』（天山文庫），天山出版／大陸書房．

『ソビエト帝国の分割――日・米・独の分捕り合戦がはじまる』（カッパ・ビジネス），光文社．

『政治が悪いから世の中おもしろい』（天山文庫），天山出版／大陸書房．

『アラブの逆襲――イスラムの論理とキリスト教の発想』（カッパ・ブックス），光文社．

『三島由紀夫と「天皇」』（天山文庫），天山出版／大陸書房．

『社会主義大国日本の崩壊――新自由市場主義10年の意識革命』，青春出版社．

『新戦争論――“平和主義者”が戦争を起こす』（光文社文庫），光文社．

日独米３大帝国主義国が21世紀のソ連を蹂躙する，『最新ソ連論』，学習研究社，pp.193-198.

90年「日本大改造への胎動」（渡部恒三と対談），Who's Who TODAY，新人物往来社，２月；３(1)，pp.5-18.

世界覇権の構図の本質を衝く，サンサーラ，徳間書店，10月；１(4)，pp.216-229.

列強支配を打ち破った日米の突出，サンサーラ，徳間書店，11月；１(5)，pp.290-305.

軍事同盟の国連に何を期待する，サンサーラ，徳間書店，12月；１(6)，pp.260-275.

田中角栄引退後の「日本政治」を憂う，宝石，光文社，１月；18(1)，pp.193-200.

ソ連のリンカーンたれ！ゴルバチョフ、崩壊と再生の狭間，宝石，光文社，４月；18(4)，pp.135-144.

わが「共産主義国大改造論」序説，プレジデント，プレジデント社，２月；28(2)，pp.283-288.

「赤軍」がゴルバチョフに反乱する秋《とき》，プレジデント，プレジデント社，３月；28(3)，pp.212-214.

「大統領」ゴルビーは「ソ連型資本主義」を狙う，プレジデント，プレジデント社，４月；28(4)，pp.242-253.

疑わしきは罰する，新潮45，新潮社，９月；９(9)，pp.24-36.

繰り返す外交官の愚行，歴史読本 臨時増刊，新人物往来社，35(21)；536，pp.72-79.

ロシアに円経済圏をつくれ，SAPIO，小学館，7/12；2(13)，pp.30-37.
今こそ日ソ提携で占領国アメリカの呪縛を解け，SAPIO，小学館，7/26；2(14)，pp.85-91.
小室直樹「消費税論争」を嗤う，週刊文春，文藝春秋，2/15；32(6)，pp.43-46.
「見直し案」をバッサリ社会党「個別間接税」なんて論外，週刊文春，文藝春秋，3/8；32(9)，pp.49-51.
銭ボケ、ニッポンを嗤う（立川談志と対談），週刊現代，講談社，8/18・25；32(33)，pp.208-211.
この戦争はフセインの圧勝に終わる！，週刊現代，講談社，10/6；32(39)，pp.206-209.
全人質解放はアメリカを追い込む巧妙な戦略だ（アルリファイイラク大使と対談），週刊宝石，光文社，12/27；10(48)，pp.34-38.

1991年（平成3年）

『危機の構造――日本社会崩壊のモデル』（中公文庫），中央公論社.
『ソビエト帝国の復活――日本が握るロシアの運命』（カッパ・ブックス），光文社.
『ロシアの悲劇――資本主義は成立しない』（カッパ・ブックス），光文社.
『日米の悲劇――“宿命の対決”の本質』（カッパ・ブックス），光文社.
ソ連を円経済圏にしてしまえ，文藝春秋，文藝春秋，5月；69(6)，pp.99-100.
軍事同盟の国連に幻想を持つな，サンサーラ，徳間書店，1月；2(1)，pp.266-278.
「無能な海部」に捧げる中東の読み，サンサーラ，徳間書店，4月；2(4)，pp.73-83，pp.276-287.
「湾岸」で蘇ったヒットラーとスターリンの教訓，サンサーラ，徳間書店，5月；2(5)，pp.251-257.
何も解決されていない湾岸後の中東，サンサーラ，徳間書店，6月；2(6)，pp.294-297.
第2次日米戦争勃発日を数えて待つべし!!，サンサーラ，徳間書店，7月；2(7)，pp.200-205.
「戦争は恐怖心から起きる」「日米戦争は避けられない」（G・フリードマンと対談），サンサーラ，徳間書店，8月；2(8)，pp.134-149.
「米軍を日本の傭兵にせよ」「アジアで覇権争いが起こる」（G・フリードマンと対談），サンサーラ，徳間書店，9月；2(9)，pp.300-313.

懸念される「エリツィンの暗殺」，サンサーラ，徳間書店，10月；2(10)，pp.85-99.
文藝春秋「昭和天皇独白八時間」の疑問，宝石，光文社，1月；19(1)，pp.132-143.
サダム・フセインの逆襲，宝石，光文社，3月；19(3)，pp.88-97.
劇画・扉を開けよ！(一)啓示，宝石，光文社，6月；19(6)，pp.341-356.
劇画・扉を開けよ！(二)審判，宝石，光文社，7月；19(7)，pp.333-348.
劇画・扉を開けよ！(三)道標の塔，宝石，光文社，8月；19(8)，pp.349-364.
劇画・扉を開けよ！(四)道標の女，宝石，光文社，9月；19(9)，pp.349-364.
いまこそ帝国日本はソ連邦を植民地にせよ！，宝石，光文社，10月；19 (10)，pp.108-117.
劇画・扉を開けよ！(五)近代化，宝石，光文社，10月；19(10)，pp.333-348.
劇画・扉を開けよ！(六)約束の地・パレスチナ，宝石，光文社，11月；19(11)，pp.333-348.
劇画・扉を開けよ！(七)"聖戦"，宝石，光文社，12月；19(12)，pp.333-348.
「イラク敗北」は新たな危機の始まりである（木村尚三郎、吉村作治と鼎談），プレジデント，プレジデント社，4月；29(4)，pp.50-59.
ソ連を「円経済圏」に取り込め！，プレジデント，プレジデント社，5月；29(5)，pp.152-160.
「新独裁者」エリツィン「失脚の日」は近い，プレジデント，プレジデント社，10月；29(10)，pp.220-222.
堕落「ソ連軍」から流出した「核」が世界を襲う，プレジデント，プレジデント社，10月；29(10)，p.224.
日本のリーダーの欠点はイマジネーション不足にある，バンガード，バンガード社，6月；12(6)，pp.22-24.
角栄研究の第一人者が語る「角栄流・中東問題解決法」，ザ・ビッグマン，世界文化社，1月；2(1)，pp.30-33.
石門心学は近代化を支えた"日本教"の源流⁉，日経ベンチャー，日経BP社，6月；81，pp.32-33.
派閥を有効に活用する法，財界展望，財界展望新社，12/15；35(13)，p.57.
日本はウィーンに座標軸を置け！，Bart，集英社，7/8；1(3)，pp.19-22.
イラクが屈服しても再び中東大戦争が起こる（立川談志と対談），週刊現代，講談社，2/2；33(5)，pp.36-40.

ブッシュはすでに敗北している，週刊現代，講談社，3/9；33(10)，pp.36-39.
“無能”くらべで海部続投かタイムマシンで織田信長をつれてこい，週刊現代，講談社，8/24・31；33(33)，pp.48-49.
大新聞はもはやアメリカの宣伝紙だ！，週刊ポスト，小学館，6/7；23(22)，pp.32-37.

1992年（平成4年）

『信長の呪い——かくて、近代日本は生まれた』（カッパ・ブックス），光文社.
『日本資本主義崩壊の論理——山本七平“日本学”の預言』（カッパ・ビジネス），光文社.
『日本経済破局の論理——サムエルソン「経済学」の読み方』（カッパ・ビジネス），光文社.
皇室は「開かれる」べきか，文藝春秋編『日本の論点』（文藝春秋70周年），文藝春秋，pp.570-575.
ルーブルの貨幣価値を喪失させ、ソ連経済を破綻させたのは特権階級だ，SEI-KAI，政界出版社，2月；14(2)，pp.70-74.
予言者・山本七平への弔辞，文藝春秋，文藝春秋，3月；70(3)，p.370.
「歴史的快著」から彼の思想の限界を読んだ，サンサーラ，徳間書店，1月；3(1)，pp.86-93.
劇画・扉を開けよ！(八)“ファンダメンタリズム”，宝石，光文社，1月；20(1)，pp.333-348.
「核」を持ったソ連ギャングが徘徊する恐怖，宝石，光文社，2月；20(2)，pp.192-203.
劇画・扉を開けよ！(最終回)閉扉，宝石，光文社，2月；20(2)，pp.333-348.
自民党解党論，宝石，光文社，5月；20(5)，pp.110-122.
満身創痍の“旧ソ連”の行方，先見経済，清話会，3月；37(3)，pp.6-10.
「浮かれるもの」は久しからず三年後、エリツィンは失脚しゴルビーが復活する，プレジデント，プレジデント社，2月；30(2)，pp.184-185.
中央アジア「パワーゲーム」私論，プレジデント，プレジデント社，3月；30(3)，pp.60-64.
マーガレット・サッチャー“大英帝国”を蘇生させた外交手腕，Business インテリジェンス，インテリジェンス出版社，9月；6(9)，pp.92-95.
志なかばにして倒れた“サッチャリズム”を悼む（上），Business インテリジェ

ンス，インテリジェンス出版社，10月；6 (10)，pp.112-115.

志なかばにして倒れた“サッチャリズム”を悼む（下），Business インテリジェンス，インテリジェンス出版社，11月；6 (11)，pp.102-104.

核武装した極東ソ連軍が、日本に大挙亡命する可能性をなぜ報道しないのか，週刊ポスト，小学館，1 /17；24(3)，pp.53-55.

［グラビア］マリリン・モンローに抱かれた坂本竜馬，週刊ポスト，小学館，9 /18；24(36)，p. 7，pp.12-13.

ロシアの難民が日本に押し寄せてくる，週刊ポスト，小学館，9 /25；24(37)，pp.45-46.

何一つ情報源にはならない，週刊読売，読売新聞社，6 /28；51(28)，pp.172-173.

1993年（平成 5 年）

『自ら国を潰すのか――「平成の改革」その盲点を衝く』（渡部昇一と共著），徳間書店.

『国民のための戦争と平和の法――国連と PKO の問題点』（色摩力夫と共著），総合法令出版.

『国民のための経済原論Ⅰ――バブル大復活編』（カッパ・ビジネス），光文社.

『国民のための経済原論Ⅱ――アメリカ併合編』（カッパ・ビジネス），光文社.

『「天皇」の原理』，文藝春秋.

解説，早坂茂三著『政治家田中角栄』（集英社文庫），集英社，pp.548-559.

はじめに，早坂茂三著『オヤジとわたし』（集英社文庫），集英社，pp.3-4.

ロシアが「円」経済圏になるとき（田原総一朗と対談），サンサーラ，徳間書店，6 月；4 (6)，pp.24-33.

［乱世］日本原論（橋爪大三郎と対談），サンサーラ，徳間書店，10月；4 (10)，pp.46-85.

日本平成鎖国論，宝石，光文社，2 月；21(2)，pp.180-194.

「清貧」の快楽を今こそ！，宝石，光文社，5 月；21(5)，pp.106-115.

国連軍は日本の「敵」だ，宝石，光文社，7 月；21(7)，pp.69-83.

鮮烈！「小室直樹」経済学，宝石，光文社，8 月；21(8)，pp.140-152.

「選挙改革」が錦の御旗とは馬鹿も休み休み言え！，宝石，光文社，10月；21 (10)，pp.88-91.

拝啓クリントン大統領殿日本を安保常任理事国にしないで欲しい，プレジデント，

プレジデント社，２月；31(2)，pp.158-159.
PKOは「九条」に違憲か、合憲か，プレジデント，プレジデント社，８月；31(8)，pp.224-229.
商鞅「始皇帝の時代」へ道を拓いた「法家の祖」，プレジデント，プレジデント社，10月；31(10)，pp.86-91.
景気回復のために不良銀行をガンガンつぶせ！，ダイヤモンド・エグゼクティブ，ダイヤモンド社，８月；30(9)，pp.36-40.
日本全土東京化作戦でバブル天国再来だ!!，宝島，JICC出版局，４/９；21(7)，pp.75-77，pp.80-81.
私の疑問法務省へ「恩赦」があるなら「恩加罪」も作ったらどうか!?，DENiM，小学館，５月；２(5)，pp.20-21.
SPIRITS OF THE MAN 小室直樹，Gainer，光文社，８月；４(8)，pp.172-175.
本物の経済学者はあまりいない!?，新天地，光言社，５月；296，pp.4-7.
無条件に雰囲気に同調する「空気の支配」がキラワレ者を生む，SPA！，扶桑社，４/21；42(17)，p.53.
国連を「平和の殿堂」と思っていると大国に戦争の片棒をかつがされるぞ！，SPA！，扶桑社，７/21；42(30)，p.43.
国連脱退か、改憲か日本はどちらかを選べ，SPA！，扶桑社，８/25；42(34)，p.51.
著者が語る１冊『日本経済破局の論理』，読売新聞，読売新聞社，１/４朝刊，p.12.
円をロシア法定通貨に，北海道新聞，北海道新聞社，１/１，p.13.
[書評] ミルトン・フリードマン著『貨幣の悪戯』「『経済史的方法』の神髄を集約」，産経新聞，産業経済新聞社，７/29朝刊，p.13.

1994年（平成６年）

『田中角栄の遺言――官僚栄えて国滅ぶ』，クレスト社（ザ・マサダ）.
序にかえて，色摩力夫著『国家権力の解剖――軍隊と警察』，総合法令出版，pp.5-114.
＊自衛隊は強いと思うか弱いと思うか，翼，航空自衛隊連合幹部会，46，pp.19-29.
官僚不況論（加藤栄一と対談），サンサーラ，徳間書店，３月；５(3)，pp.62-101.
衝撃の中国レポート（1）――間違いだらけの市場経済を超分析する，サンサー

ラ，徳間書店，8月；5(8)，pp.24-37.
衝撃の中国レポート（2）――未熟な市場経済の迷走，サンサーラ，徳間書店，9月；5(9)，pp.102-114.
衝撃の中国レポート（3）――「謎の大国」理解の要諦，サンサーラ，徳間書店，10月；5(10)，pp.74-91.
日本共産党よ野に留まることなかれ（上田耕一郎と対談），宝石，光文社，1月；22(1)，pp.61-73.
社内失業を一掃せよ！不採算部門は切り捨てよ！不良銀行は潰せ！，宝石，光文社，7月；22(7)，pp.112-119.
『三国志』を読めば現代中国がわかる，プレジデント，プレジデント社，10月；32（10)，pp.108-113.
「意味論」音痴が日本を亡ぼす（藤原肇と対談），ニューリーダー，はあと出版，1月；7(1)，pp.8-17.
組織力より日蓮上人を見習え，Business インテリジェンス，インテリジェンス出版社，4月；9(4)，pp.32-33.
安保理常任理事国になるべきか――論点23，『日本の論点'95』，文藝春秋，pp.202-205.
怨霊が支配する国日本（井沢元彦と対談），歴史法廷，世界文化社，3，pp.144-149.
100年越しの欧米コンプレックス，フォーブス日本版，ぎょうせい，9月；3(9)，pp.22-24.
Author urges Japan firms to cut staff，THE DAILY YOMIURI，読売新聞社，2/17，p.12.

1995年（平成7年）

『封印の昭和史――［戦後50年］自虐の終焉』（渡部昇一と共著），徳間書店.
『大東亜戦争ここに甦る――戦争と軍隊、そして国運の大研究』，クレスト社（ザ・マサダ).
『太平洋戦争、こうすれば勝てた』（日下公人と共著），講談社.
『三国志』を読めば現代中国が見えてくる，『ポスト鄧小平「中国」を読む』，プレジデント社，pp.43-60.
日本人の宗教は怨霊宗教である（井沢元彦と対談），井沢元彦著『日本史再検討』，世界文化社，pp.111-134.

マクルーハンの世界（竹村健一と対談），渡部昇一、日下公人監修『竹村健一全仕事マルチ研究』，太陽企画出版，pp.117-128.
宗教の秘密——小室直樹の［日本原論］，サンサーラ，徳間書店，7月；6(7)，pp.44-57.
韓非子の帝王学——大競争時代のリーダーかくあるべし，プレジデント，プレジデント社，3月；33(3)，pp.230-237.
資本主義“精神”の指導がアジアのさらなる発展を生む，フォーブス日本版，ぎょうせい，3月；4(3)，pp.62-63.
形骸化する国連は世界の平和を維持できるか？，ワールドプラザ，国際文化フォーラム／講談社，2・3月；38，p.8.
［グラビア］帝国ホテルでシュプレヒコール，週刊文春，文藝春秋，12/14；37(48)，p.229.

1996年（平成8年）

『日本国民に告ぐ——誇りなき国家は、必ず滅亡する』，クレスト社（ザ・マサダ）.
『小室直樹の中国原論』，徳間書店.
『これでも国家と呼べるのか——万死に値する大蔵・外務官僚の罪』，クレスト社（ザ・マサダ）.
解説，岸田秀、山本七平共著『日本人と「日本病」について』（文春文庫），文藝春秋，pp.236-250.
社会科学の統合一筋に迫力たっぷりオウム批判，毎日新聞東京本社地方部特報班著『東北の100人』，無明舎出版，pp.100-102.
教科書騒動，牧野良祥編『続・日本の心』，光人社，pp.128-130.
＊封印の昭和史をひもとく，翼，航空自衛隊連合幹部会，50，pp.161-181.
中国人の秘密——深層に流れる「韓非子」の思想，サンサーラ，徳間書店，1月；7(1)，pp.56-69.
わたしの転機，サンサーラ，徳間書店，5月；7(5)，pp.16-17.
アノミーの時代をどう生きる（宮台真司と対談），サンサーラ，徳間書店，7月；7(7)，pp.38-59.
戦争に無知な平和主義者が戦争を起こす，正論，産業経済新聞社，1月；281，pp.184-196.
自由なる時代「春秋戦国」と現代の日本（渡部昇一と対談），プレジデント，プレジデント社，3月；34(3)，pp.82-94.

世界英傑伝第 1 回伯夷，スーパービジネスマン，総合法令出版，1 月；5 (1)，pp.60-63.
世界英傑伝第 2 回管仲，スーパービジネスマン，総合法令出版，2 月；5 (2)，pp.60-63.
世界英傑伝第 3 回始皇帝（一），スーパービジネスマン，総合法令出版，3 月；5 (3)，pp.58-61.
世界英傑伝第 4 回始皇帝（二），スーパービジネスマン，総合法令出版，4 月；5 (4)，pp.44-47.
世界英傑伝第 5 回始皇帝（三），スーパービジネスマン，総合法令出版，5 月；5 (5)，pp.62-65.
世界英傑伝第 6 回始皇帝（四），スーパービジネスマン，総合法令出版，6 月；5 (6)，pp.58-61.
世界英傑伝第 7 回始皇帝（五），スーパービジネスマン，総合法令出版，7 月；5 (7)，pp.44-46.
世界英傑伝第 8 回張良(1)，スーパービジネスマン，総合法令出版，8 月；5 (8)，pp.59-62.
世界英傑伝第 9 回張良（2)，スーパービジネスマン，総合法令出版，9 月；5 (9)，pp.47-49.
世界英傑伝第10回朱元璋（1)，スーパービジネスマン，総合法令出版，10月；5 (10)，pp.47-50.
世界英傑伝第11回朱元璋（2)，スーパービジネスマン，総合法令出版，11月；5 (11)，pp.44-46.
世界英傑伝第12回明成祖・朱棣，スーパービジネスマン，総合法令出版，12月；5 (12)，pp.40-45.
日本の財政危機を加速する海外援助、賠償論議，月刊治安フォーラム，立花書房，2 月；2 (2)，pp.2-16.
スターリニズムが生き続ける日本企業「失敗の本質」，月刊経営塾 臨時増刊，経営塾，11(15)；139，pp.112-118.

1997年（平成 9 年）

『人にはなぜ教育が必要なのか』（色摩力夫と共著），総合法令出版.
『小室直樹の資本主義原論』，東洋経済新報社.
『世紀末・戦争の構造――国際法知らずの日本人へ』（徳間文庫教養シリーズ），徳

間書店.
『悪の民主主義――民主主義原論』, 青春出版社.
自由なる「春秋戦国」時代と現代の日本、「始皇帝の時代」へ道を拓いた「法家の祖」, 『史記の人間学上』, プレジデント社, pp.5-26, pp.192-221.
解説戦争革命を理解せずして21世紀を語るなかれ, ジョージ・フリードマン、メレディス・フリードマン共著『戦場の未来』, 徳間書店, pp.441-446.
マスコミはこれでいいのか（谷沢永一と対談）, 谷沢永一著『歴史活眼』, 致知出版社, pp.131-159.
解説, 早坂茂三著『鈍牛にも角がある』（集英社文庫）, 集英社, pp.272-283.
解説, 叢小榕著『張良と劉邦』, 総合法令出版, pp.210-212.
日本の命数は尽きつつある, サンサーラ, 徳間書店, 3月；8(3), pp.20-51.
教科書問題の急所――書き改めるべきはほかにもある, 正論, 産業経済新聞社, 7月；299, pp.46-61.
官僚制原論, 論争東洋経済, 東洋経済新報社, 3月；6, pp.60-69.
この人に聞く, SECURITARIAN, 防衛弘済会, 3月；458, pp.53-55.
日露戦争の戦訓を学ばなかった日本, SECURITARIAN, 防衛弘済会, 8月；464, pp.11-16.
世界英傑伝第13回商鞅, スーパービジネスマン, 総合法令出版, 1月；6(1), pp.53-58.
世界英傑伝第14回孫子, スーパービジネスマン, 総合法令出版, 2月；6(2), pp.55-59.
世界英傑伝第15回呉子, スーパービジネスマン, 総合法令出版, 3月；6(3), pp.51-55.
世界英傑伝第16回韓非子（一）, スーパービジネスマン, 総合法令出版, 4月；6(4), pp.53-57.
世界英傑伝第17回韓非子（二）, スーパービジネスマン, 総合法令出版, 5月；6(5), pp.49-53.
世界英傑伝第18回文天祥, スーパービジネスマン, 総合法令出版, 6月；6(6), pp.43-48.
世界英傑伝第19回特別編中国の官僚制と受験制度――明を中心に（一）, スーパービジネスマン, 総合法令出版, 7月；6(7), pp.45-49.
世界英傑伝第20回特別編中国の官僚制と受験制度――明を中心に（二）, スーパービジネスマン, 総合法令出版, 8月；6(8), pp.49-53.

世界英傑伝第21回特別編中国の官僚制と受験制度――明を中心に（三），スーパービジネスマン，総合法令出版，9月；6(9)，pp.45-50.
世界英傑伝第22回雍正帝（一），スーパービジネスマン，総合法令出版，10月；6(10)，pp.51-56.
世界英傑伝第23回雍正帝（二），スーパービジネスマン，総合法令出版，11月；6(11)，pp.55-60.
世界英傑伝最終回王安石，スーパービジネスマン，総合法令出版，12月；6(12)，pp.61-66.
このままじゃ、本当に国が滅ぶぞ！，Weekly プレイボーイ，集英社，1/1・14；32(1)，pp.254-257.
日本は滅びる。（岡田斗司夫と対談），週刊アスキー，アスキー，9/1；1(13)，pp.55-57.
エリート官僚のバカ殿ぶりに歯止めをかけよ，週刊アスキー，アスキー，9/8；1(14)，p.5.

1998年（平成10年）

『日本人のための経済原論』，東洋経済新報社.
韓非子の帝王学，『韓非子の帝王学』，プレジデント社，pp.1-94.
日本は滅びる（岡田斗司夫と対談），岡田斗司夫著『マジメな話』，アスキー／アスペクト，pp.183-215.
高橋是清の今日的意義，『高橋是清の日本改造論』，青春出版社，pp.3-11.
所得税一律10%で日本は蘇生する――日本経済起死回生の妙薬，論争東洋経済，東洋経済新報社，9月；15，pp.24-33.
ゆがんだ民主主義は日本を滅ぼす，先見経済，清話会，5月；43(5)，pp.8-14.
政治腐敗、金融不安、そして凶悪犯罪…元凶はすべて偽りの“民主主義”にある！いまこそ糺す、世紀末憂国論，BIG tomorrow，青春出版社，1月；18(7)，pp.68-69.
人にはなぜ、宗教が必要なのか第1回（景山民夫と対談），ザ・リバティ，幸福の科学出版，2月；3（2），pp.28-35.
人にはなぜ、宗教が必要なのか第2回（景山民夫と対談），ザ・リバティ，幸福の科学出版，3月；3（3），pp.24-31.
人にはなぜ、宗教が必要なのか最終回（景山民夫と対談），ザ・リバティ，幸福の科学出版，4月；3（4），pp.38-44.

「酒鬼薔薇事件」につづくもの，月刊治安フォーラム，立花書房，２月；4(2)，pp.57-65.
権力批判には集中せぬ鋭鋒，朝日新聞，朝日新聞社，６/20朝刊，p.22.
［VHS ビデオ］『新・教科書が教えない歴史観Ⅲ第一部 小室直樹講演「歴史の見方考え方」』，日本歴史修正協議会，125分.
［VHS ビデオ］『日本人のための資本主義原論』，日経 BP 社／日経 BP 出版センター，124分.
［カセット］『日本人のための資本主義原論』，日経 BP 社，90分.

1999年（平成11年）

『歴史に観る日本の行く末——予言されていた現実！』，青春出版社.
学問はラジカルだ（宮台真司と対談），宮台真司著『野獣系でいこう!!』，朝日新聞社，pp.263-300.
日本の政治学は死んだ，『知性』（別冊 MOKU），黙出版，7(7)；83，pp.168-179.
＊日本はこれで良いのか！，翼，航空自衛隊連合幹部会，59，pp.163-177.
官僚制は必ず腐朽する。教育制度も腐朽する。，月刊 MOKU，黙出版，２月；7(2)，pp.38-47.
誇りなき国は滅ぶ——三島由紀夫は何を訴えようとしたのか，月刊日本，K&K プレス，１月；3(1)，pp.14-27.
トップ・専門家が推す“この本”，週刊東洋経済，東洋経済新報社，８/14・21；5577，p.64.
［グラビア］東大原論宮台真司小室直樹，BRUTUS，マガジンハウス，７/１；20(12)，pp.156-157.
国連は信用に値するか？，産經新聞，産業経済新聞社，１/７朝刊，p.3.
制定経緯の報道を禁止したのはポツダム宣言違反，思想新聞，IFVOC，５/15；1241，p.2.

2000年（平成12年）

『日本の敗因——歴史は勝つために学ぶ』，講談社.
『日本人のための宗教原論——あなたを宗教はどう助けてくれるのか』，徳間書店.
『小室直樹経済ゼミナール資本主義のための革新《イノベーション》』，日経 BP 社／日経 BP 出版センター.
『大東亜戦争、こうすれば勝てた』（日下公人と共著）（講談社＋α文庫），講談社.

日本の宗教は怨霊宗教である（井沢元彦と対談），井沢元彦著『誰が歴史を歪めたか』，祥伝社，pp.115-139.

教育によって立ち、教育によって滅びゆく日本（大越俊夫と対談），大越俊夫編著『自学力を育てる教育革命』，日新報道，pp.131-215.

坂井三郎追悼日本の教育の復興，武道通信，杉山穎男事務所，十三ノ巻；14，pp.58-60.

革新こそ資本主義景気回復の鍵も革新，財界展望，財界展望新社，11月；44(11)，p.11.

真のエリートとは何か（大越俊夫と対談），月刊パーセー，パーセー実践哲学研究所，12月；226，pp.3-28.

Q：『学際』誌に期待されること、注文されること。，学際，構造計画研究所，zero，pp.83.

［VHS ビデオ］『三島由紀夫没後30年第31回憂国忌』，三島由紀夫研究会，２本組.

［DVD］『憂国忌へのご案内』，三島由紀夫研究会，60分.

［ビデオ CD］『憂国忌へのご案内』，三島由紀夫研究会，60分.

2001年（平成13年）

『新世紀への英知』（渡部昇一、谷沢永一と共著），祥伝社.

『痛快！憲法学』，集英社インターナショナル／集英社.

『日本の敗因――歴史は勝つために学ぶ』（講談社＋α文庫），講談社.

『数学嫌いな人のための数学――数学原論』，東洋経済新報社.

昭和天皇，『日本人のこころ〈水の巻〉』，講談社，pp.225-252.

学問はラジカルだ（宮台真司と対談），宮台真司著『野獣系でいこう!!』（朝日文庫），朝日新聞社，pp.303-345.

日本を救うのは革新だ！，月刊 MOKU，黙出版，１月；９(1)，pp.70-72.

日本経済長期低迷の主因は「家産官僚」「前期的資本」にあり，週刊ダイヤモンド，ダイヤモンド社，２/３；89(5)，pp.44-46.

三島自決の真の意味を覚らねば、日本は滅びる，月刊日本，K&K プレス，１月；５(1)，pp.25-27.

教科書の教えない憲法学，青春と読書，集英社，５月；36(5)，pp.76-77.

歴史に学び教訓を生かすことが日本再生の道につながる，NTT 東日本 BUSINESS，NTT 東日本，９月；618，pp.24-27.

憲法とは何か，翼，航空自衛隊連合幹部会，66，pp.187-196.

小室直樹の経済思想ゼミナール第1回マックス・ヴェーバー（1），経，ダイヤモンド社，11月；1，pp.33-36.
小室直樹の経済思想ゼミナール第2回マックス・ヴェーバー（2），経，ダイヤモンド社，12月；2，pp.39-42.
日本国憲法はすでに死んでいる（増田俊男と対談），月刊資本の意志，サンラ出版，12月；21，pp.10-14.

2002年（平成14年）

『日本人のためのイスラム原論』，集英社インターナショナル／集英社.
『日本国憲法の問題点』，集英社インターナショナル／集英社.
『人をつくる教育国をつくる教育』（大越俊夫と共著），日新報道.
『三島由紀夫が復活する』，毎日ワンズ.
経済を知らない官僚と危機感なき国民が国を滅ぼす，『脱「日本病」』，宝島社，pp.172-179.
マクルーハンの世界（竹村健一と対談），『竹村健一全仕事』，太陽企画出版，pp.121-132.
2002AIE 夏期北海道プログラム小室直樹先生特別レクチャー『日本の敗因』，AIE 事務局.
死んだ憲法と鵺経済，学士会会報，学士会，836，pp.128-134.
小室直樹の経済思想ゼミナール第3回マックス・ヴェーバー（3），経，ダイヤモンド社，1月；3，pp.41-44.
小室直樹の経済思想ゼミナール第4回カール・マルクス（1），経，ダイヤモンド社，2月；4，pp.41-44.
小室直樹の経済思想ゼミナール第5回カール・マルクス（2），経，ダイヤモンド社，3月；5，pp.13-16.
小室直樹の経済思想ゼミナール第6回カール・マルクス（3），経，ダイヤモンド社，4月；6，pp.15-18.
小室直樹の経済思想ゼミナール第7回アダム・スミス，経，ダイヤモンド社，5月；7，pp.17-20.
小室直樹の経済思想ゼミナール第8回デビッド・リカード，経，ダイヤモンド社，6月；8，pp.17-20.
小室直樹の経済思想ゼミナール第9回古典派 vs. ケインズ，経，ダイヤモンド社，7月；9，pp.17-20.

小室直樹の経済思想ゼミナール第10回ジェレミー・ベンサム，経，ダイヤモンド社，8月；10，pp.17-20.
小室直樹の経済思想ゼミナール第11回ジョン・メイナード・ケインズ（1），経，ダイヤモンド社，9月；11，pp.17-20.
小室直樹の経済思想ゼミナール第12回ジョン・メイナード・ケインズ（2），経，ダイヤモンド社，10月；12，pp.17-20.
小室直樹の経済思想ゼミナール第13回ヨーゼフ・アロイス・シュンペーター（1），経，ダイヤモンド社，11月；13，pp.17-20.
小室直樹の経済思想ゼミナール第14回ヨーゼフ・アロイス・シュンペーター（2），経，ダイヤモンド社，12月；14，pp.17-20.
吉田松陰に学ぶ，月刊パーセー，パーセー実践哲学研究所，3月；239，pp.3-24.
教育によって立ち、教育によって滅びゆく日本（大越俊夫と対談），月刊パーセー，パーセー実践哲学研究所，4月；240，pp.3-34.
大事なのは驚く才能不況克服も好奇心から，日経ビジネス，日経BP社，2/4；1127，p.1.
経済を知らない官僚と危機感なき民が国を滅ぼす，週刊宝島，宝島社，5/22；30(19)，pp.72-73.
数学が理解できない⁉大バカ者！国がつぶれるゾ，ダカーポ，マガジンハウス，7/3；22(12)，pp.14-15.
先生、ナショナリズムって一体何なんですか⁉（大川豊と対談），Weeklyプレイボーイ，集英社，7/16；37(26)，pp.220-223.
政治、文化、教育…日本はこう変わるべし！（大川豊と対談），Weeklyプレイボーイ，集英社，7/23；37(27)，pp.210-213.
「新しい憲法をつくる国民大会」小室直樹氏の講演要旨，世界日報，世界日報社，5/4；9749，p.2.
政治学者小室直樹氏講演「日本国憲法の問題点」（抜粋），思想新聞，IFVOC，5/15；1323，p.3.
我が国は滅びる‼と警鐘景気回復の切り札ここにアリ，夕刊フジ，産業経済新聞社，2/13，p.14.

2003年（平成15年）

『論理の方法――社会科学のためのモデル』，東洋経済新報社.
田中角栄以前、以後，Voice，PHP研究所，11月；311，pp.84-87.

資本主義の本質は革新にある，Harvard Business Review，ダイヤモンド社，1月；28(1)，p.7.
著者に聞く『論理の方法』小室直樹氏，日経マスターズ，日経BP社，8月；2(8)，p.155.
小室直樹の経済思想ゼミナール第15回ヨーゼフ・アロイス・シュンペーター（3），経，ダイヤモンド社，1月；15，pp.17-20.
小室直樹の経済思想ゼミナール第16回レオン・ワルラス，経，ダイヤモンド社，2月；16，pp.4-7.
小室直樹の経済思想ゼミナール第17回ジョン・リチャード・ヒックス，経，ダイヤモンド社，3月；17，pp.4-7.
小室直樹の経済思想ゼミナール第18回ポール・アンソニー・サムエルソン（1），経，ダイヤモンド社，4月；18，pp.4-7.
小室直樹の経済思想ゼミナール第19回ポール・アンソニー・サムエルソン（2），経，ダイヤモンド社，5月；19，pp.8-11.
小室直樹の経済思想ゼミナール第20回森嶋通夫，経，ダイヤモンド社，6月；20，pp.8-11.
小室直樹の経済思想ゼミナール第21回高田保馬，経，ダイヤモンド社，7月；21，pp.4-8.
小室直樹の経済思想ゼミナール第22回大塚久雄，経，ダイヤモンド社，8月；22，pp.8-11.
小室直樹の経済思想ゼミナール第23回大塚久雄（2），経，ダイヤモンド社，9月；23，pp.4-7.
小室直樹の経済思想ゼミナール第24回川島武宜，経，ダイヤモンド社，10月；24，pp.4-7.
小室直樹の経済思想ゼミナール特別編古典派とケインズに影響を与えた政治モデル，経，ダイヤモンド社，11月；25，pp.34-35.
なぜ、若者の心がこんなに疲れ切ってしまったのか，月刊パーセー，パーセー実践哲学研究所，249，pp.3-52.
論理思考のない日本人は、世界からコミュニケートできない国民と見られている，SAPIO，小学館，8/20・9/3；15(17)，pp.46-47.
「事情変更」の原則を適用すれば、日本国憲法は「すでに死んでいる」，SAPIO，小学館，10/22；15(21)，pp.26-27.
碩学が展開するモデル思考『論理の方法』，Yomiuri Weekly，読売新聞社，6

/22；62(27)，pp.66-67.
日本人の論理力の弱さに喝を入れる！，週刊宝島，宝島社，6/11；31(23)，p.52.
「〇〇とは××である」というモデルは、論理的思考の本質である，SPA！，扶桑社，7/22；52(30)，pp.45.

2004年（平成16年）
『経済学をめぐる巨匠たち』，ダイヤモンド社.
『経済学のエッセンス』（講談社＋α文庫），講談社.
［グラビア］東大原論宮台真司小室直樹，篠山紀信撮影『BRUTUS 特別編集人間関係2』，マガジンハウス，pp.110-111.
一神教と世界史、そして現代，『世界に拡がるユダヤ・聖書伝説謎と真相』（別冊歴史読本76），新人物往来社，29(8)，pp.1-25.
早坂茂三の死を悼む，Voice，PHP 研究所，9月；321，pp.118-125.
天皇と近代的王との違い，サイゾー，インフォバーン，9月；69(9)，p.76.
私の防衛論イスラム教とキリスト教の決定的な違い，翼，航空自衛隊連合幹部会，74，pp.29-48.
＊過去の栄光を忘れるな，翼，航空自衛隊連合幹部会，75，pp.212-215.
自著紹介『経済学をめぐる巨匠たち』，読売新聞，読売新聞社，3/8朝刊，p.10.
［カセット］『イスラム教とキリスト教』，横浜市民プラザ，110分.

2005年（平成17年）
『数学を使わない数学の講義』，ワック.
『日本国民に告ぐ』，ワック.
大事なのは驚く能力教育制度間にも自由な競争を，『有訓無訓2』（日経ビジネス人文庫），日本経済新聞社，pp.102-104.
勝てば原爆も許されるのか，WiLL，ワック・マガジンズ／ワック，9月；9，pp.102-112.
［DVD］『日本人にはまだ憲法は書けない』，丸激トーク・オン・デマンド Video，Vol.21，ビデオニュース・ネットワーク，129分.
［ビデオ CD］『日本人にはまだ憲法は書けない』，丸激トーク・オン・デマンド Audio，Vol.21，ビデオニュース・ネットワーク，129分.
［VHS ビデオ］『「知らないでは済まない宗教」の講座第10回日本教』（橋爪大三郎

と対談)，東京財団、ワック，50分.

2006年（平成18年）

『日本人のための憲法原論』，集英社インターナショナル／集英社.

数学教育の徹底こそが資本主義を育てる，中央公論，中央公論新社，1月；121（1），pp.66-73.

日本の世界史的意義は靖國にあり，靖國，靖國神社社務所，3／1；608，pp.6-7.

［音声CD］「21世紀の世界と日本の資本主義の行方」，『投資の学校特典CD』，ラーニングエッジ，86分.

2007年（平成19年）

『硫黄島栗林忠道大将の教訓』，ワック.

拉致問題解決への処方箋，Voice，PHP研究所，2月；350，pp.97-98.

硫黄島と栗林中将の真実，WiLL，ワック・マガジンズ／ワック，2月；26，pp.44-53.

日本人のためのアメリカ原論第1回キリスト教の本質を現した国家，経，ダイヤモンド社，1月；63，pp.2-5.

日本人のためのアメリカ原論第2回アメリカを知るには宗教の理解が不可欠，経，ダイヤモンド社，2月；64，pp.2-5.

日本人のためのアメリカ原論第3回アメリカの原点はロックの人間モデル，経，ダイヤモンド社，3月；65，pp.2-5.

日本人のためのアメリカ原論第4回ロックの思想とキリスト教，経，ダイヤモンド社，4月；66，pp.10-13.

日本人のためのアメリカ原論第5回なぜ強大な国家権力が必要なのか，経，ダイヤモンド社，5月；67，pp.10-13.

日本人のためのアメリカ原論第6回近代国家の条件，経，ダイヤモンド社，6月；68，pp.2-5.

日本人のためのアメリカ原論第7回奴隷制度はアメリカのカルマ，経，ダイヤモンド社，7月；69，pp.2-5.

日本人のためのアメリカ原論第8回言論の自由とは何か，経，ダイヤモンド社，8月；70，pp.2-6.

日本人のためのアメリカ原論第9回合衆国をつくった南北戦争，経，ダイヤモンド社，9月；71，pp.2-5.

日本人のためのアメリカ原論第10回映像で学ぶアメリカ，経，ダイヤモンド社，10月；72，pp.2–5.
日本人のためのアメリカ原論第11回映像で学ぶアメリカ（2），経，ダイヤモンド社，11月；73，pp.2–5.
日本人のためのアメリカ原論第12回映像で学ぶアメリカ（3），経，ダイヤモンド社，12月；74，pp.2–5.
資本主義という新制度，週刊朝日，朝日新聞社，1/5・12；112(1)，p.134.
大東亜戦争「名将二傑」，EX 大衆，双葉社，8月；3(8)，p.141.

2008年（平成20年）

日本人のためのアメリカ原論第13回陪審制とは、人民の権限の表れ，経，ダイヤモンド社，1月；75，pp.2–5.
日本人のためのアメリカ原論第14回アメリカの大統領とは如何なるものか，経，ダイヤモンド社，2月；76，pp.2–5.
日本人のためのアメリカ原論第15回映像で学ぶアメリカ（4），経，ダイヤモンド社，3月；77，pp.2–5.
日本人のためのアメリカ原論第16回アメリカの戦争経済学と戦争史観，経，ダイヤモンド社，4月；78，pp.2–5.
日本人のためのアメリカ原論第17回アメリカの核兵器と世界最終戦争，経，ダイヤモンド社，5月；79，pp.2–5.
日本人のためのアメリカ原論第18回アメリカの戦争哲学はどこから生まれたのか，経，ダイヤモンド社，6月；80，pp.2–5.
日本人のためのアメリカ原論第19回アメリカの戦争哲学はどこから生まれたのか(2)，経，ダイヤモンド社，7月；81，pp.2–5.
日本人のためのアメリカ原論第20回映像で学ぶアメリカ（5），経，ダイヤモンド社，8月；82，pp.2–5.
日本人のためのアメリカ原論第21回映像で学ぶアメリカ（6），経，ダイヤモンド社，9月；83，pp.2–5.
日本人のためのアメリカ原論第22回アメリカの戦争哲学はどこから生まれたのか(3)，経，ダイヤモンド社，10月；84，pp.2–5.
日本人のためのアメリカ原論第23回アメリカの戦争哲学はどこから生まれたのか(4)，経，ダイヤモンド社，11月；85，pp.2–5.
日本人のためのアメリカ原論第24回映像で学ぶアメリカ（7），経，ダイヤモンド

社，12月；86，pp.2-5.

2009年（平成21年）

日本人のためのアメリカ原論第25回アメリカの戦争哲学はどこから生まれたのか（5），経，ダイヤモンド社，１月；87，pp.2-5.
日本人のためのアメリカ原論第26回映像で学ぶアメリカ（8），経，ダイヤモンド社，２月；88，pp.2-5.
日本人のためのアメリカ原論第27回ヒトラーと民主主義，経，ダイヤモンド社，３月；89，pp.2-5.
日本人のためのアメリカ原論第28回ヒトラーとケインズ，経，ダイヤモンド社，４月；90，pp.2-5.
日本人のためのアメリカ原論第29回ヒトラーとケインズ経済学，経，ダイヤモンド社，５月；91，pp.2-5.
日本人のためのアメリカ原論第30回ヒトラーとチャーチル，経，ダイヤモンド社，６月；92，pp.2-5.
日本人のためのアメリカ原論第31回ヒトラーとスターリン，経，ダイヤモンド社，７月；93，pp.2-5.
日本人のためのアメリカ原論第32回映像で学ぶアメリカ（9），経，ダイヤモンド社，８月；94，pp.2-5.
日本人のためのアメリカ原論第33回映像で学ぶアメリカ（10），経，ダイヤモンド社，９月；95，pp.2-5.
日本人のためのアメリカ原論第34回清廉で謙虚な高潔さがアメリカの基礎を生んだ，経，ダイヤモンド社，10月；96，pp.2-5.
日本人のためのアメリカ原論第35回資本主義が生まれる為には何が必要だったのか，経，ダイヤモンド社，11月；97，pp.2-5.
日本人のためのアメリカ原論第36回資本主義が発展する為には何が必要なのか，経，ダイヤモンド社，12月；98，pp.2-5.

2010年（平成22年）

『信長』，ビジネス社.
日本人のためのアメリカ原論第37回資本主義が失敗しない為には何が必要なのか，経，ダイヤモンド社，１月；99，pp.2-5.
日本人のためのアメリカ原論第38回日本の資本主義の発端は織田信長に始まった，

経，ダイヤモンド社，2月；100，pp.2-5.
日本人のためのアメリカ原論第39回信長・秀吉の改革は明治維新につながった，経，ダイヤモンド社，4月；102，pp.2-5.

2011年（平成23年）
『日本いまだ近代国家に非ず』，ビジネス社.

2012年（平成24年）
『政治無知が日本を滅ぼす』，ビジネス社.
『消費税は民意を問うべし』，ビジネス社.

2013年（平成25年）
『憲法とは国家権力への国民からの命令である』，ビジネス社.

2015年（平成27年）
＊『小室直樹　日本人のための経済原論』，東洋経済新報社.

2016年（平成28年）
＊『天皇畏るべし』，ビジネス社.
＊『日本教の社会学』（山本七平と共著），ビジネス社.
＊奇跡の男―田中角栄，歴史通，ワック，5月；42，pp.48-49.
＊「角栄を無罪にせよ」―私の真意，文藝春秋 8月臨時増刊号 1000億円を動かした男・田中角栄・全人像，94(11)，pp.238-257.

2017年（平成29年）
＊『田中角栄 政治家の条件』，ビジネス社.

2018年（平成30年）
＊『国民のための戦争と平和』，ビジネス社.
＊『数学を使わない数学の講義』，ワック.

本書に掲載した「小室直樹著作目録」は、インターネットのウェブページ

http://www.interq.or.jp/sun/atsun/komuro/

で従来から公開されていたものを拡充したものです。今後、さらに完全を期して随時修正を続ける予定ですので、最新のものは上記のウェブページをご確認下さい。

《著者紹介》

村上篤直（むらかみ・あつなお）

昭和四七（一九七二）年、愛媛県生まれ。平成三（一九九一）年、愛光学園高等部卒業。平成四（一九九二）年、東京大学教養学部理科Ⅱ類中退。平成九（一九九七）年、東京大学法学部卒業。平成一一（一九九九）年、東京大学大学院法学政治学研究科修士課程中退。弁護士（新六四期）。
橋爪大三郎編著『小室直樹の世界——社会科学の復興をめざして』（ミネルヴァ書房、平成二五（二〇一三）年）にて「小室直樹博士著作目録／略年譜」を執筆。

評伝 小室直樹（上）
——学問と酒と猫を愛した過激な天才——

2018年9月20日　初版第1刷発行　〈検印省略〉
2021年3月1日　初版第2刷発行

定価はカバーに
表示しています

著者　村上篤直
発行者　杉田啓三
印刷者　藤森英夫

発行所　株式会社　ミネルヴァ書房
607-8494 京都市山科区日ノ岡堤谷町1
電話代表 (075)581-5191
振替口座 01020-0-8076

亜細亜印刷

ISBN978-4-623-08384-8
Printed in Japan